CB062272

# Antunes Filho
poeta da cena

**SESC**
SERVIÇO SOCIAL DO COMÉRCIO

*Administração Regional no Estado de São Paulo*
*Presidente do Conselho Regional*
ABRAM SZAJMAN

*Diretor Regional*
DANILO SANTOS DE MIRANDA

*Superintendentes*
*Comunicação Social* IVAN GIANNINI
*Técnico-social* JOEL NAIMAYER PADULA
*Administração* LUIZ DEOCLÉCIO MASSARO GALINA
*Assessoria Técnica e de Planejamento* SÉRGIO JOSÉ BATTISTELLI

**edições SESCSP**

*Gerente* MARCOS LEPISCOPO
*Adjunto* ÉVELIM LUCIA MORAES
*Coordenação Editorial* CLÍVIA RAMIRO
*Produção Editorial* GISSELA MATE, ANA CRISTINA F. PINHO
*Colaboradores desta edição* MARTA COLABONE, MAGNÓLIA MARIA DE ARAÚJO

# Antunes Filho
## poeta da cena

FOTOS EMIDIO LUISI • TEXTO SEBASTIÃO MILARÉ

edições
**SESC**SP

*Preparação*
**Rosane Albert**

*Revisão*
**Beatriz de Freitas Moreira e André Albert**

*Capa e projeto gráfico de miolo*
**Moema Cavalcanti**

*Editoração e montagem*
**Bárbara Rocha**

---

Ficha catalográfica

---

An89   Antunes Filho: poeta da cena / Fotos de Emidio Luisi; texto de Sebastião Milaré. – São Paulo: Edições sesc sp, 2010. – 398 p.: il. Fotografias.

ISBN 978-85-7995-011-7

1. Teatro. 2. Antunes Filho, José Alves. 3. Biografia. I. Título. II. Milaré, Sebastião. III. Luisi, Emidio

CDD 792

---

Copyright © 2010 Edições sesc sp
Todos os direitos reservados

sesc são paulo
Edições sesc sp
Av. Álvaro Ramos, 991
03331-000 São Paulo - SP
Tel. (55 11) 2607-8000
edicoes@edicoes.sescsp.org.br
www.sescsp.org.br

*A Leonor Chaves Sprenger*

Sebastião Milaré

*A Antunes Filho, Danilo Santos de Miranda,
Rosa Gauditano, Camila Gauditano, Pietro Luisi
e Raffaello Colangelo.
À equipe do Centro de Pesquisa Teatral –* cpt sesc
*e a todos os atores e atrizes que participam do livro.
Um agradecimento especial a Arciso Andreoni, por
ter apresentado meu trabalho a Antunes Filho.*

Emidio Luisi

# *A pedra e o pressentimento*

## Danilo Santos de Miranda

### Diretor Regional do sesc São Paulo

*"Para ser grande, sê inteiro (...)
Põe quanto és no mínimo que fazes..."*
Fernando Pessoa (Ricardo Reis)

Os versos deste poema poderiam descrever a diretriz do trabalho de criação teatral desenvolvido por Antunes Filho. Quando fala a seus aprendizes, este mestre traz nos olhos, no gesto e no corpo inteiro o envolvimento total com o ofício de fazer teatro. E é também o que exige de cada um deles, burilando o material bruto que trazem, tal como o escultor que vê num bloco de mármore não a pedra, mas a escultura latente, o que poderá vir a ser.

No dizer do próprio Antunes, a arte é mineral – tem de ser buscada na profundidade. É a esta busca que o mestre incita o ator: descer fundo dentro de si para garimpar sua pedra essencial. E o faz, sobretudo, pelo exemplo de sua própria vida, entranhada no teatro há seis décadas.

No processo formativo nesse campo, Antunes preconiza o "ator integral", que domina, mais que a representação, os vários elementos do fazer teatral, incluindo seus aspectos técnicos. Igualmente, exige que o ator pesquise o universo que envolve a composição de seus personagens – seu tempo, sua história, sua psique, seus costumes – para que a atuação não se torne um mero arremedo de tipos. Pauta seu trabalho pela ideia de buscar uma profunda compreensão do que se faz: não se contentar com um fazer mecânico, mas procurar saber *por que* e *como* se faz, sentir plenamente o cerne desse fazer; construir a ação a partir de um entendimento não só intelectual – este, de um estrito rigor ontológico – mas, sobretudo, corpóreo e sensorial do gesto. A ação cênica, então, deixa de ser um movimento apenas exterior: resulta, antes, de um percurso interno, orgânico, vivo, essencial.

Seria, portanto, um estado de entrega – o ator desvestido de si mesmo, de sua *persona*, de seus maneirismos, de conceitos cristalizados, até o ponto em que se torne um material plástico, maleável, com que criará seu personagem, não por um processo de *incorporação*, mas de efetiva criação. Pois não é das ideias preconcebidas que se constrói o personagem, mas da busca de referências internas: do material humano do ator, das intensidades de sua vida, daquilo que tem ressonância e significação não apenas para ele mesmo, mas numa dimensão arquetípica e universal. Este é um dos fundamentos sobre os quais o mestre dialoga com seus jovens discípulos, no questionamento constante de certezas traiçoeiras.

Ao desenvolver um estudo diário, consistente e fundamentado sobre o fazer teatral, valendo-se de diversos campos do conhecimento e expandindo os temas específicos que aborda, Antunes busca aprofundar sempre sua compreensão sobre o teatro, a partir de uma investigação acurada sobre a própria existência humana. Nesse processo, aplica elementos trazidos por pensadores contemporâneos que alargaram as perspectivas na construção do conhecimento – como Fritjof Capra, no campo da física quântica. Ao mesmo tempo, abrange o conhecimento milenar do Oriente, refazendo a união perdida entre arte, filosofia e ciência.

Enveredando pela pesquisa sistemática em torno de aspectos até então não explorados pelo teatro brasileiro, Antunes traz acréscimos que inovam decisivamente o fazer artístico e transformam a estética teatral. Ele contribui para introduzir no Brasil a técnica do *laboratório* (vivência do universo do personagem, seja em seu ambiente real ou na sala de ensaio) e a desconstrução do gesto; apura tecnicamente o uso expressivo do corpo, rompendo desgastadas cartilhas da representação e da encenação; desenvolve, ainda, um método próprio para a formação do ator, baseado no estudo teórico e na experimentação, buscando um fazer científico na arte.

Sua ousadia manifestou-se também na escolha temática, ao transpor para o palco os modos brasileiros de ser, ampliando a significação do conceito de *brasilidade* e revigorando o imaginário presente na cultura popular. Ao mesmo tempo, buscou formular um teatro contemporâneo e internacional. A montagem de *Macunaíma*, nos anos 1970, abriu outros caminhos para o entendimento de nossas raízes, além de trazer novas compreensões sobre a obra de Mário de Andrade, magistralmente atualizada nesta encenação, que projetou o trabalho do grupo em vários países.

Sua habilidade como encenador trouxe aos palcos montagens memoráveis, seja de clássicos da dramaturgia mundial, como *Medeia* e *Macbeth*, seja de competentes adaptações da literatura brasileira. Nesse campo, pode ser considerado um dos maiores intérpretes de Nelson Rodrigues: soube, como poucos, traduzir a devassa da alma brasileira feita pelo autor e transpô-la para o palco. Foi o seu rigor característico que cunhou nos atores a composição correta, a dicção exata, na recuperação de um linguajar tipicamente rodriguiano, cuidado que resultou em uma encenação precisa e brilhante.

O trabalho principal de Antunes Filho constitui, assim, a lapidação de potenciais, eliminando o nó górdio de maneirismos e condicionamentos limitantes que tanto prejudicam a formação do ator – e também do indivíduo, do ser integral. Esse mestre, com a severidade de um pai exigente, sabe olhar fundo nos olhos do aprendiz e pressentir, no interior da pedra bruta, a gema latente. Seu processo é instigá-lo a descobrir-se, a desfazer as camadas que recobrem suas possibilidades, a polir cotidianamente a pedra até chegar ao cristal puro.

É o que se pode depreender, neste livro, do texto de Sebastião Milaré. Na condição de profundo pesquisador do teatro brasileiro, o autor tem gabarito para discorrer sobre a trajetória de Antunes com desenvoltura e familiaridade, sobretudo pela extensa e estreita convivência com o dia a dia do CPT – Centro de Pesquisa Teatral do SESC São Paulo. Seu relato revela uma ampla compreensão das concepções que norteiam o trabalho do diretor e também de seu significado histórico, tema privilegiado de suas pesquisas há muitos anos.

Não é só como estudioso, contudo, que Milaré se debruça sobre o assunto. Mais do que o rigor da narrativa histórica e factual de uma biografia, sua escrita denota uma proximidade afetiva com o tema de que trata, tornando a leitura prazerosa e fluente como uma conversa.

A mesma familiaridade com o "objeto em estudo" pode ser percebida no registro fotográfico que compõe este livro. O cotidiano do trabalho de Antunes Filho foi capturado pelo olhar atento do fotógrafo Emidio Luisi, que há anos acompanha as realizações do diretor.

Como testemunha silenciosa, sua câmera percorre bastidores e palcos, mostrando os vários momentos e detalhes da criação desenvolvida no CPT.

O teatro é uma arte viva, arte do instante. A cada apresentação, a cena é sempre recriada, revivida, como se a cada vez tudo renascesse, num evento único e efêmero. A fotografia de teatro capta, portanto, esses efêmeros e, para além disso, momentos e ângulos invisíveis aos olhos do espectador. E se, na sucessão de movimentos, detalhes da construção cênica podem passar despercebidos, Emidio Luisi capta seu desenho e o torna presente. São os registros de muitos desses momentos que aqui partilhamos.

Este livro celebra a obra de Antunes Filho, esse devoto do teatro – sobretudo, um educador que, voltado para a multiplicação do conhecimento, busca novas referências para unir os dois polos do ser, o intuitivo e o racional.

É o registro de uma trajetória que ultrapassa o plano pessoal, inscrevendo-se num percurso histórico decisivo para o desenvolvimento do teatro brasileiro. Esta edição, portanto, é mais que um tributo a este criador inquieto, que se põe inteiro no que faz, como recomenda o poeta em epígrafe. Pois, no dizer do próprio Antunes Filho, referindo-se a seu trabalho, *tudo é uma grande homenagem à vida, que tanto me dá e tanto me deu.*

*Sumário*

| | |
|---|---:|
| Prefácio: Antunes, o Homem com Qualidades, por Antonio Gonçalves Filho | 14 |
| Ensaios fotográficos, por Emidio Luisi | |
|     Antunes: retratos | 22 |
|     Macunaíma | 30 |
|     Nelson Rodrigues, o eterno retorno | 44 |
|     Romeu e Julieta | 58 |
|     A hora e a vez de Augusto Matraga | 64 |
|     Xica da Silva | 74 |
|     Paraíso Zona Norte | 80 |
|     Nova velha estória | 88 |
|     Trono de sangue – Macbeth | 96 |
|     Vereda da salvação | 108 |
|     Gilgamesh | 112 |
|     Drácula e outros vampiros | 118 |
|     Fragmentos troianos | 122 |
|     Medeia | 126 |
|     O canto de Gregório | 132 |
|     Antígona | 138 |
|     Foi Carmen | 146 |
|     A Pedra do Reino | 152 |
|     Senhora dos afogados | 164 |
|     A falecida vapt-vupt | 176 |
|     Policarpo Quaresma | 190 |
|     Lamartine Babo | 204 |
|     Prêt-à-Porter | 212 |
|     Bastidores | 238 |
| Ensaio: Poeta da cena, por Sebastião Milaré | 262 |
| Cronologia — Antunes Filho | 372 |
| Fotos — legendas | 377 |
| Sobre os autores | 395 |

# *Antunes, o Homem com Qualidades*

## Antonio Gonçalves Filho

Desde que o termo *estética* emergiu no cenário filosófico estamos condenados a associar prática artística a teorias da percepção. Sartre, por exemplo, dizia que um dos motivos da criação artística é certamente a necessidade de sentir que somos essenciais ao mundo. Camus diria que ela é a atitude fundamental para encarar o absurdo existencial. Seja como for, ambos sentiam uma alegria imensa na criação artística, especialmente ao escrever para o teatro. Se esses dois expoentes do existencialismo são lembrados, não se identifique nessa evocação uma defesa da filosofia existencialista, mas a constatação de que Sartre estava certo ao definir o teatro como sinônimo da arte suprema, por ser a que melhor permite ao homem usar sua liberdade para estimular a liberdade da plateia.

As fotografias de Emidio Luisi que acompanham este livro e o texto de Sebastião Milaré que comenta a trajetória de Antunes Filho são provas dessa liberdade irrefreável. São as imagens de um fotógrafo de grande capacidade mimética e a retórica de um ensaísta-dramaturgo que traduzem, enfim, essa indissolúvel unidade entre realizador e receptor. Ver as fotos de Luisi ou ler os comentários de Milaré sobre cada uma das peças montadas pelo diretor é perceber as implicações éticas do modo estético com que os dois profissionais testemunham a carreira desse homem que se move na tensão entre a teatralidade concreta e a transcendentalidade da imagem cinematográfica.

Em certo sentido, cinema e teatro andam juntos no palco de Antunes, o que talvez explique as infindáveis, mas necessárias, sessões dos clássicos a que submete seus atores do CPT. É interessante notar como esses mesmos atores, nas fotos de Luisi, refletem os rostos expressionistas dos filmes de Dreyer, ou como os cenários despojados das peças de Antunes fazem lembrar o ascetismo visual da Nouvelle Vague francesa. Claro, há uma oposição radical entre cinema e fotografia, como já lembrou Barthes, mas não entre a imagem fotográfica e o teatro: ambos desencadeiam na plateia um processo de percepção diferente da realidade, exigindo dos espectadores um repertório menos óbvio. O cinema cria a ilusão de movimento, dinâmica que a imagem fotográfica não dá conta de captar. Já uma foto de teatro não cria ilusões. Ela é a imagem congelada de uma realidade desconstruída pelo diretor. Ou se está sintonizado com ela ou não.

Luisi não quer oferecer ao espectador um sentido diferente daquele proposto por Antunes. Ao contrário. Quer reforçar o aspecto econômico com que o diretor usa essas suas referências, desafiando as convenções teatrais que abominam a contaminação da linguagem cinematográfica — e não só ela, é claro. O diretor, que dirigiu há muitos anos peças anteriormente adaptadas para o cinema, de *Picnic*, de William Inge, a *Black-out*, de Frederick Knott, passando por *Detective story*, de Sidney Kingsley, nunca teve problemas com a polícia de fronteira entre palco e tela (dirigindo até mesmo um filme, *Compasso de espera*, em 1978). Para ele, são linguagens complementares.

Antunes parece mais inclinado a ver no cinema a vocação ontológica que Bazin dizia ter o veículo para reproduzir o real, o que explica a adoção de filmes como *A paixão de Joana d'Arc,* de Dreyer, como modelos de suas aulas. Qualquer aluno seu deve ter topado com a figura de Falconetti cega pela luz teofânica quando sai do quartinho escuro onde o diretor dinamarquês a confinou. Antunes não chegou a exigir tanto de seus atores, mas é possível imaginar o que o elenco de seu *Macbeth* deve ter sofrido em busca de momentos referenciais no *Trono manchado de sangue* de Kurosawa, especialmente o curitibano Luis Melo, a julgar pelas fotos de Luisi.

Luisi acompanha a carreira de Antunes desde o fim dos anos 1970. Foi, aliás, a estreia de *Macunaíma*, em 15 de setembro de 1978, no Theatro São Pedro, que marcou o *turning point* do diretor, montagem criada, como conta Milaré, graças a um curso para atores ministrado por ele e subsidiado pela Comissão Estadual de Cultura. É o mesmo Milaré que destaca o diálogo transcultural estabelecido por Antunes na interpretação da rapsódia de Mário de Andrade, citando um crítico espanhol que viu na montagem de *Macunaíma* reflexos do protocubismo de Picasso e da orgia cinematográfica de Fellini. Por certo, a fábula sobre o herói sem nenhum caráter comportava um mundo cheio de alusões. O apetite canibal andradino só foi saciado com a carnavalização assumida por Antunes, que nunca teve medo de boas influências. Ou de ser chamado de tirano, por obrigar seus atores a ver tantos filmes e assumir que quer deles uma entrega total. Um compromisso sagrado com o palco, uma fome de saber que transforme cada um na "na síntese do conhecimento humano", um ator que seja ao mesmo tempo intérprete e dramaturgo — isso é o que espera o diretor.

O exemplo começa com ele. Antunes é uma enciclopédia. Viu tudo o que importa no teatro mundial, de Bob Wilson a Tadeusz Kantor, passando por Tadashi Suzuki e Peter Brook. Encantado com o dançarino Kazuo Ohno, fez dele sua referência quando montou *Foi Carmen*, como lembra Milaré, tentando estabelecer uma ponte entre a inconsolável memória da dançarina argentina de flamenco adorada pelo japonês e a cantora portuguesa que rodou a baiana. Redefinir a tradição, enfim, é o seu negócio — e isso inclui encenar Nelson Rodrigues sem esquecer que estamos no Brasil. Nelson, sim, mas com liberdade irrestrita, recorrendo aos arquétipos e às crenças de Jung, criador de uma prática terapêutica que sempre levou em conta a dimensão espiritual da vida.

Jung e o evangelho místico das culturas ancestrais sempre estiveram presentes no cardápio teatral de Antunes, cujo biscoito fino a massa já consome há muito tempo no SESC. E não só no palco italiano do Anchieta. Algumas das melhores fotos deste livro foram feitas durante as temporadas de *Gilgamesh* e *Medeia*, em que a caixa preta foi desconstruída para dar lugar a um território indefinido, abolindo a fronteira entre palco e plateia. Psicanálise junguiana, filosofia oriental, histórias em quadrinhos, mitologia vampiresca, fábulas infantis, tragédias gregas, épicos babilônicos. Pense num gênero e você terá uma peça dirigida por Antunes em alguma fase de sua longa vida.

Há no livro algumas imagens da peça *Fragmentos troianos*. De certa maneira, elas traduzem a angústia presente em cada uma dessas montagens, povoadas pelo fantasma do genocídio. Especialmente o cenário, despojado como um campo de concentração, faz o fotógrafo desviar sua atenção para os rostos daquelas vítimas, como se fosse um Sacha Vierny captando os restos da civilização no comovente documentário de Resnais, *Noite e neblina*. Nesse filme sobre os campos de concentração mantidos pelos nazistas, as imagens acompanham o texto de Jean Cayrol, mas em *Fragmentos troianos* não há monólogos poéticos nem trilha de Hans Eisler que possam consolar o espectador. Restam só montanhas de sapatos sem dono. Hécuba é reduzida a um pisante deformado, um traste cercado por arame farpado, mutação antropológica num mundo de monstros.

O teatro de Antunes Filho emociona justamente por sua capacidade de perceber o outro, de acompanhar cada época com espírito aberto sem, no entanto, abrir mão de seu olhar singular para a tradição teatral. Ele sabe que o declínio da tragédia como gênero está intimamente ligado à queda de uma civilização que só parece capaz de entender a linguagem do melodrama — daí sua insistência para que seus atores se mantenham afastados das telenovelas e conheçam as grandes obras do repertório grego, as releituras feitas pelos clássicos e o *aggiornamento* dessas tragédias por diretores contemporâneos como o romeno Andrei Serban. Este, em 1991, mostrou no SESC Pompeia seus fragmentos da *Trilogia Antica* — formada por *Electra, Medeia* e *As troianas* — com atores do Teatro Nacional de Bucareste.

Emocionado — como todos que viram a trilogia, aliás —, Antunes identificou em Serban uma nova possibilidade no teatro, a de transmitir emoções sem apelar para a sintaxe verbal. Como as três peças eram interpretadas em romeno, cabia aos atores envolver a plateia nesse universo sonoro desconhecido e criar outra língua para atingir o espectador, uma experiência tão insólita de exploração dos sentimentos que Antunes acabou se inspirando para criar o seu fonemol, idioma imaginário usado em *Nova velha história*. Na peça, uma versão do conto "Chapeuzinho Vermelho", o conjunto de sons articulados era mais que uma língua ficcional: estava em jogo uma realfabetização dos atores do CPT. O eterno retorno de Antunes passava não só pela reinvenção da linguagem como do próprio teatro. Serban teve de trair para ser fiel à tragédia grega. Ignorando os esquemas métricos bem definidos dos autores clássicos gregos, ele se impôs o desafio de desarticular uma língua — a grega — que, de tão inflexível, obrigava seus dramaturgos a respeitar o valor do som e a medida de cada palavra. Antunes seguiu o exemplo de Serban e, indo além, bancou o desafio de montar a *Antígona* de Sófocles, logo uma peça em que as palavras adquirem uma dimensão material, demolindo o esquema canônico literário para atirar a tragédia real na cara do espectador, provocando sua ira contra o cerceamento da liberdade imposto à protagonista.

O desafio para o fotógrafo de cena Luisi na encenação dos gregos por Antunes foi grande. Por que o diretor, afinal, voltava tão assiduamente aos mitos ancestrais? Por trás da câmera, esse fotógrafo correu o risco de reduzir esses rostos trabalhados à exaustão a uma máscara cômica de Suassuna, de quem, aliás, Antunes montou *A Pedra do Reino*, projeto arrastado por anos até sua concretização em 2006. Ou seja, em busca de uma expressão reveladora, o fotógrafo poderia ter acentuado os traços expressivos da máscara trágica a ponto de subverter suas funções — daí a importância documental das imagens de Luisi, que se submete humildemente à concepção do diretor, acompanhando os ensaios e cada gesto dos atores que aparecem neste livro.

Chegamos ao *Triste fim de Policarpo Quaresma*. Para quem adaptara *Macunaíma* e *A hora e a vez de Augusto Matraga*, isto é, havia enfrentado a modernidade de Mário de Andrade e o rigor de Guimarães Rosa, retratar a Primeira República de Lima Barreto parecia tarefa fácil. No entanto, Antunes teve de cruzar a fronteira mais uma vez para ver melhor o Brasil dos golpes militares, das falcatruas e da insanidade. A referência explícita a Tadeusz Kantor (1915-1990) na sequência em que Quaresma confronta suas alucinações num quarto de hospício só faz reforçar o que se disse no início desse texto: o teatro de Antunes exige um olhar erudito, embora possa ser visto também por olhos não contaminados por bibliotecas e cinematecas. De qualquer modo, é melhor saber que a referência a Kantor não foi só um recurso estético. Possivelmente ninguém na história do teatro retratou tão bem a morte em seus espetáculos como o polonês. Antunes, sempre reverente, lembrou-se da mais famosa peça de Kantor, em que um professor enfrenta uma classe de mortos interagindo com manequins, representações de seus alunos que um dia foram jovens cheios de energia.

É comovente o desfile dessas insanas criaturas, vítimas das atrocidades cotidianas praticadas neste Brasil de memória curta. É por elas que Antunes realizou *Triste fim de Policarpo Quaresma*, deixando para a história a lembrança de uma das cenas mais terríveis e líricas do teatro brasileiro, a do major sapateando o hino nacional até perder suas forças. Nele se vê um pouco desse grande diretor, sempre zeloso com as coisas do Brasil, mas atento às suas bruscas mudanças de cenário, embora não saia por aí defendendo que todos devam falar tupi-guarani ou mostre sinais de desencanto, mesmo depois de sessenta anos de direção. Afinal, ele continua com o mesmo entusiasmo do Ernesto de *Adeus, mocidade*, sua estreia como ator, em 1948. Foi a primeira vez que Antunes pisou de verdade num palco. Nada indica que pretenda sair dele tão cedo. Sorte nossa.

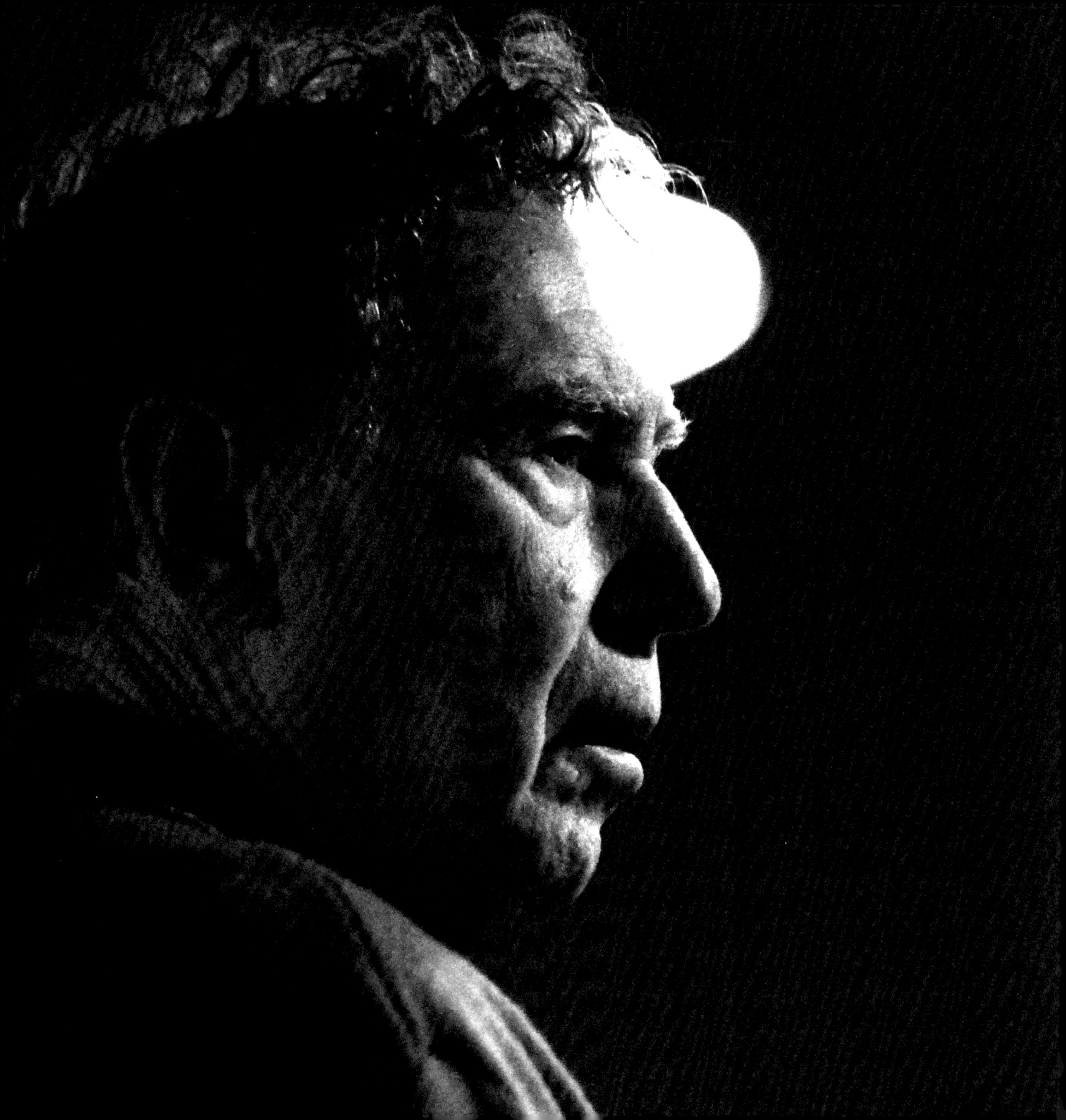

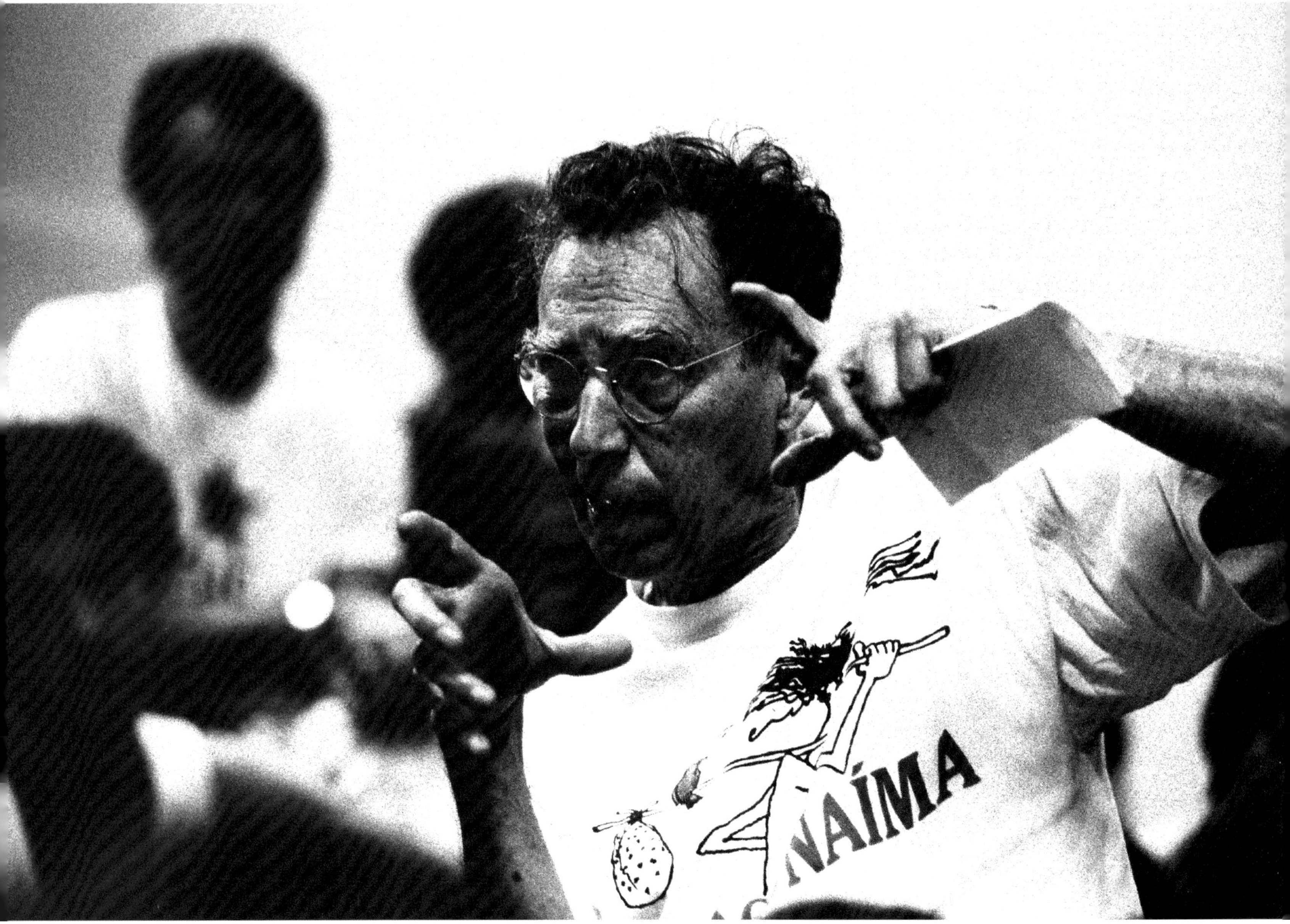
NAÍMA

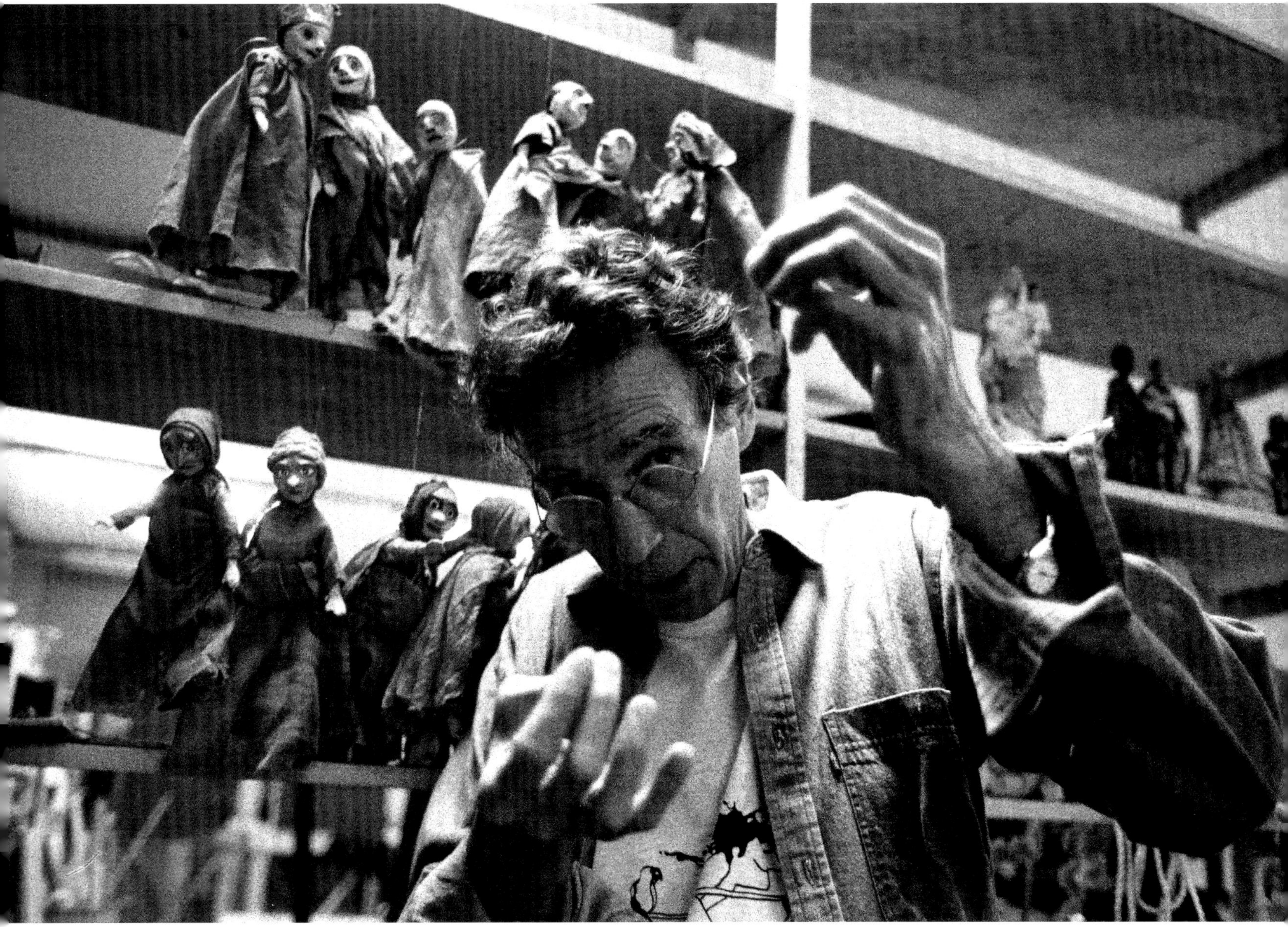

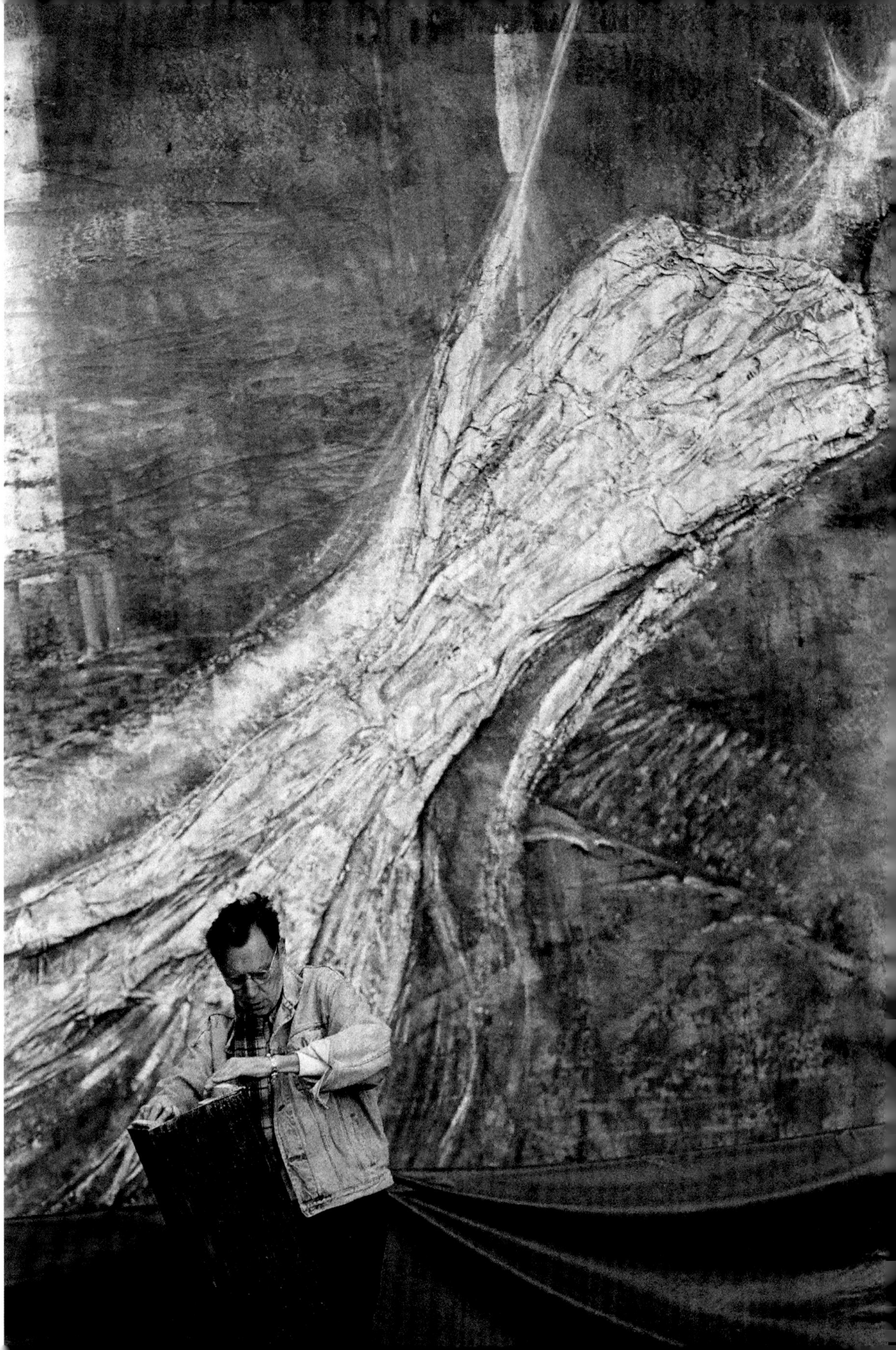

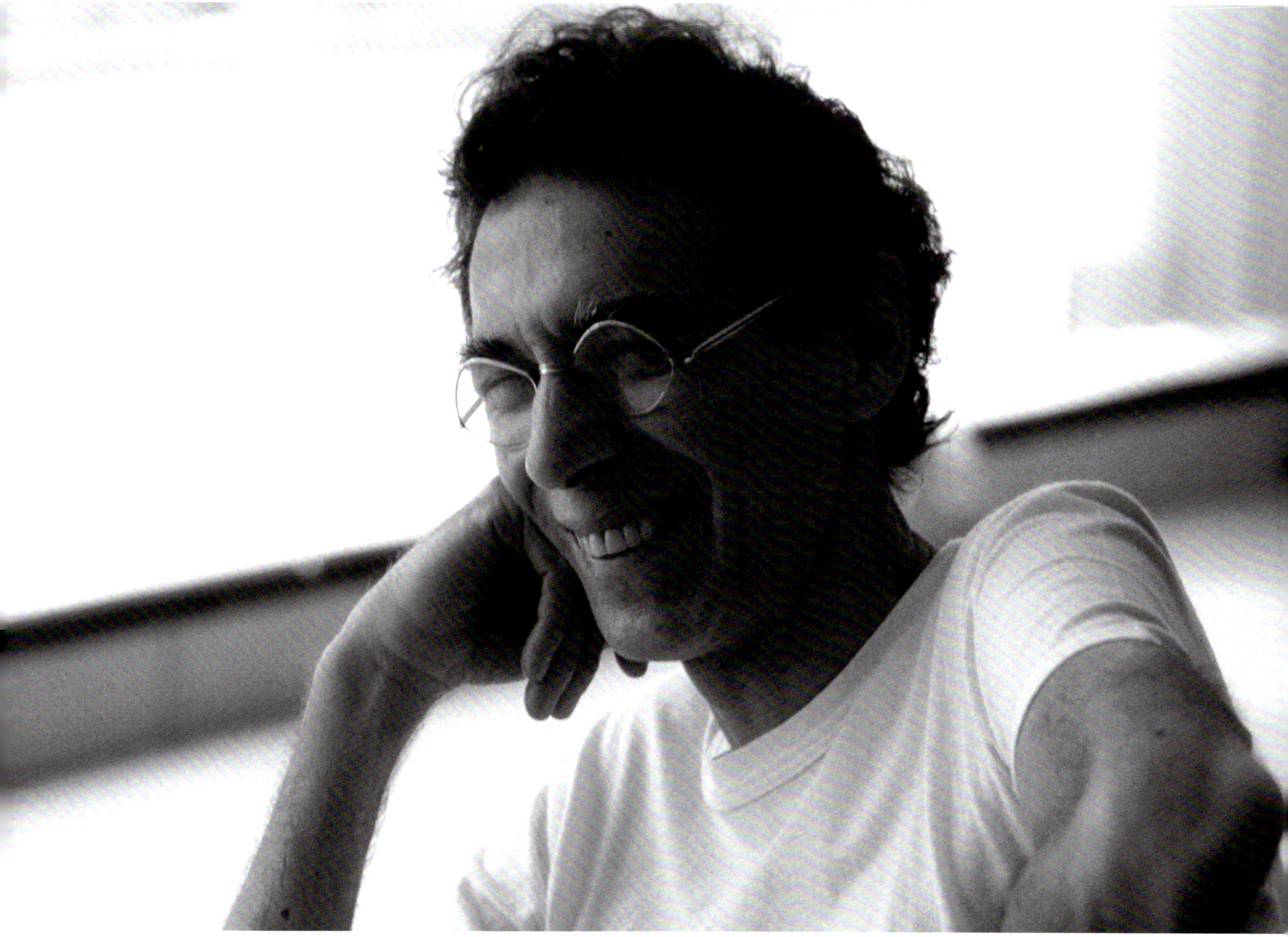

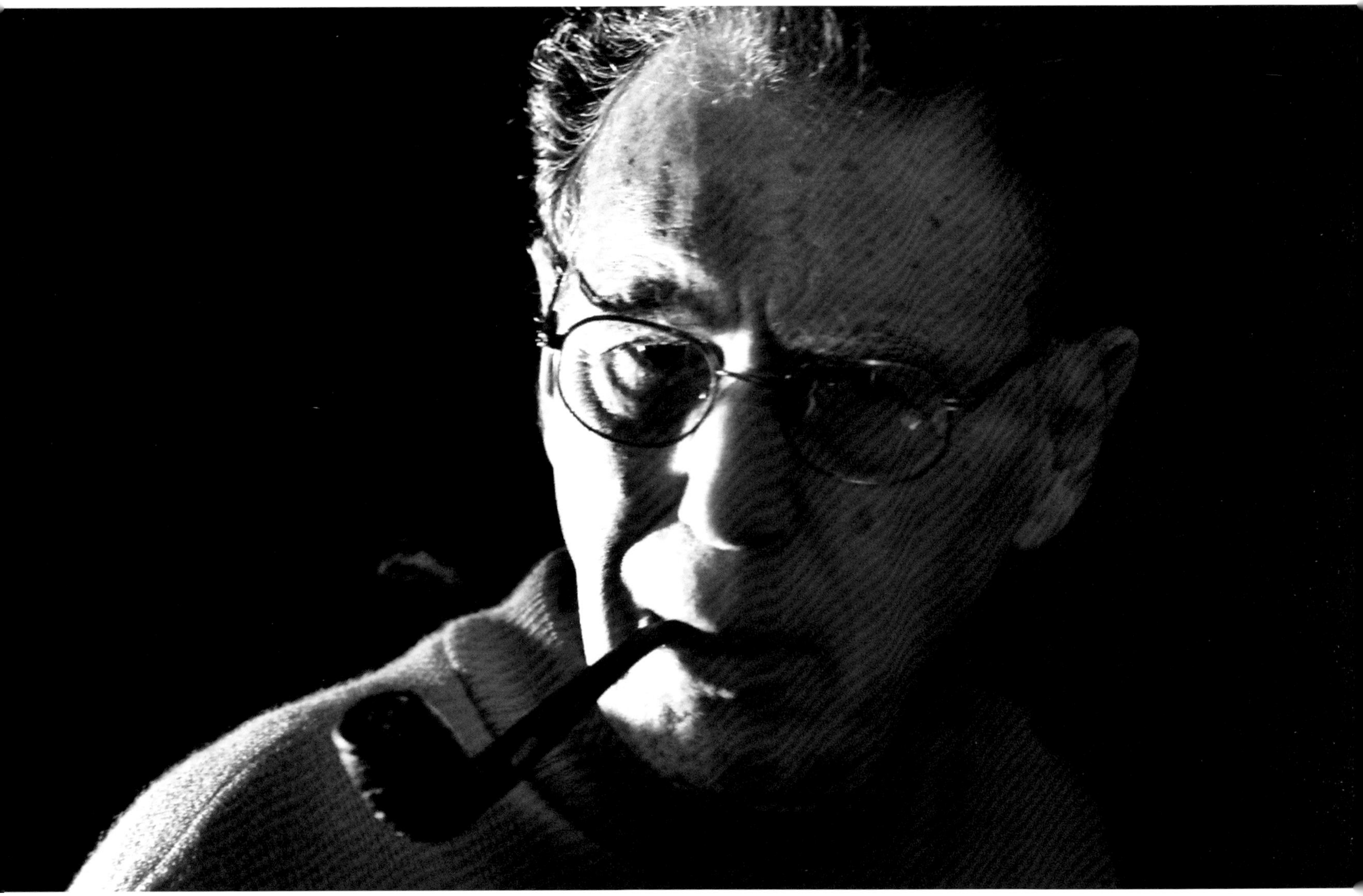

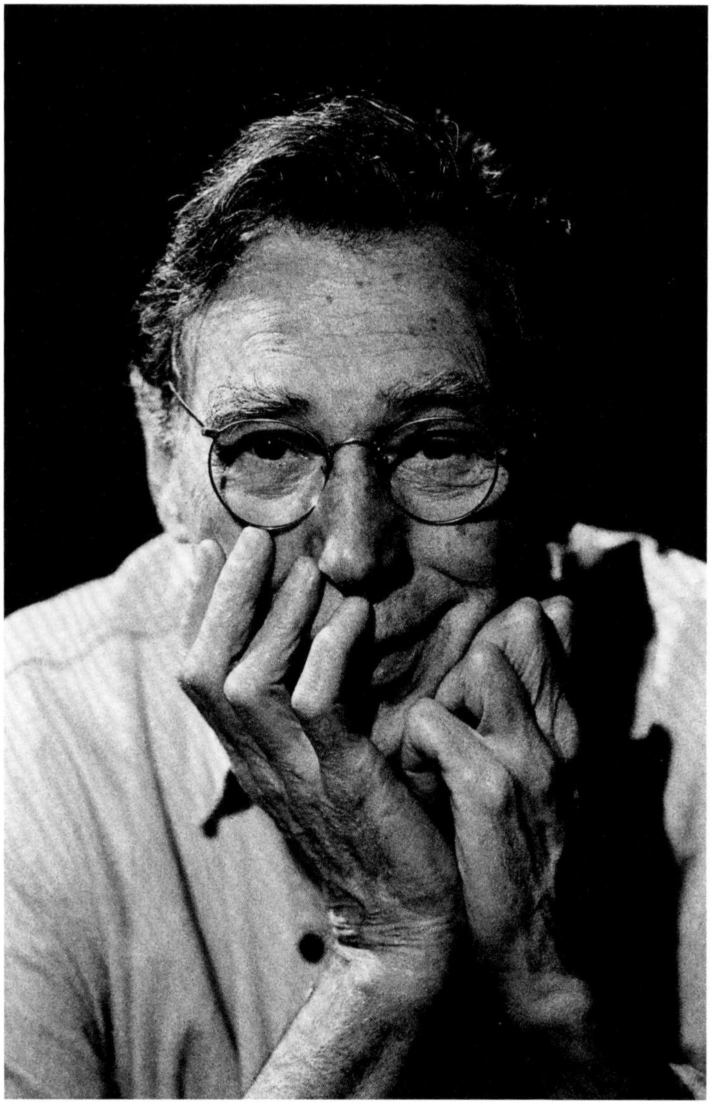

1978

# *Macunaíma*

*Resta dizer que, se foi com* Macunaíma *que o mestre Mário de Andrade cantou glória e miséria dos Brasis, foi por arte de Antunes Filho e daquele valoroso grupo que* Macunaíma *renasceu vezes sem conta nos palcos pelo mundo afora. E revelava sempre, através dos seus renascimentos frente a distintos povos, abismos e culminâncias da gente brasileira.*

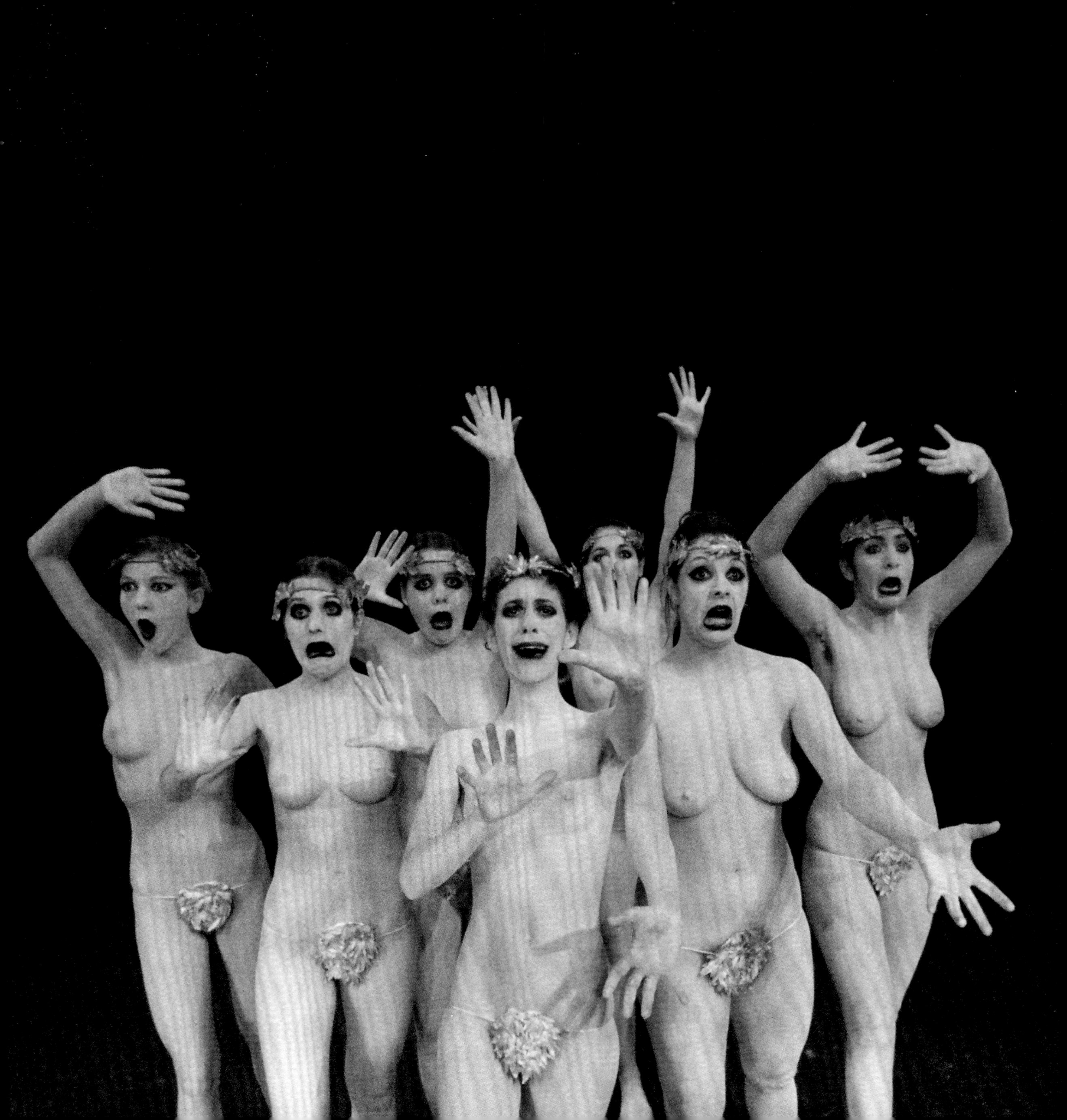

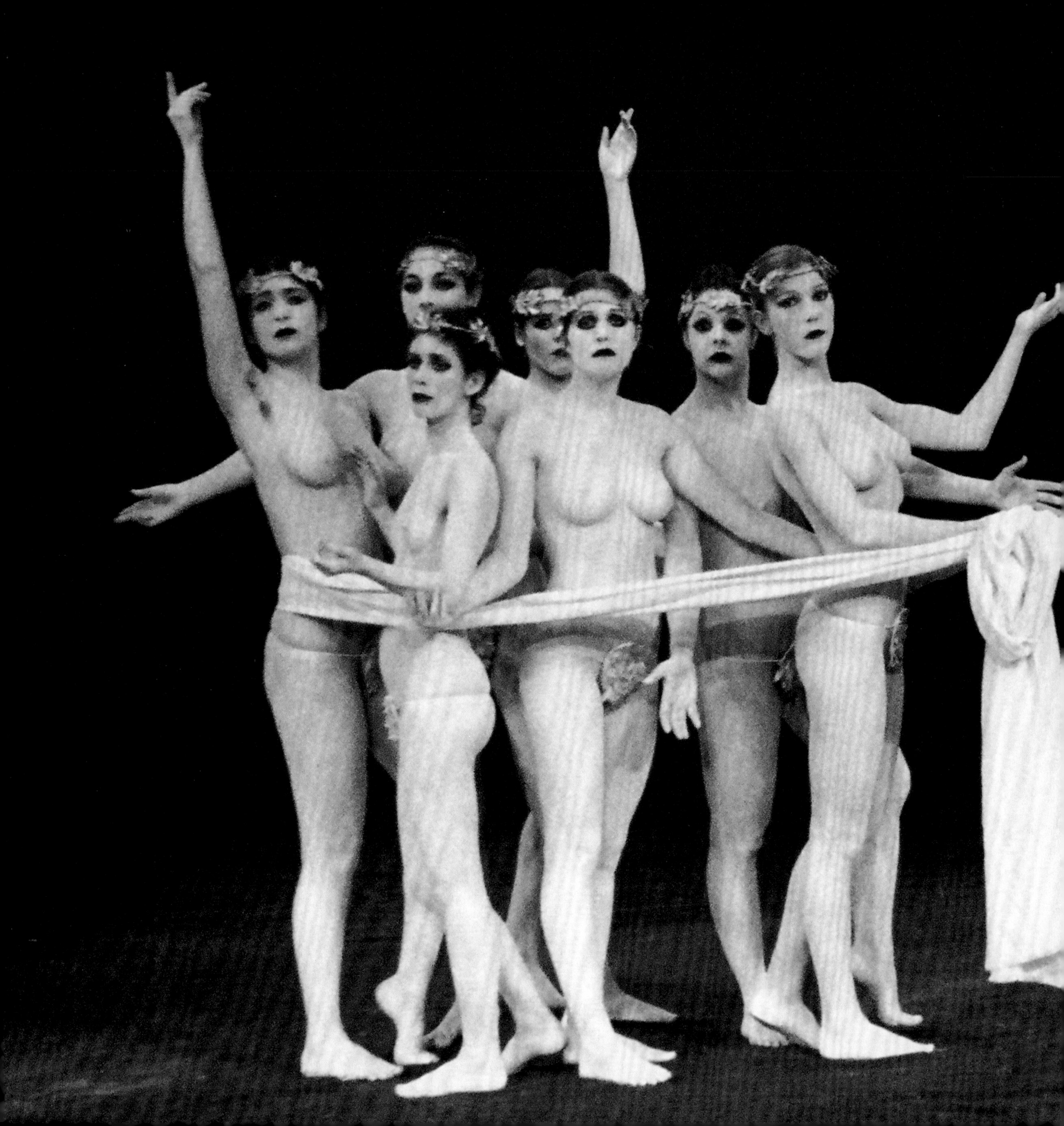

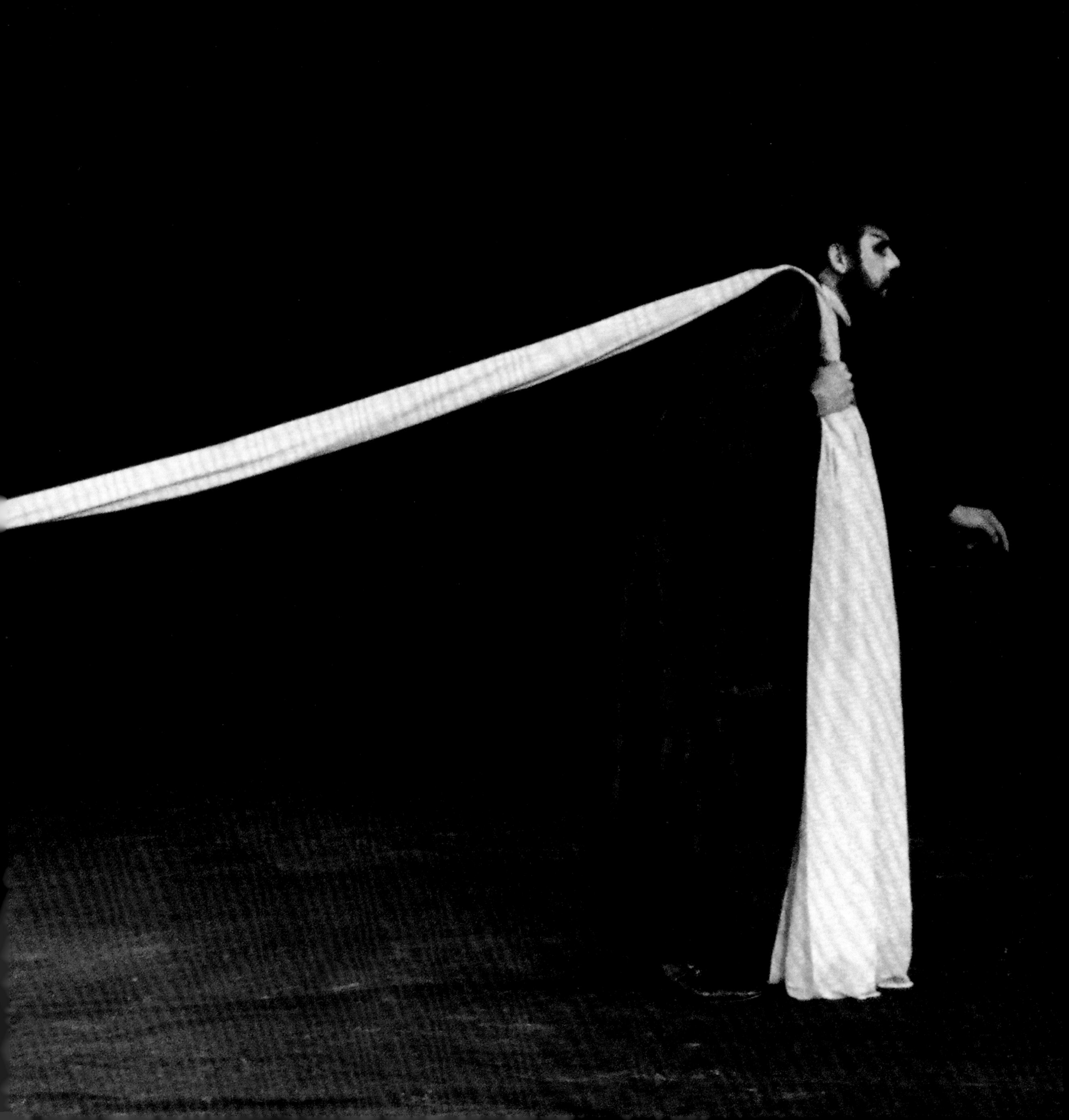

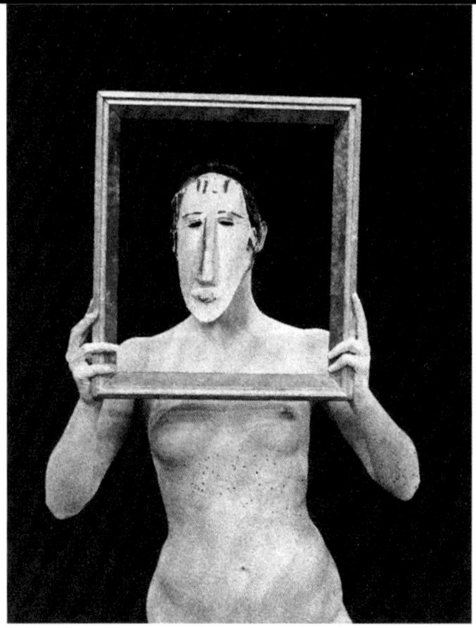

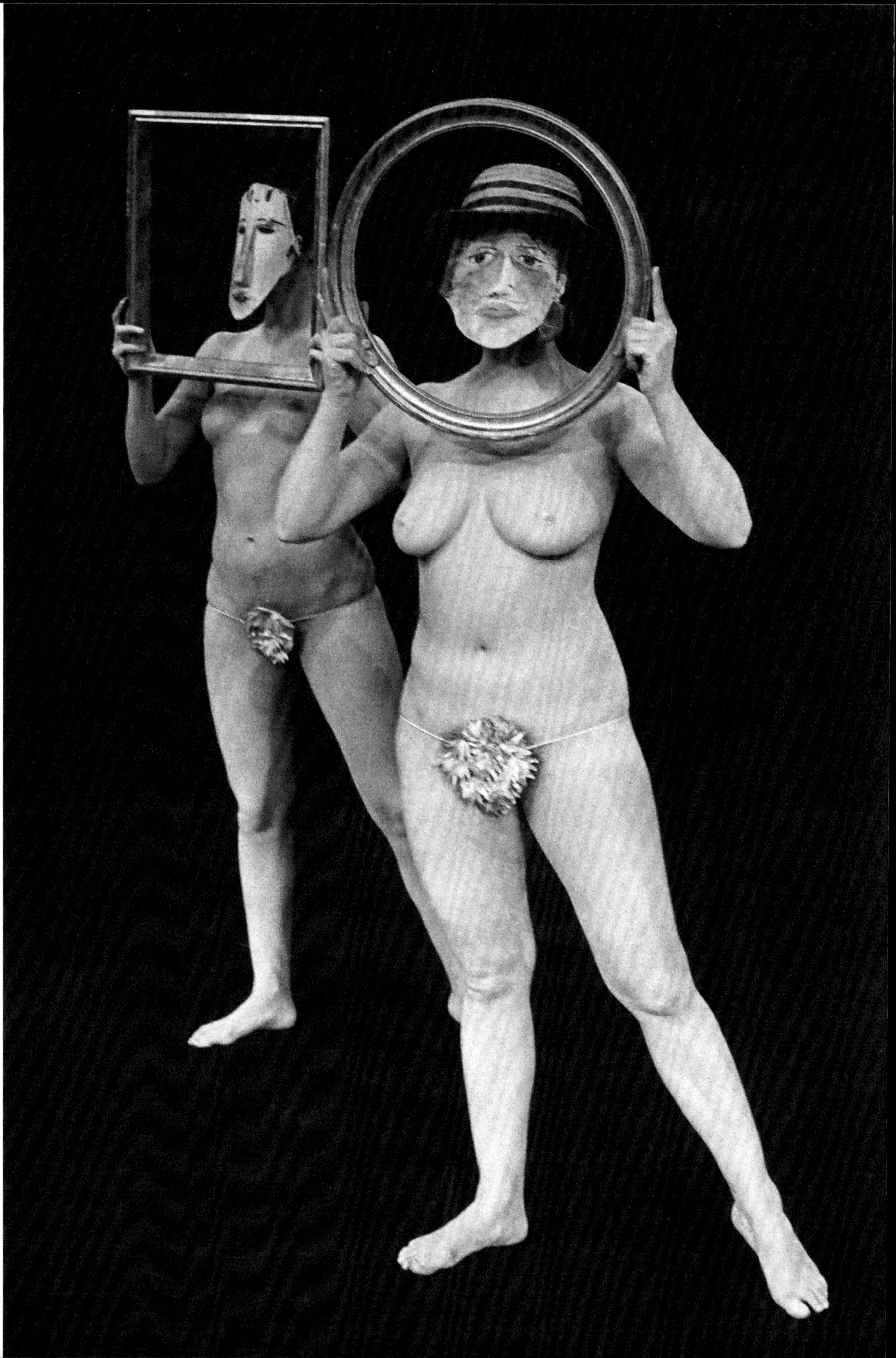

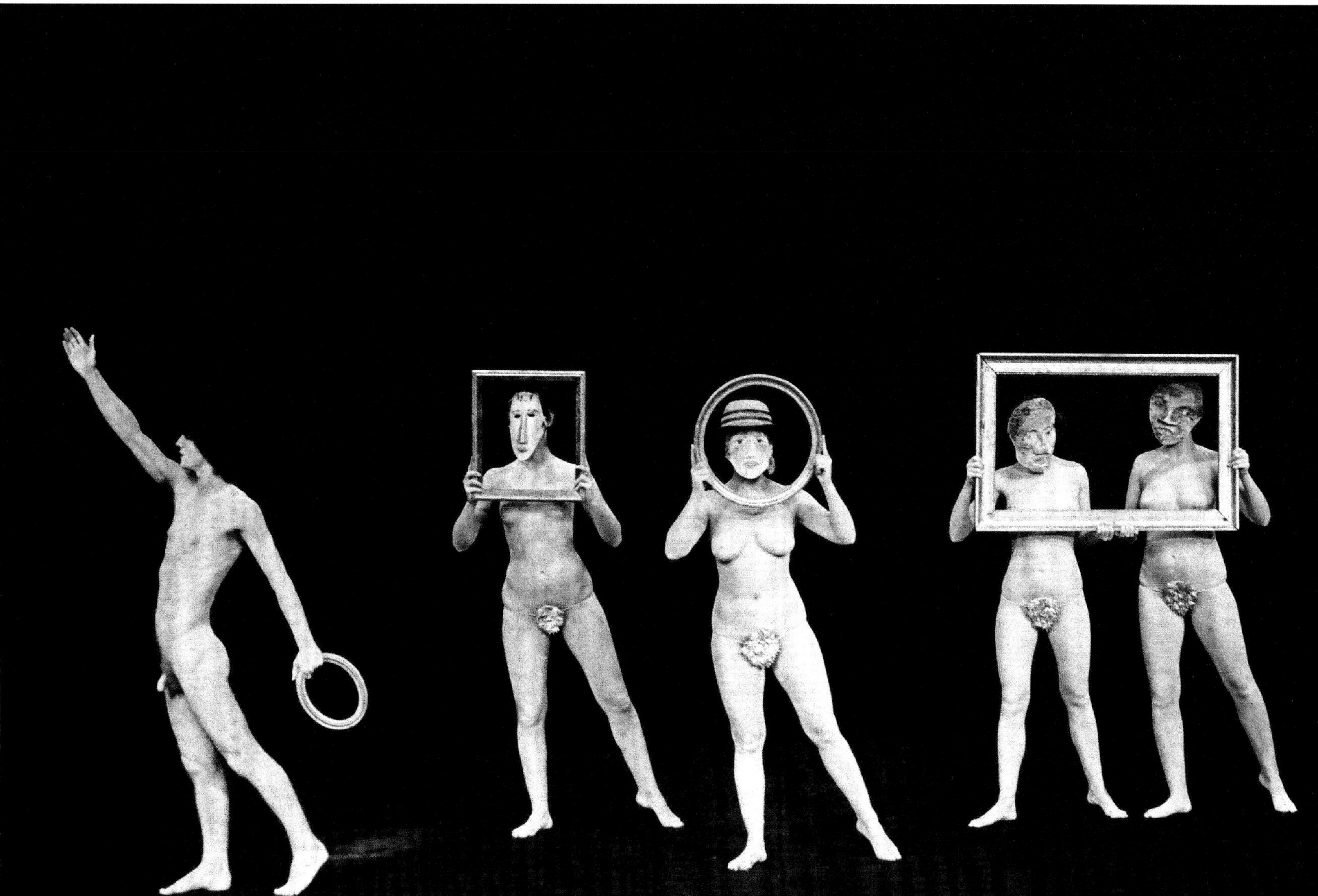

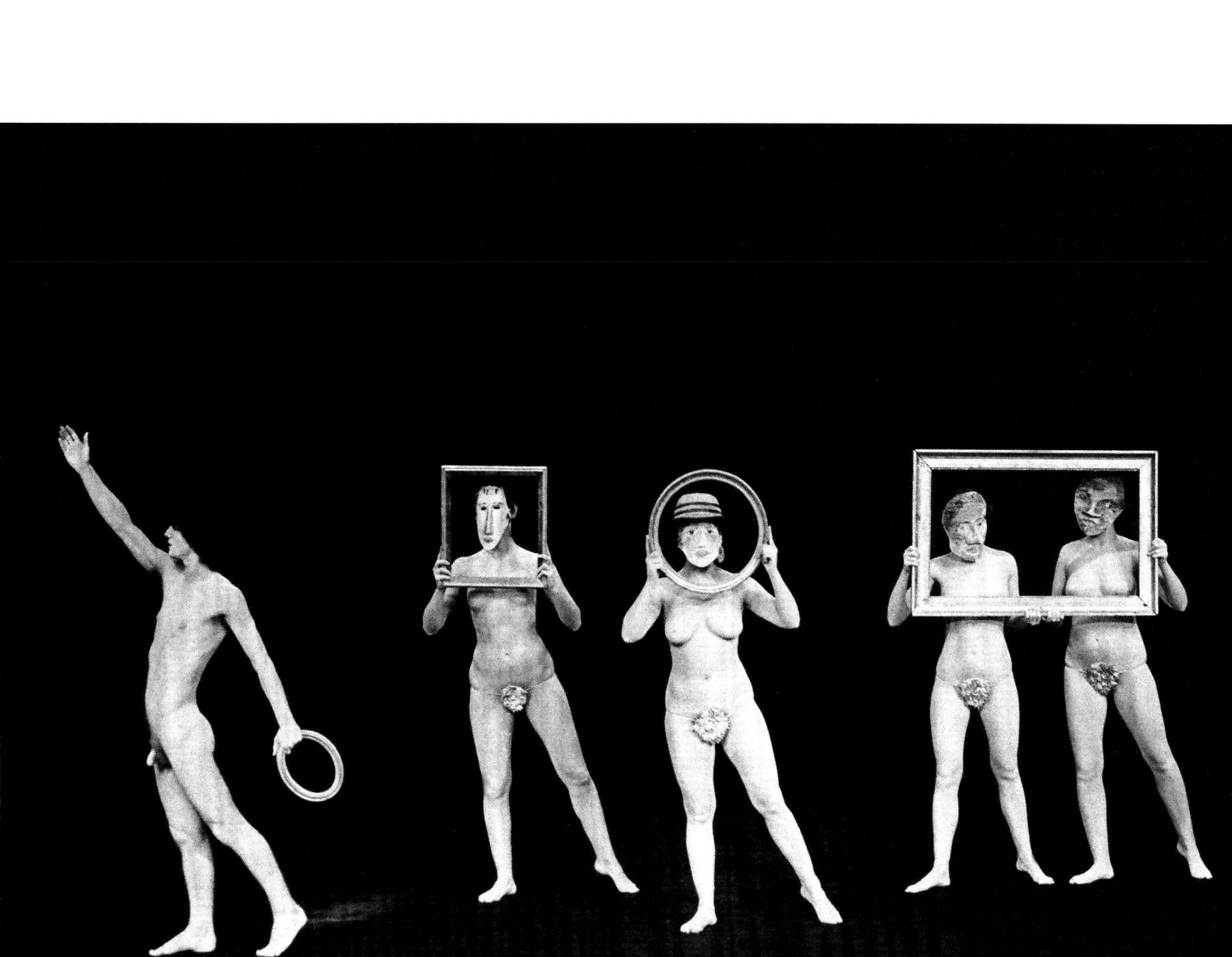

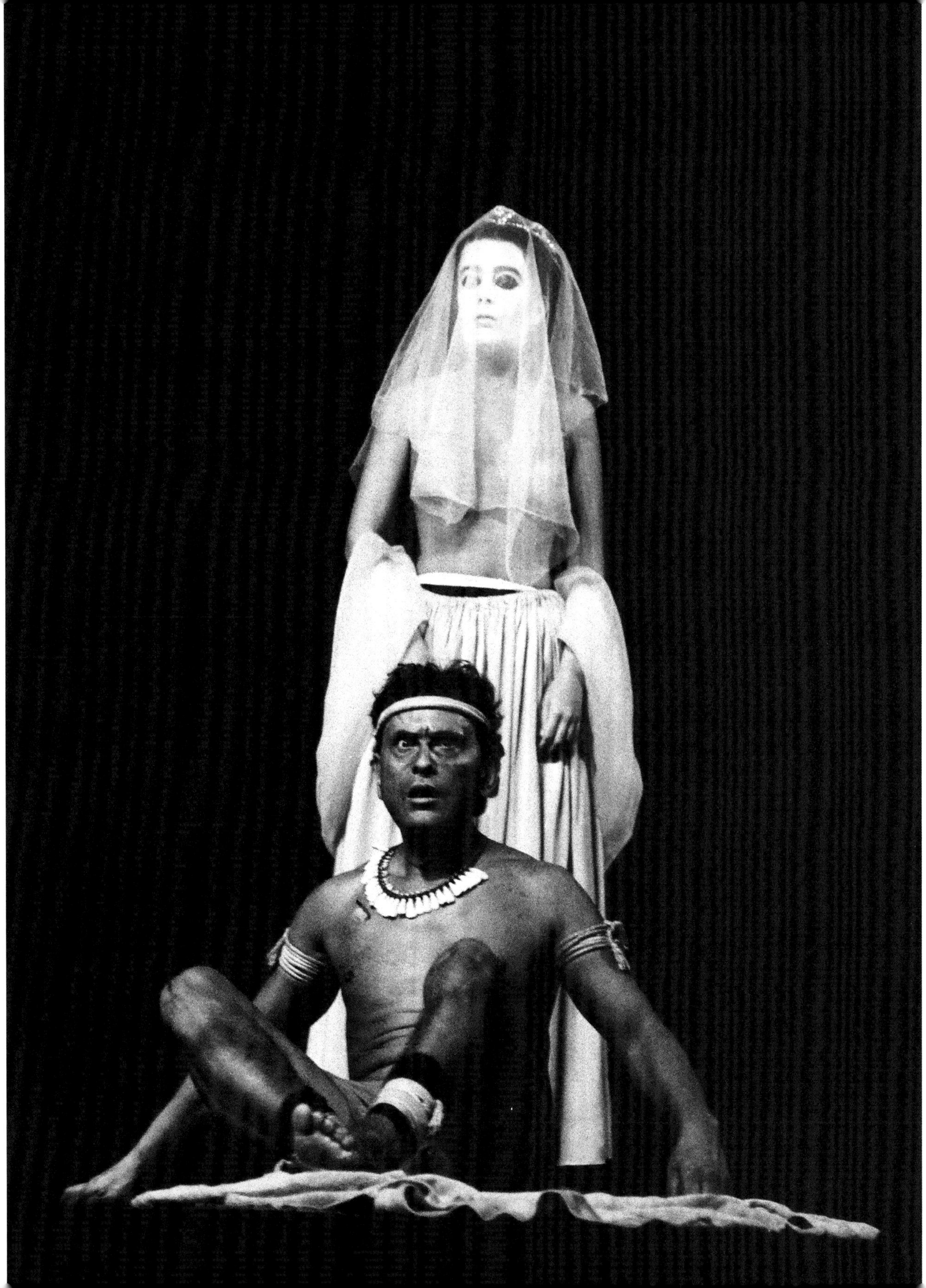

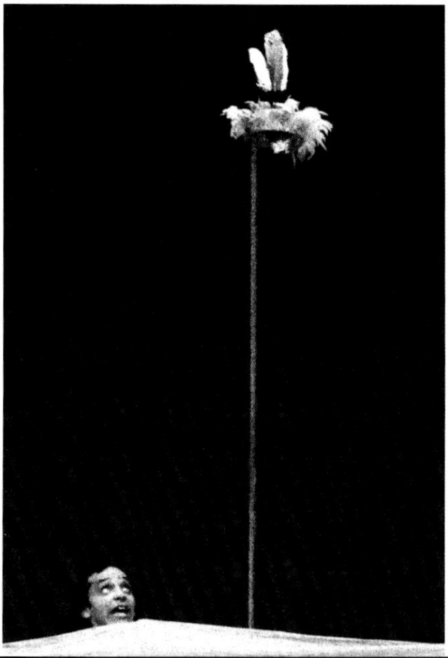

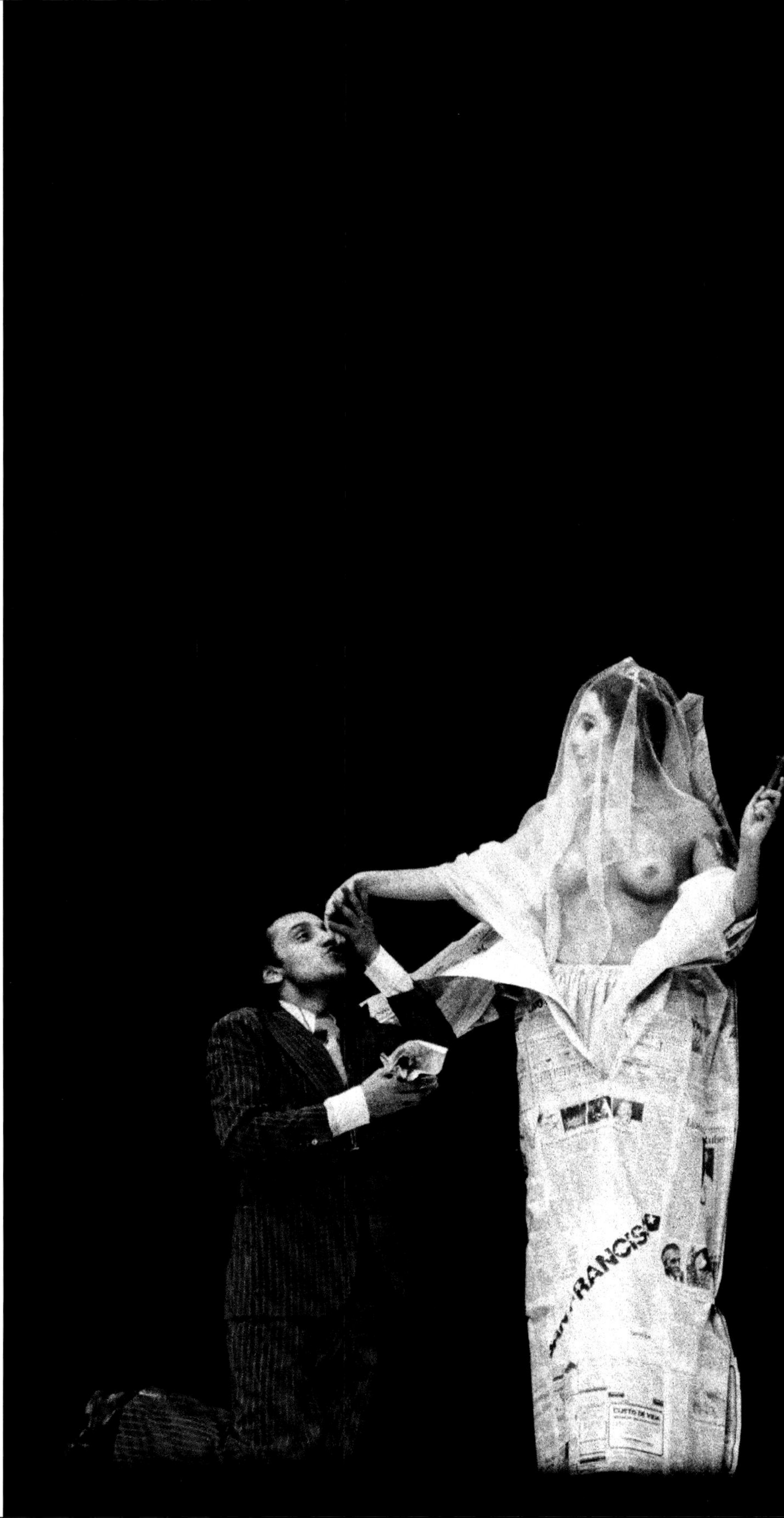

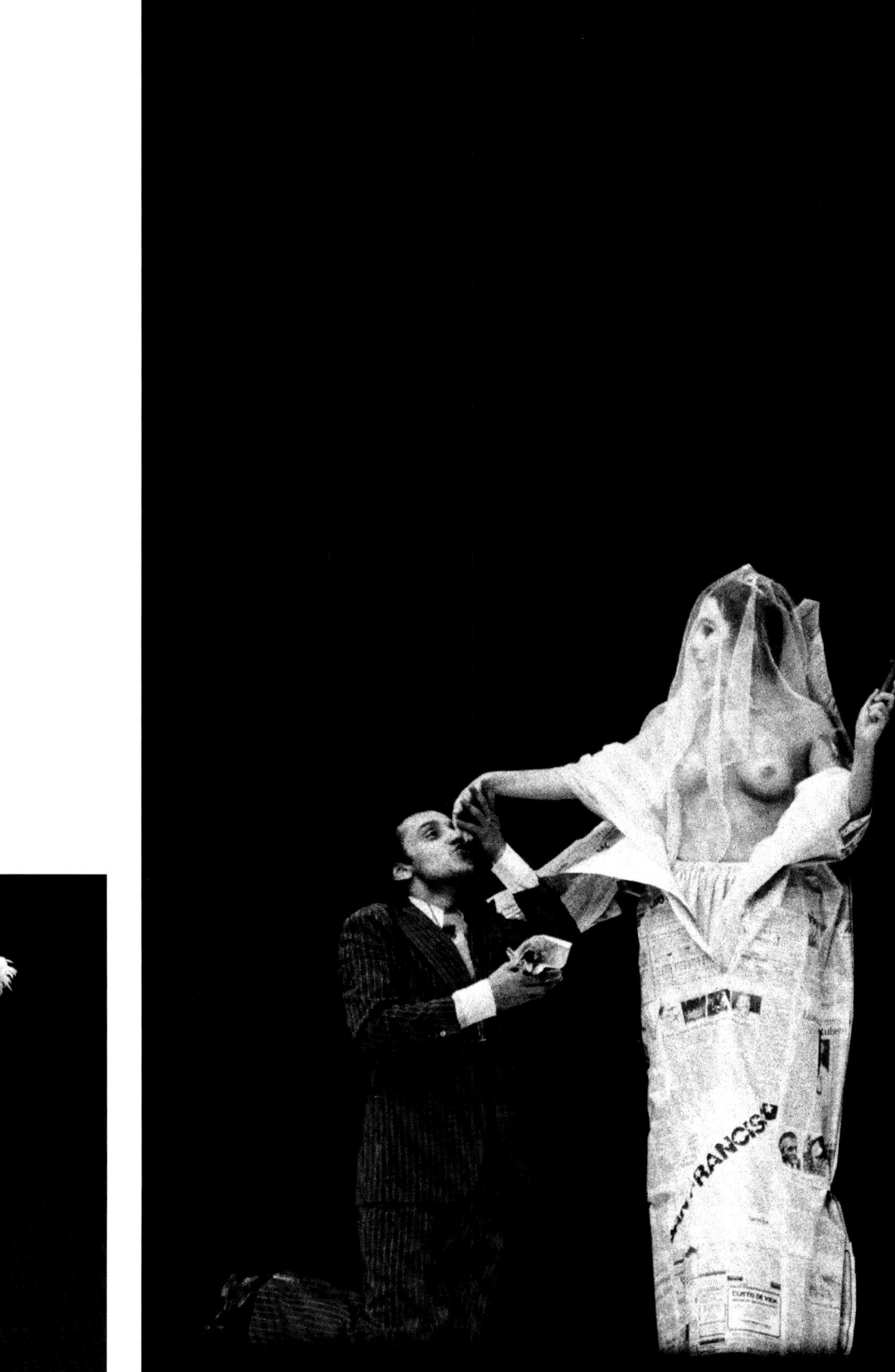

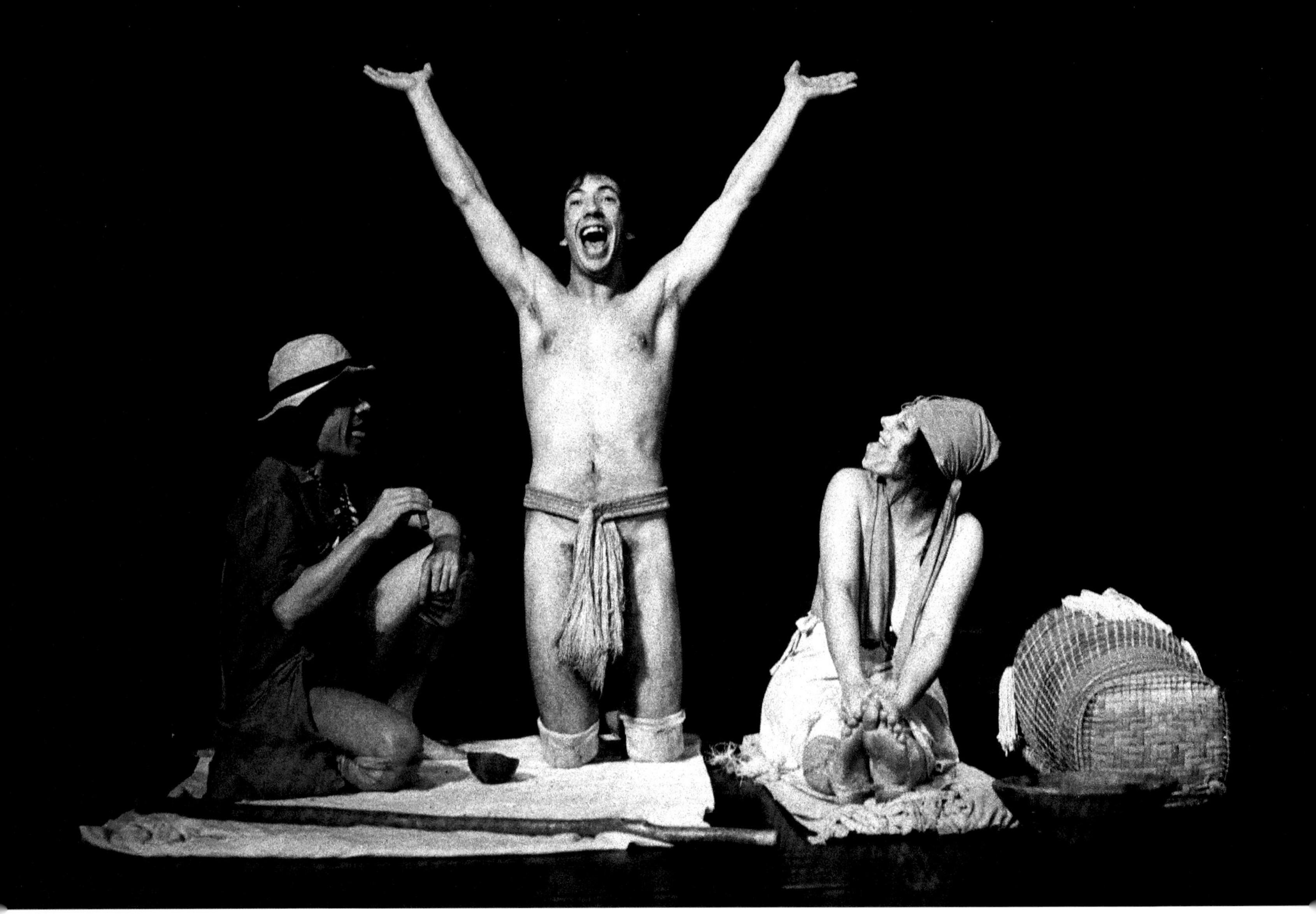

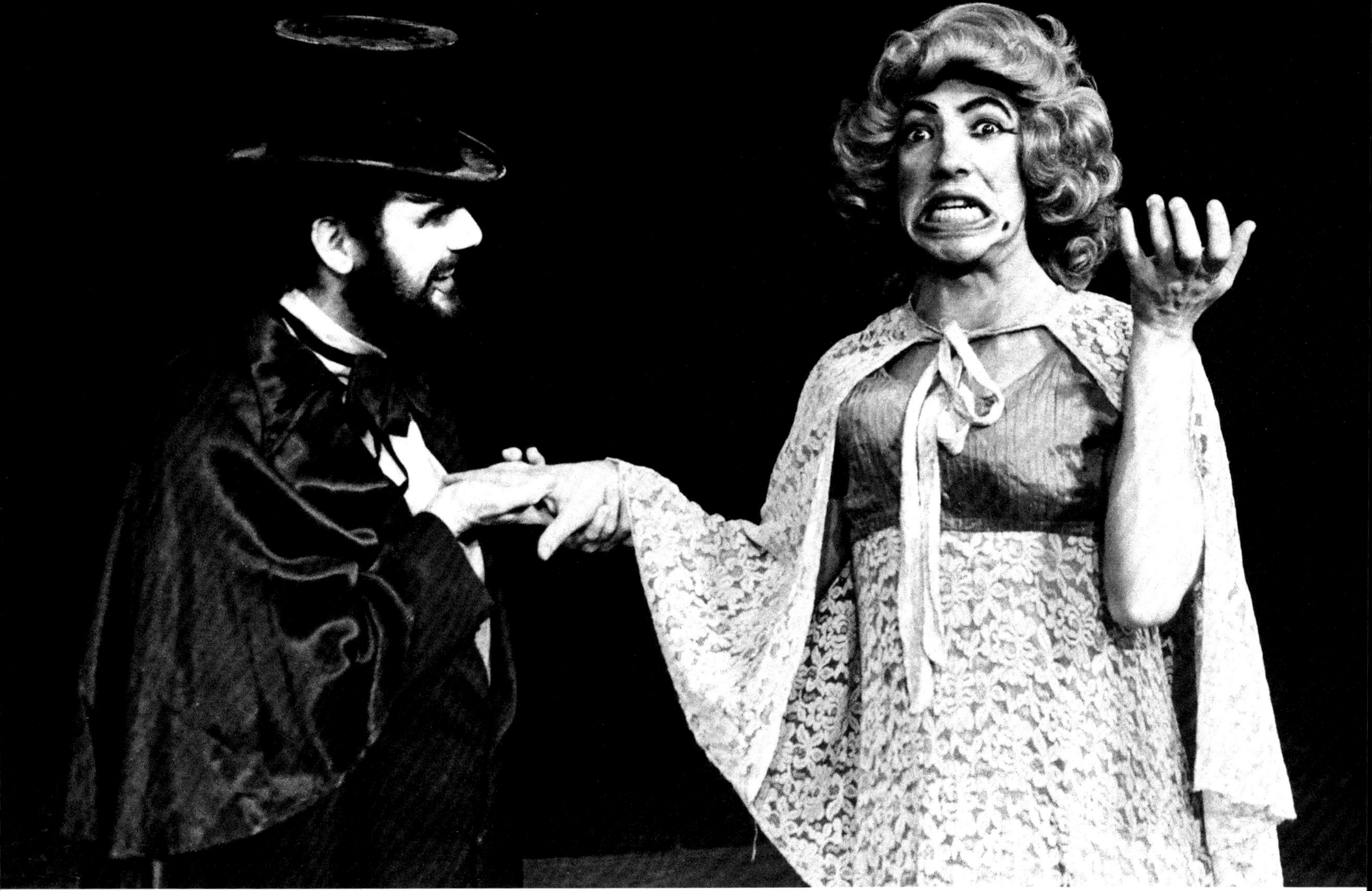

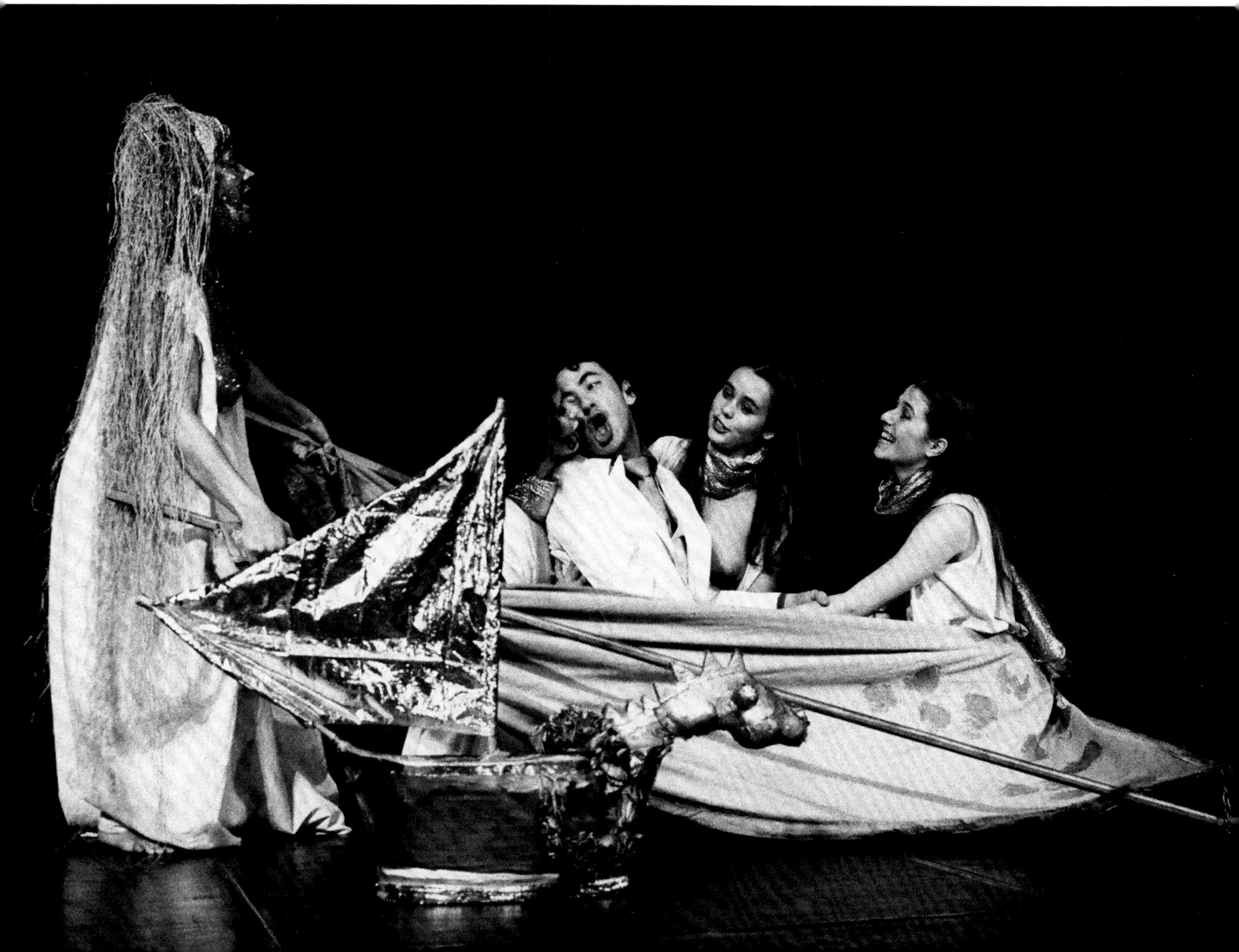

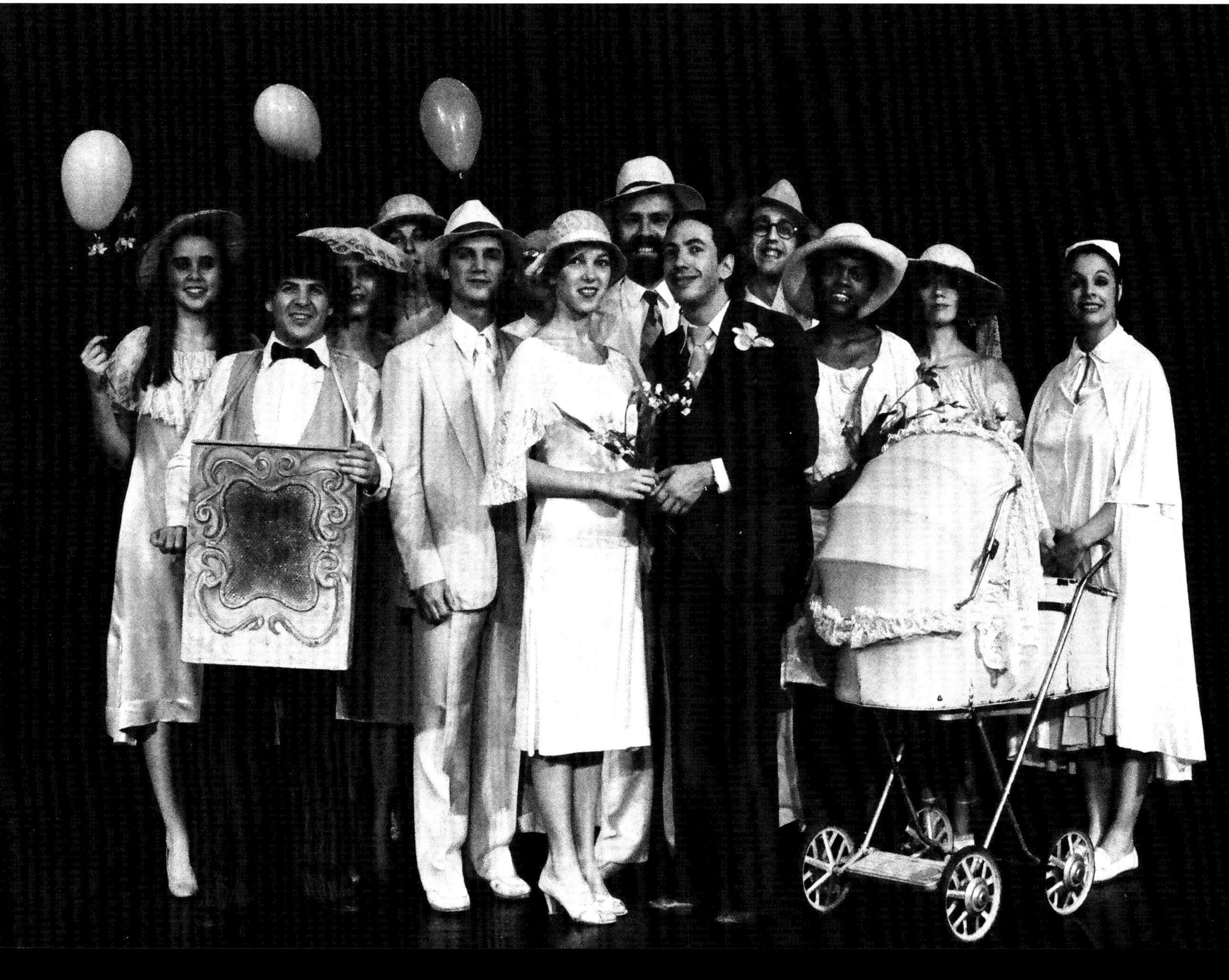

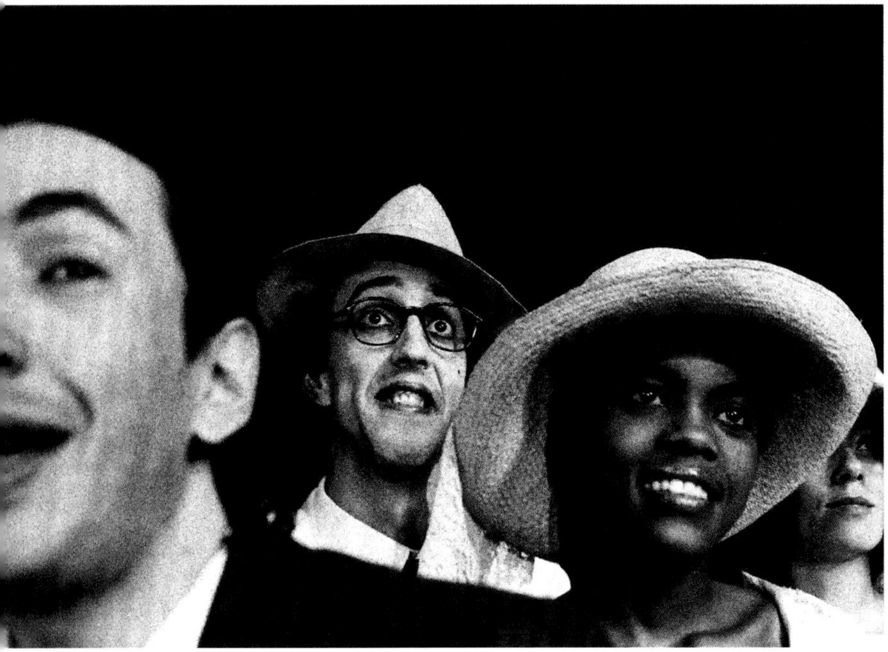

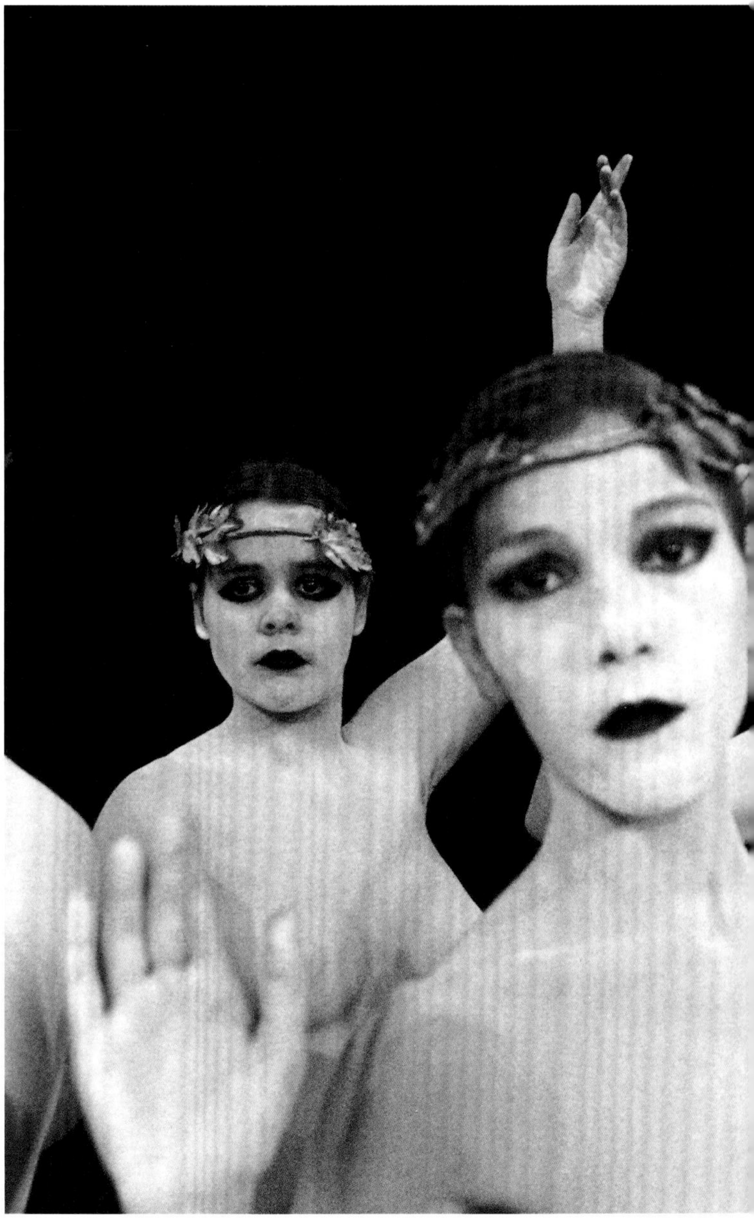

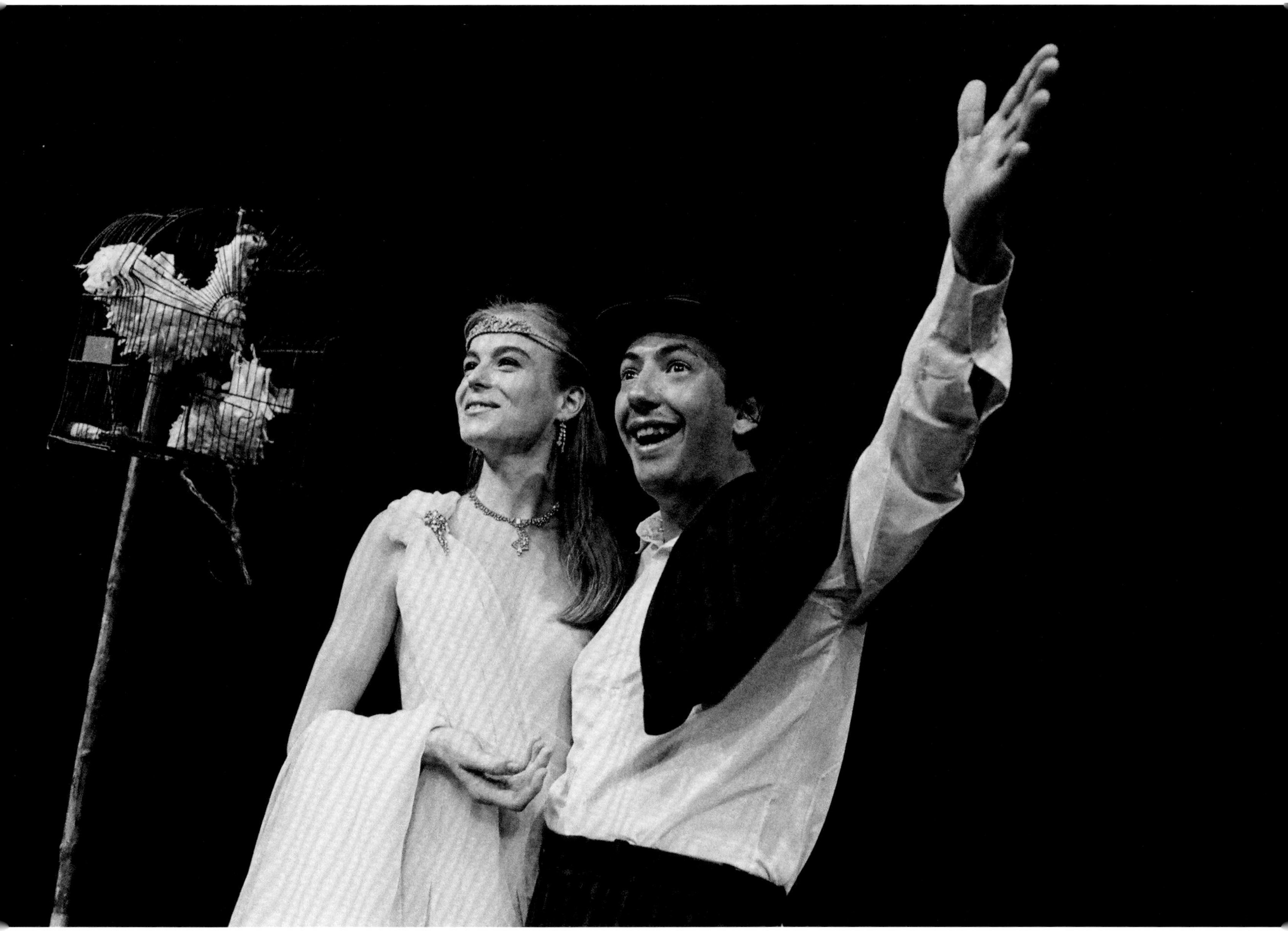

# 1981

## *Nelson Rodrigues, o eterno retorno*

*O lar é campo de batalha de deuses terríveis. Na construção poética de Nelson Rodrigues, a lucidez e o delírio convivem em tumultos e descrevem sagas históricas do homem contemporâneo. Foi por essa trilha que Antunes conduziu o elenco. E, ao estrear, Nelson Rodrigues, o eterno retorno envolveu a plateia em atmosfera onírica. Rompia vícios até então presentes nas encenações de Nelson Rodrigues, revelando um universo poético ainda desconhecido, mas de admirável potência.*

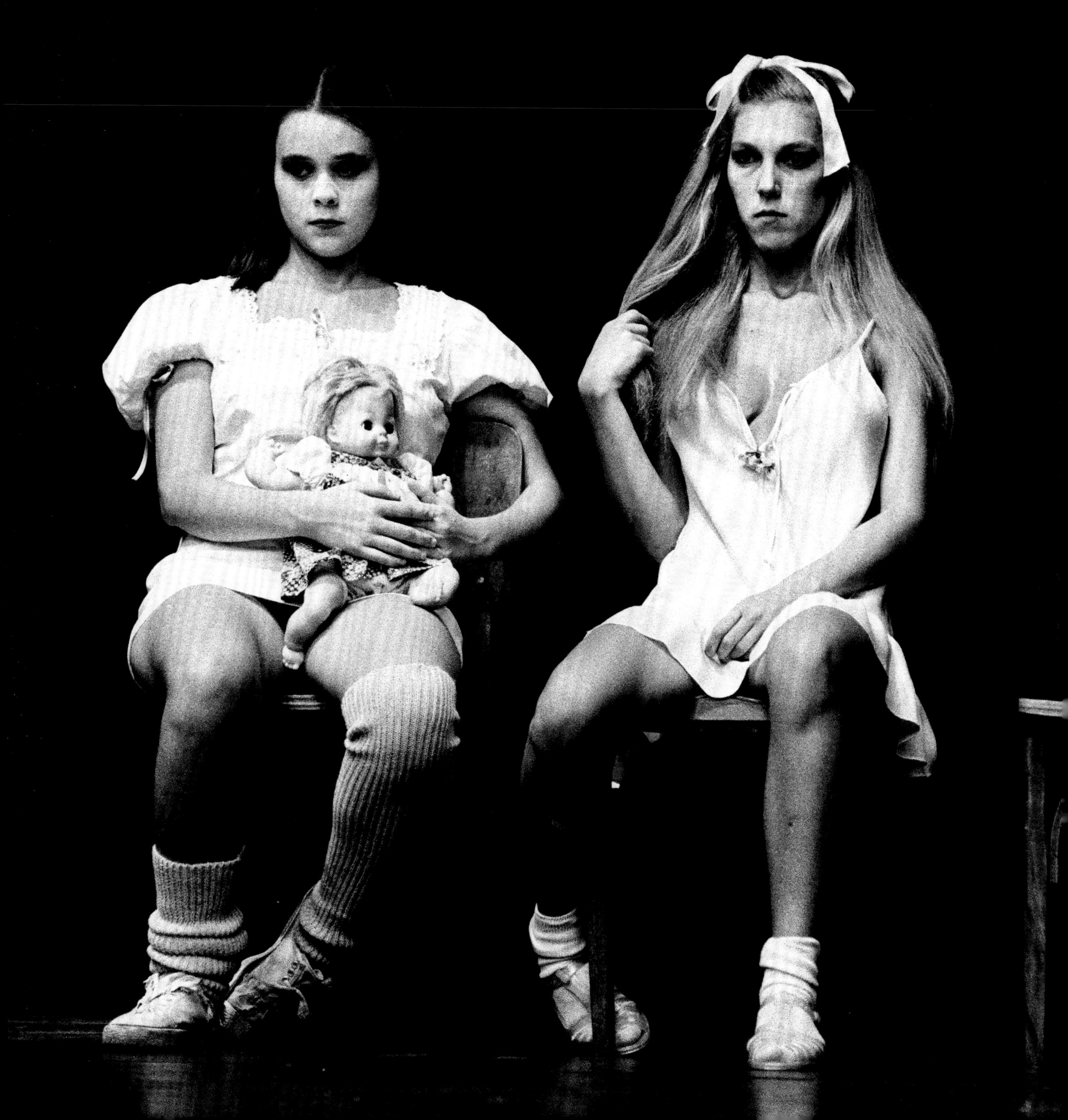

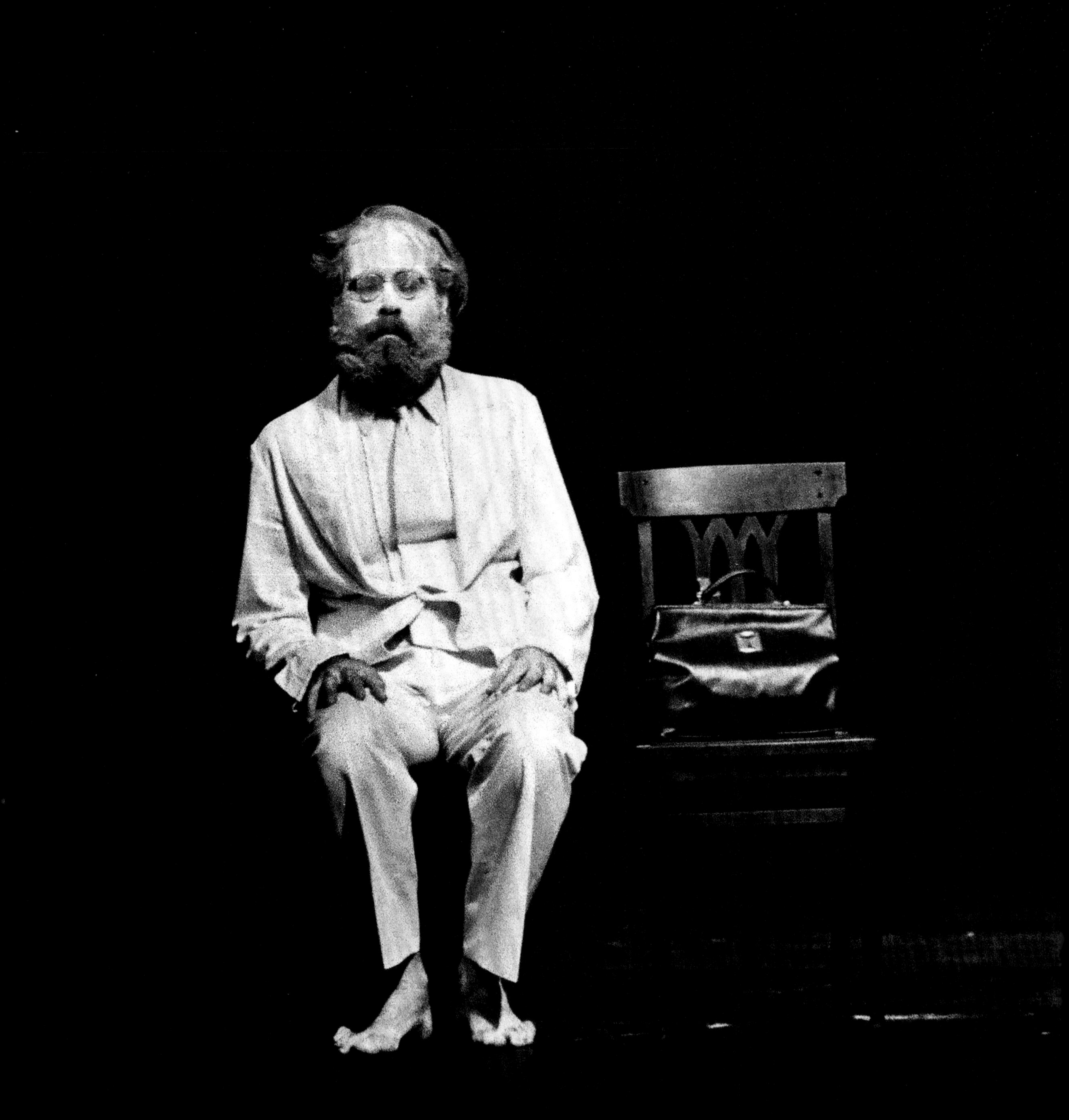

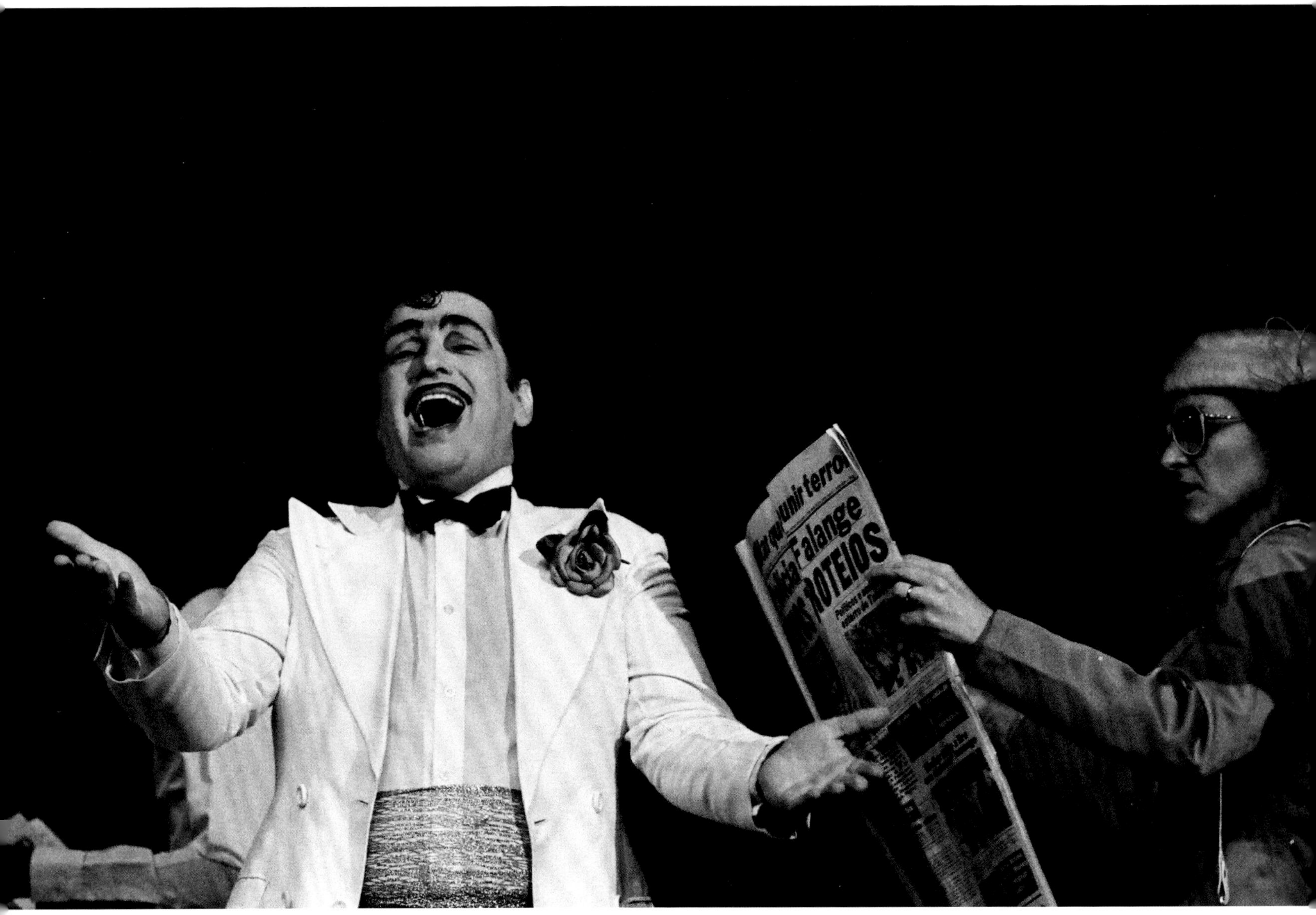
Falange

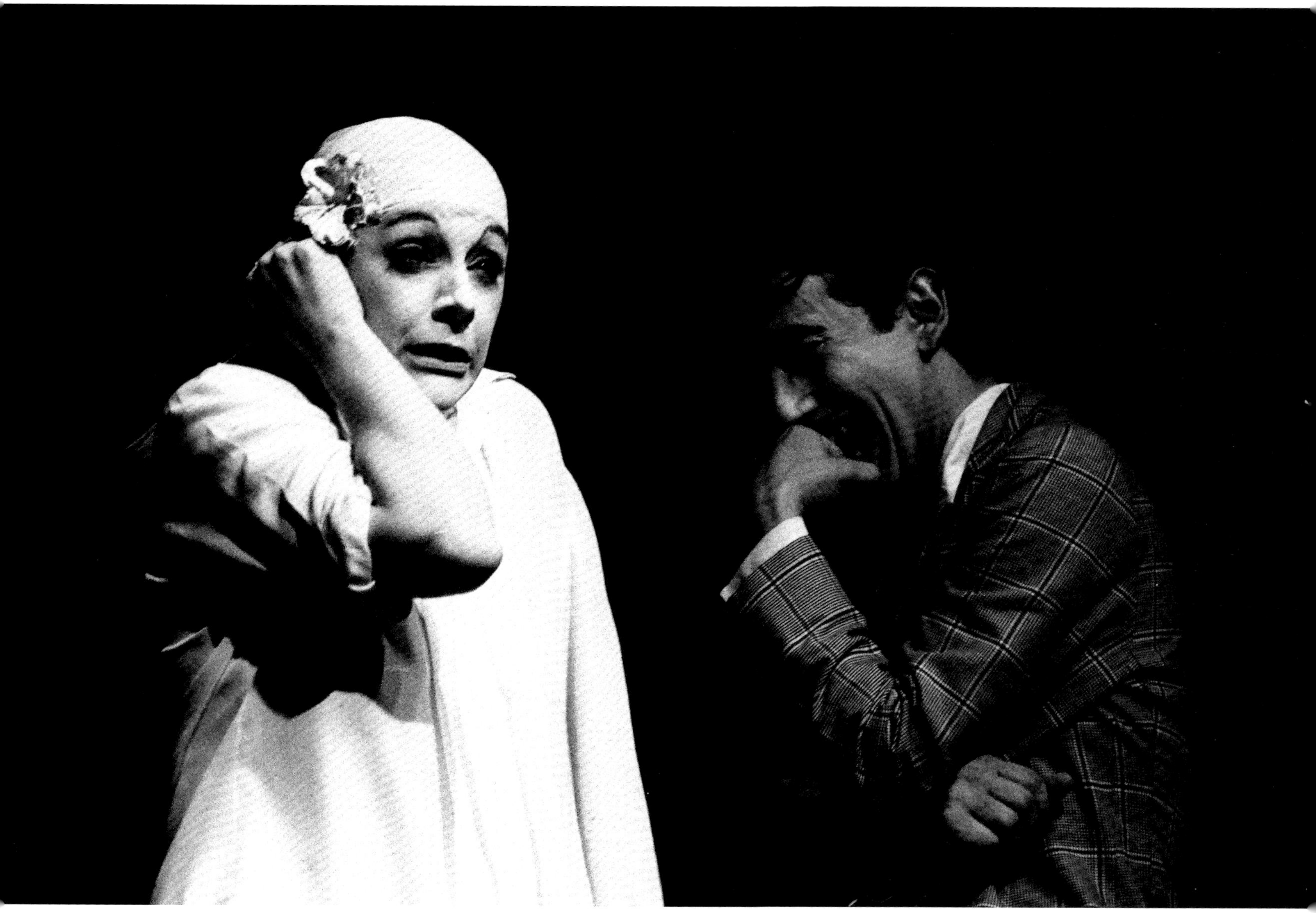

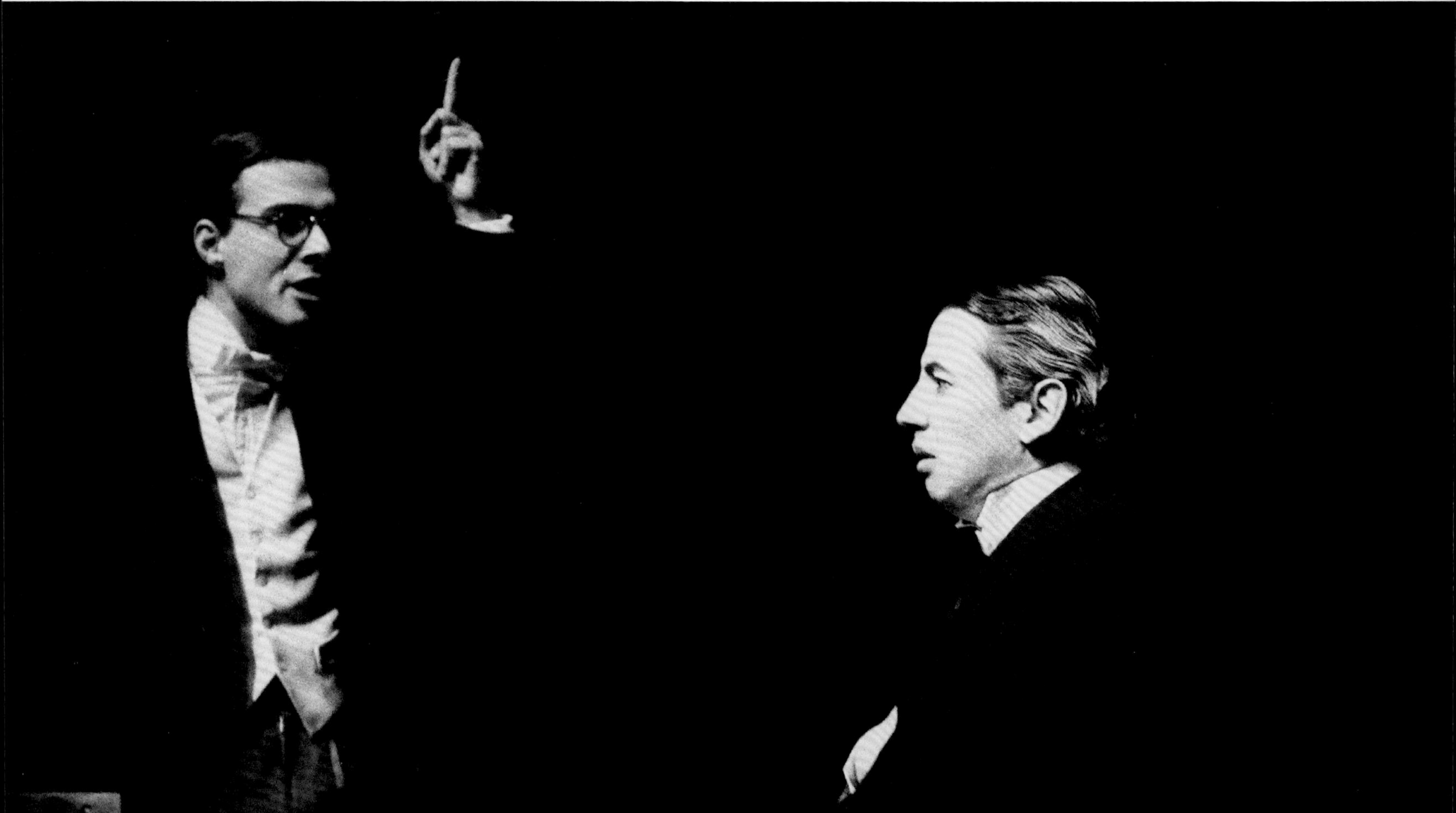

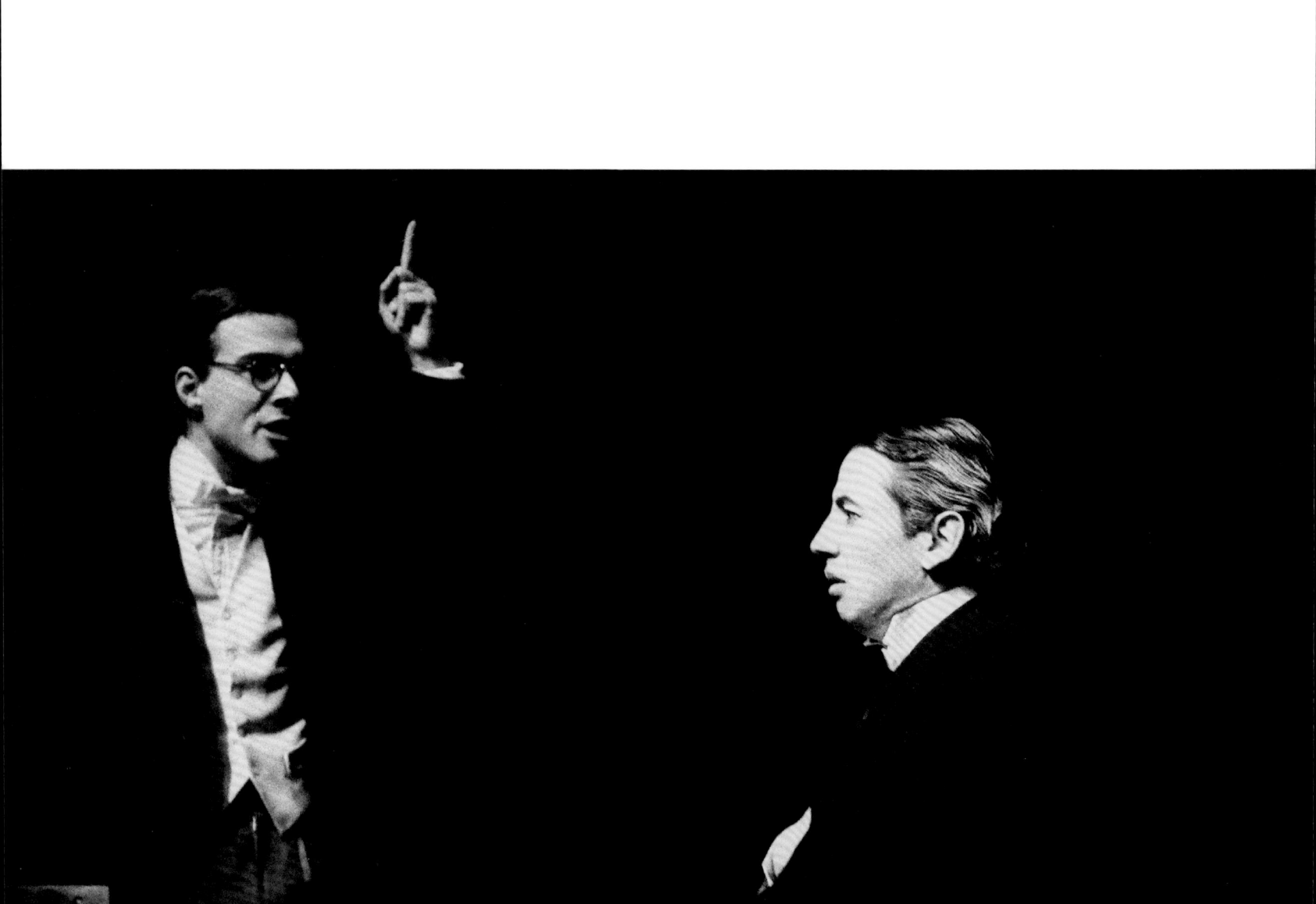

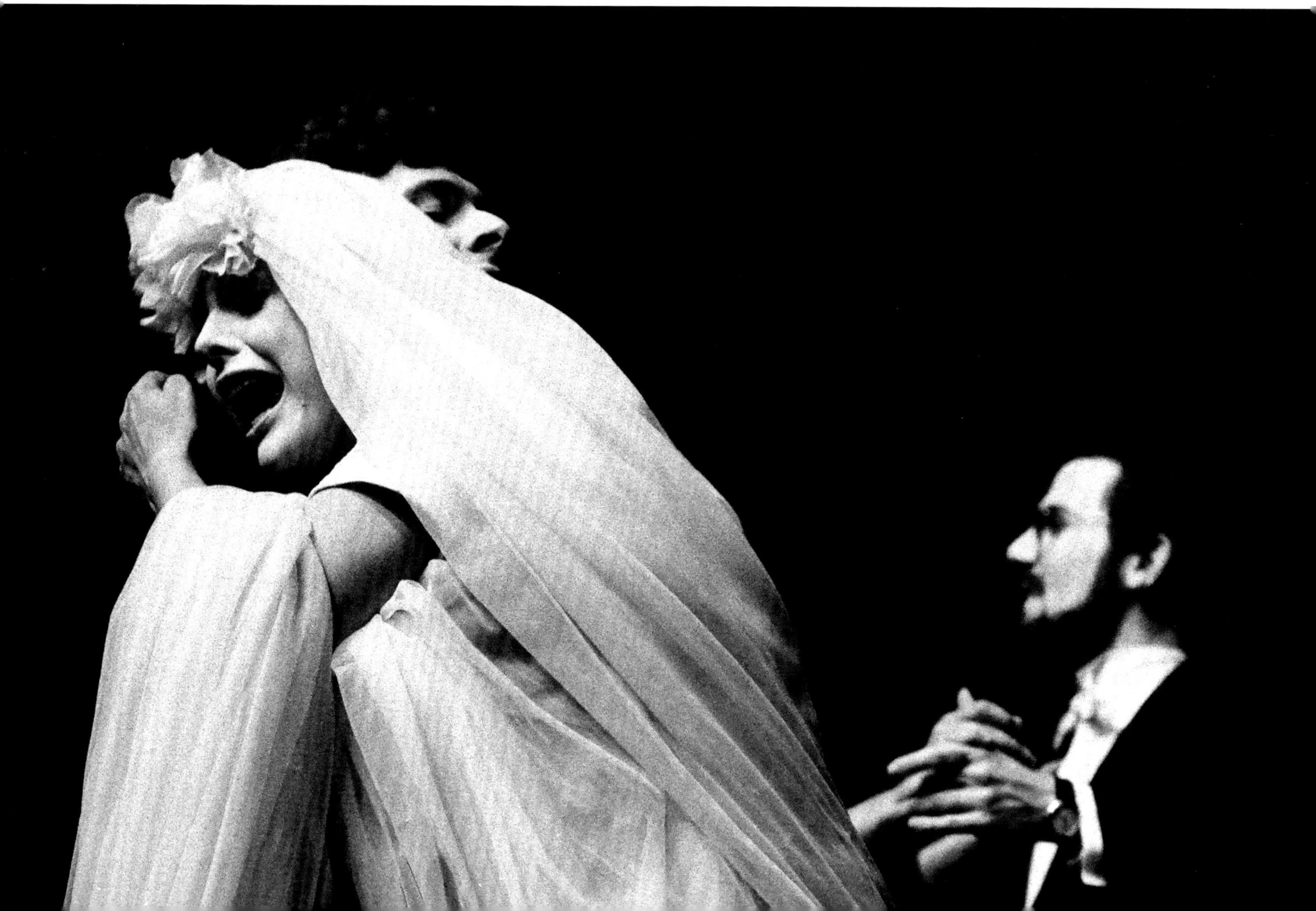

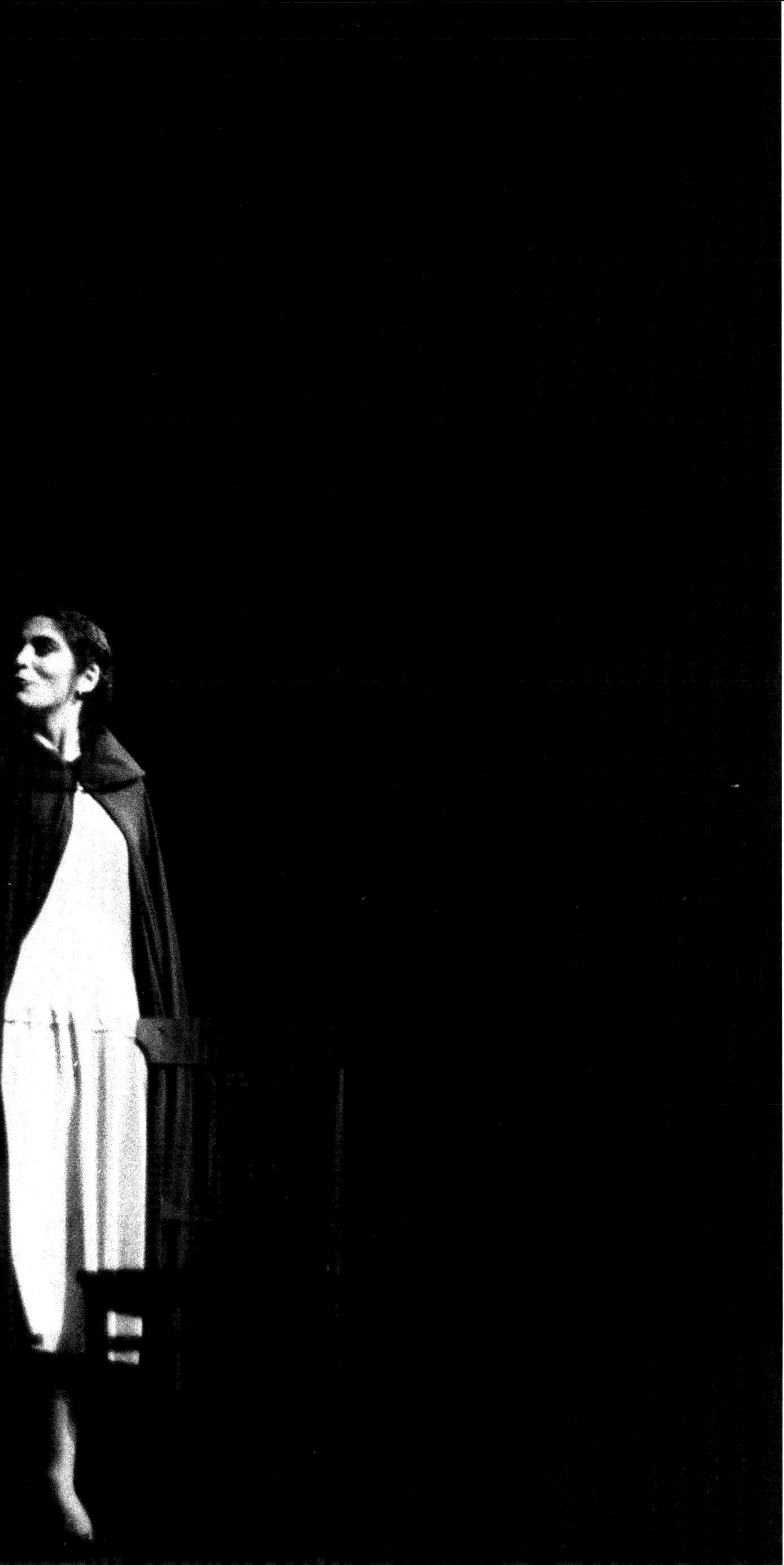

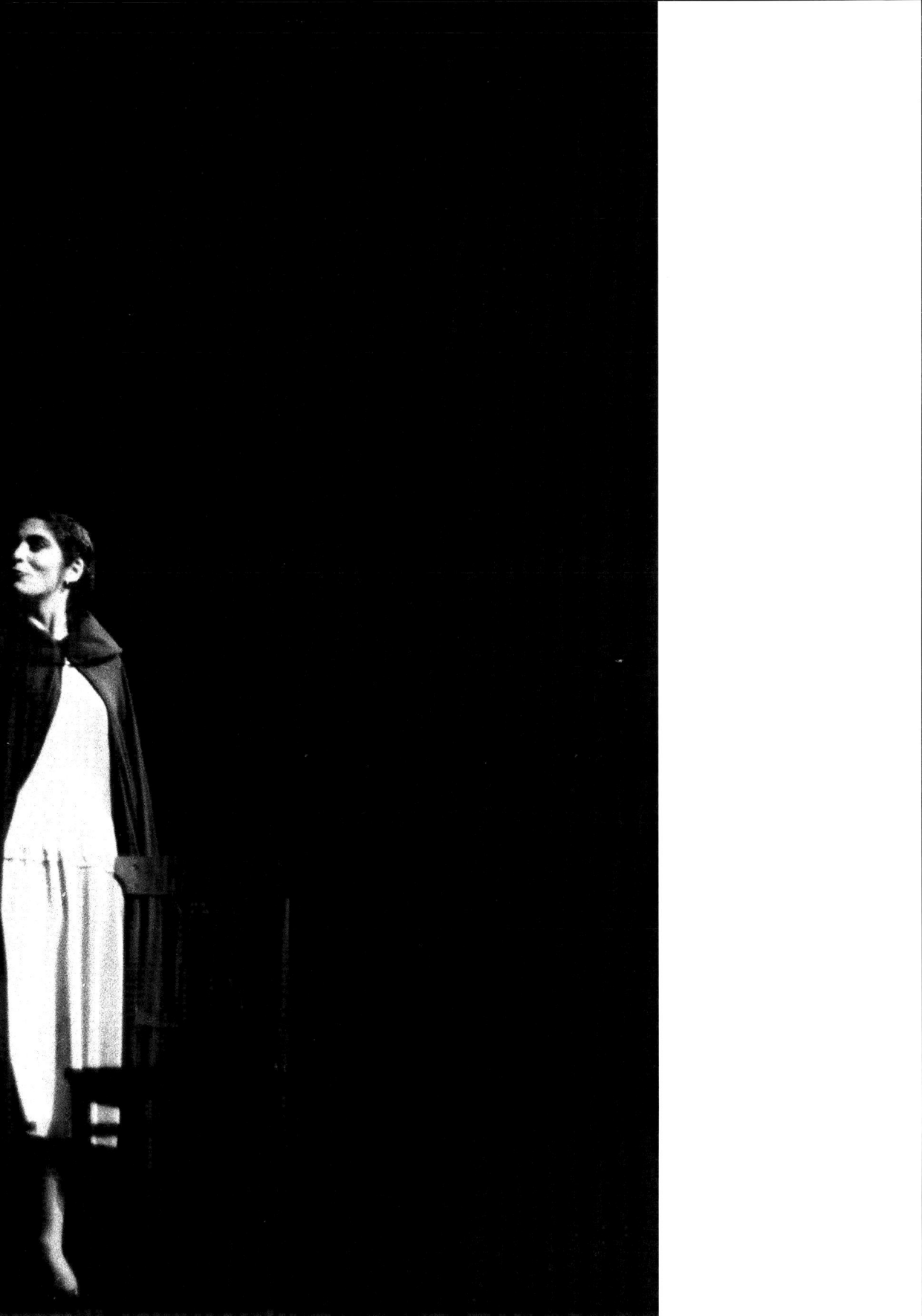

54

55

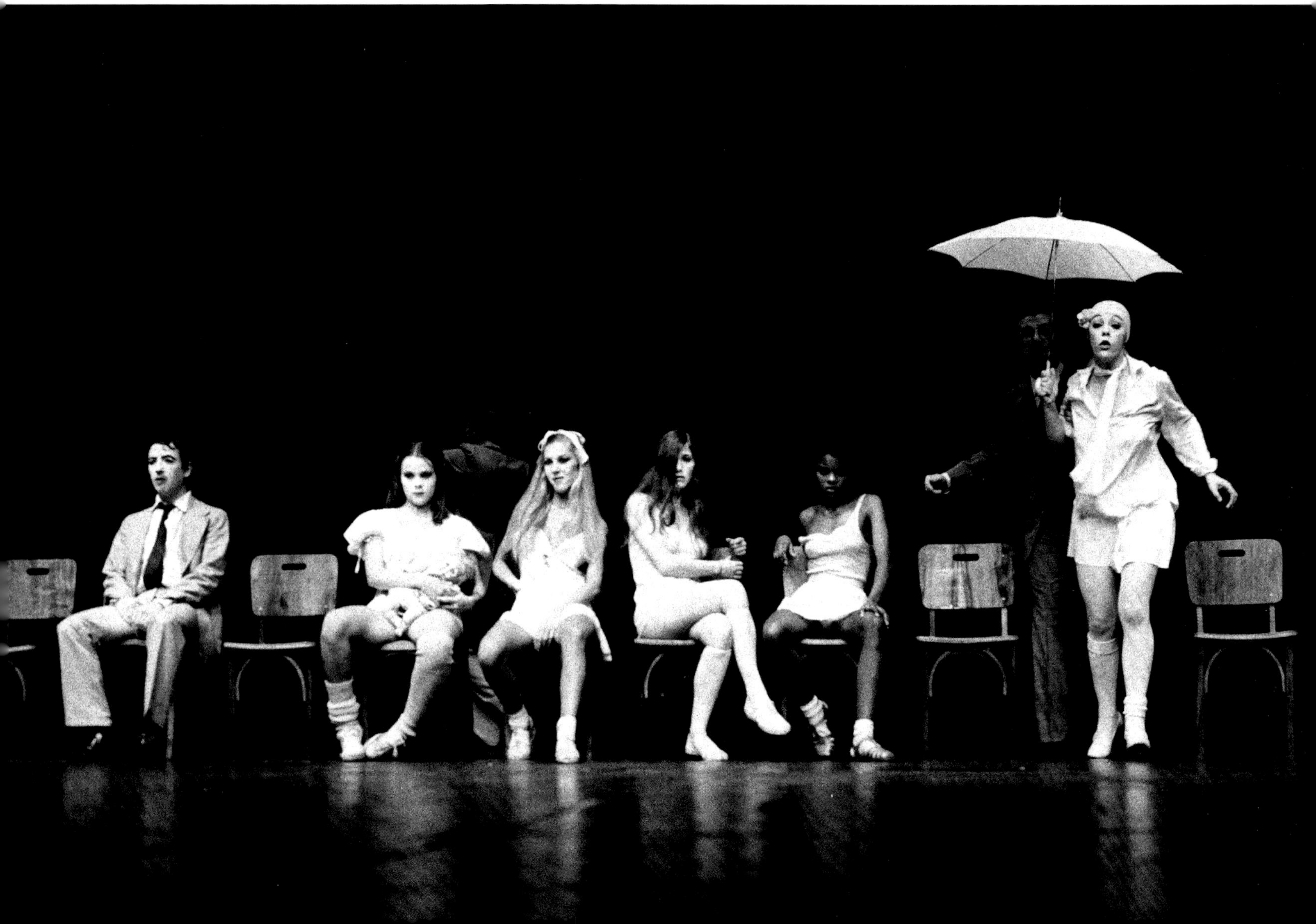

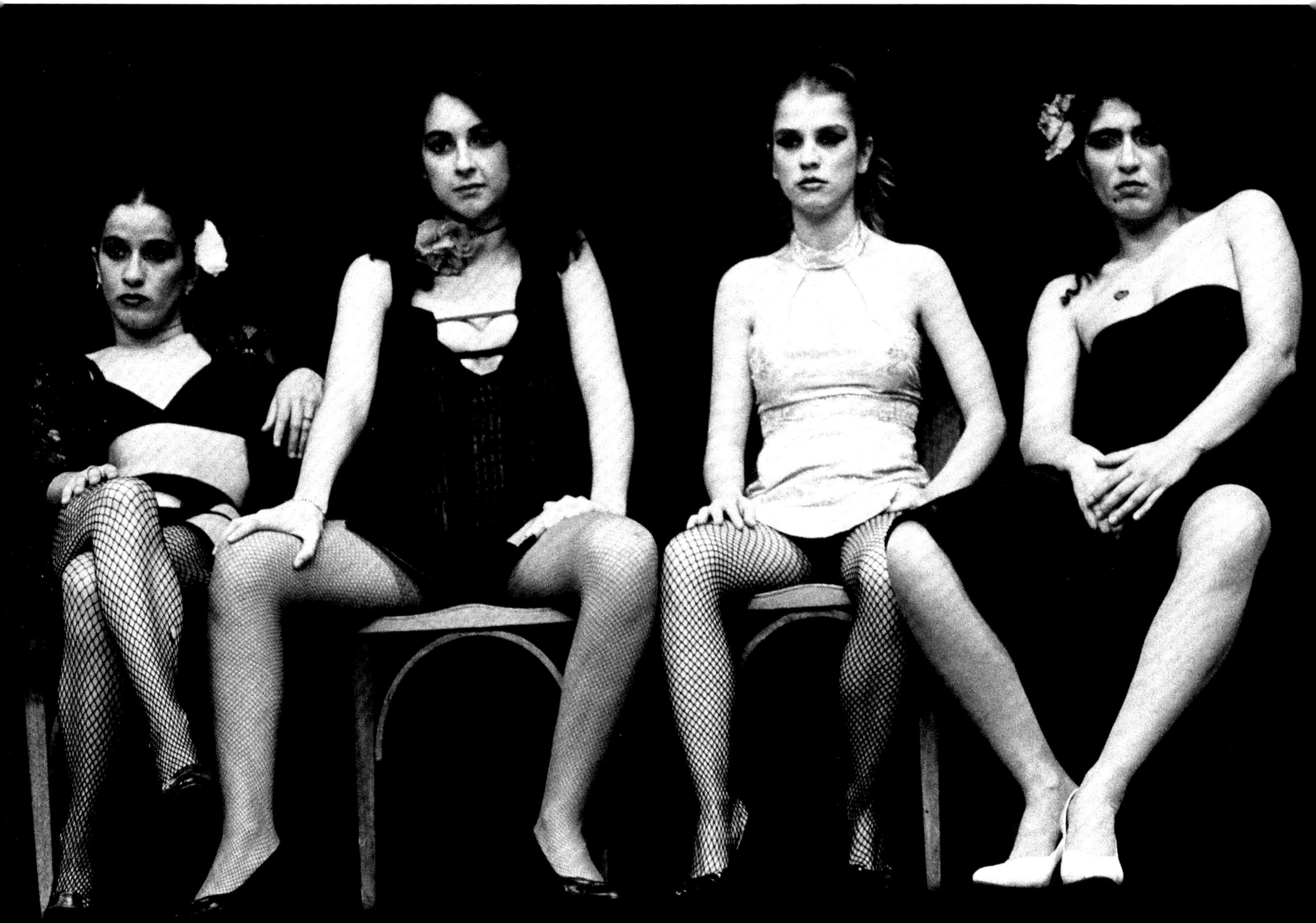

1984

# Romeu e Julieta

*A exuberância da encenação escapava tanto ao artificialismo de "efeitos" quanto à austeridade supostamente devida a um texto clássico. Prevaleciam o verdor e o humor da juventude, justificando soluções marotas, como uma escada de pedreiro servir de apoio na cena do balcão; ou a guerra entre os grupos dos Capuleto e dos Montecchio, solucionada pela saraivada de bolinhas de papel, atiradas entre uns e outros, desenhando no espaço retas e curvas delicadas, tornando a briga não um ato de ódio, mas brincadeira de crianças.*

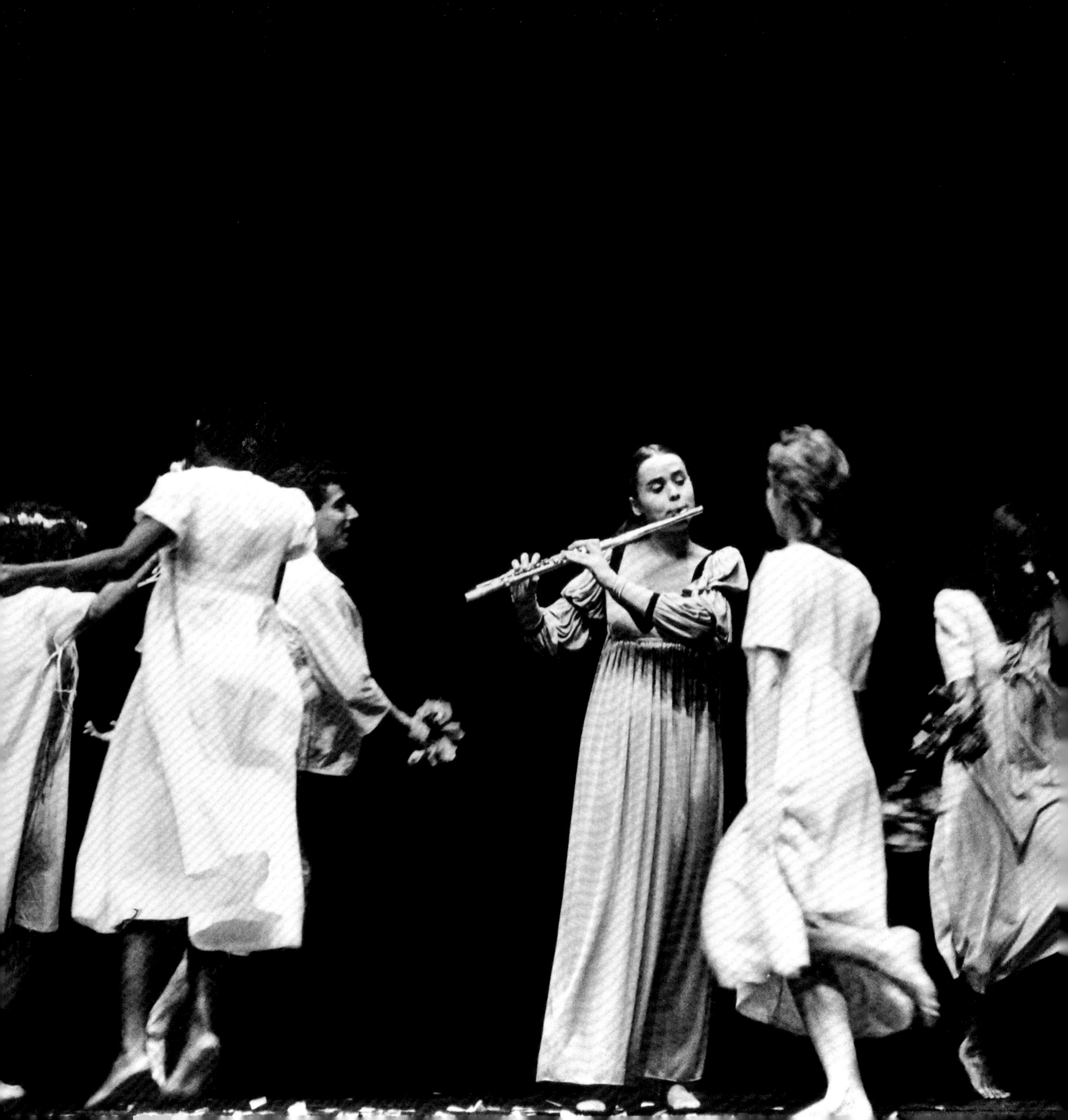

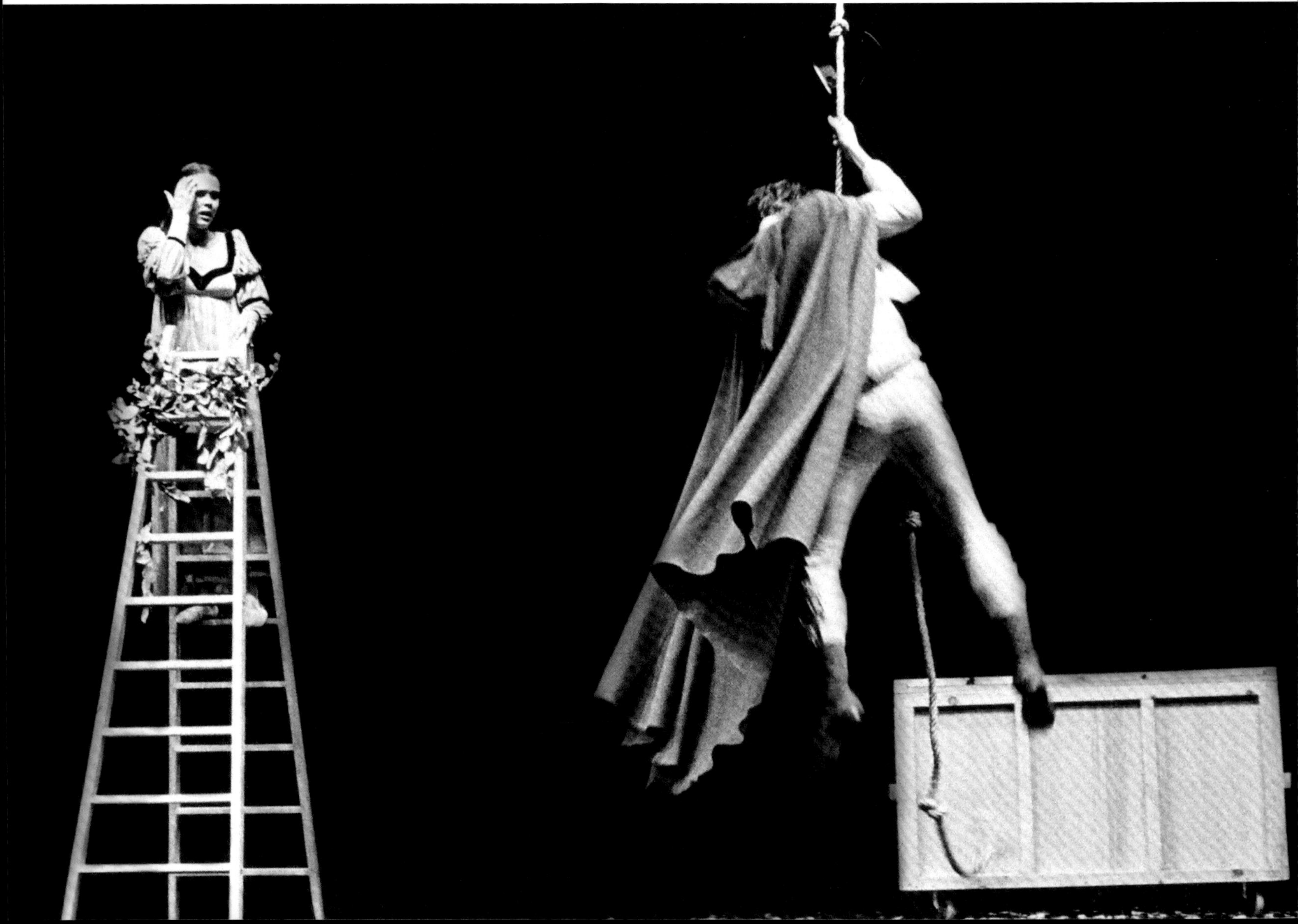

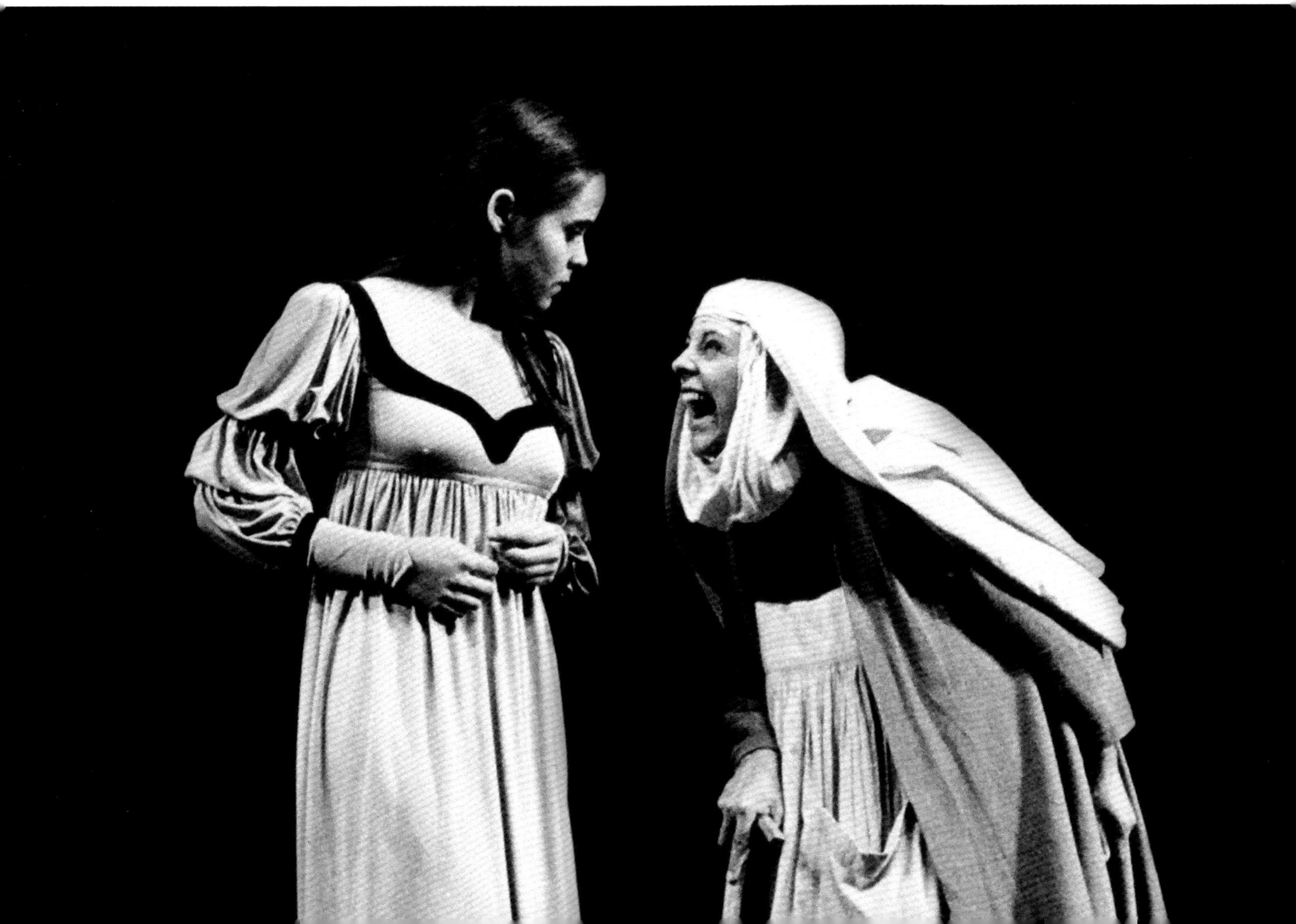

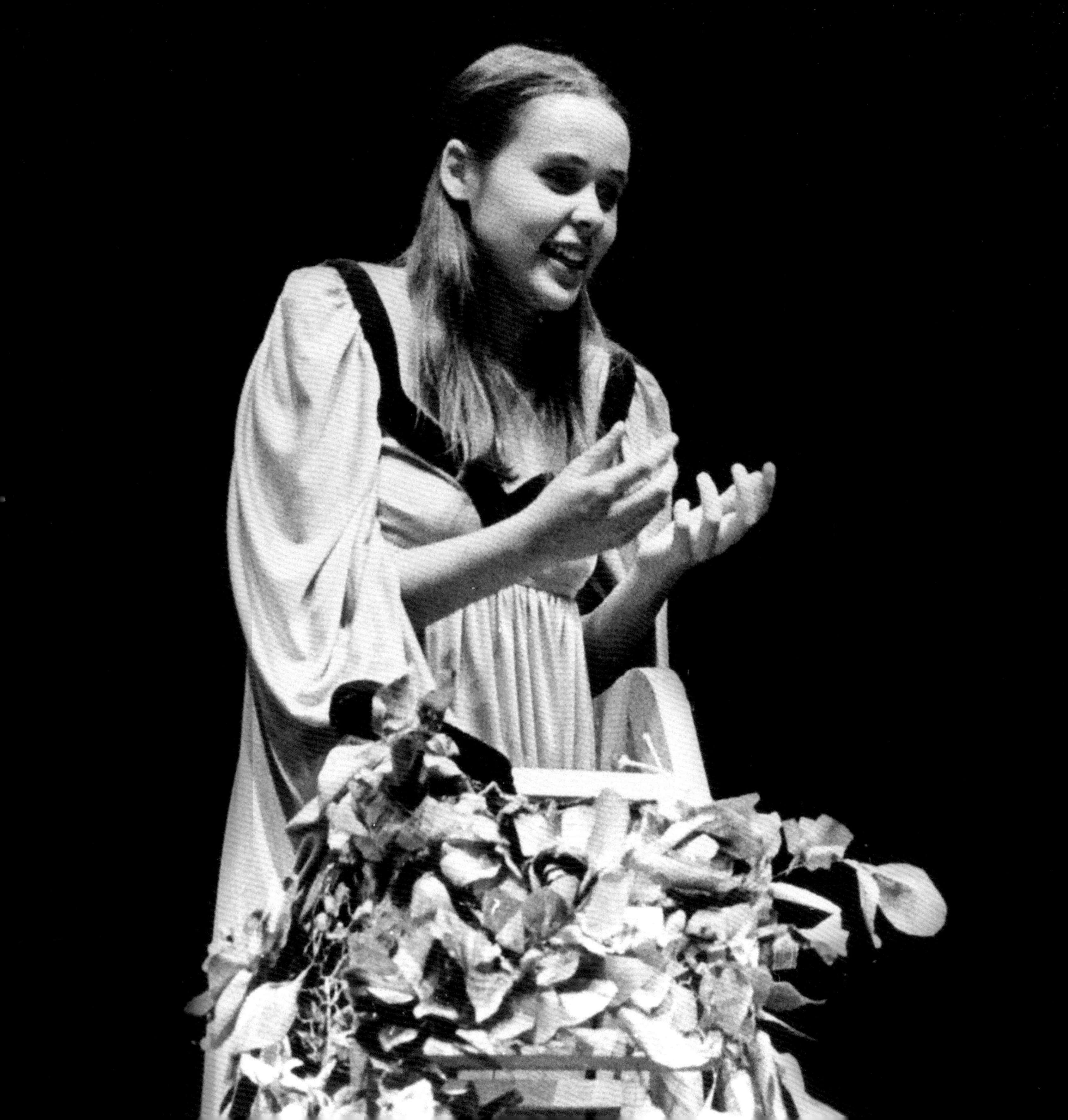

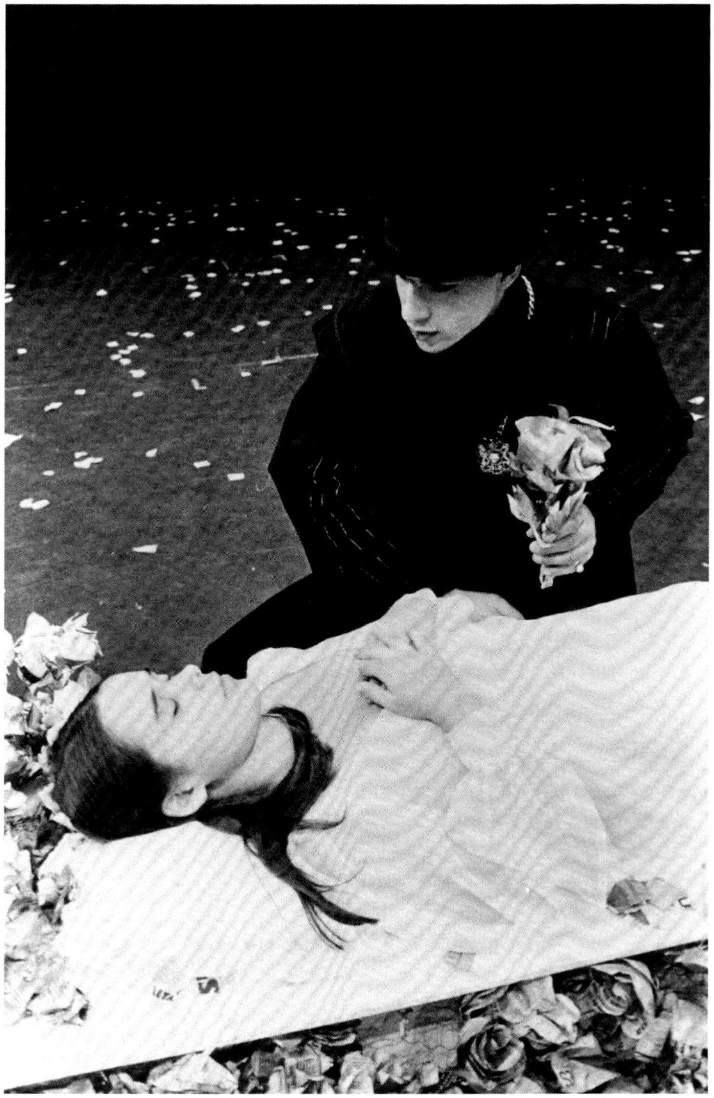

1986

# A hora e a vez de Augusto Matraga

*É da questão ética que trata o conto de Guimarães Rosa. Mas, no plano da criação artística, a obra ilumina o momento em que o encenador encontra modos de dispensar recursos "ilustrativos" na construção do discurso poético, para de fato "espiritualizar" a cena.*

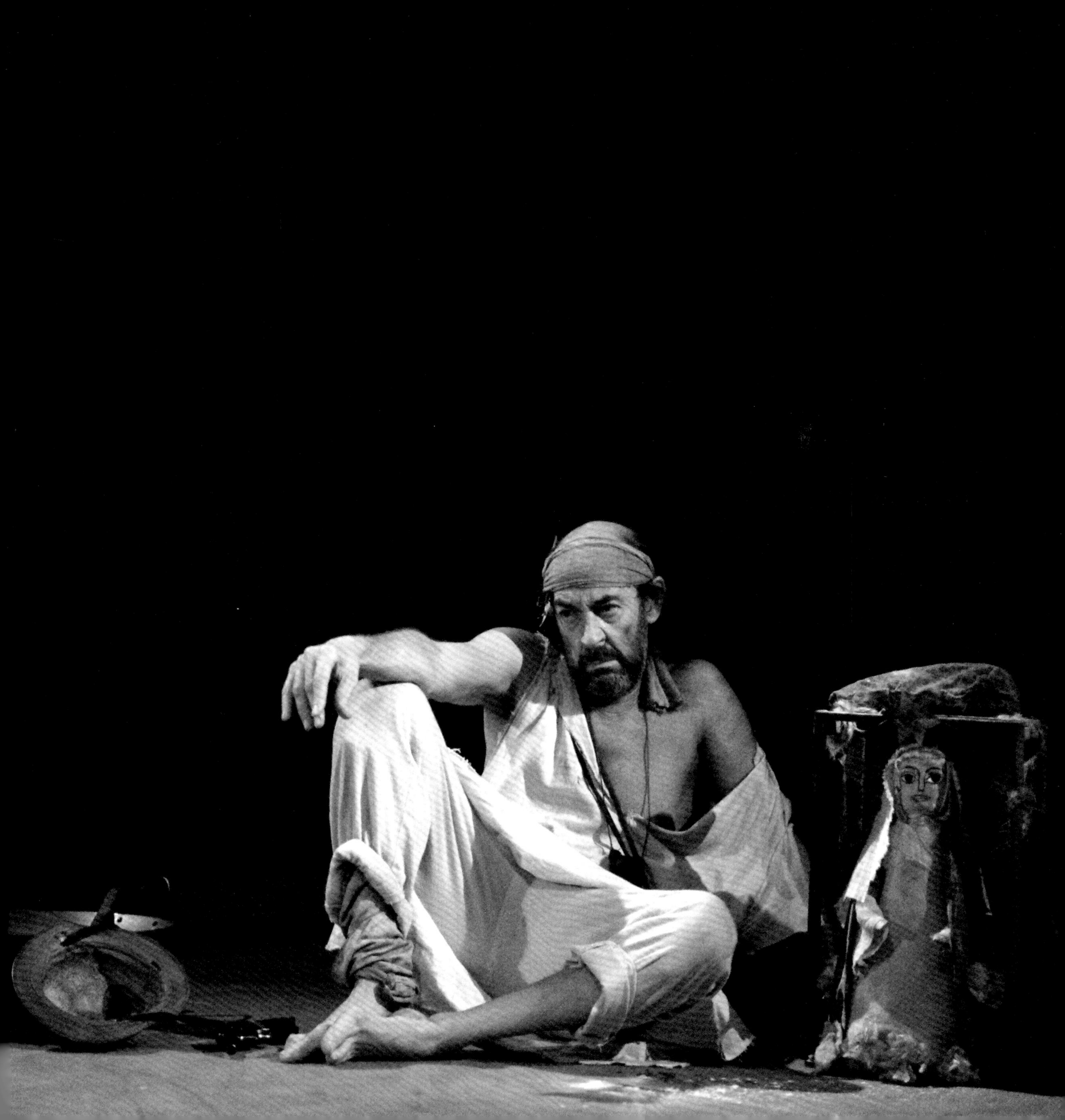

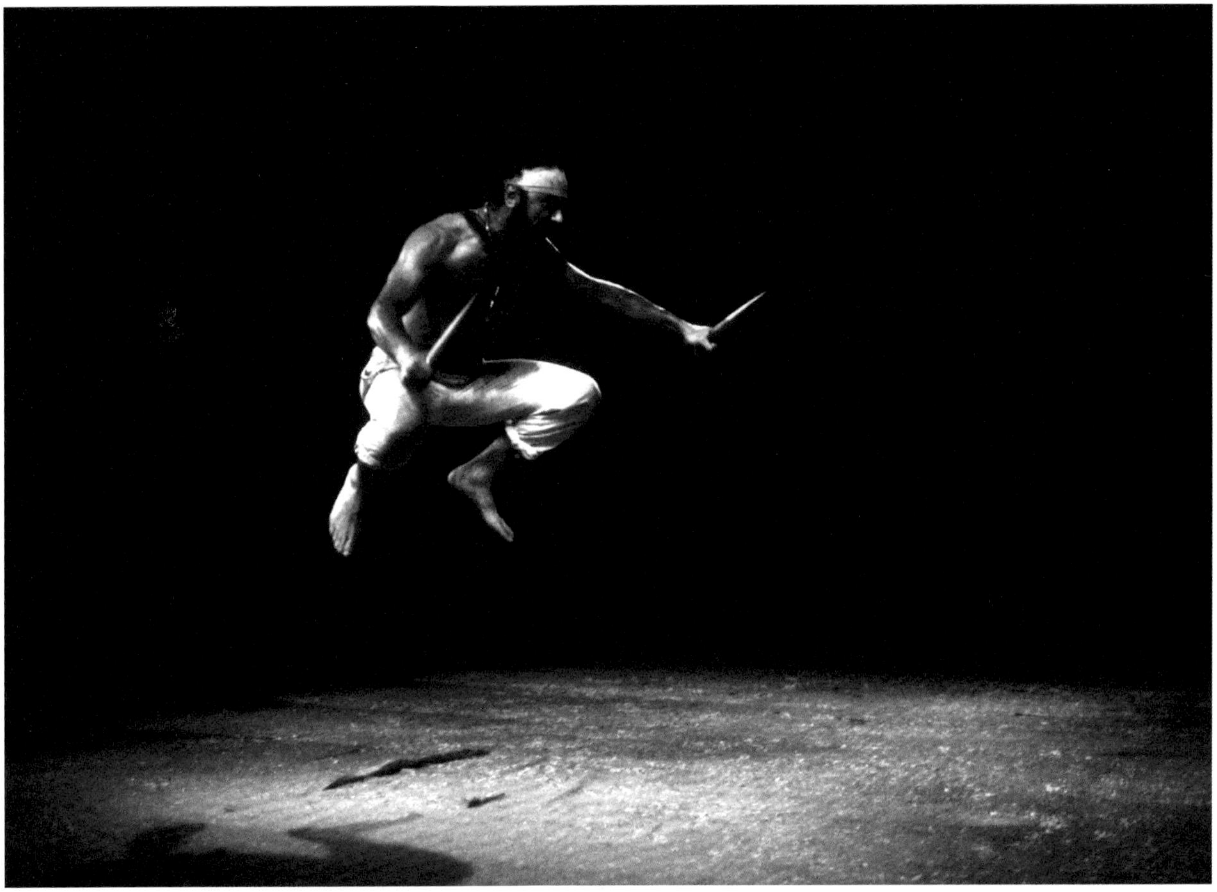

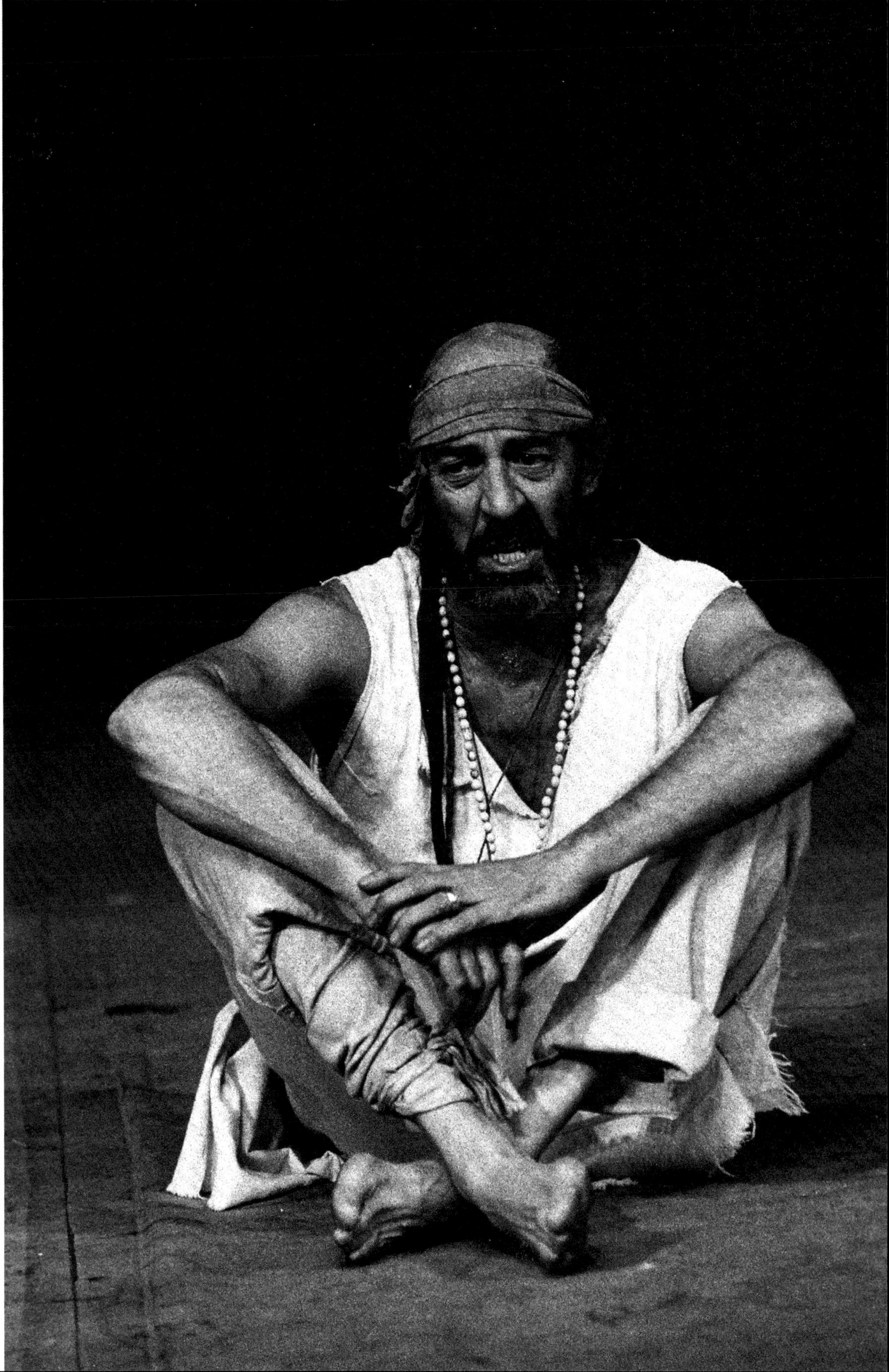

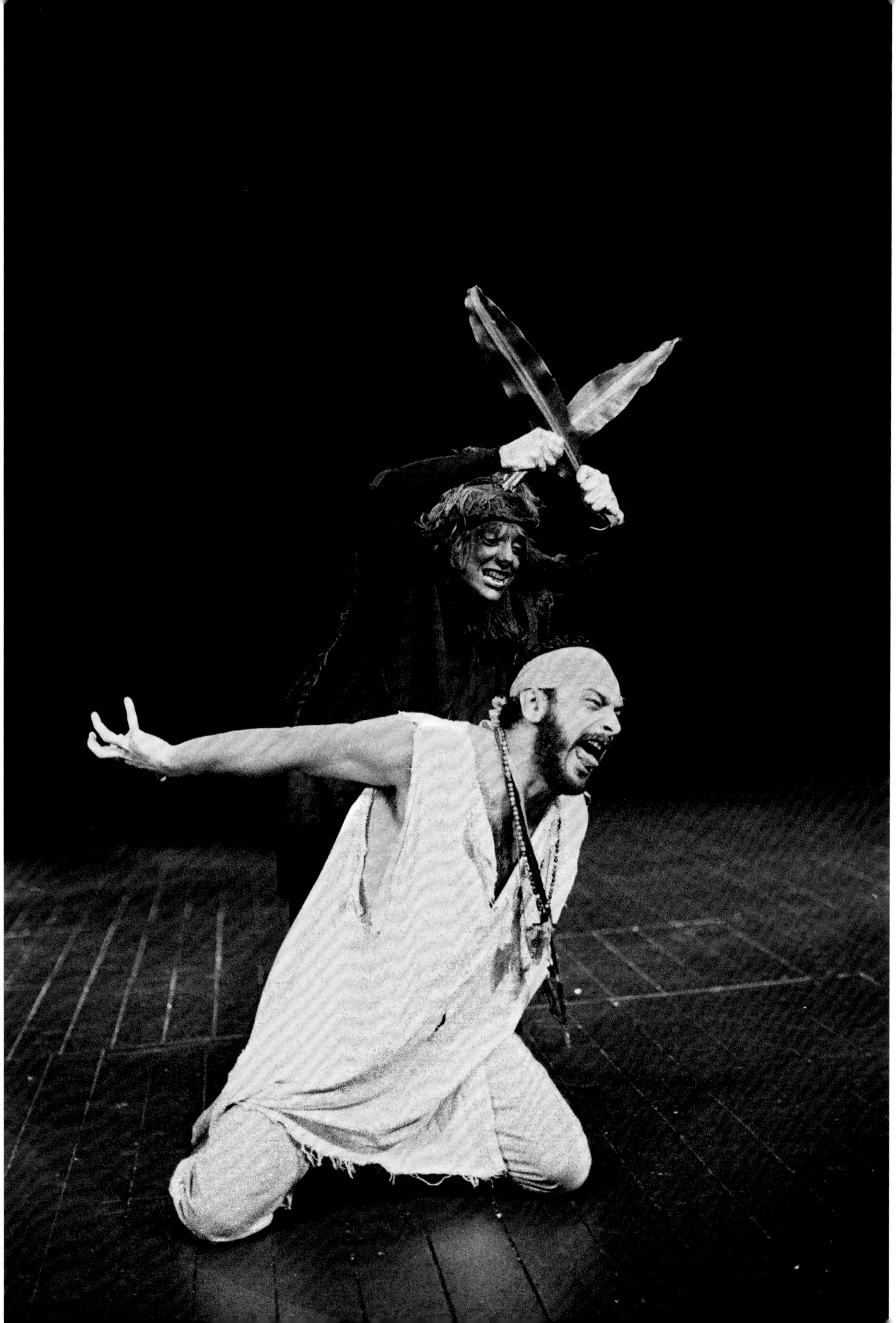

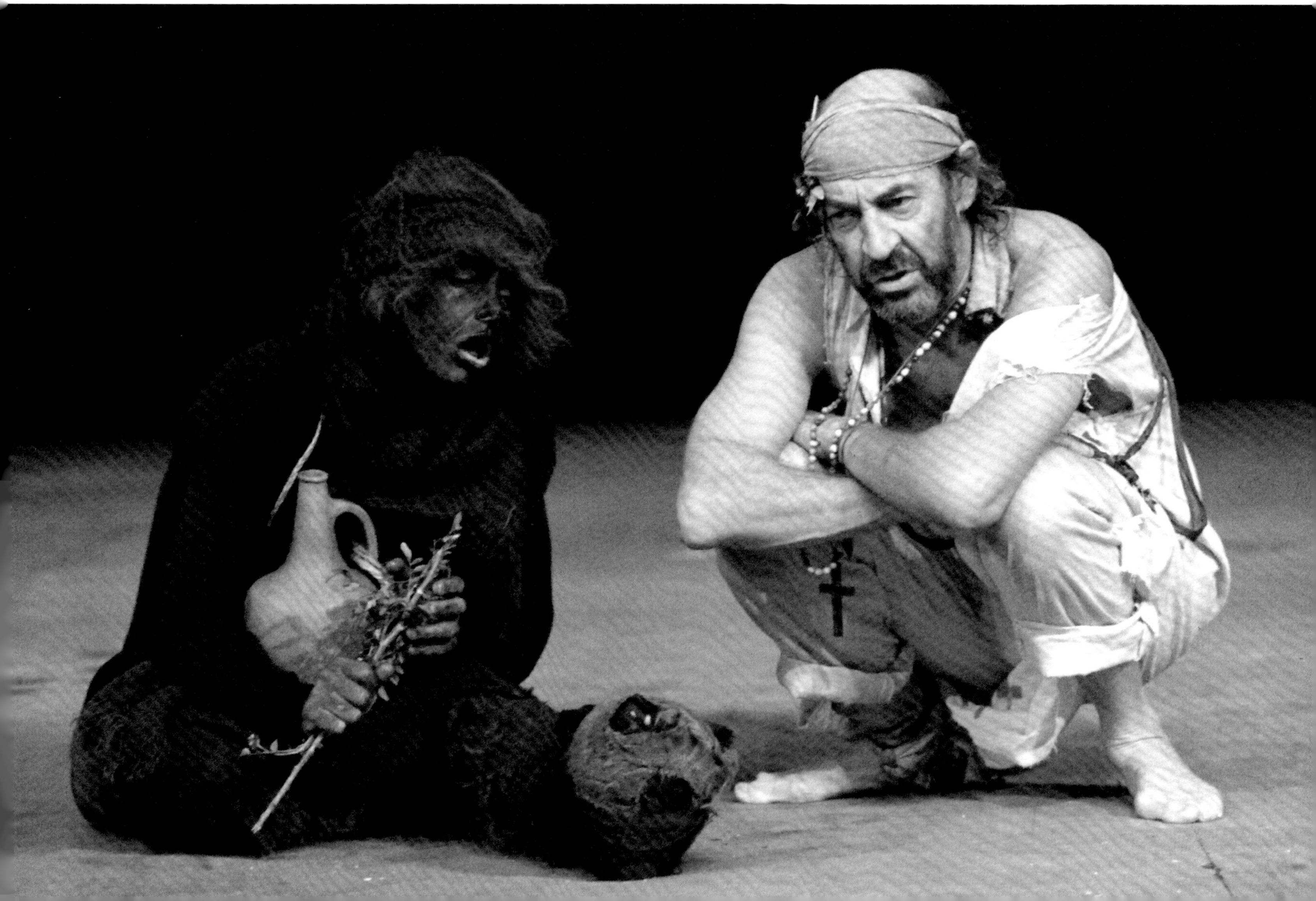

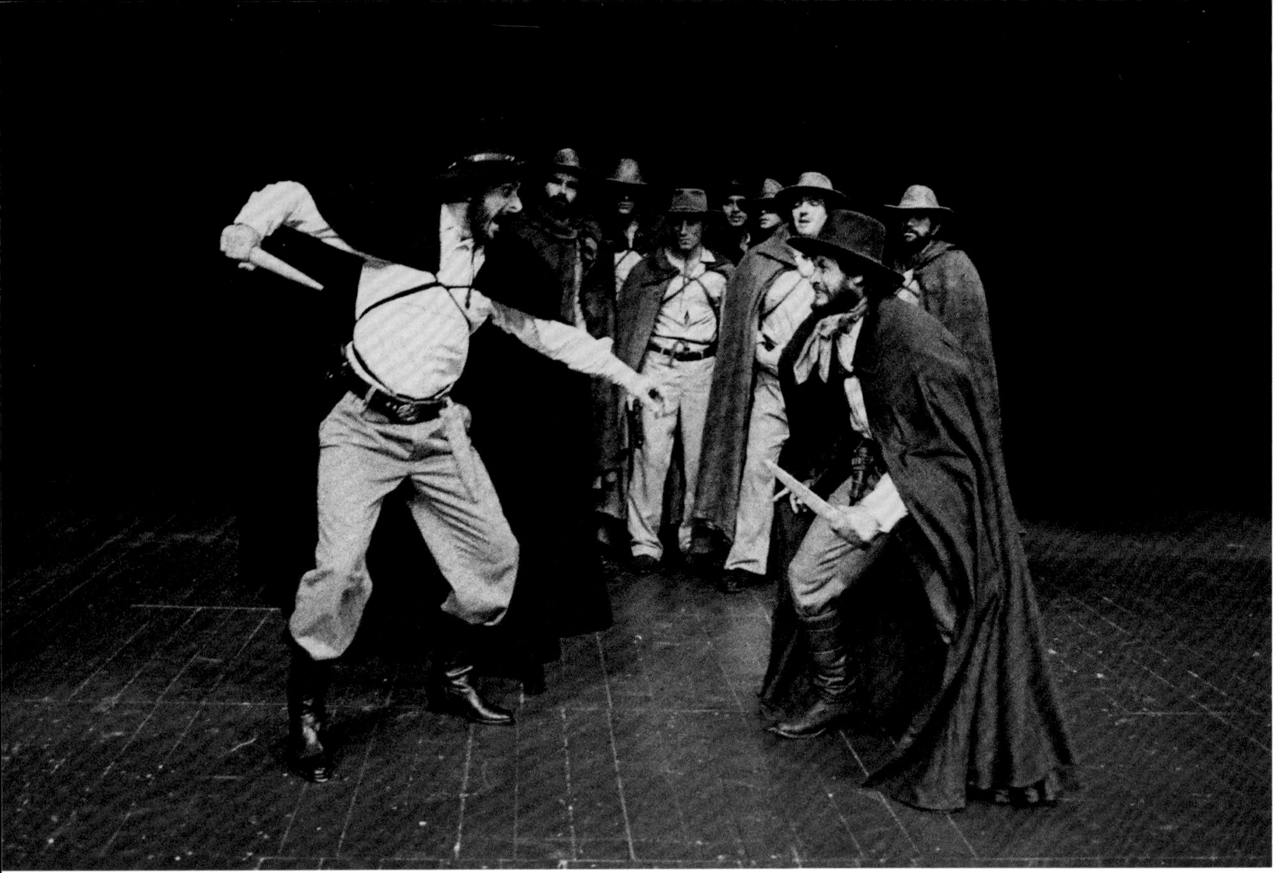

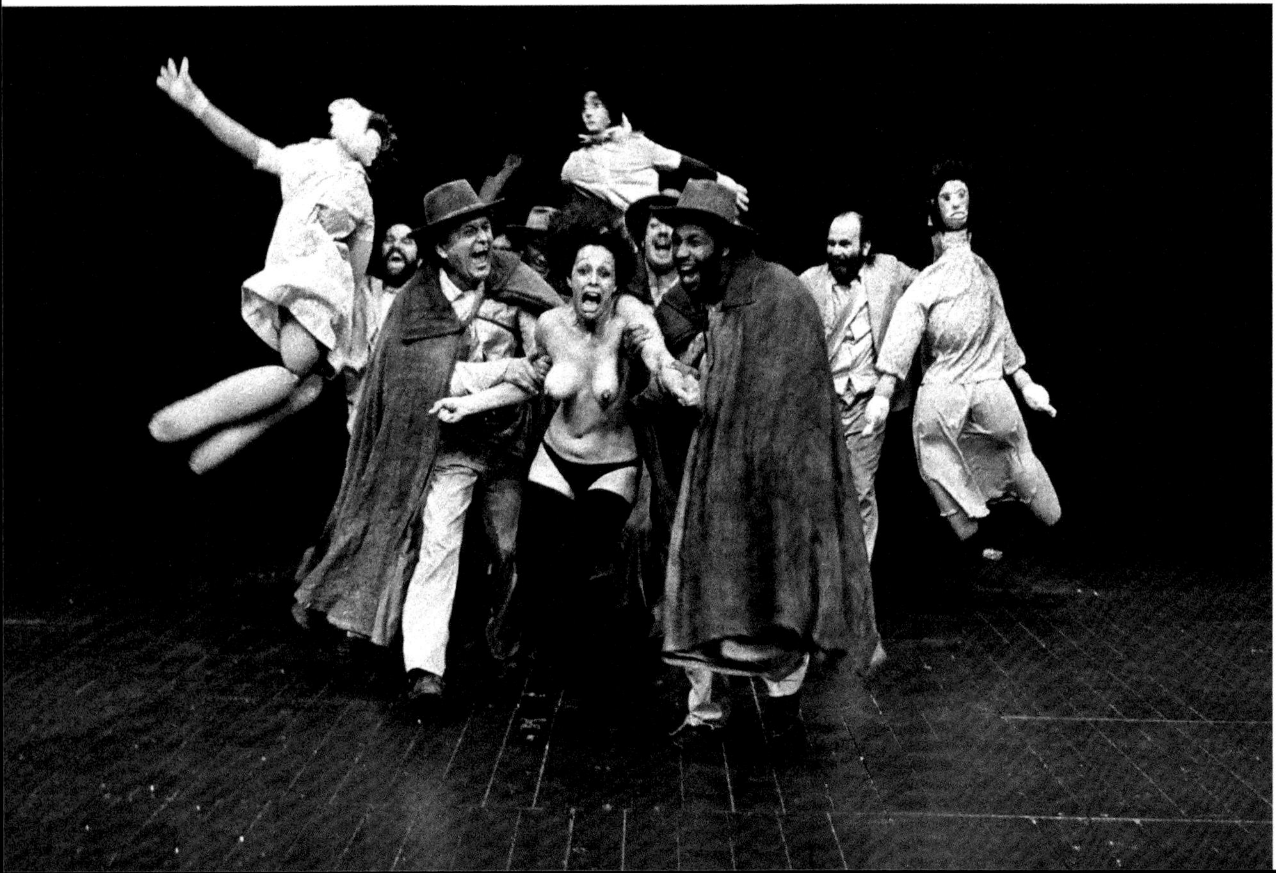

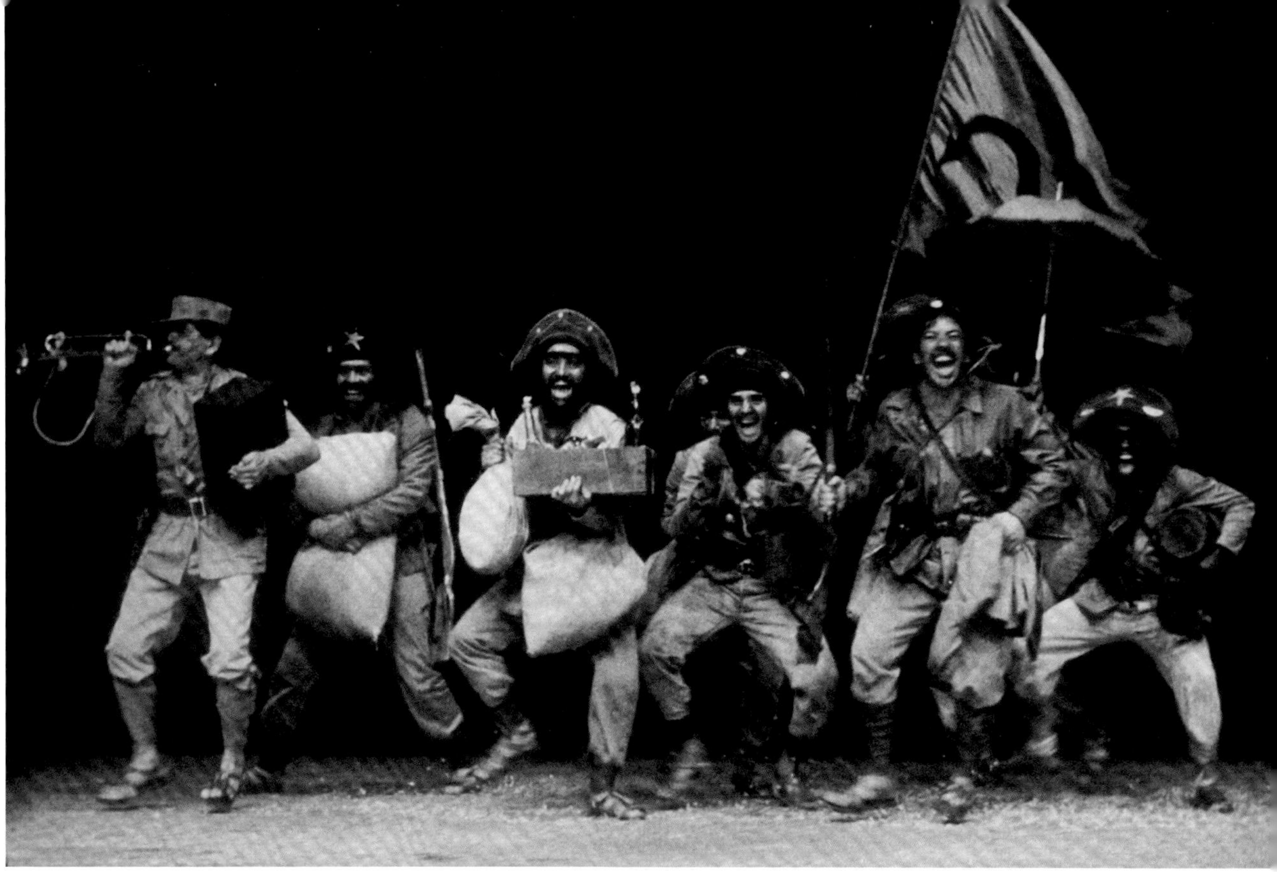

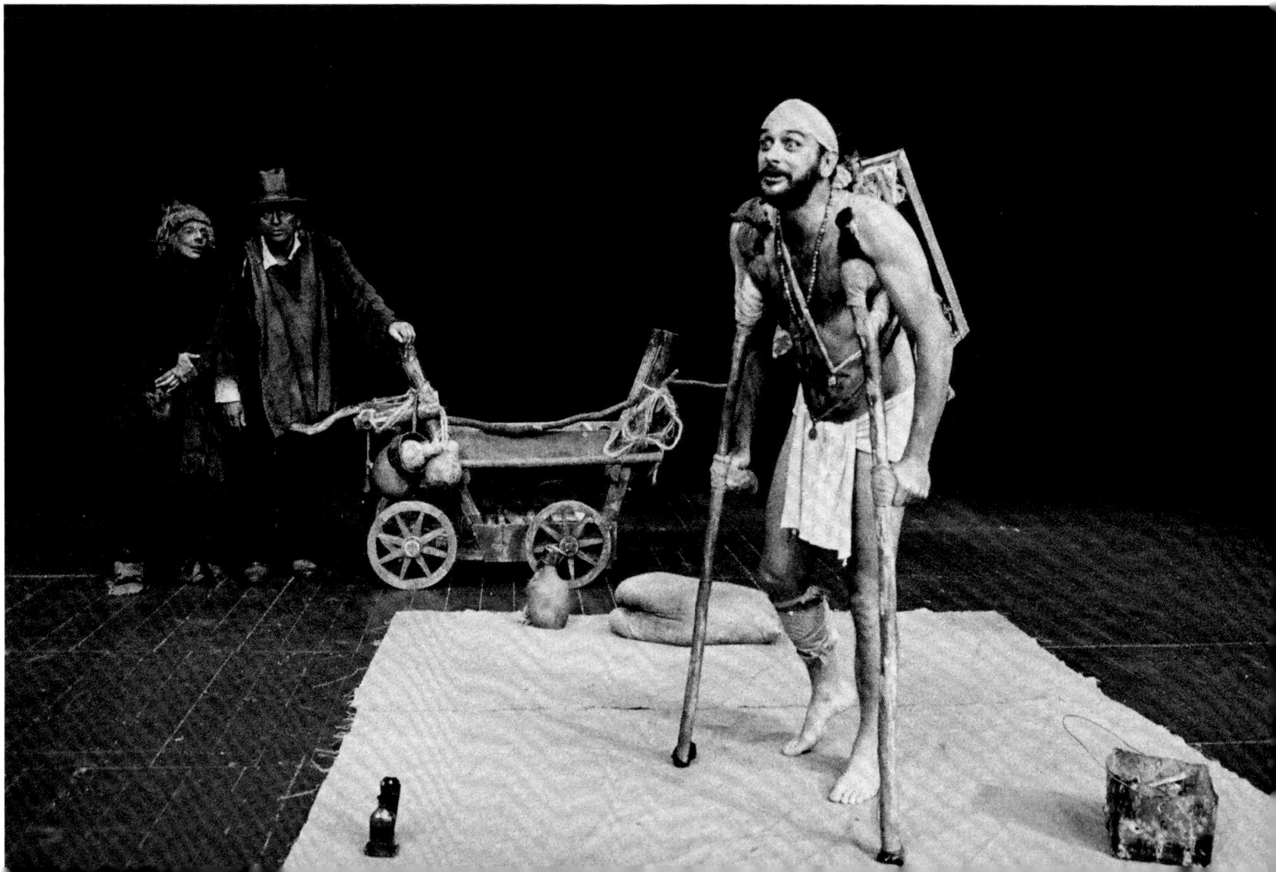

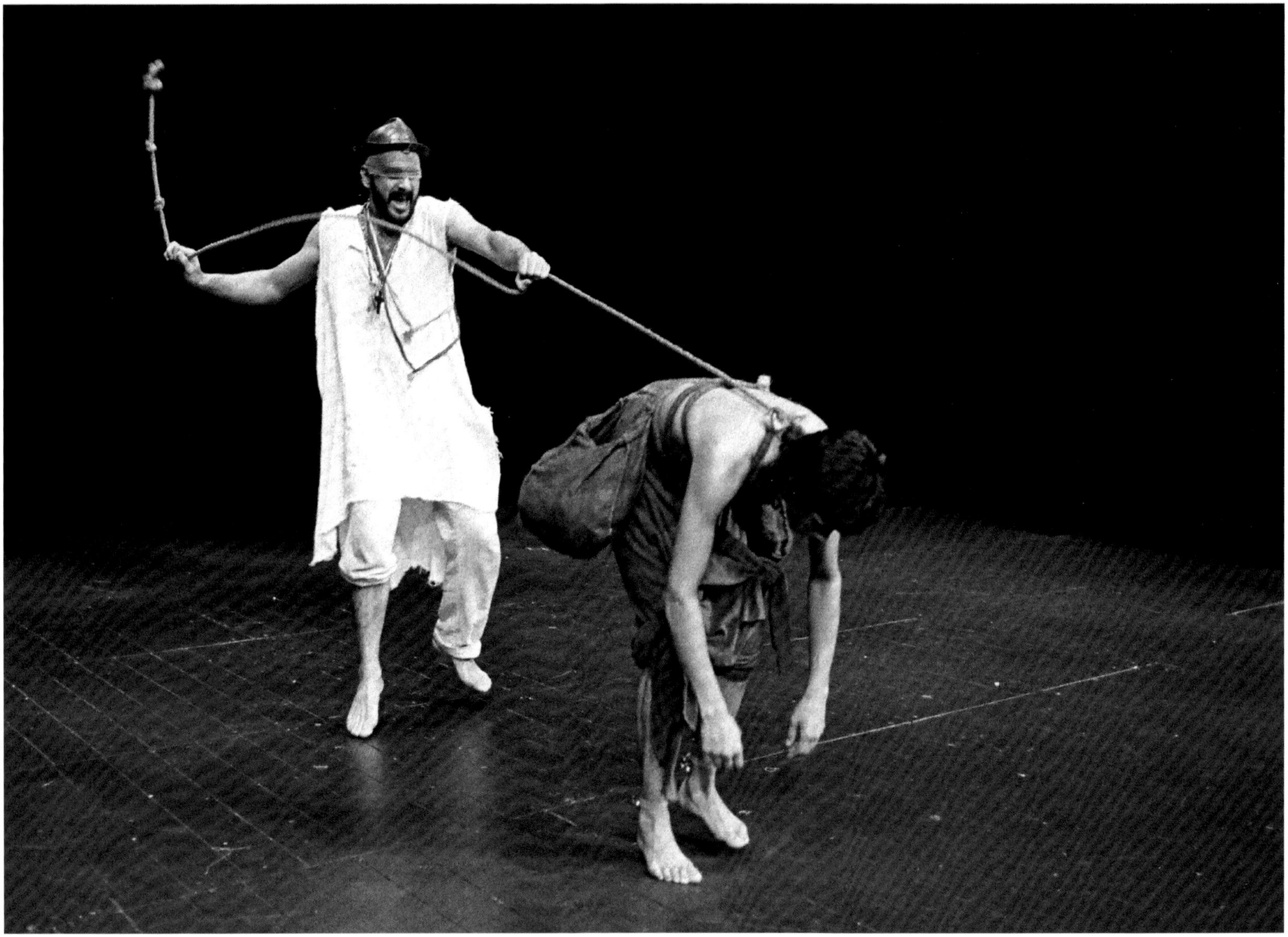

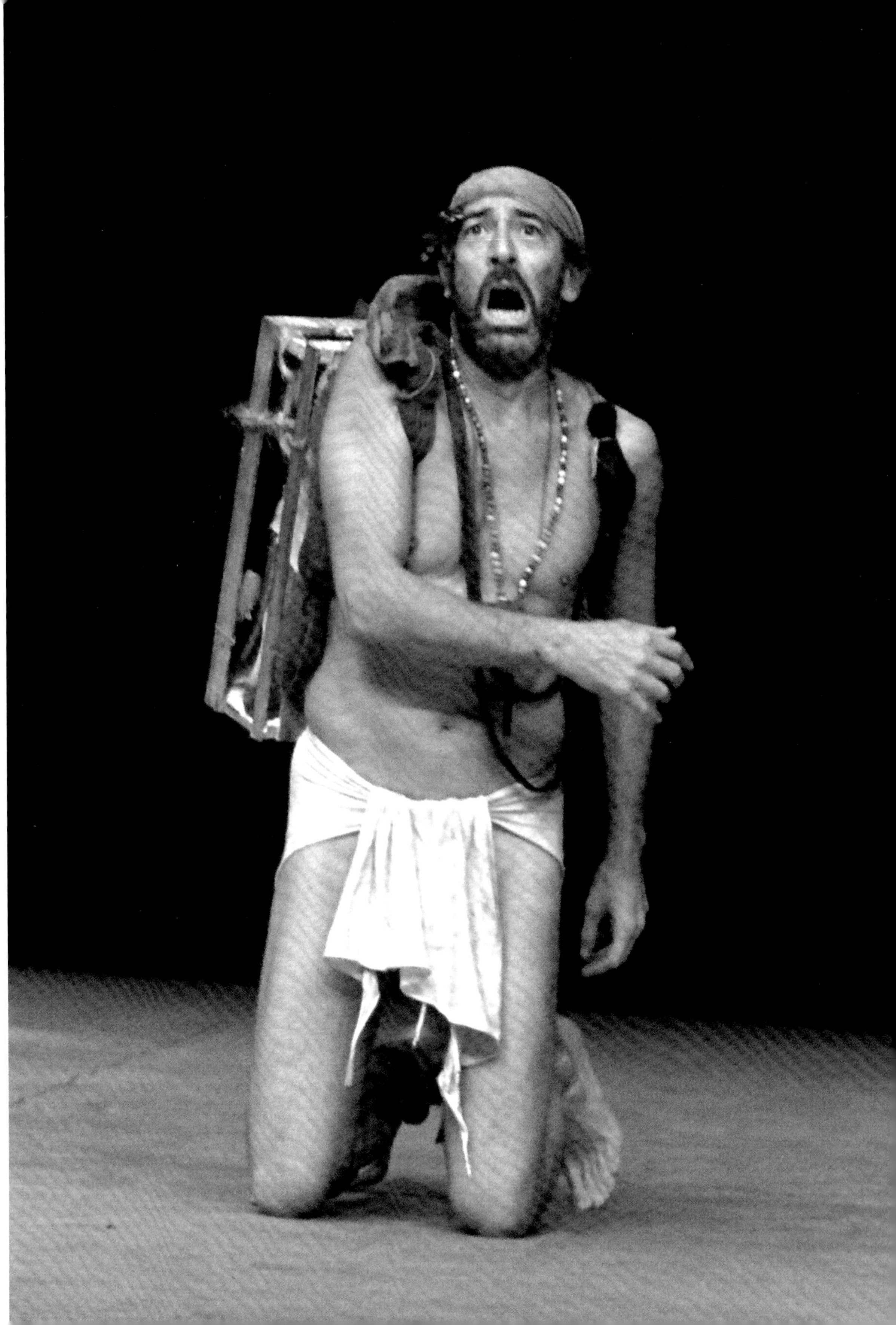

1988

# *Xica da Silva*

*O espetáculo comemorava o primeiro centenário da abolição da escravatura no Brasil, mas sem qualquer traço de "otimismo oficial"; pelo contrário, afirmando a permanente luta pela liberdade – liberdade não é coisa que se outorga ou se concede, precisa ser conquistada.*

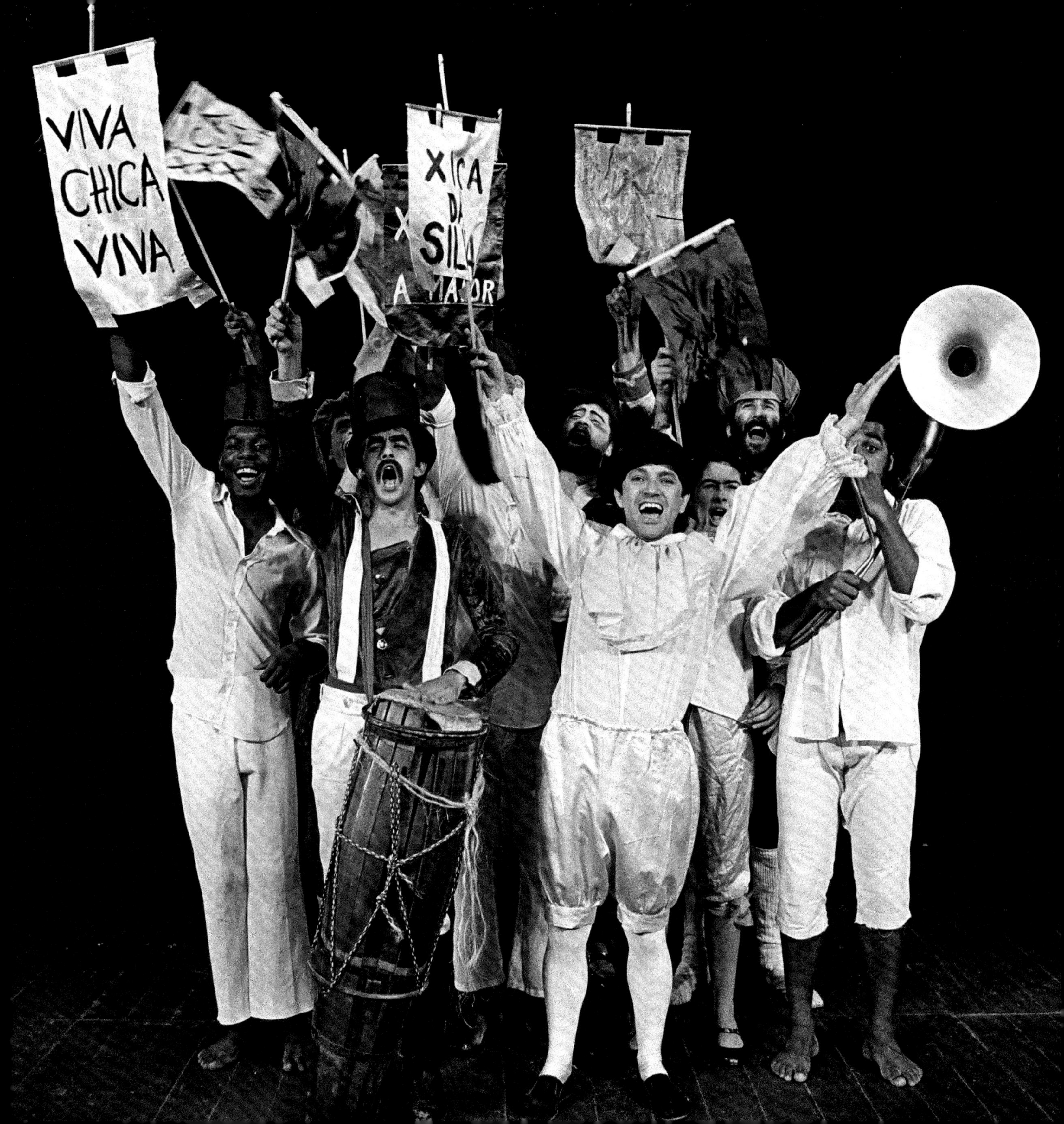
VIVA
CHICA
VIVA
XICA
DA
SILVA
A MAIOR

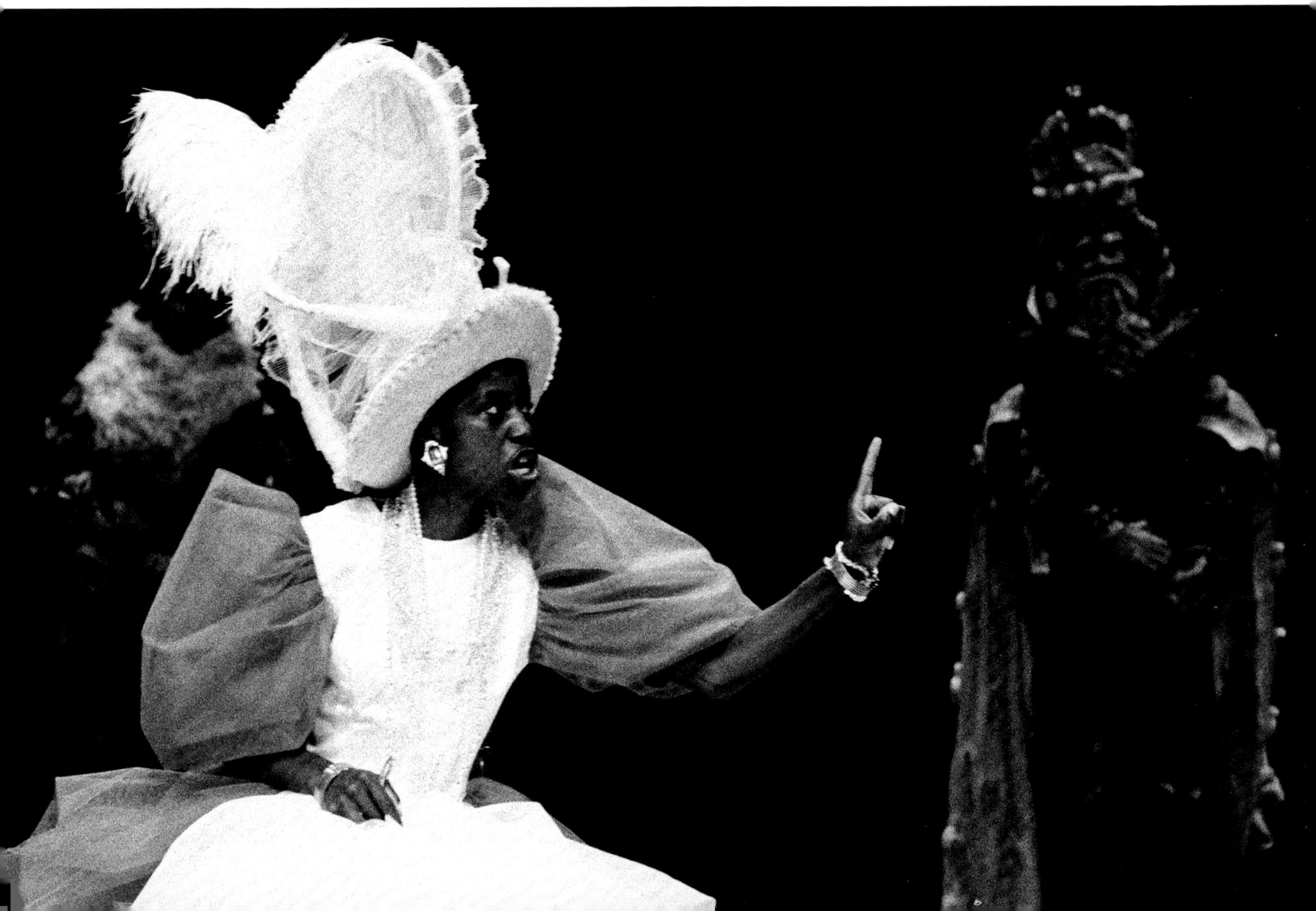

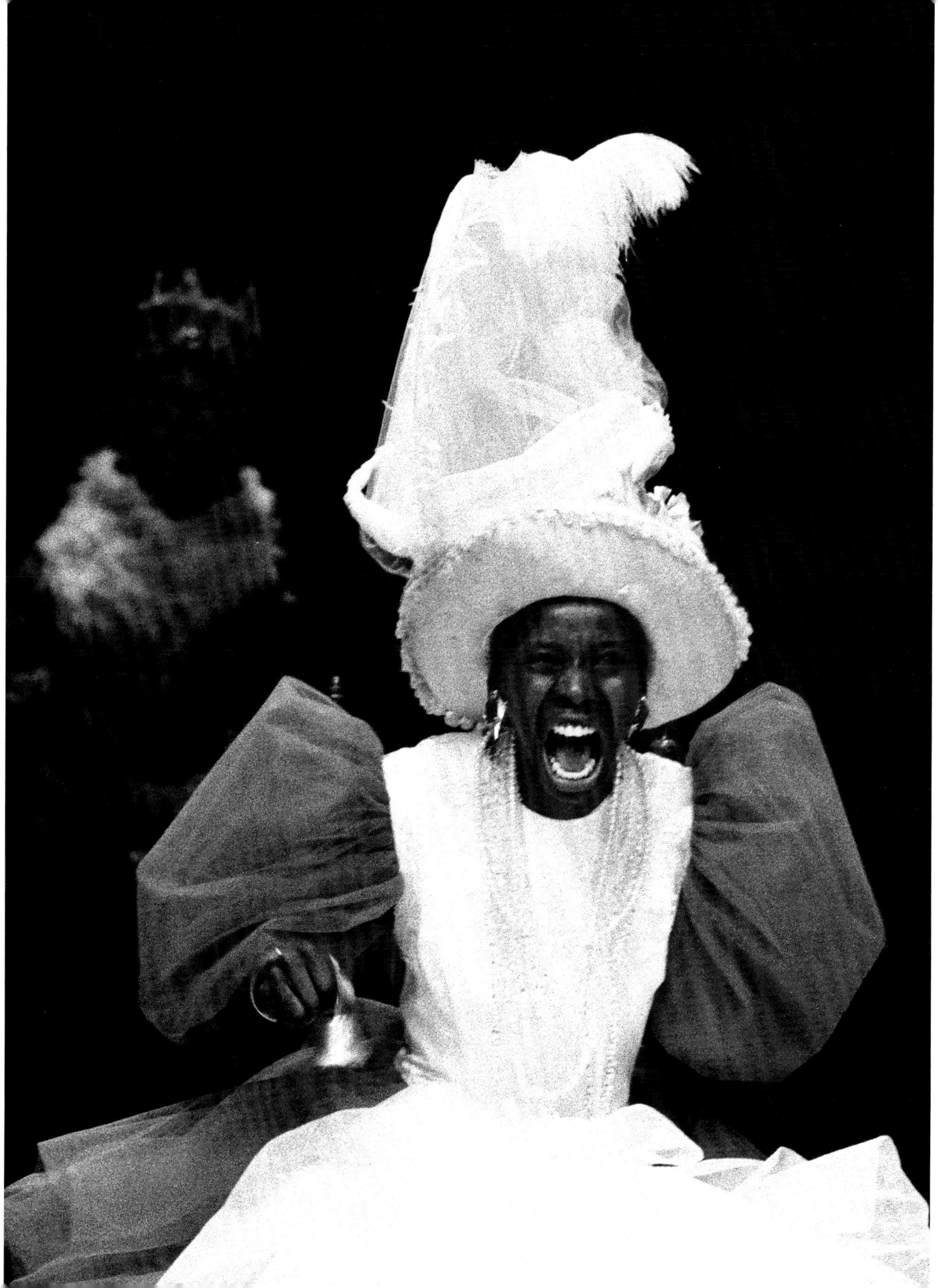

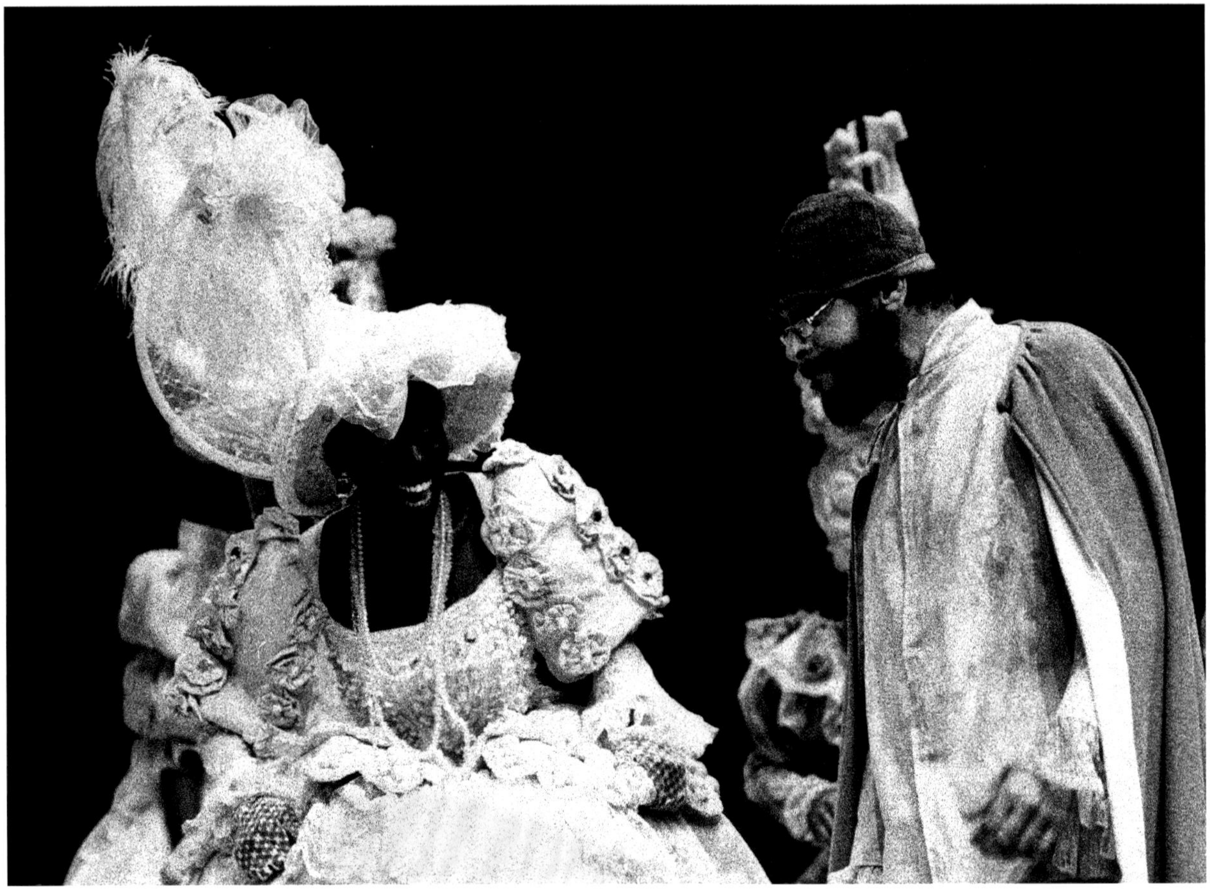

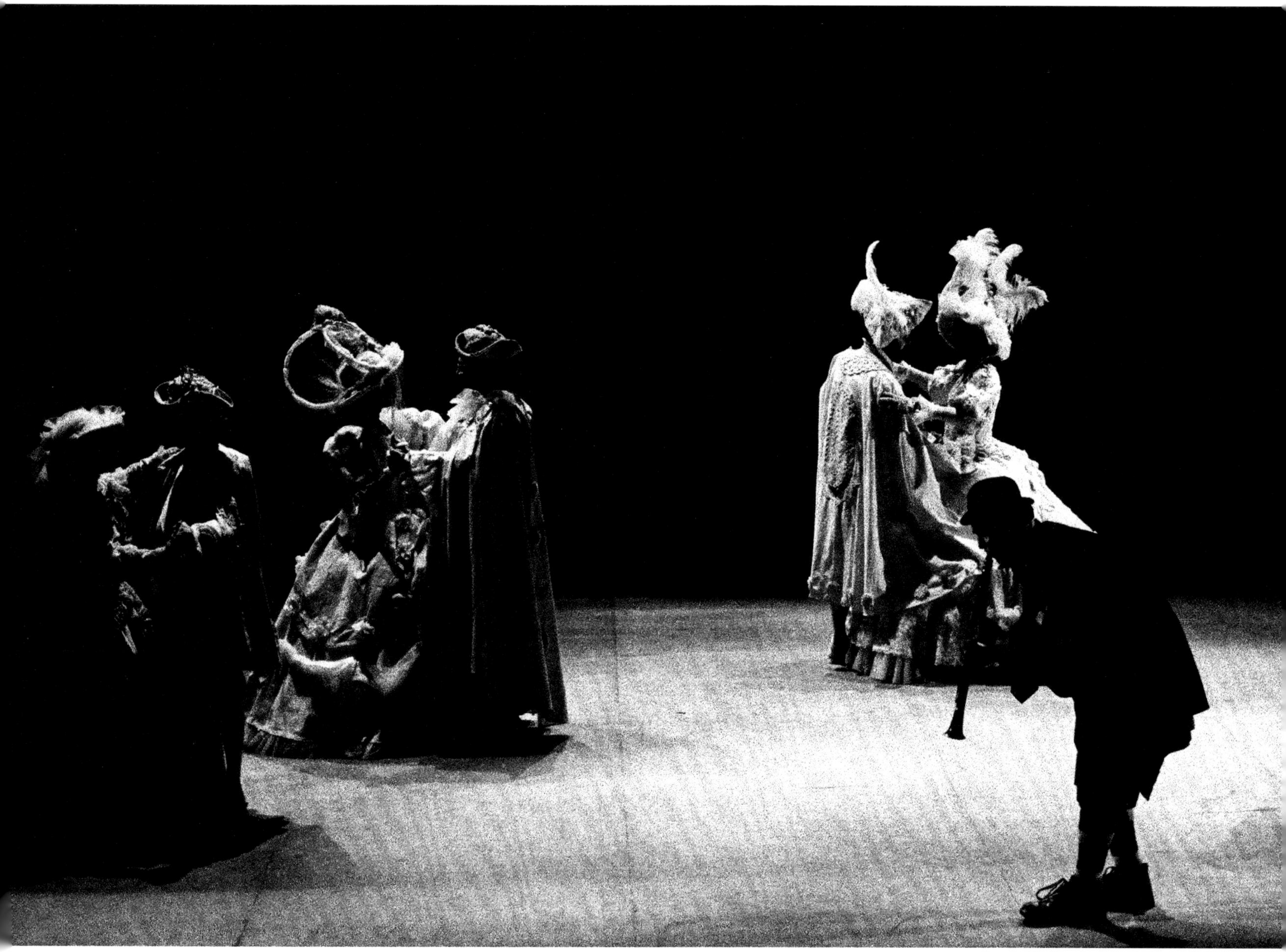

1989

# Paraíso Zona Norte

*Graças à "bolha", a movimentação pela cena era uma autêntica coreografia, em fluxos constantes de energia. Os corpos surgiam como esculturas dinâmicas, em evolução de intensa plasticidade. As cenas densamente dramáticas fluíam e se transformavam, acionadas pela ação de arquétipos. Estava claro que os meios interpretativos exaustivamente procurados por Antunes Filho com seus atores floresciam agora numa vigorosa linguagem.*

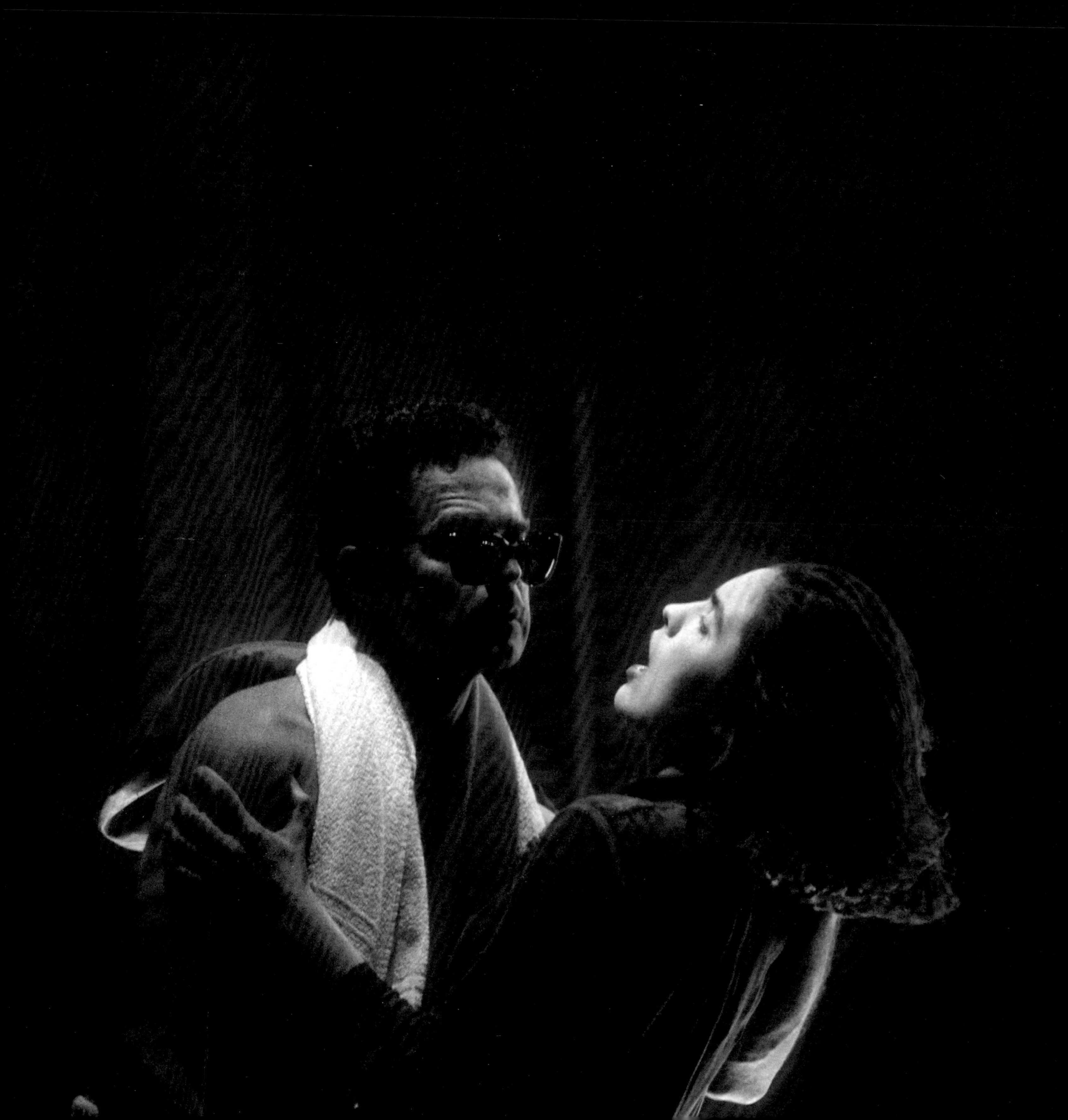

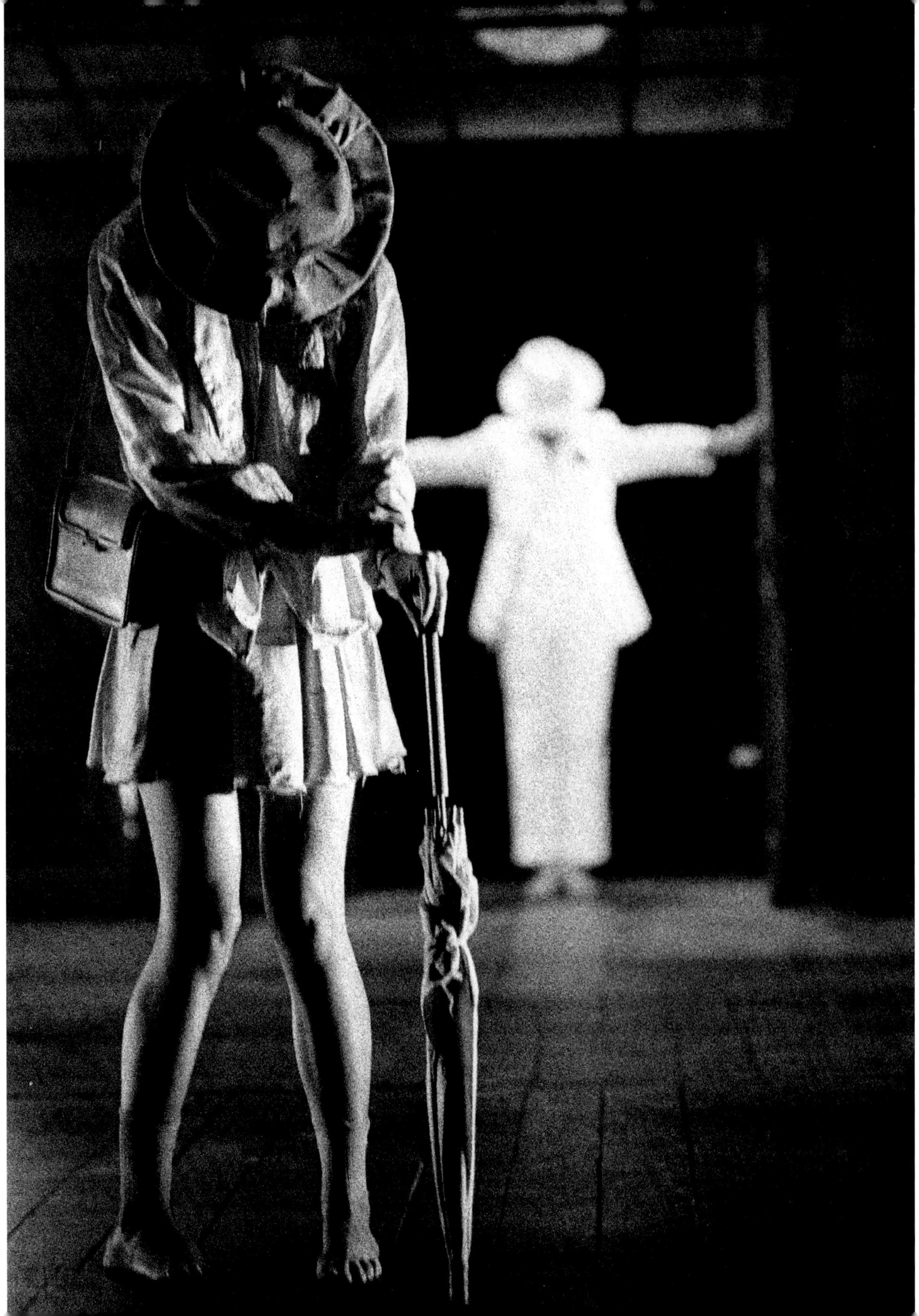

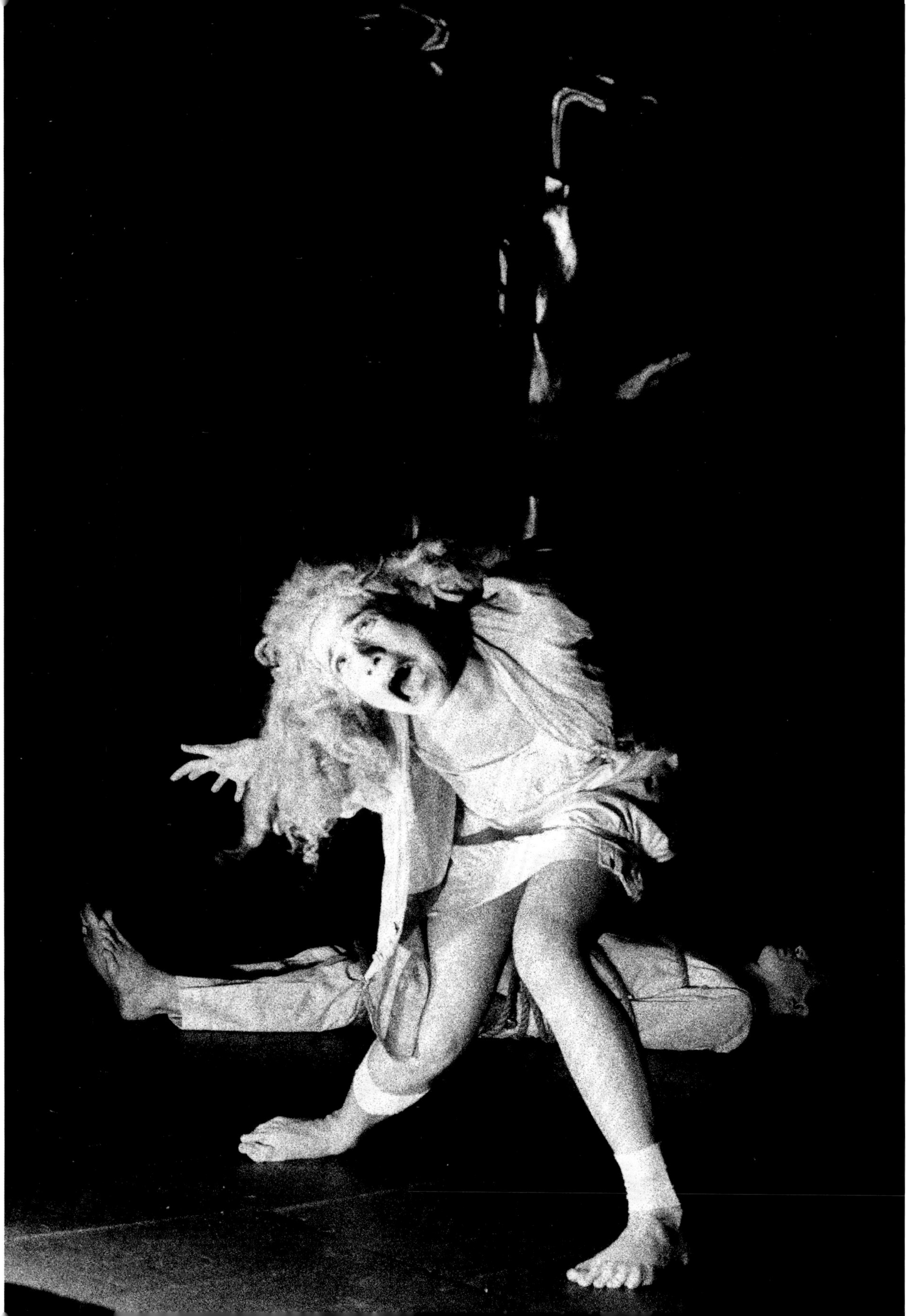

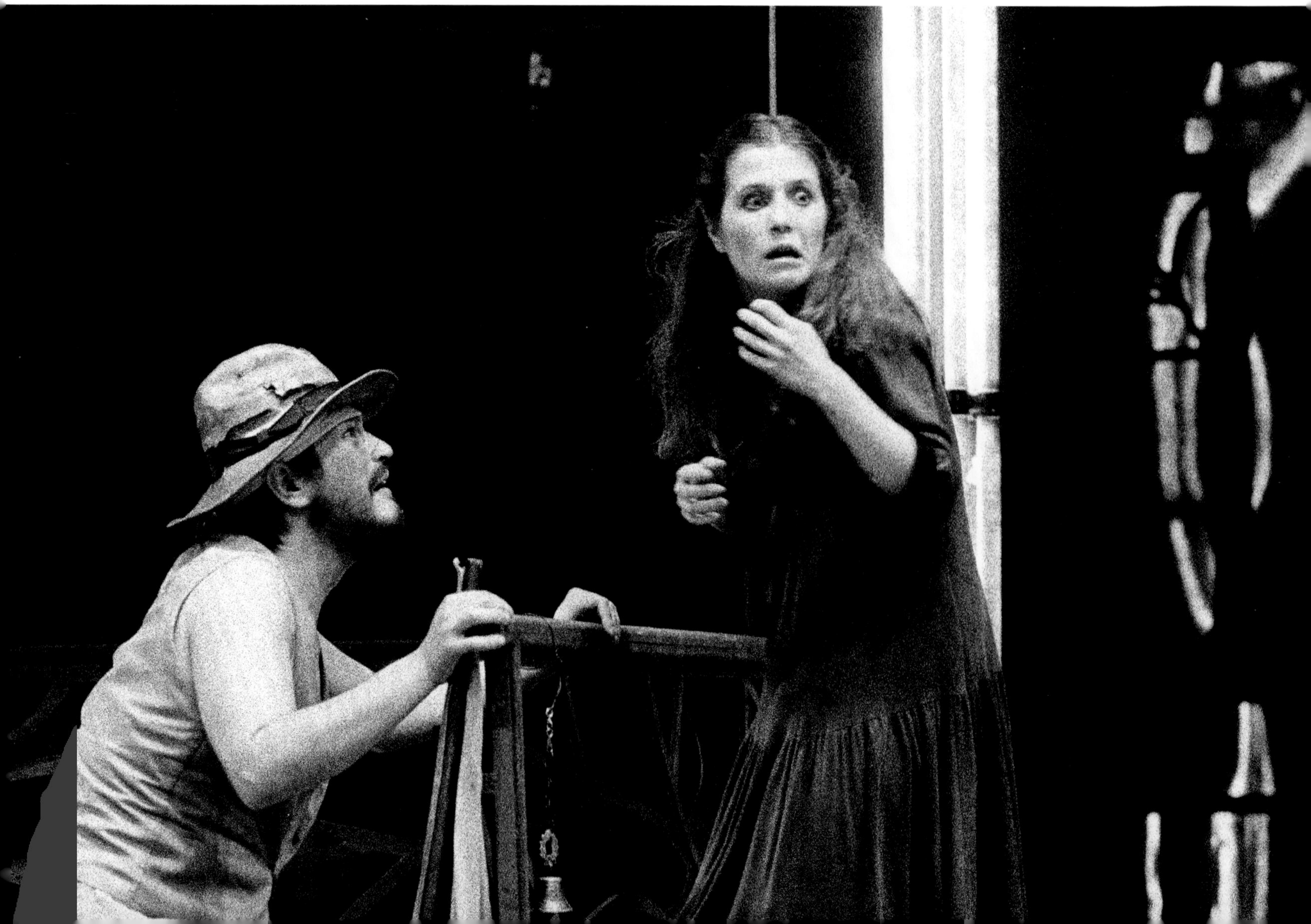

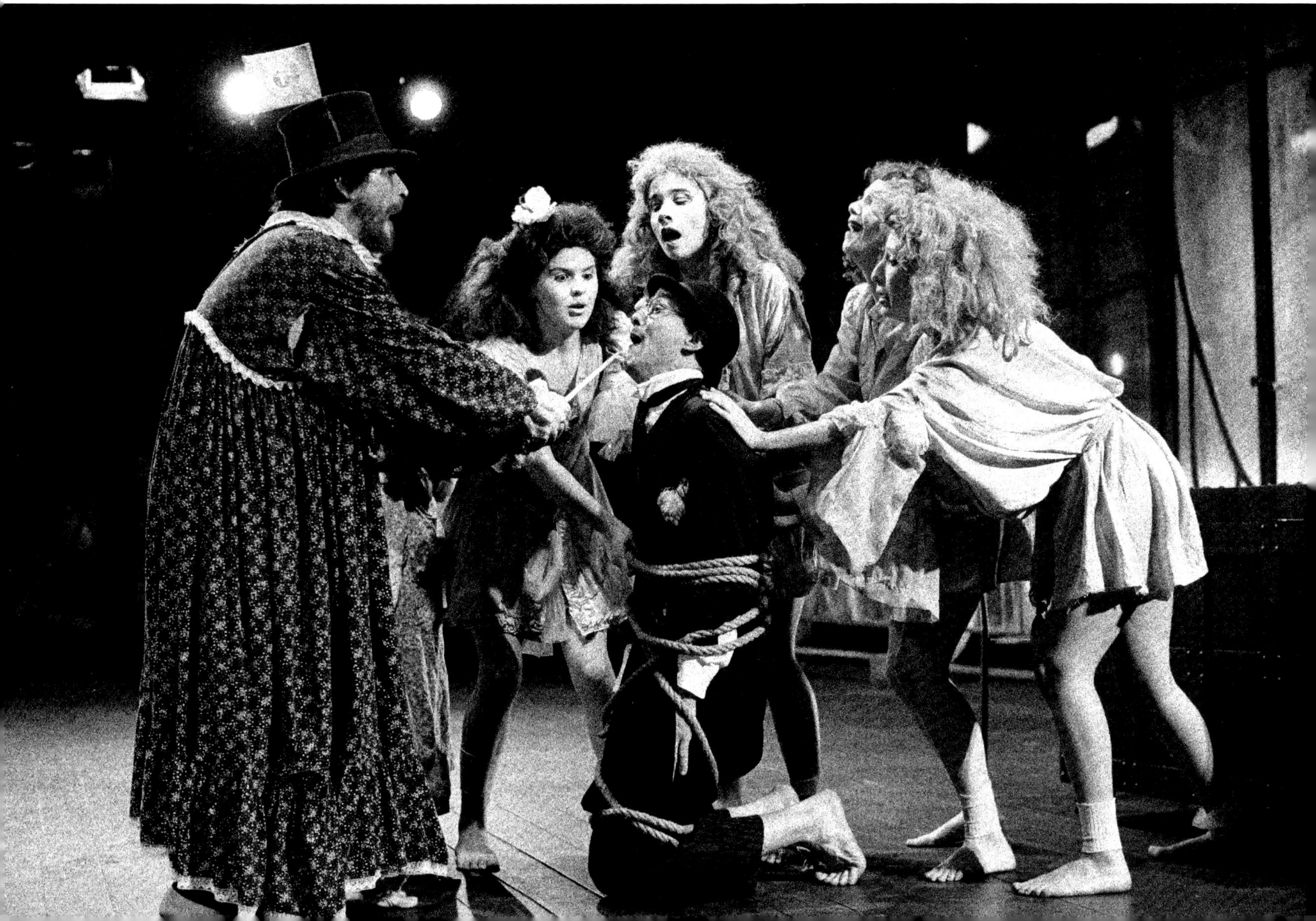

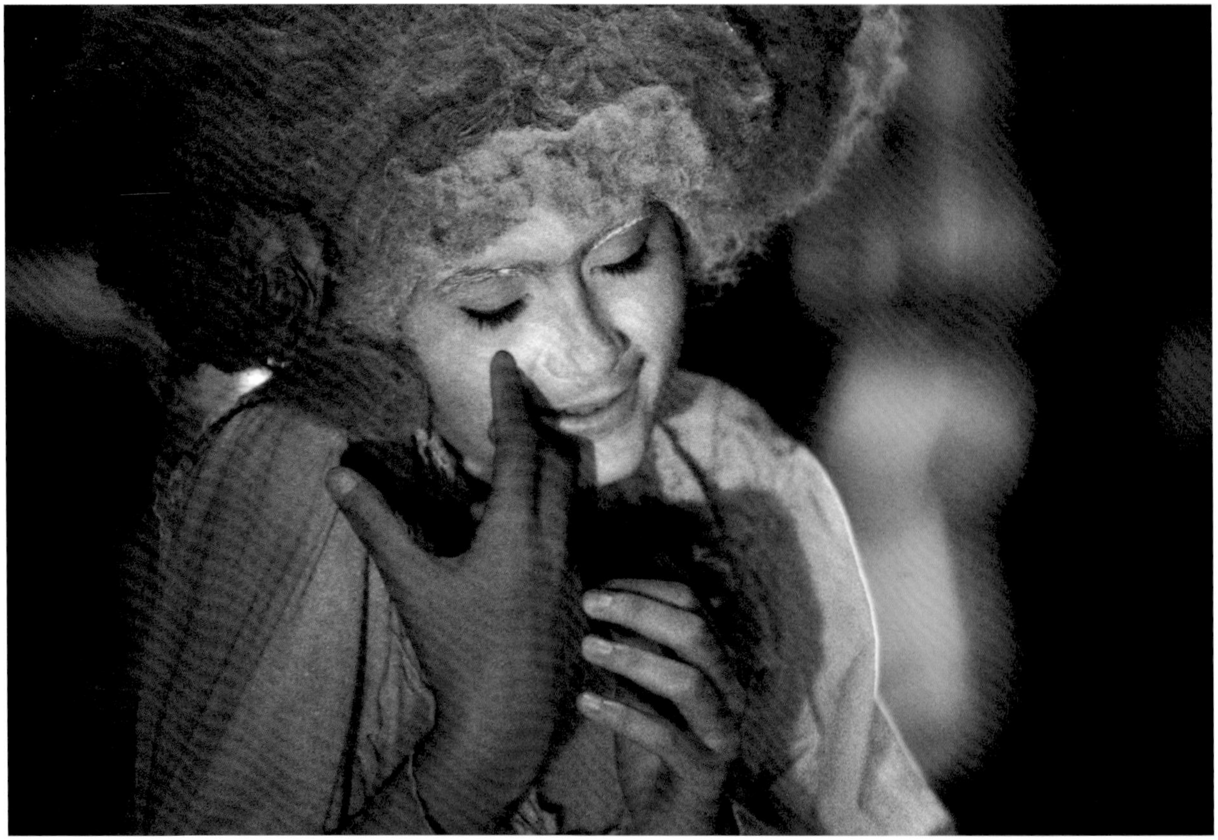

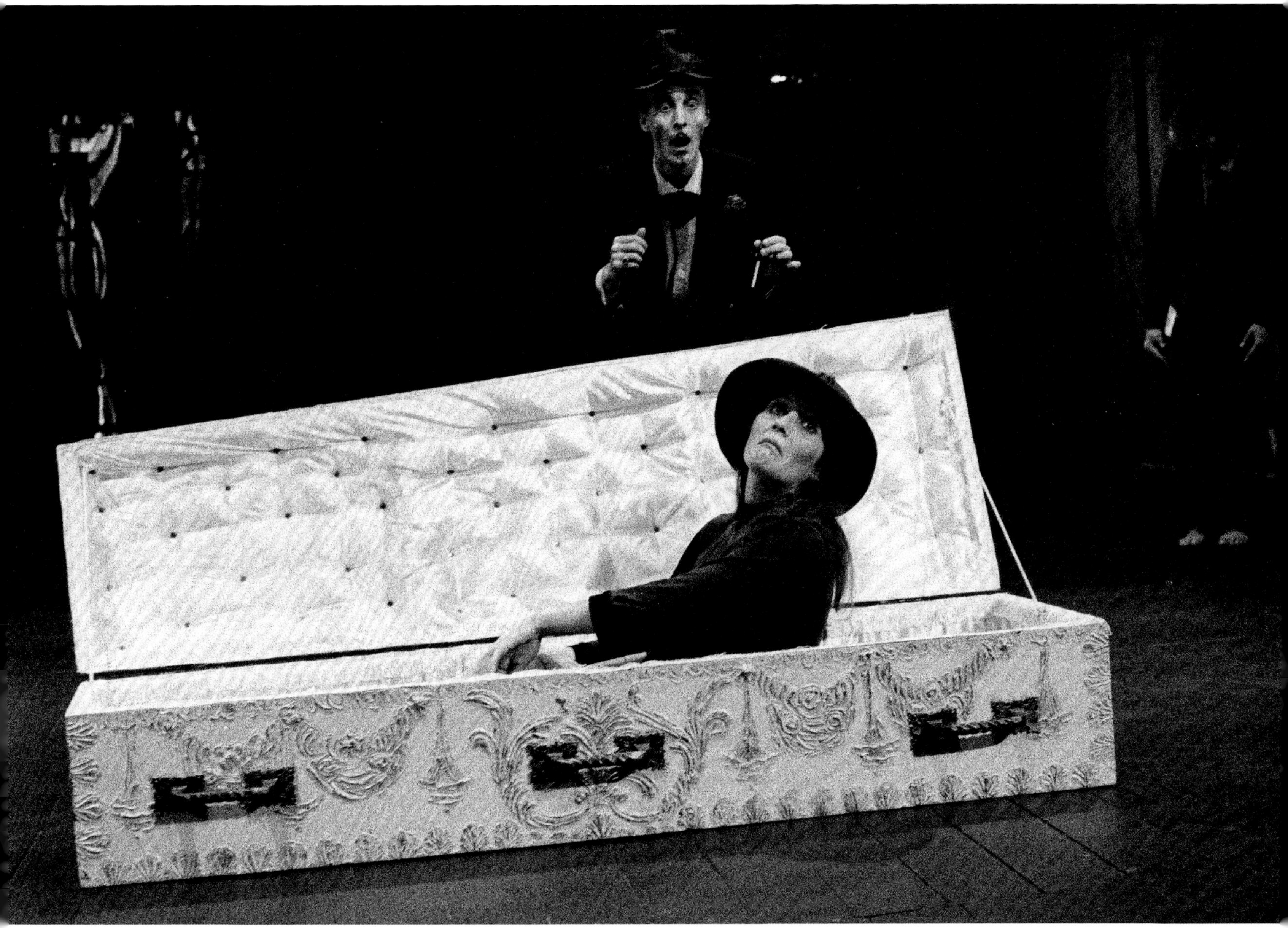

1991

# Nova velha estória

*(...) Inspirou-se no conto infantil* Chapeuzinho Vermelho. *Nas palavras de Antunes, "Não existe confronto, mas complementaridade. Não digo que as pessoas têm de cometer o Mal. Temos é que colocar o Mal no seu lugar, sem pretender erradicá-lo. Morro de medo das pessoas que se dizem só do lado do Bem. Na minha opinião, são tão perigosas quanto os malfeitores".*

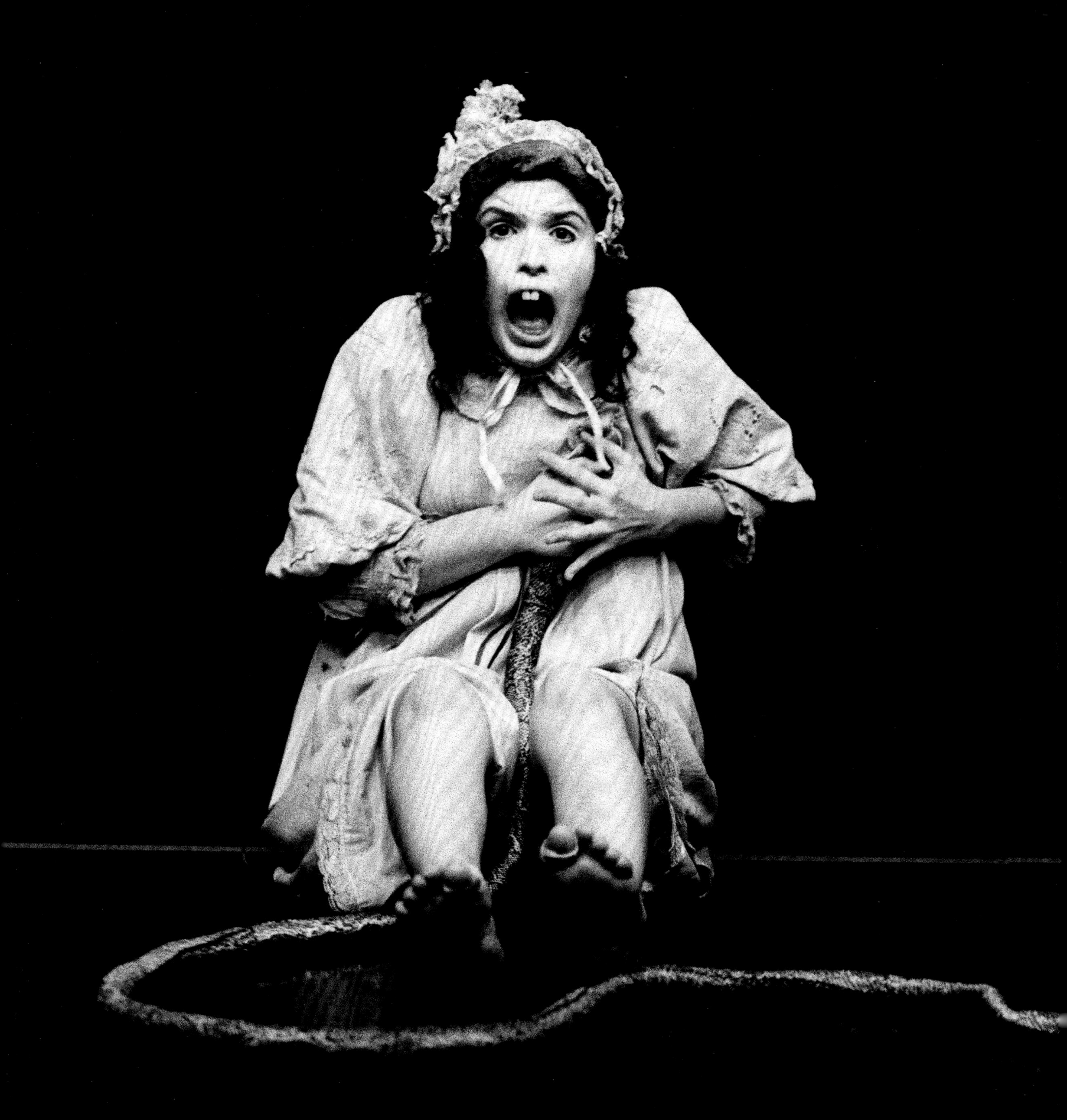

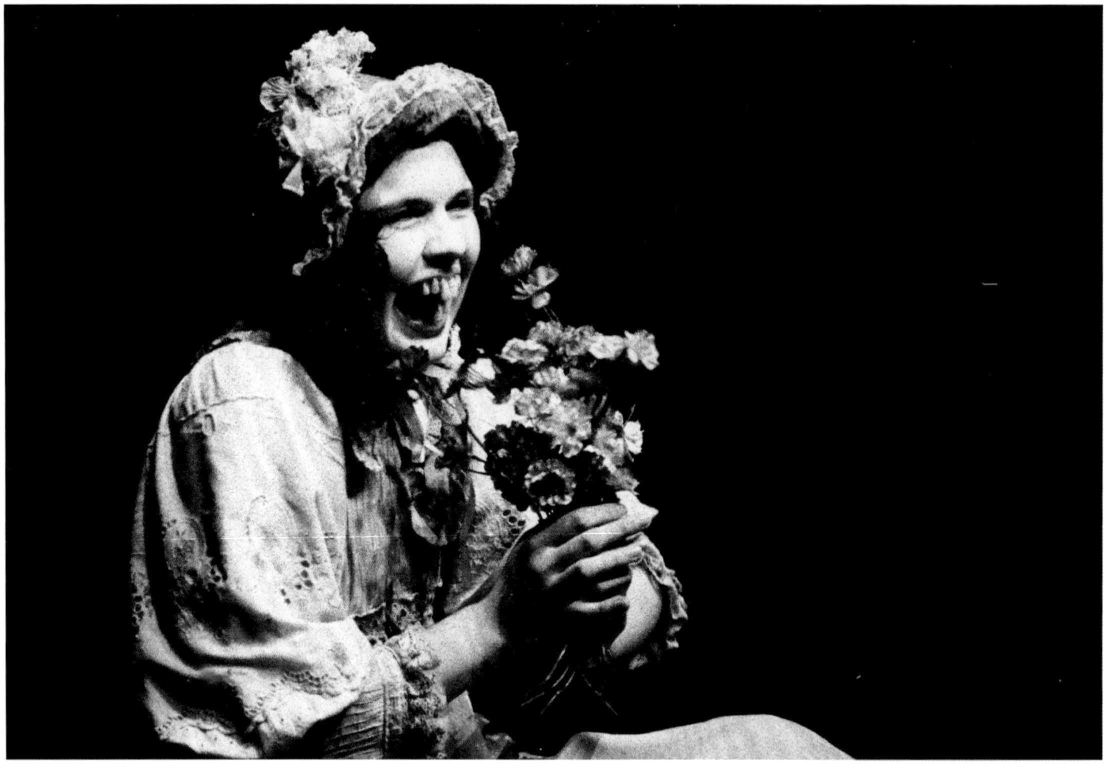

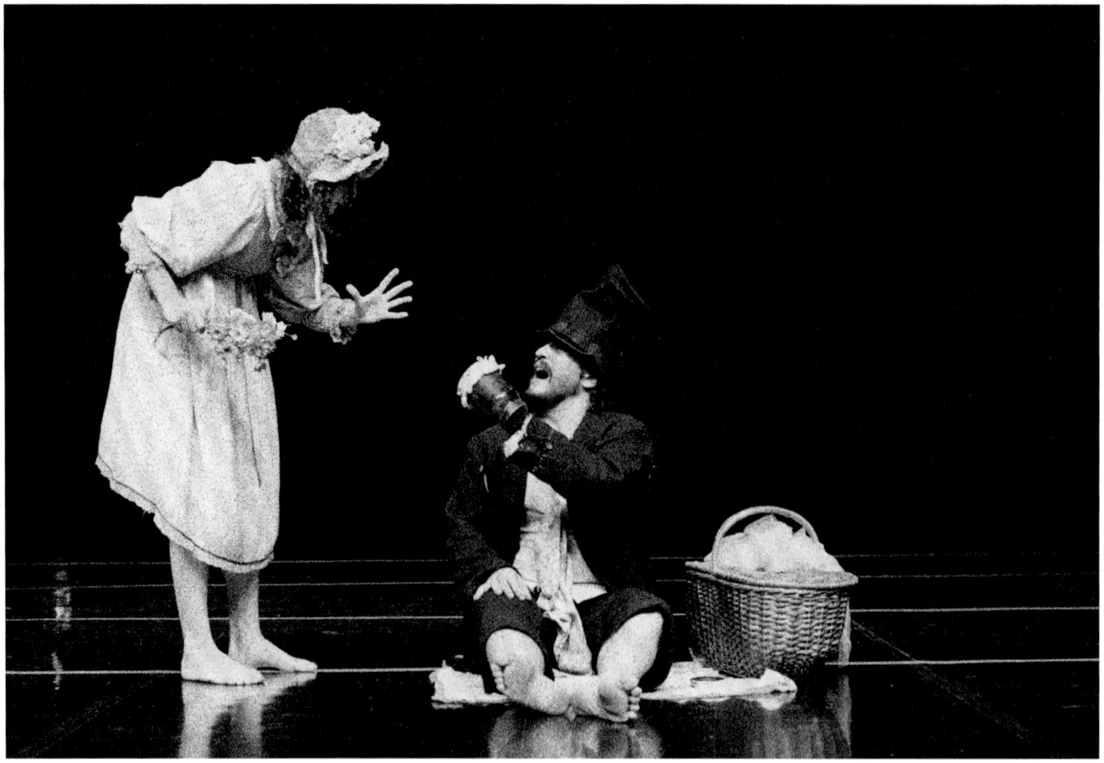

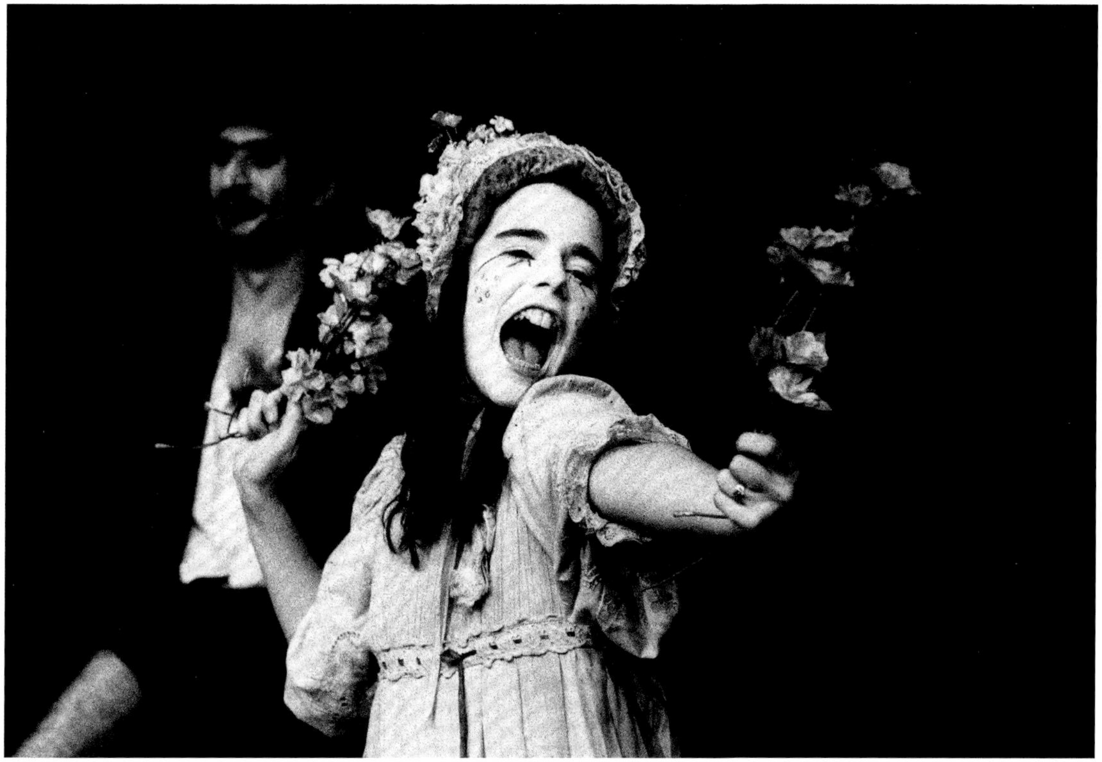

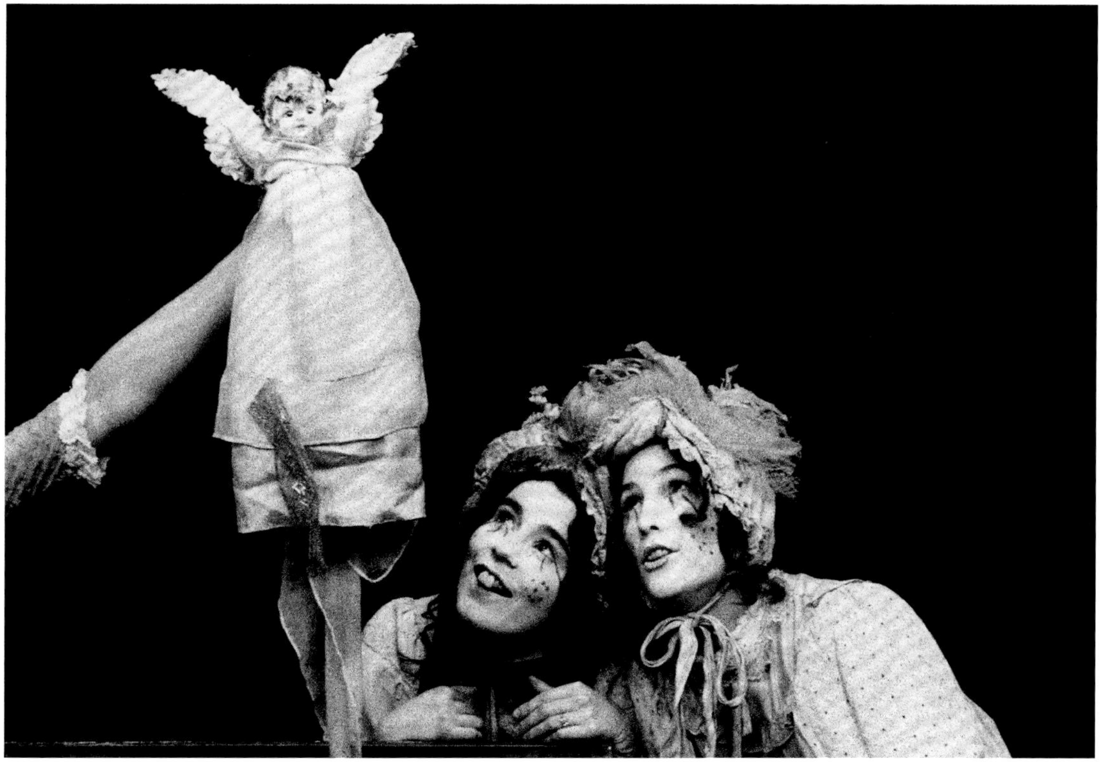

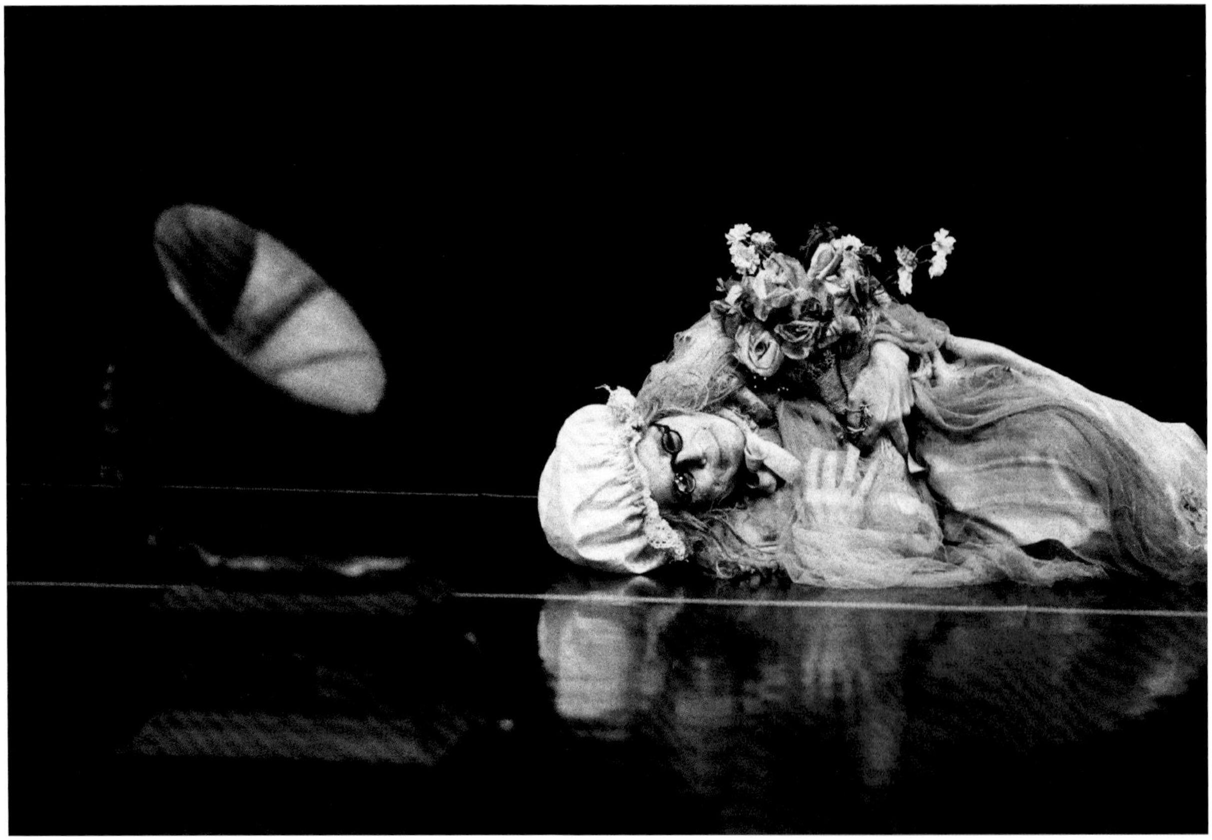

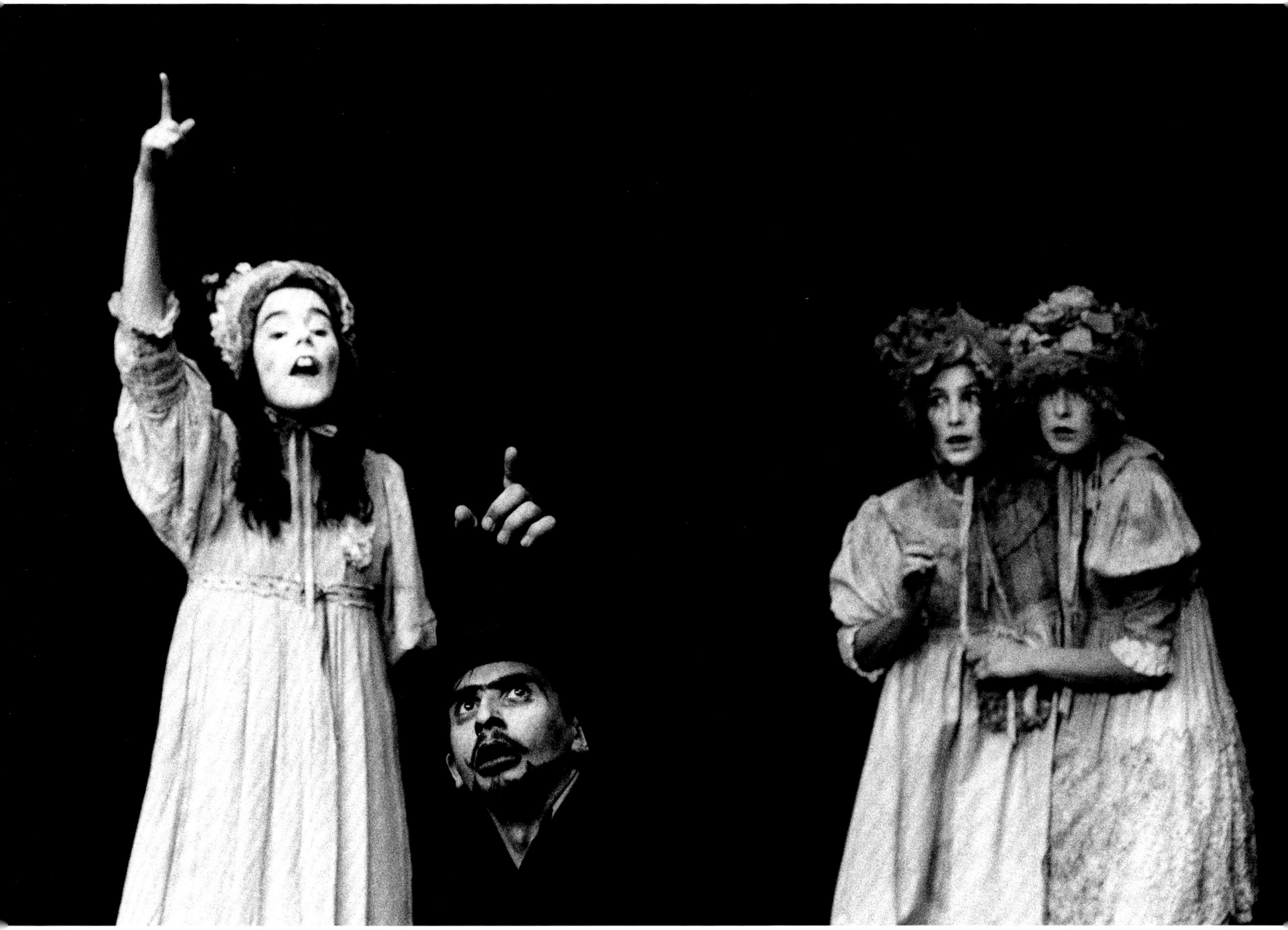

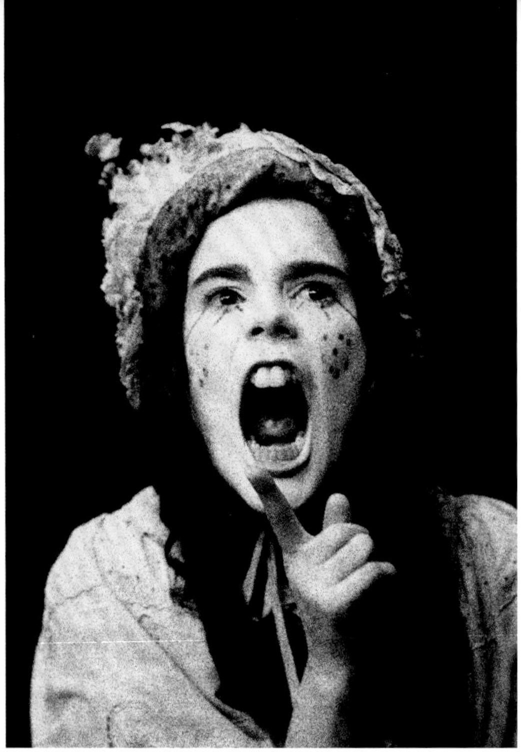

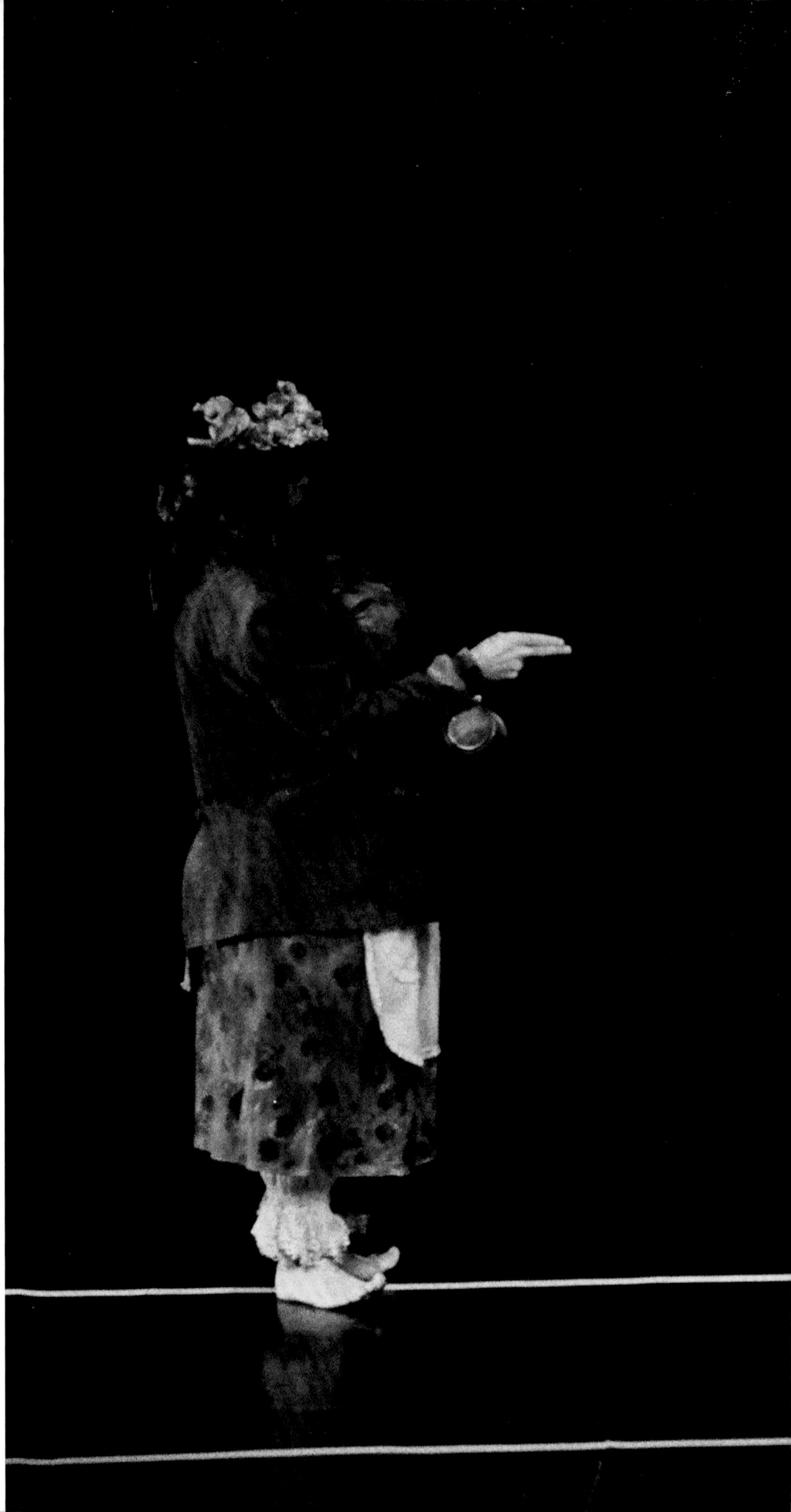

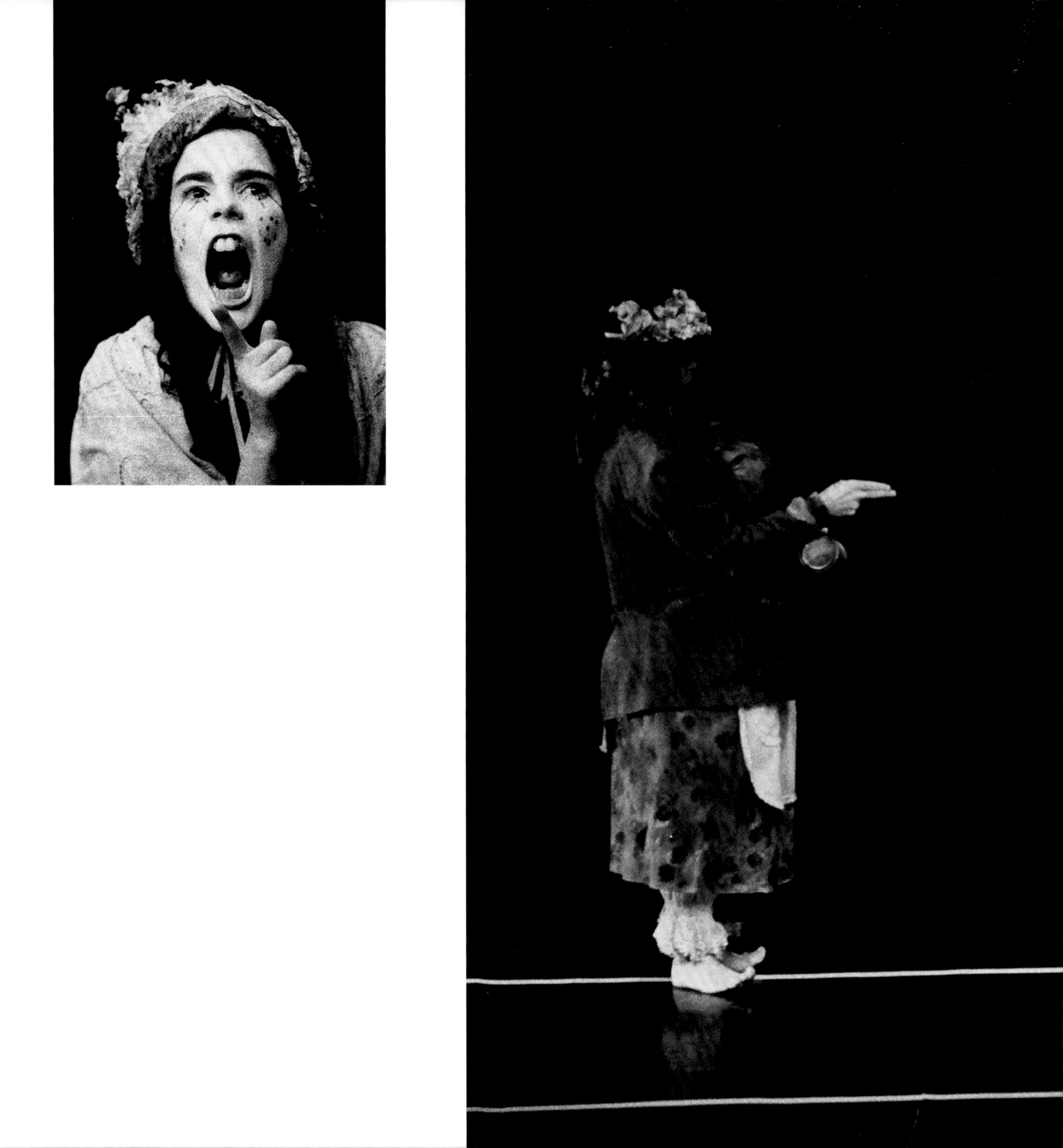

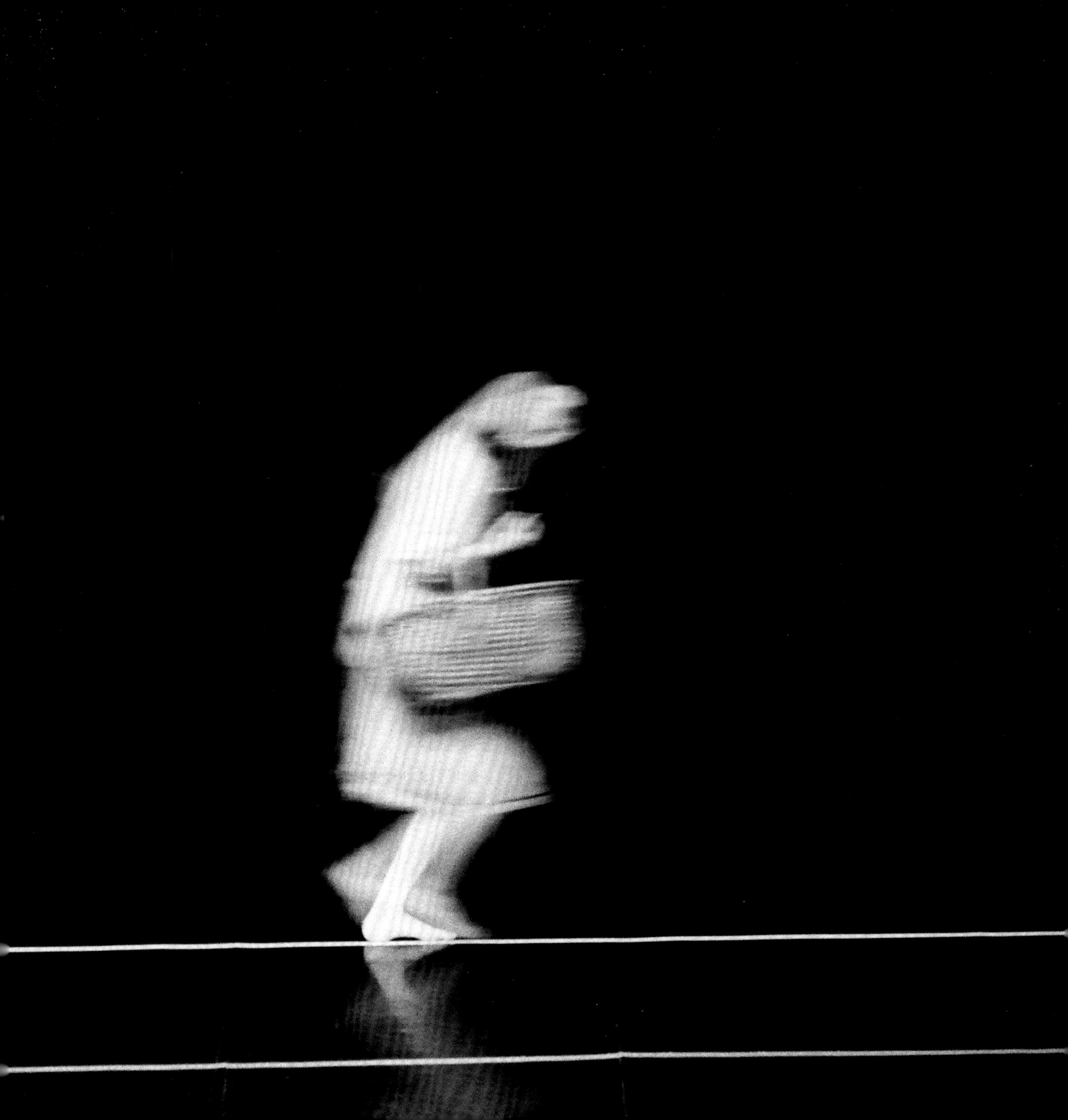

1992

# Trono de sangue
# Macbeth

*Procura, através da análise e da reflexão sobre a tragédia de Shakespeare, atingir o abismo, a camada espessa das sombras do inconsciente. Nesse sítio atuam íncubos e súcubos, escorpiões, morcegos, cobras e todas as bestas que dilaceram as entranhas de Macbeth.*

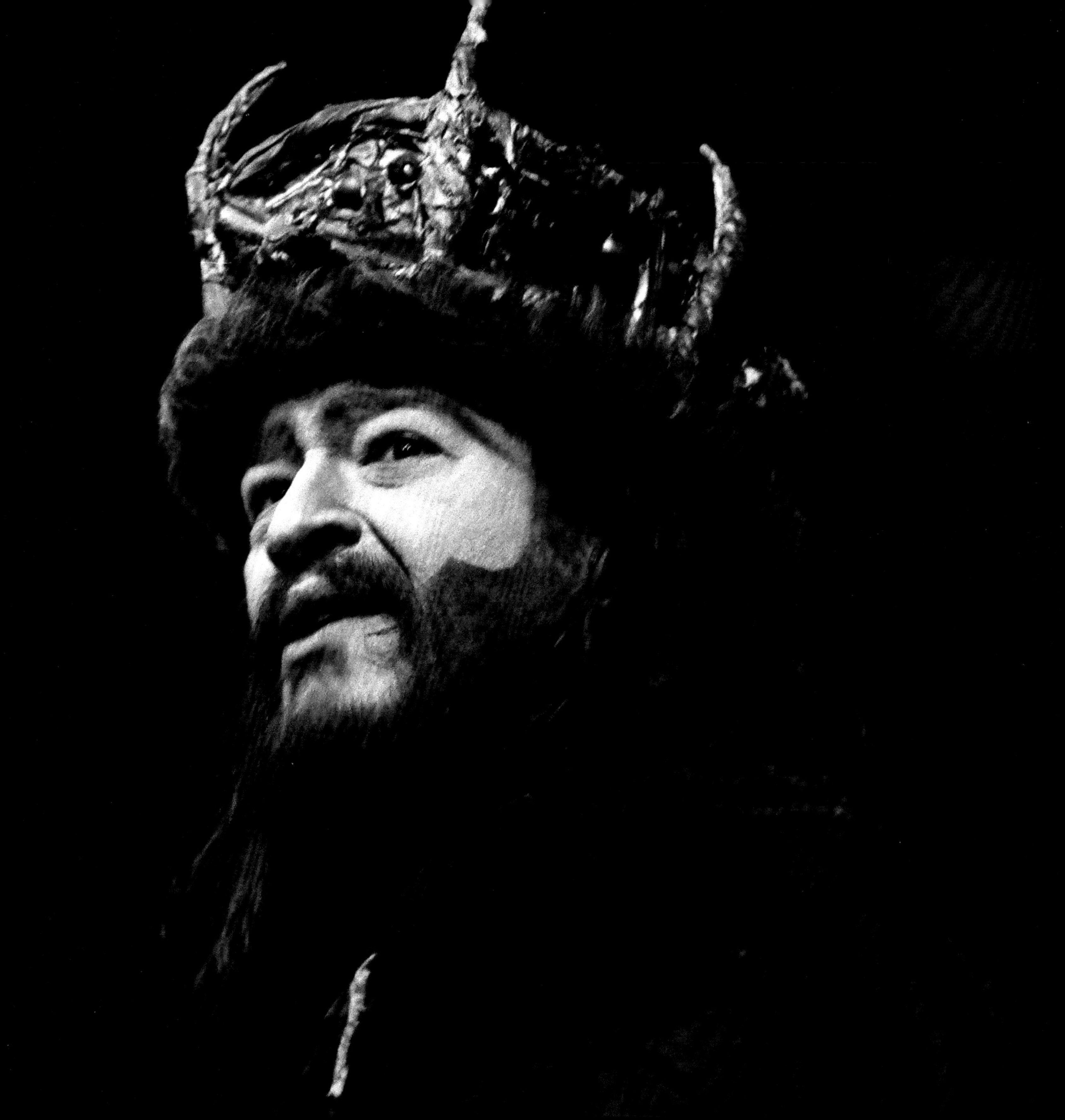

98

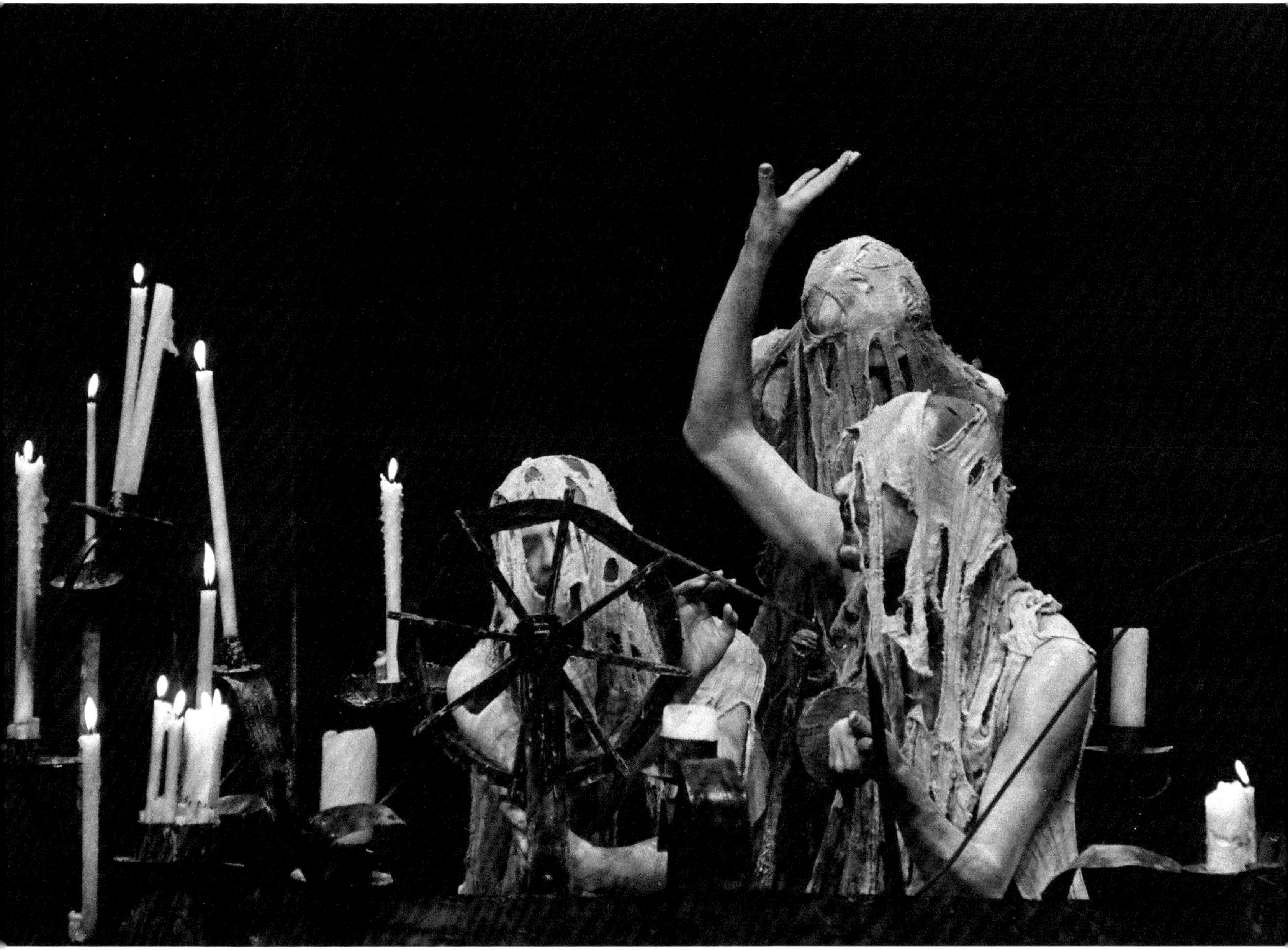

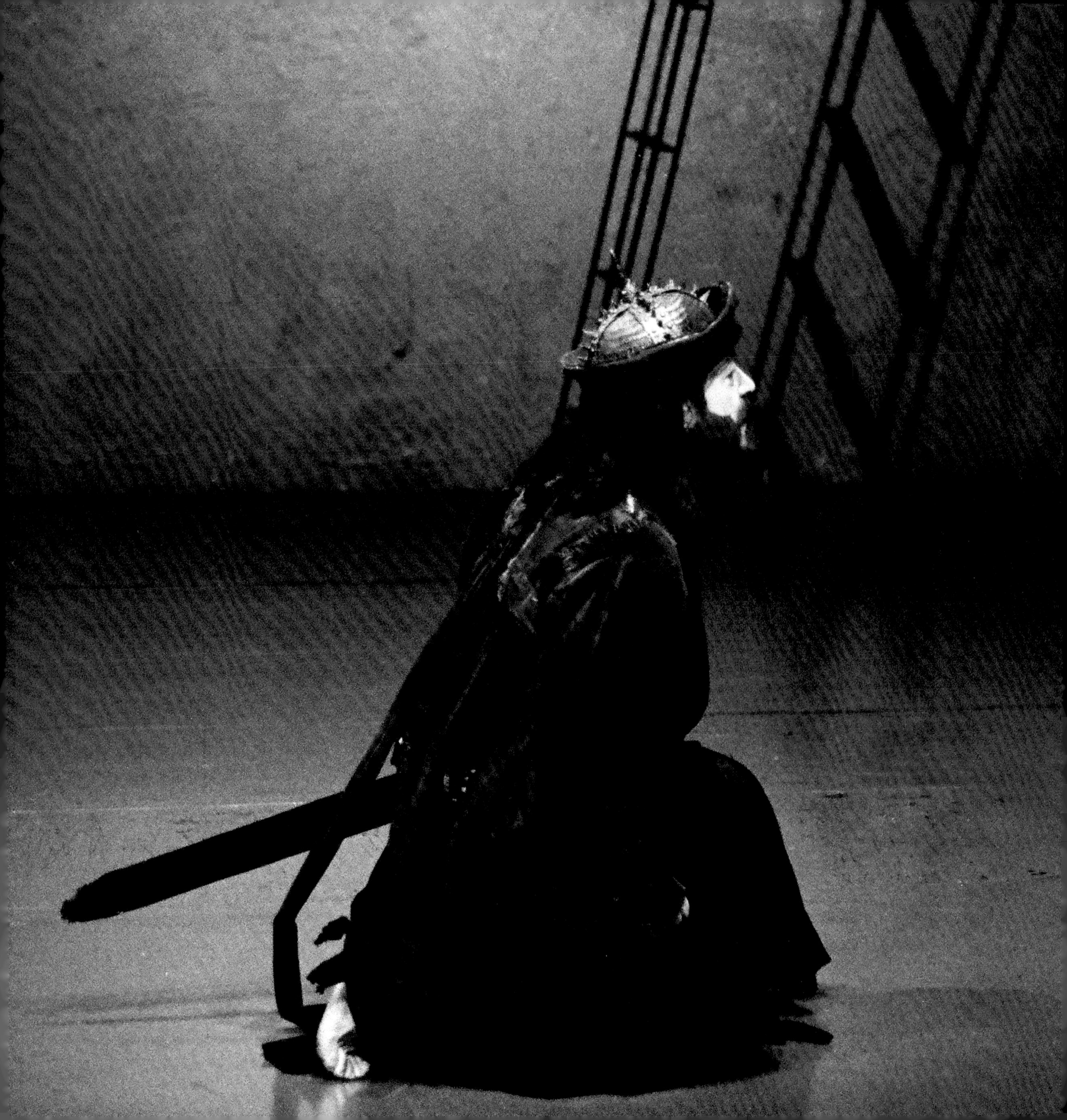

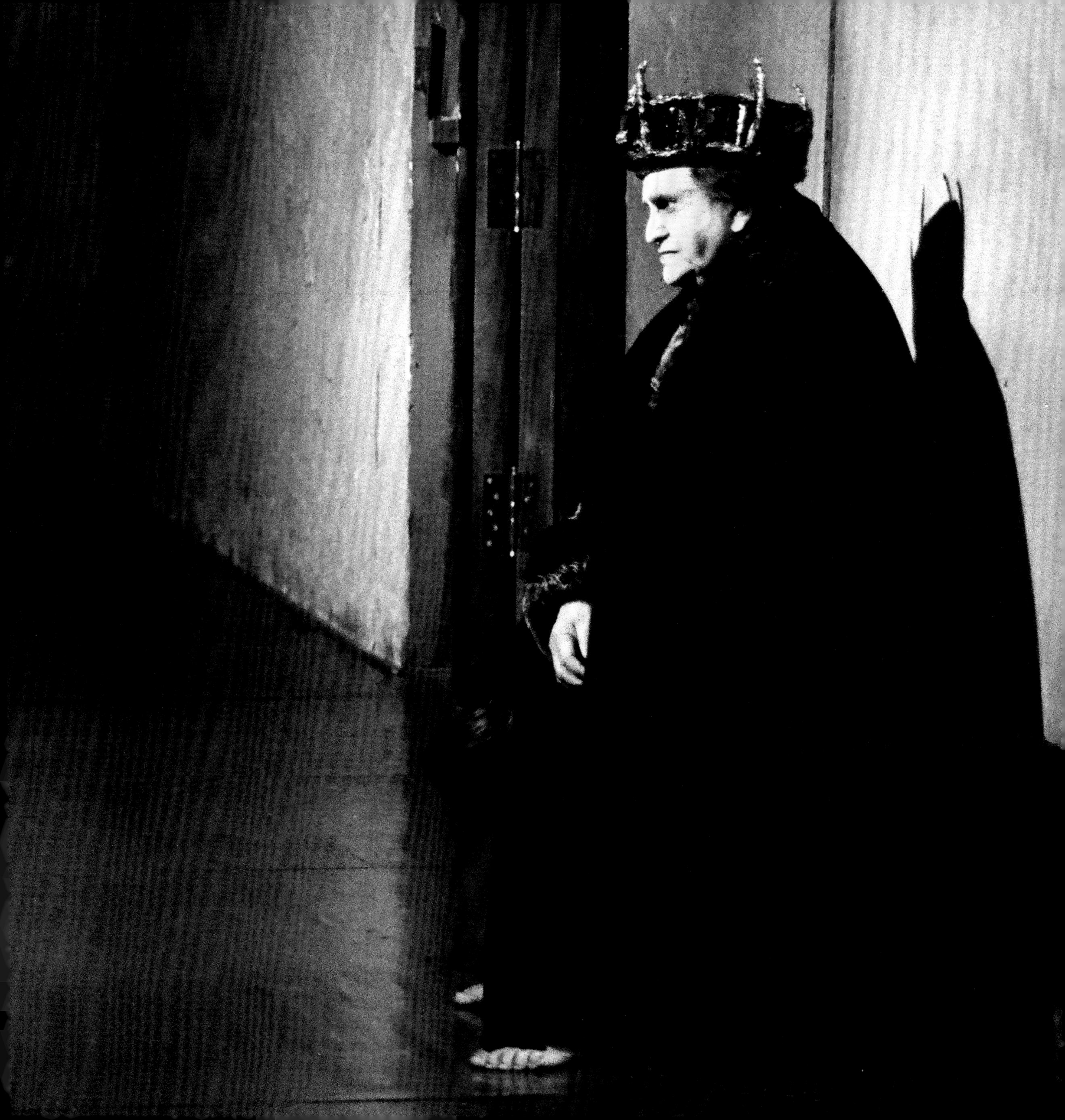

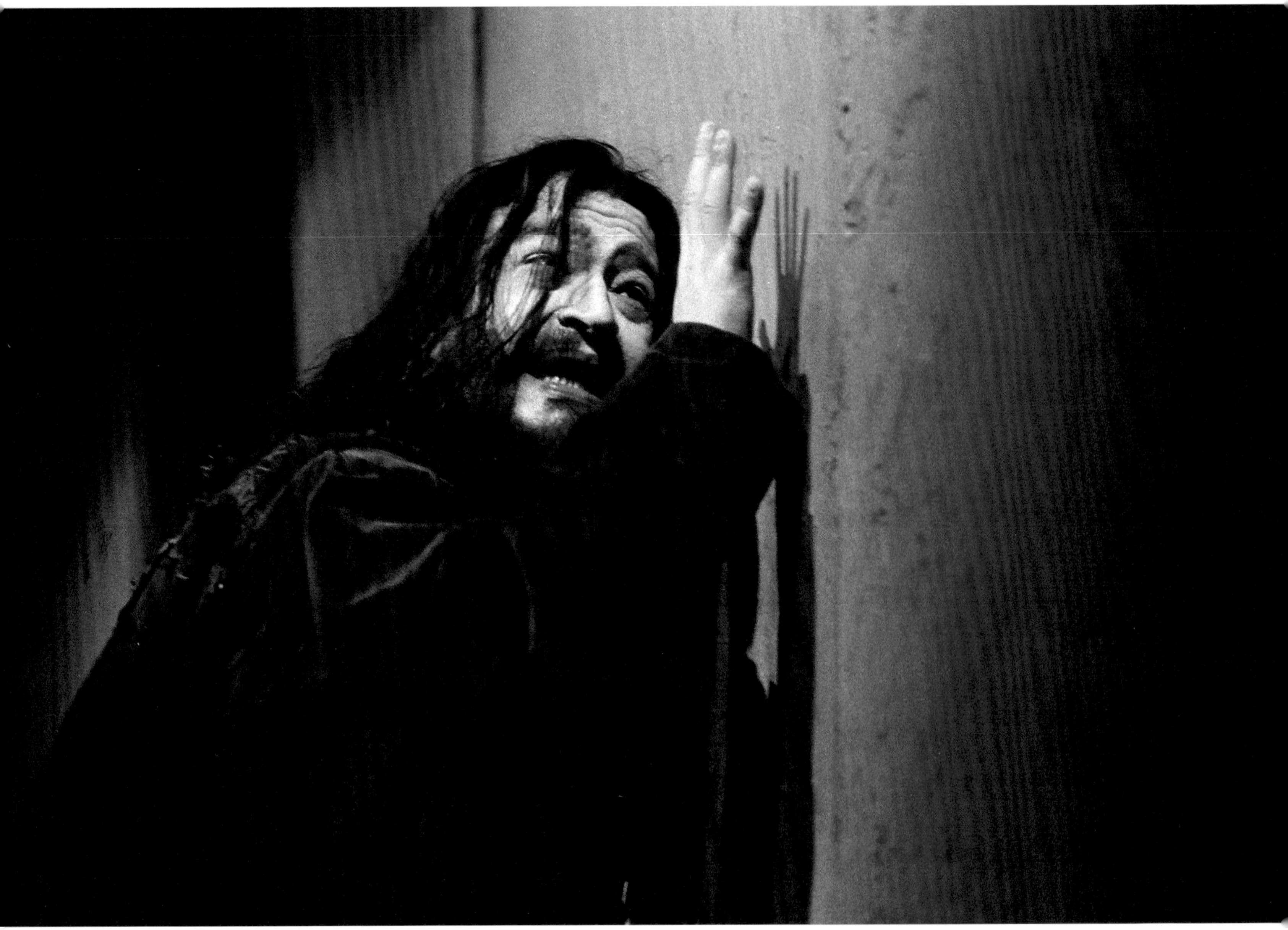

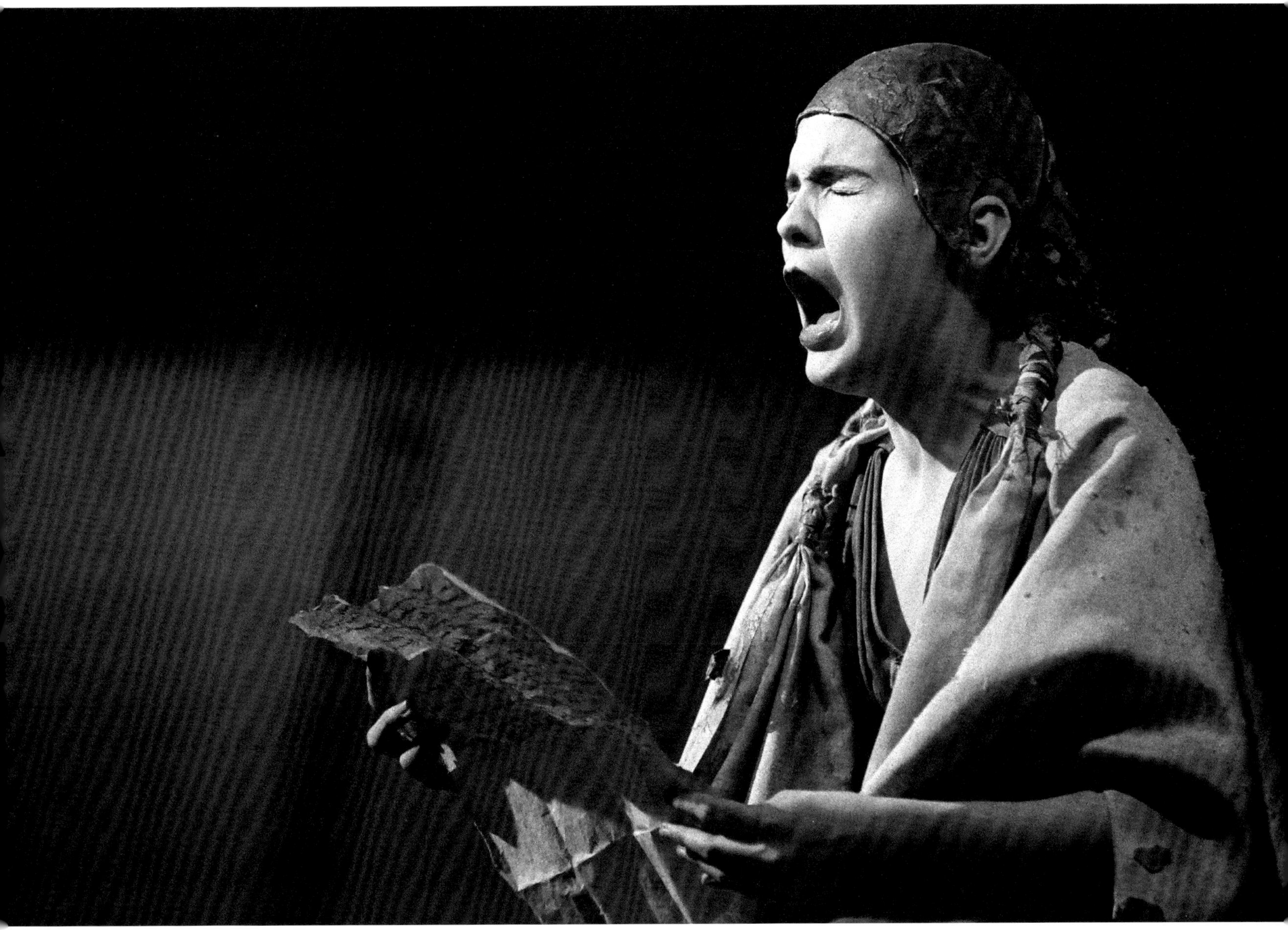

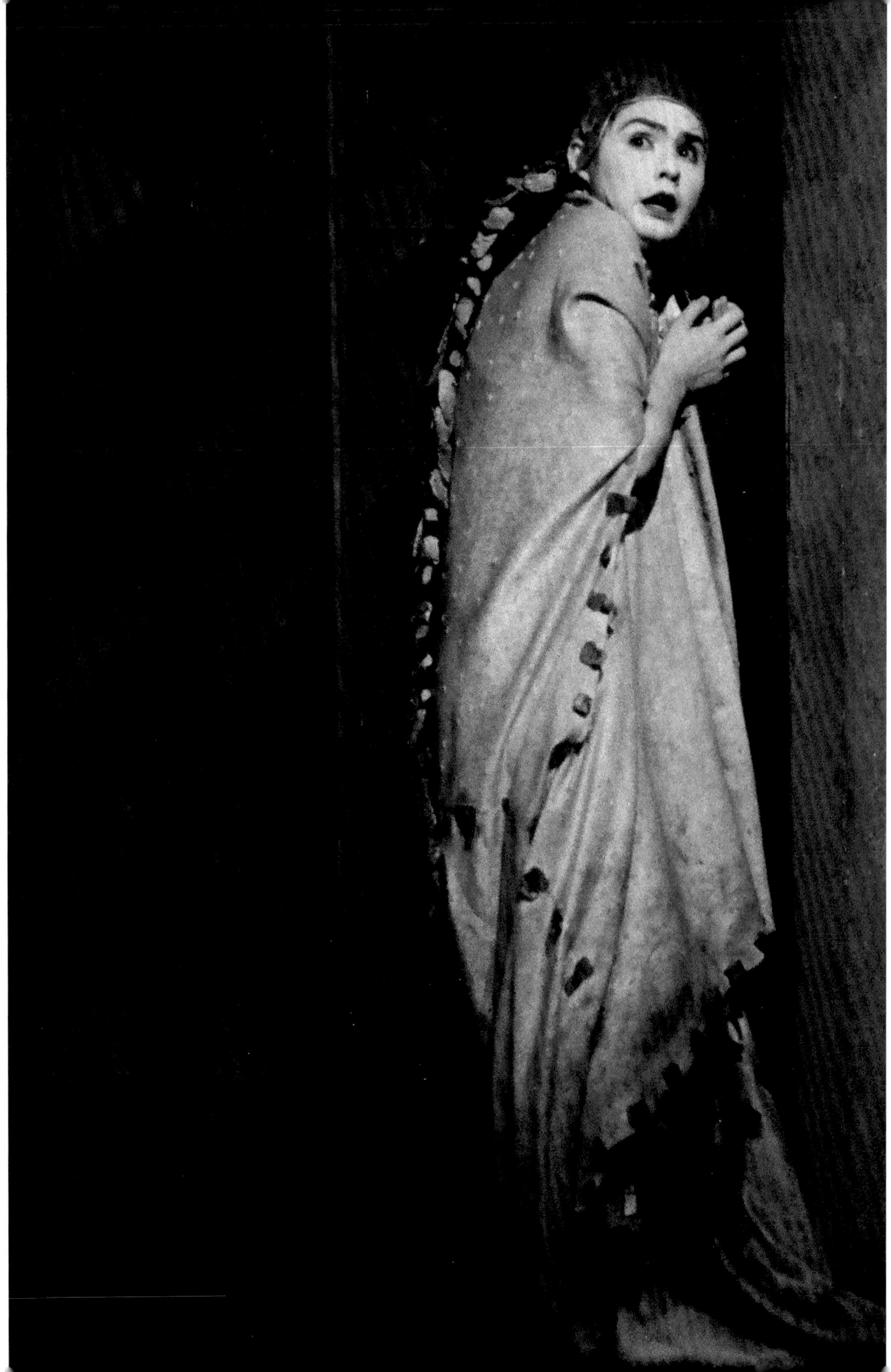

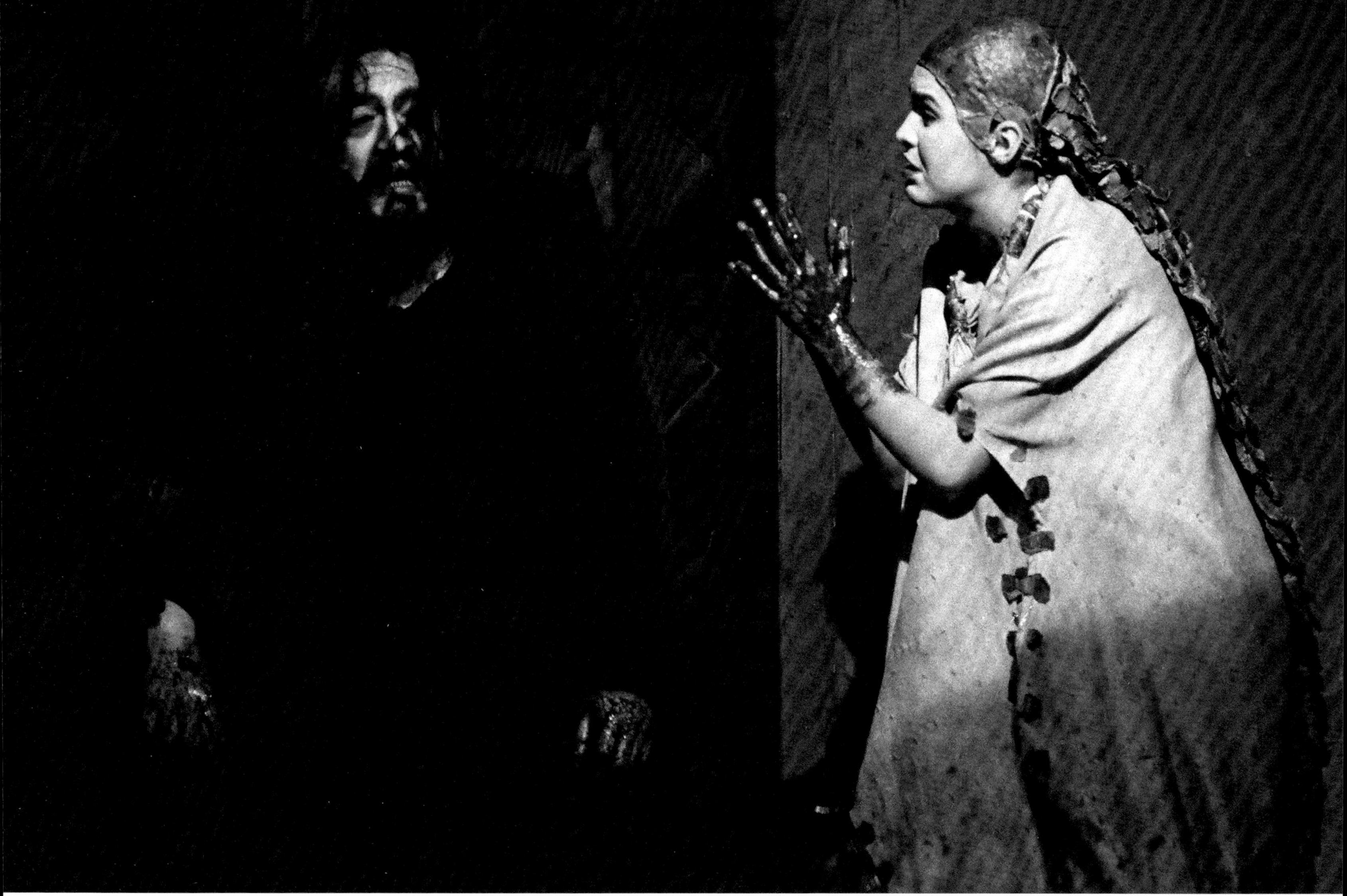

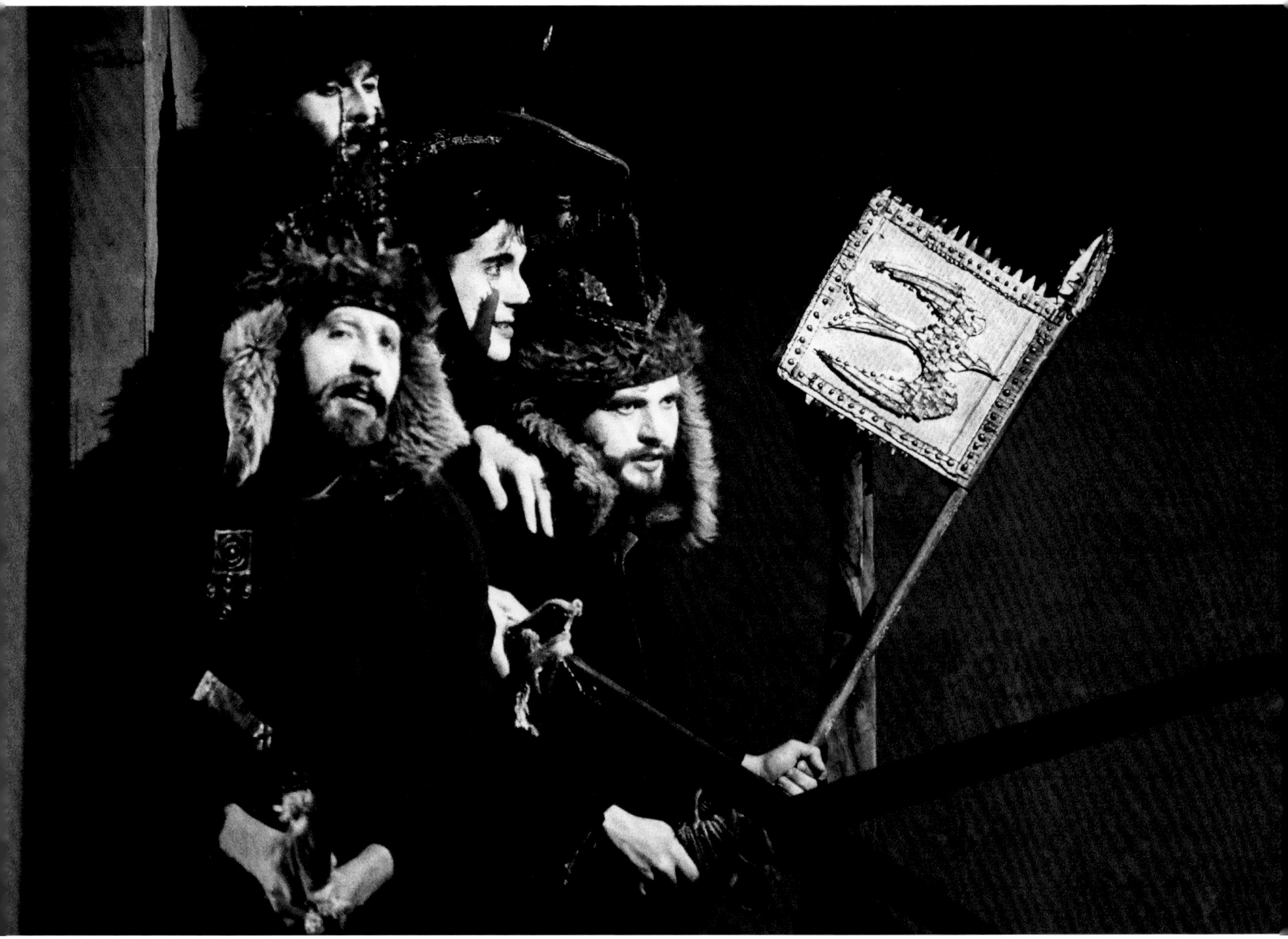

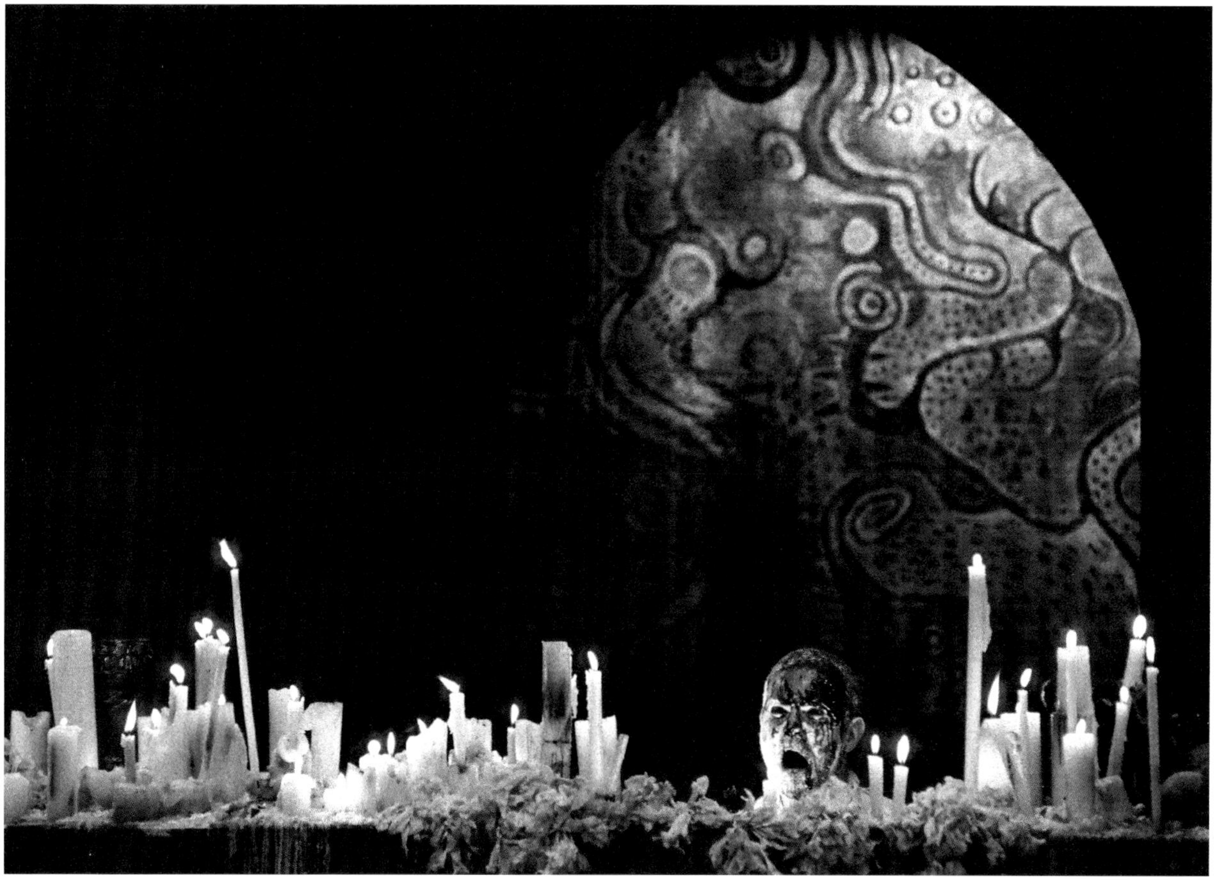

1993

# *Vereda da salvação*

*Os massacres tornaram-se cotidianos, seja nos conflitos dos sem-terra, seja nas favelas das grandes cidades. São massacres comandados por interesses econômicos de posseiros e fazendeiros, ou pelo narcotráfico, ou resultantes de embates entre quadrilhas, ou pela ação de grupos de extermínio. O fato é que a vida humana parece artigo muito barato, quase desprezível.*

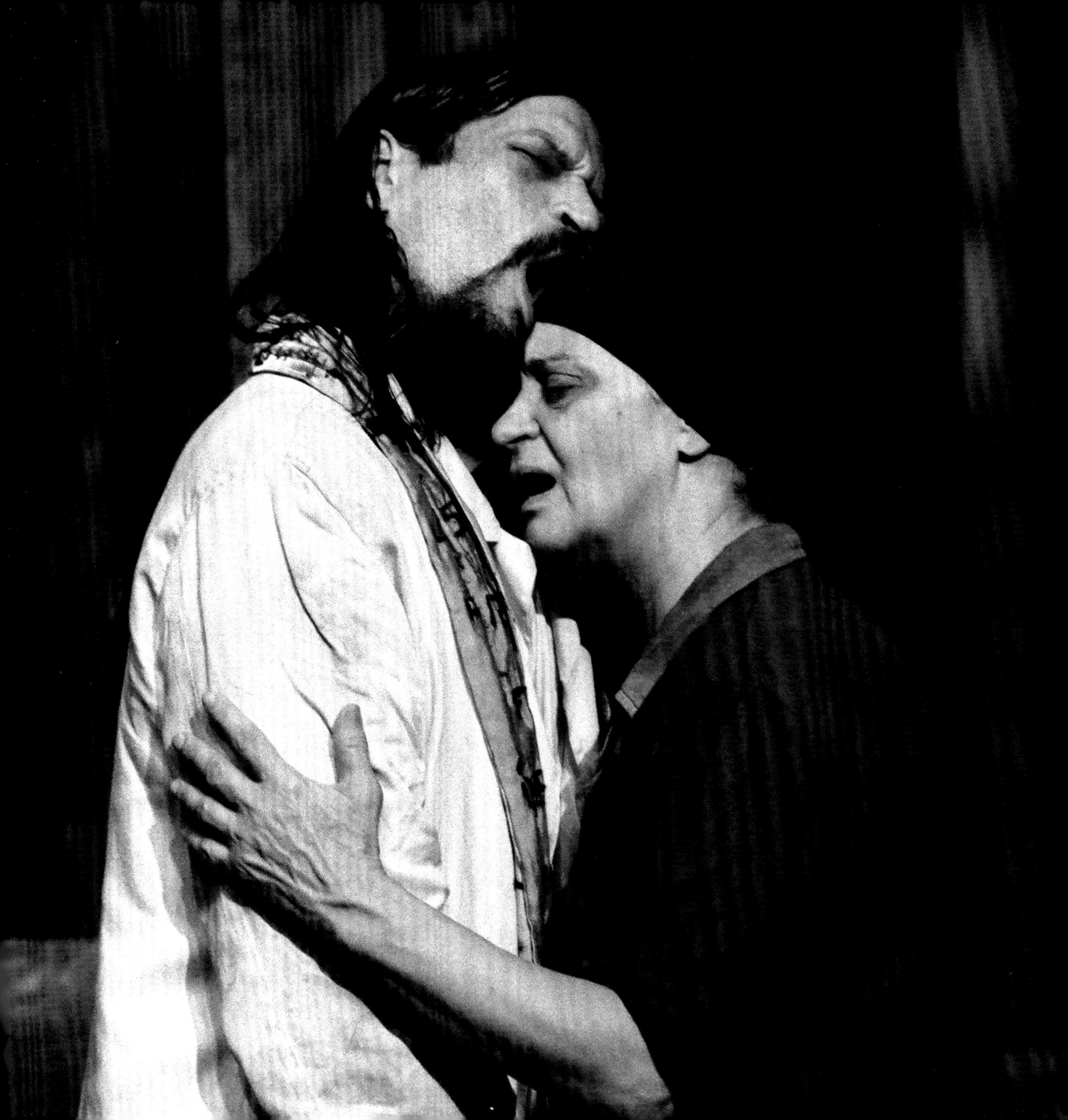

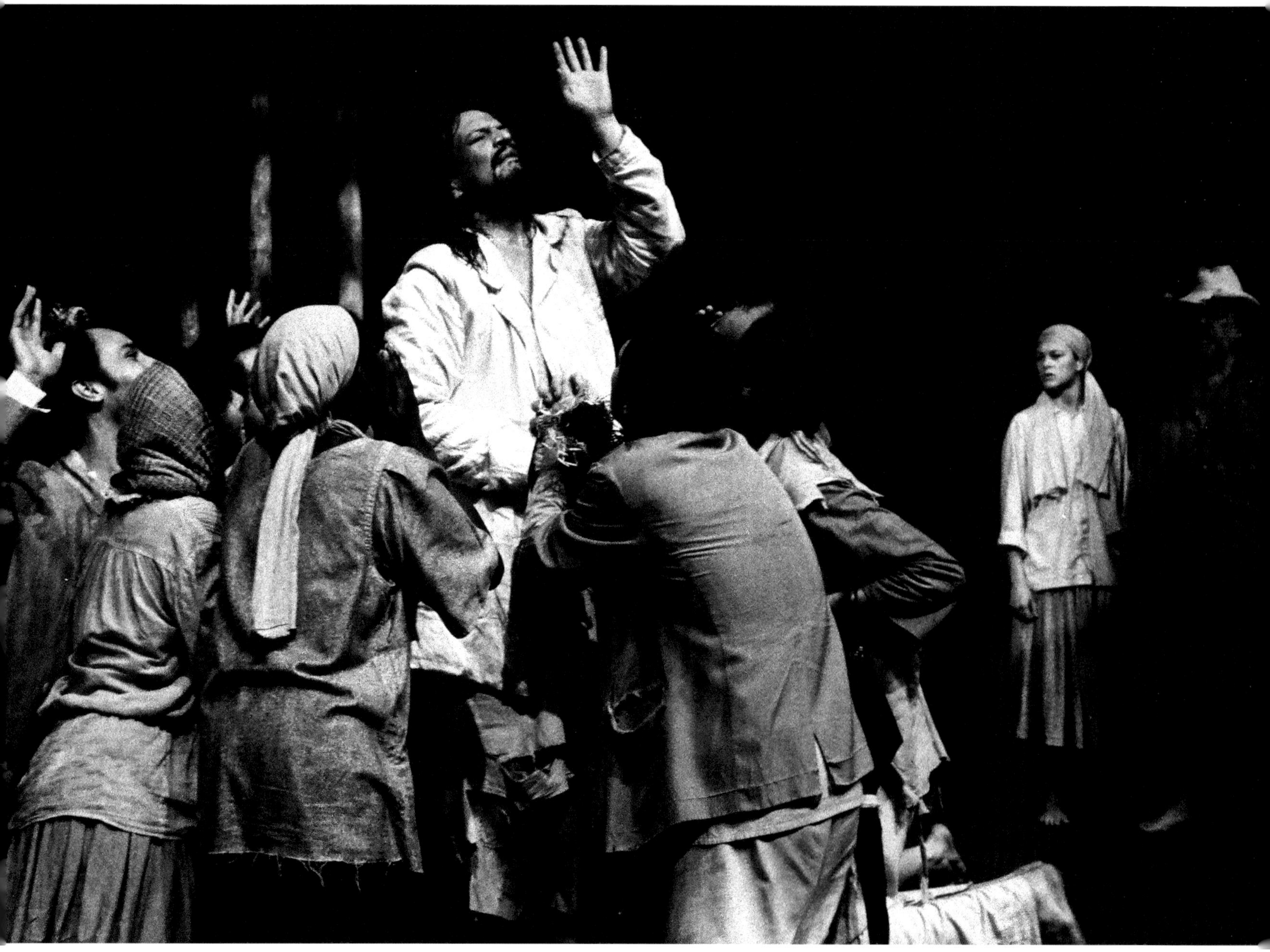

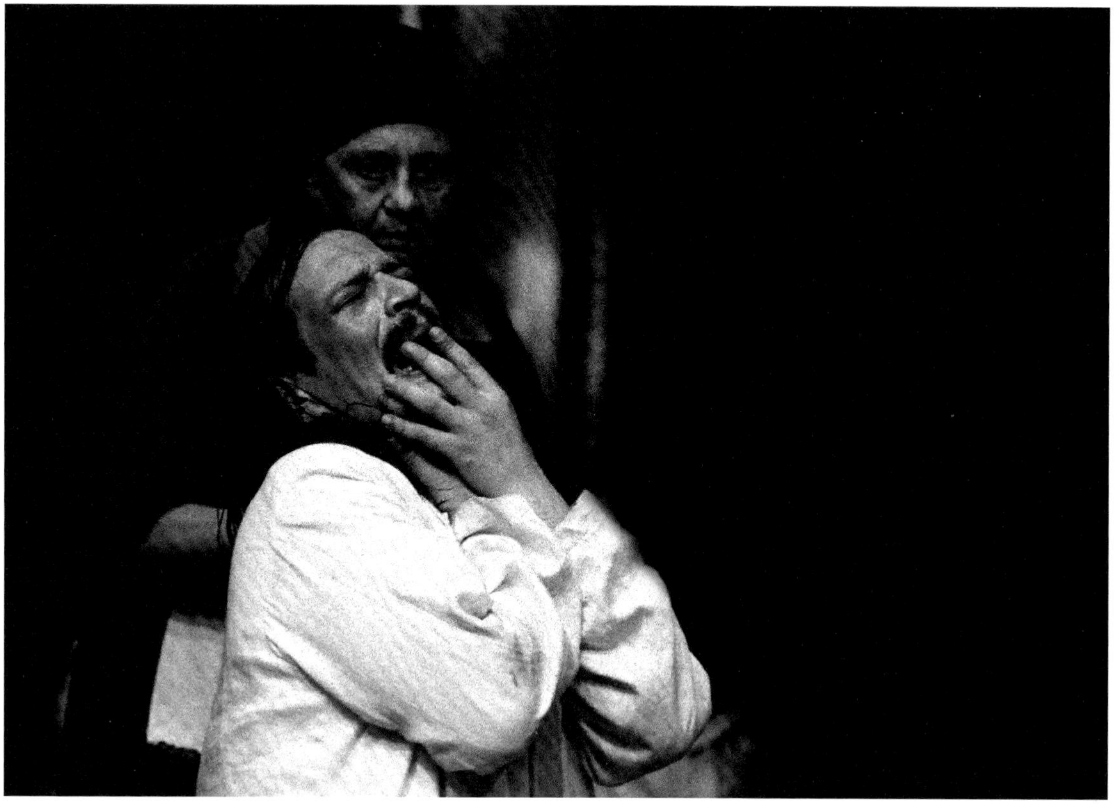

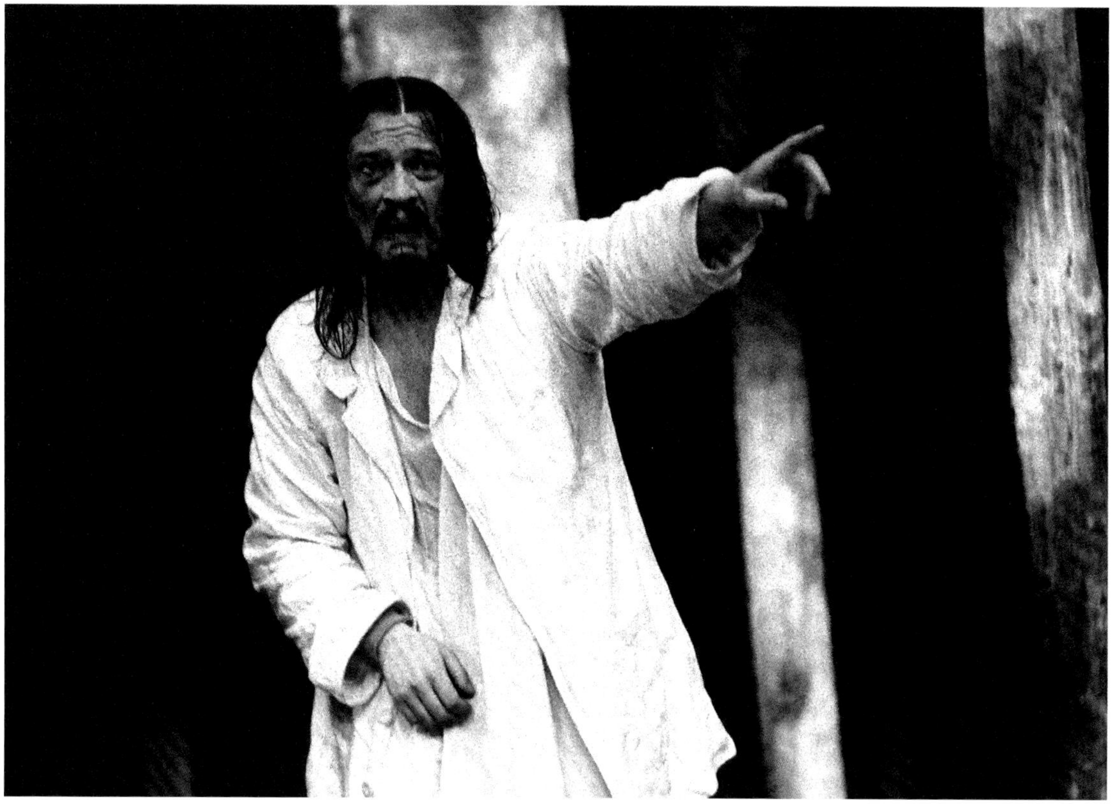

1995

# Gilgamesh

*O espetáculo se construía por camadas, servindo-se de várias técnicas teatrais, unindo de forma exemplar o épico ao dramático. Para além das técnicas e dos modos, no entanto, fluía a imaginação mítica. Elementos do pensamento arcaico ou do inconsciente coletivo se insinuavam, diluindo a materialidade da encenação e elevando-a aos níveis metafísicos.*

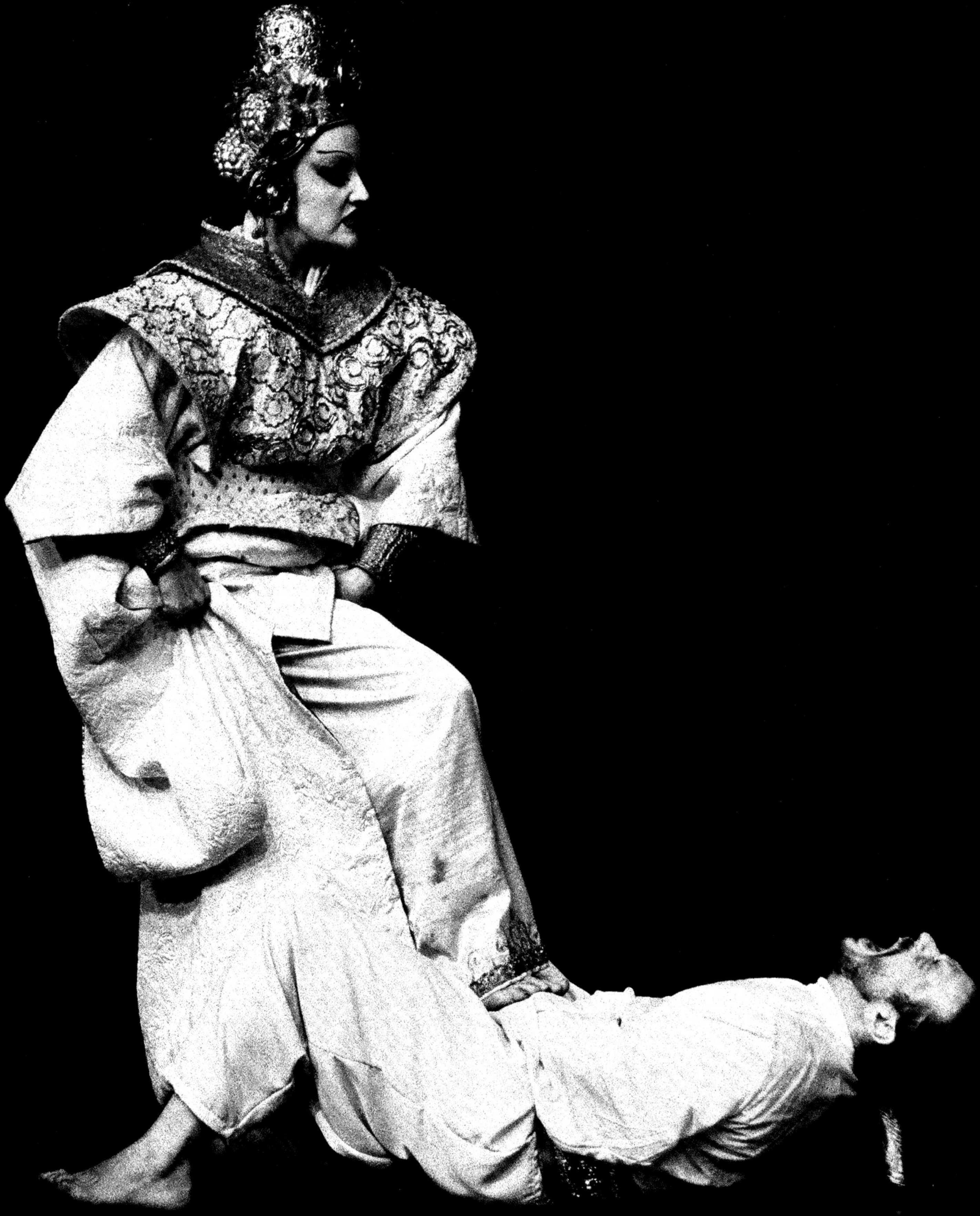

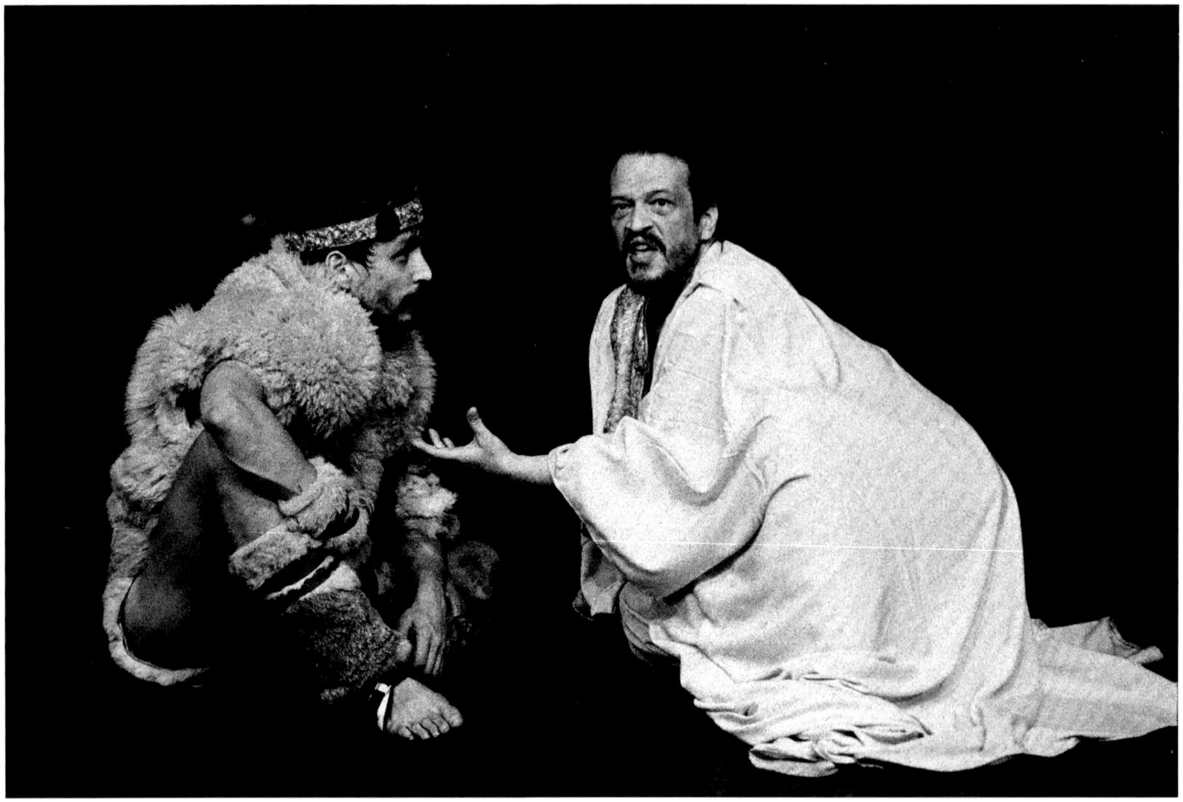

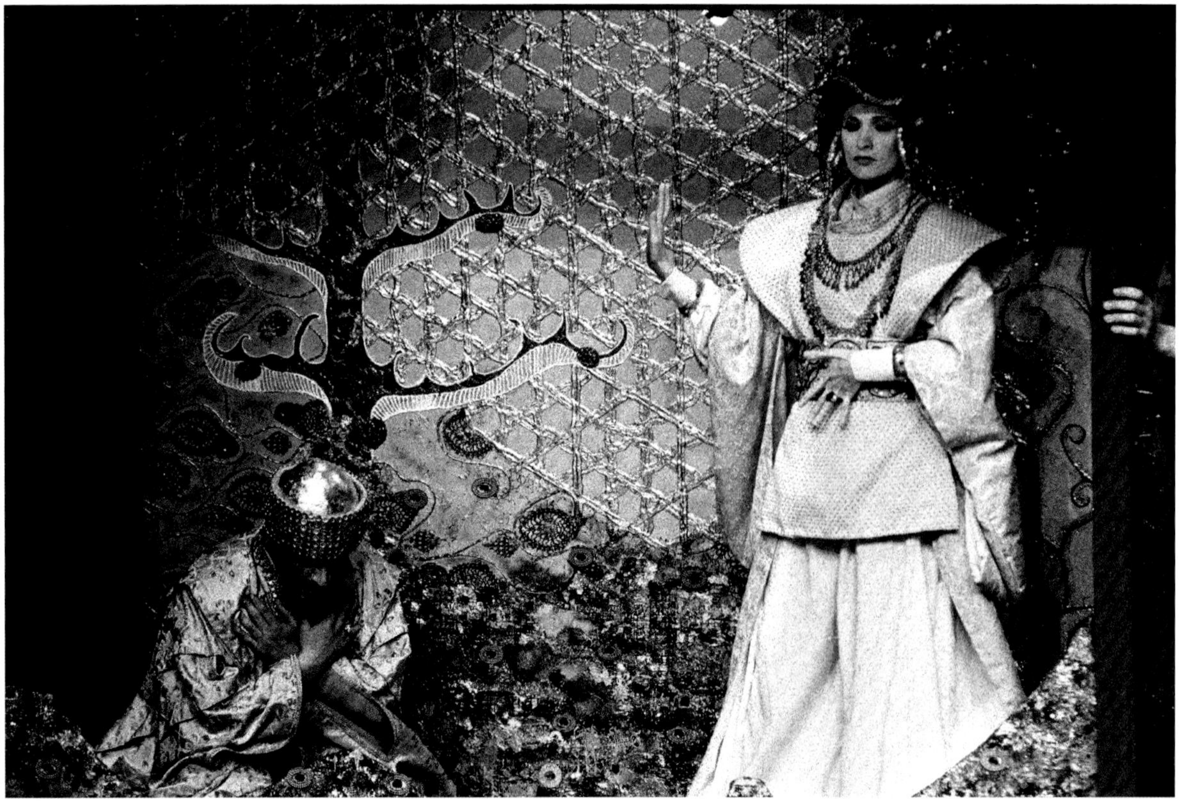

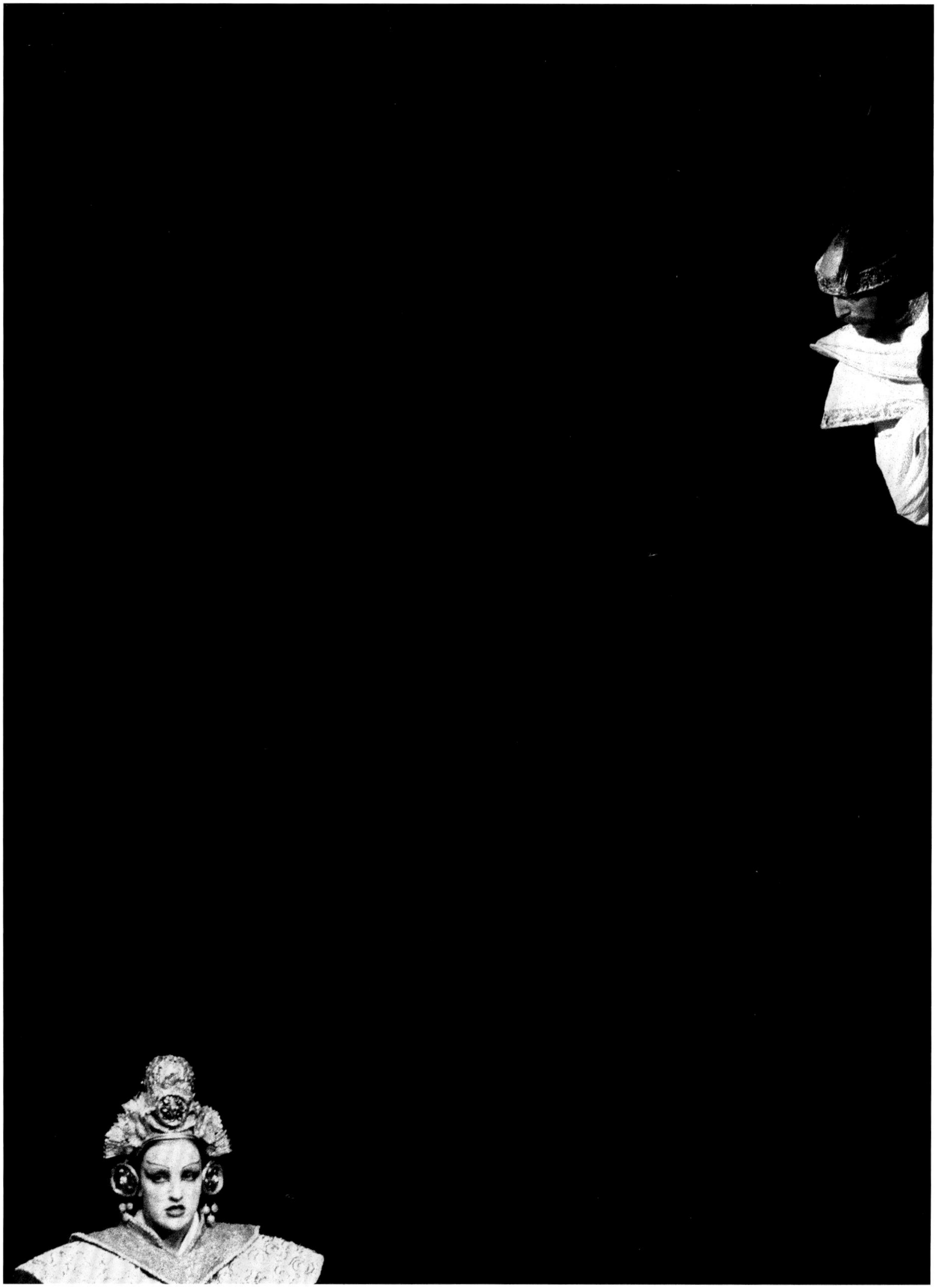

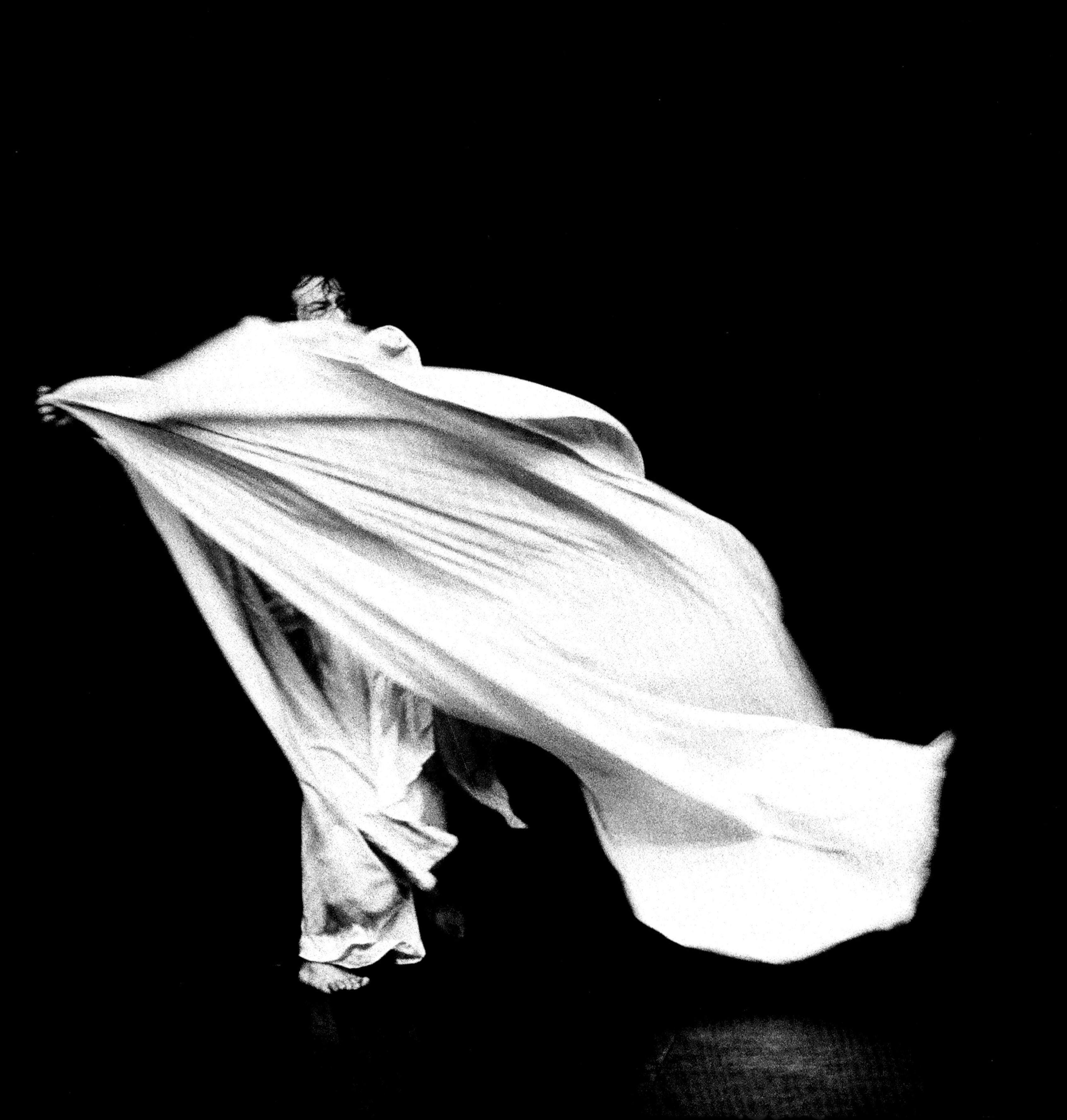

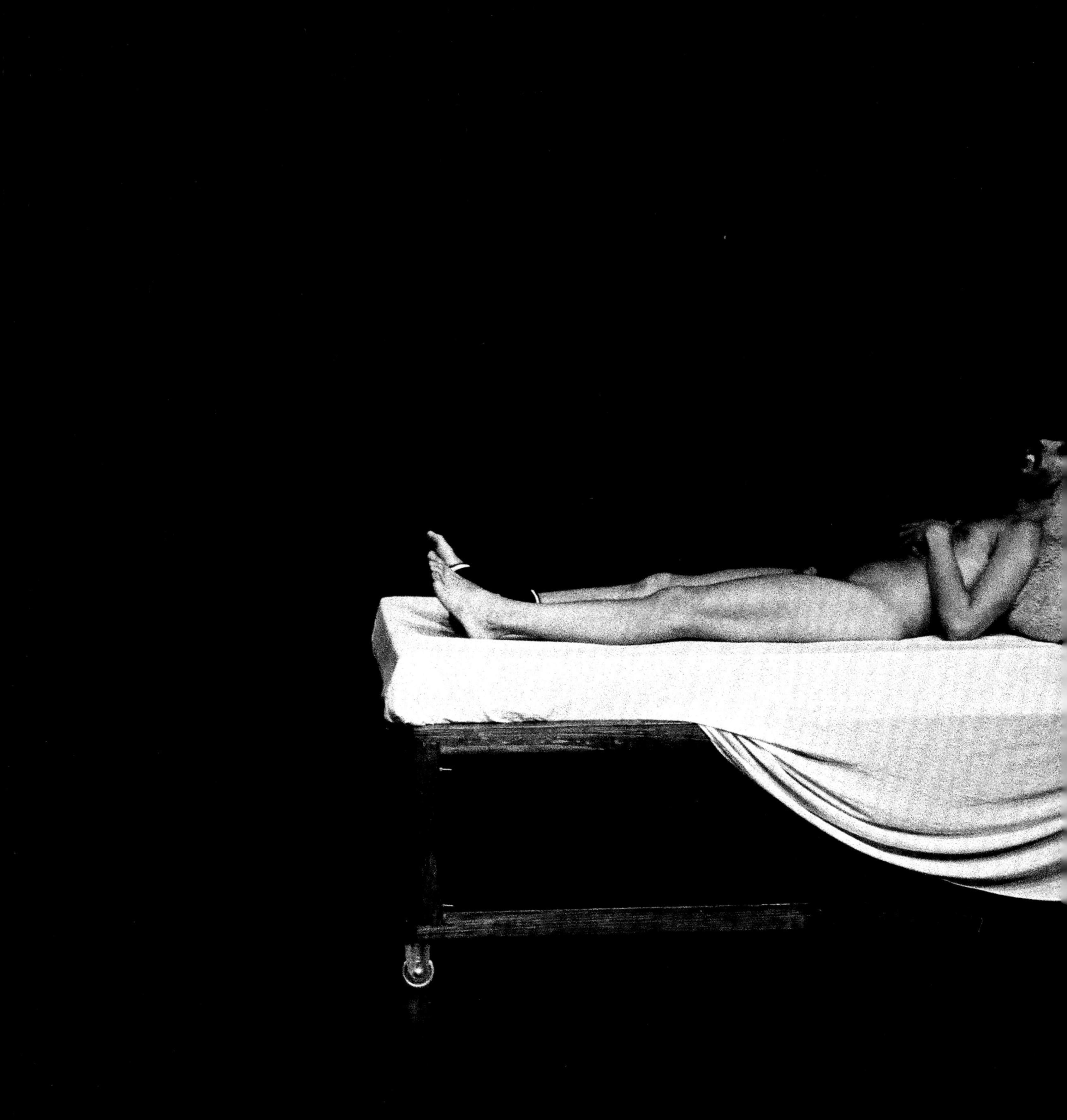

1996

# Drácula e outros vampiros

*Embora terrível, esse Drácula, a bem da verdade, está longe de ser aterrorizante, é até simpático e charmoso. Porque nesse plano, onde a ética se esgarça e sucumbe ao império do Mal, tudo se organiza em termos contraditórios e fantásticos. O delírio deve ser o ambiente natural dos mortos-vivos.*

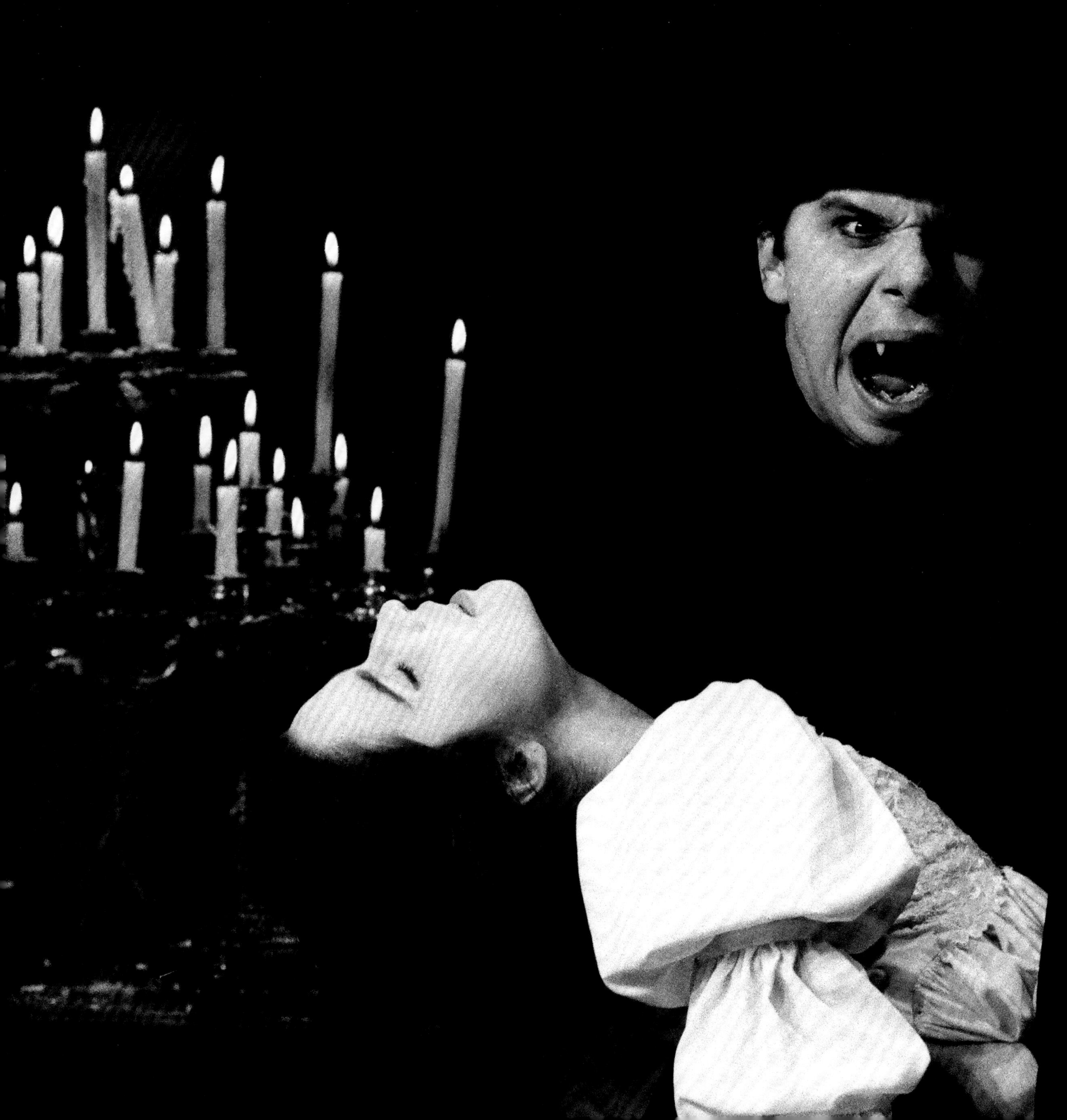

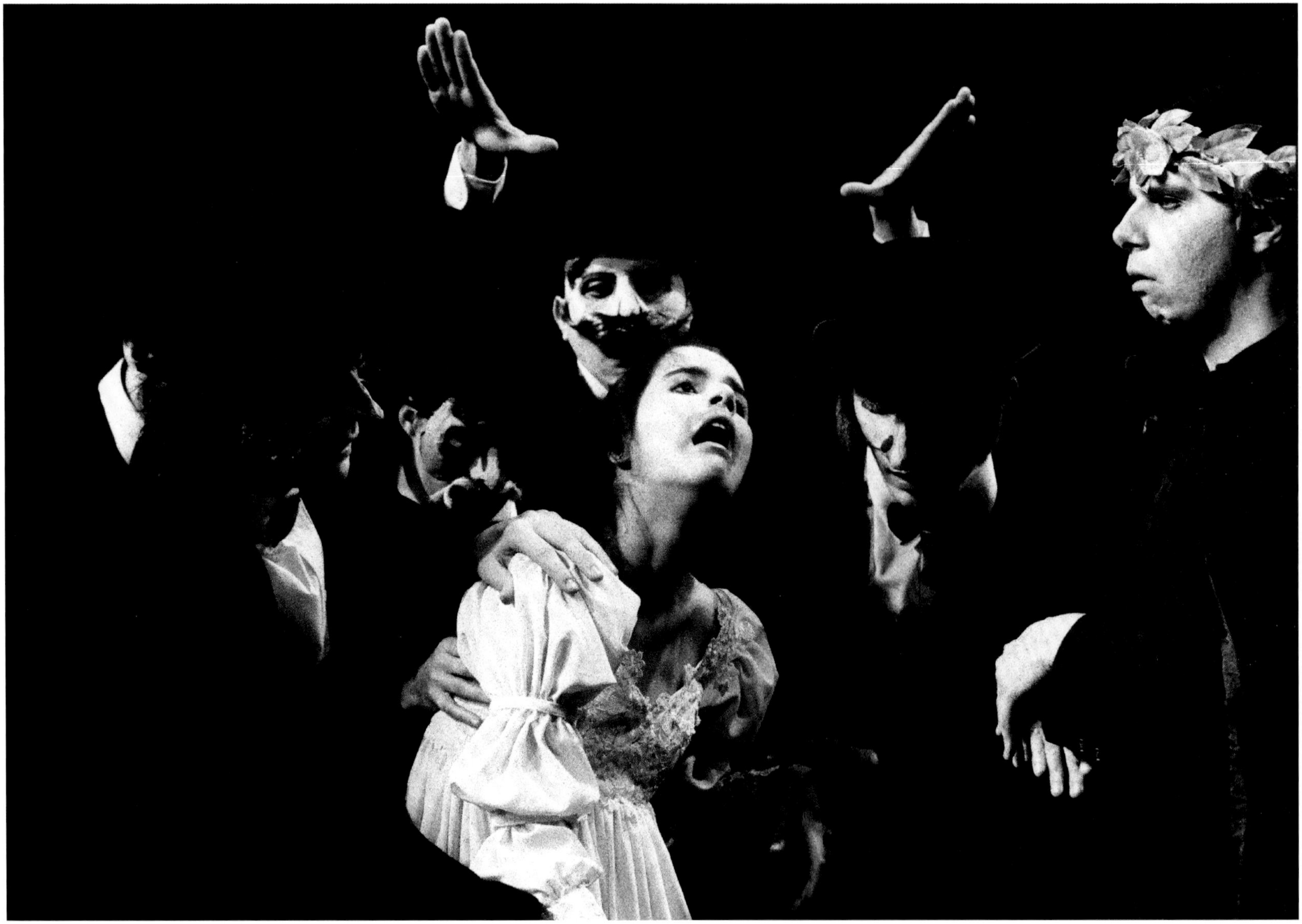

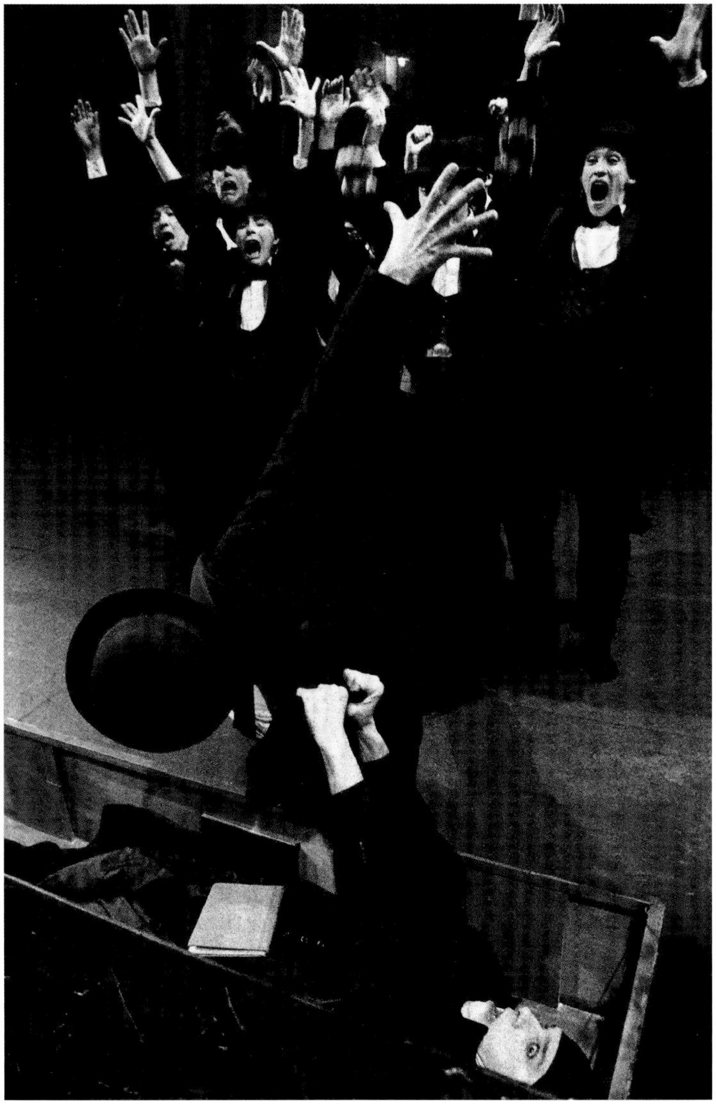

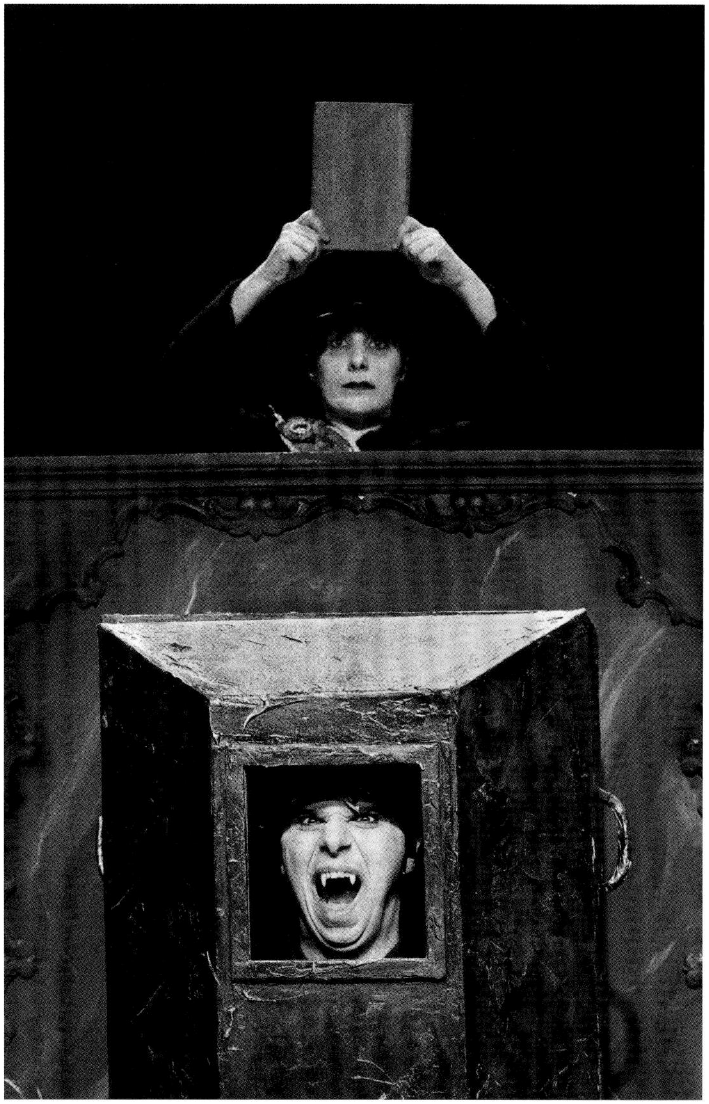

1999

# Fragmentos troianos

O rescaldo de Troia destruída é metáfora do holocausto que nos cerca e ameaça diariamente nas grandes cidades e no campo. É, igualmente, metáfora do desmando da autoridade quando ela se confunde com o submundo. Metáfora da omissão da justiça. Assim entendida, a obra propõe a visão crítica da realidade contemporânea através do espelho do universo antigo.

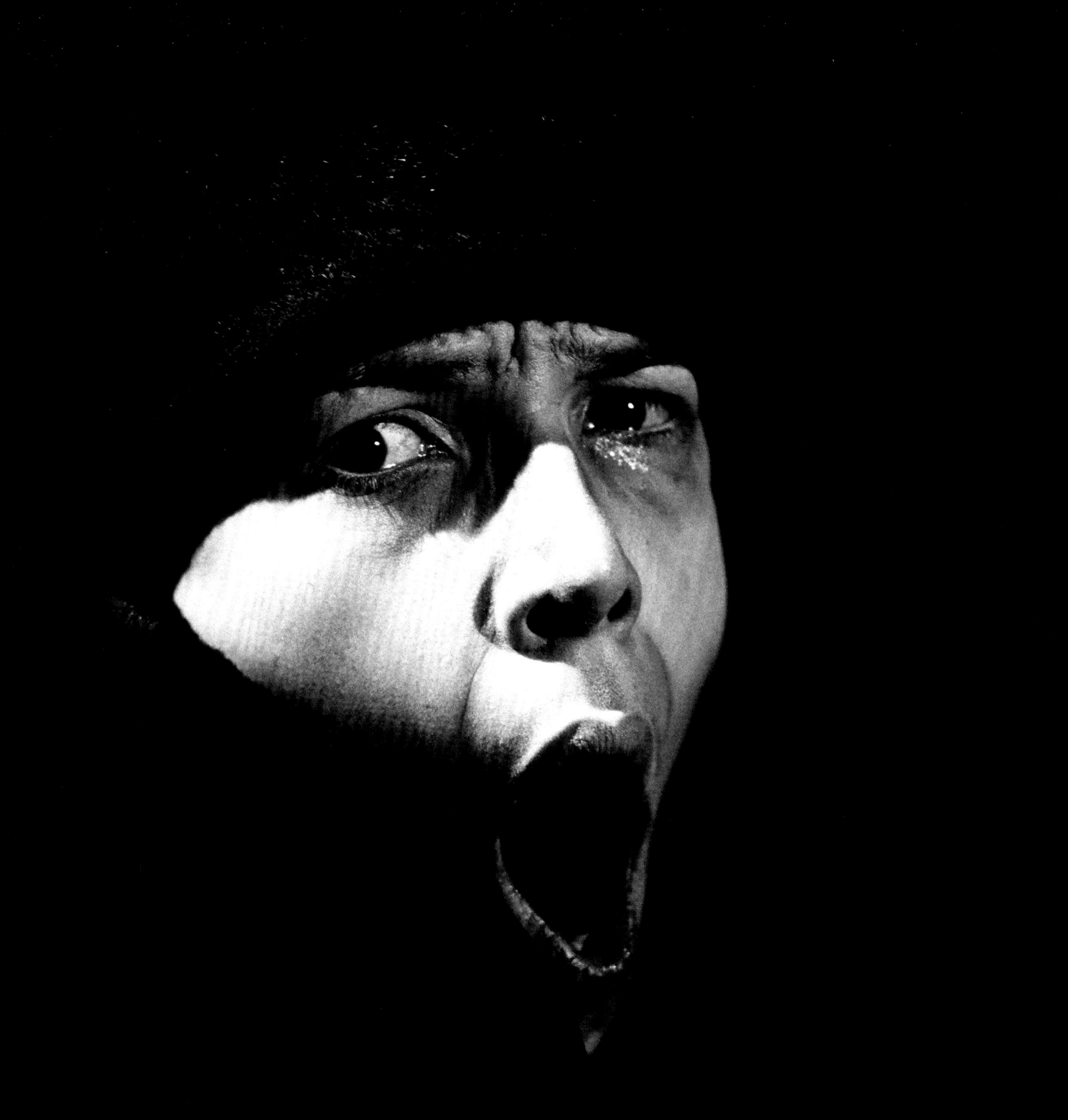

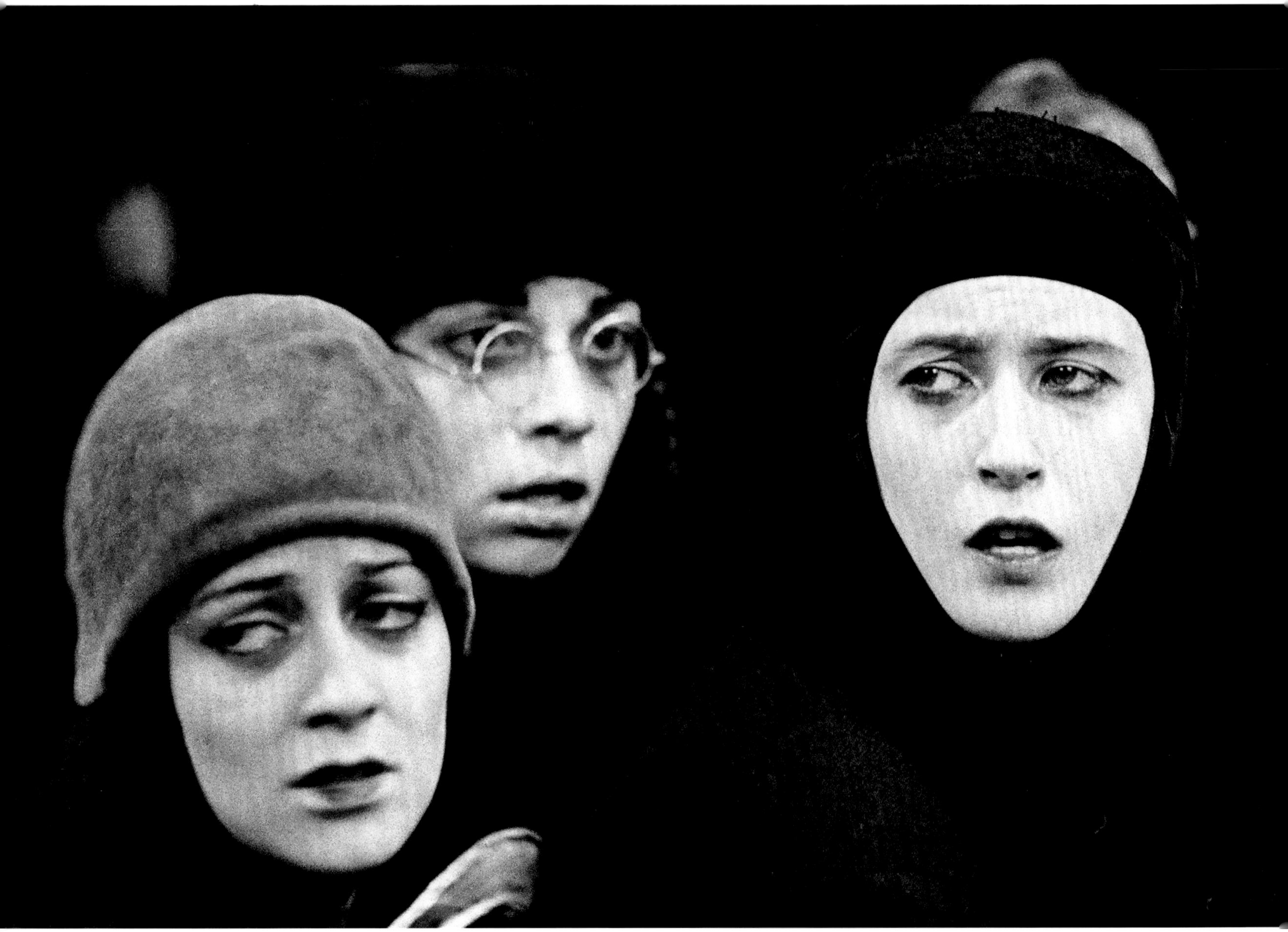

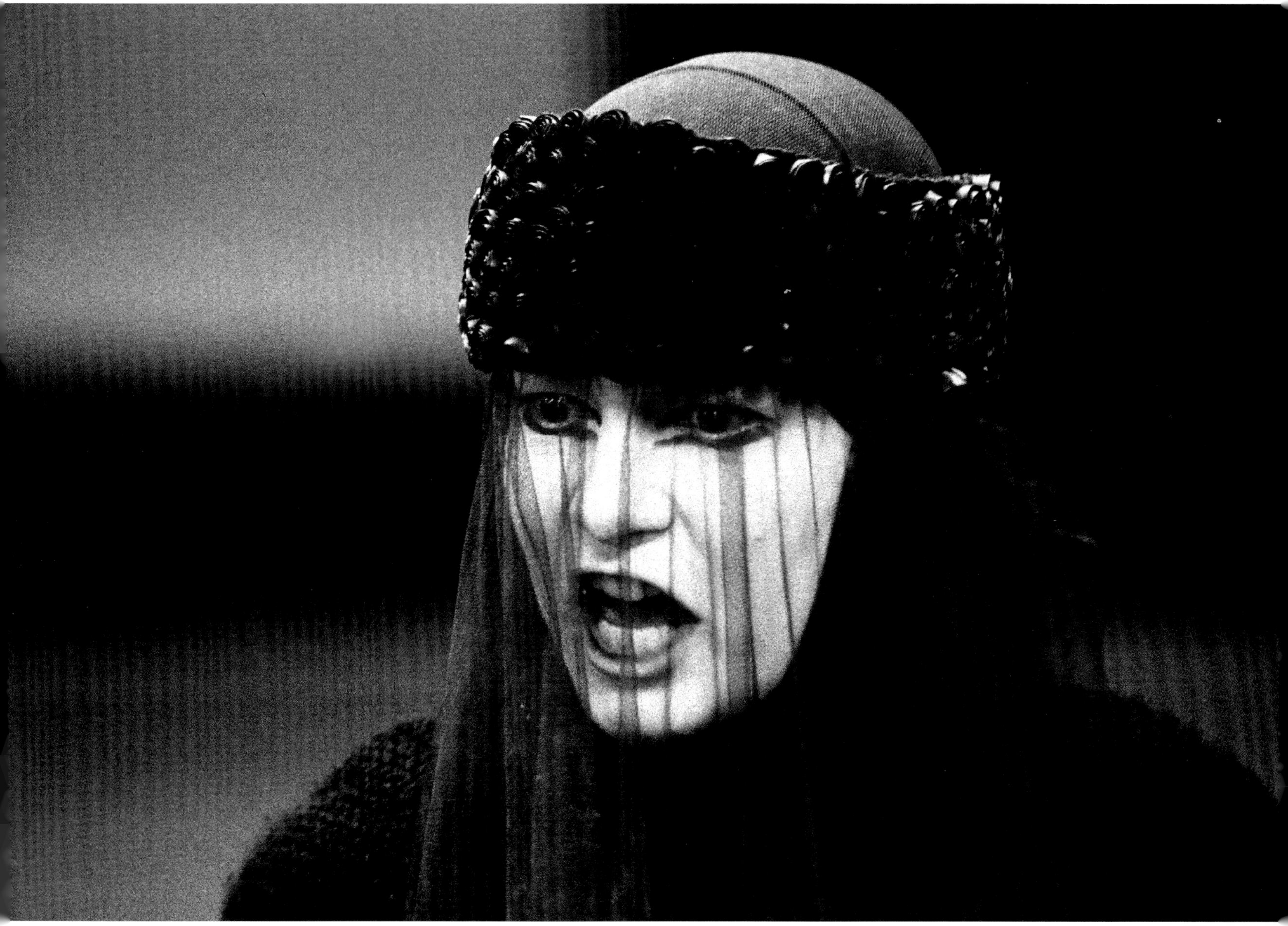

2001

# Medeia

*O palco nu é campo aberto para os intérpretes e, se Antunes Filho considerou estar o elenco finalmente à altura da tragédia grega, atores e atrizes honraram a confiança do mestre, mantendo o espetáculo em plano de grande beleza e rigor criativo.*

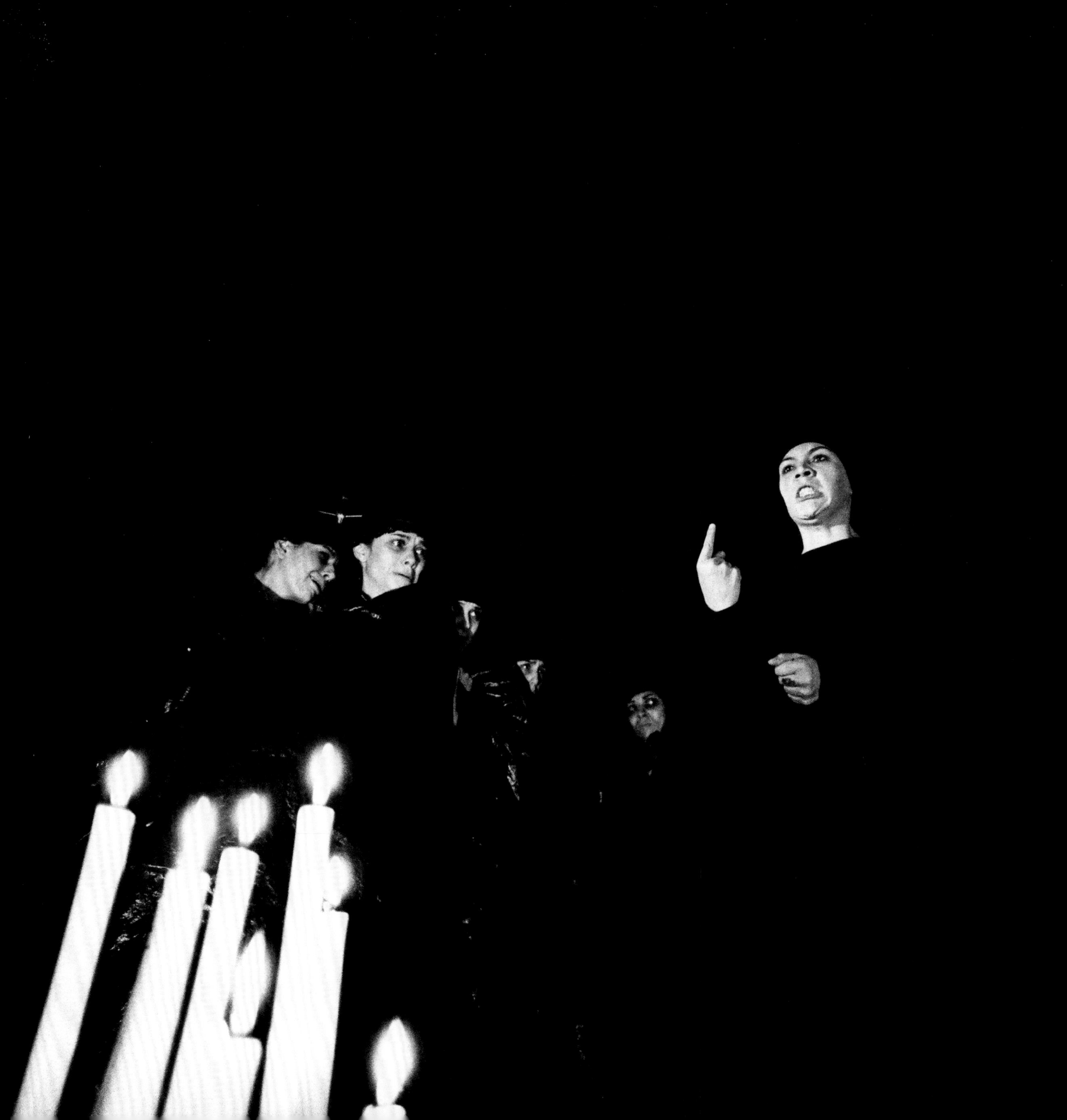

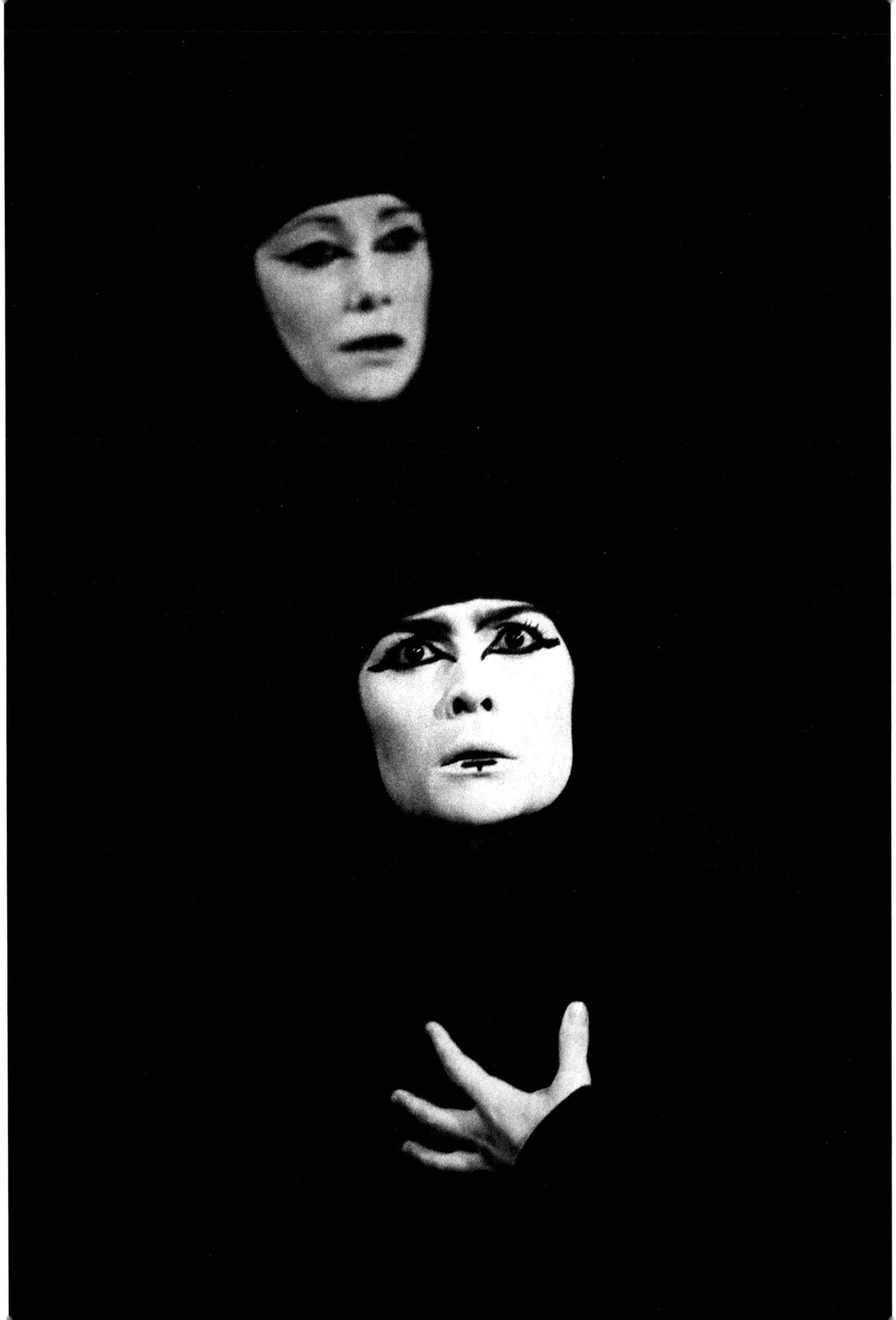

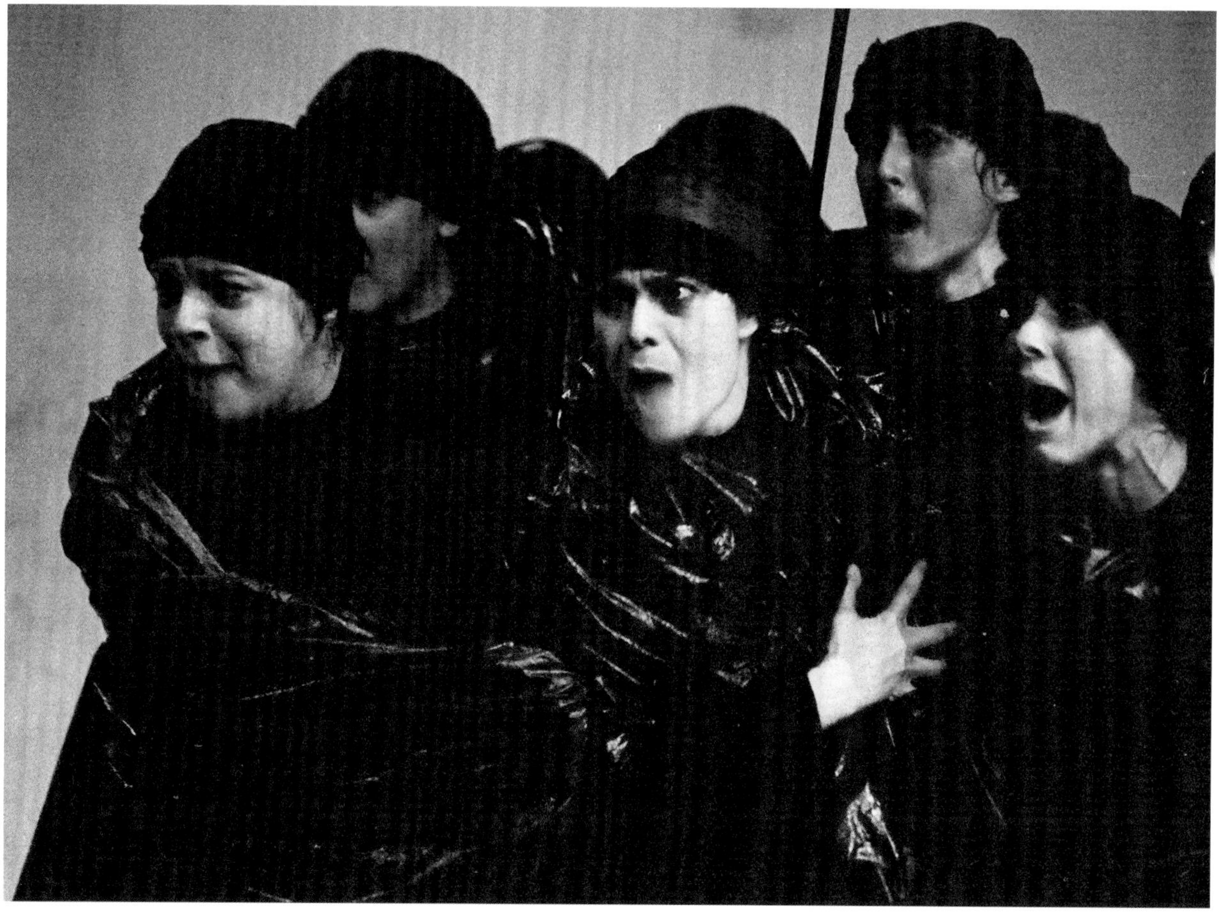

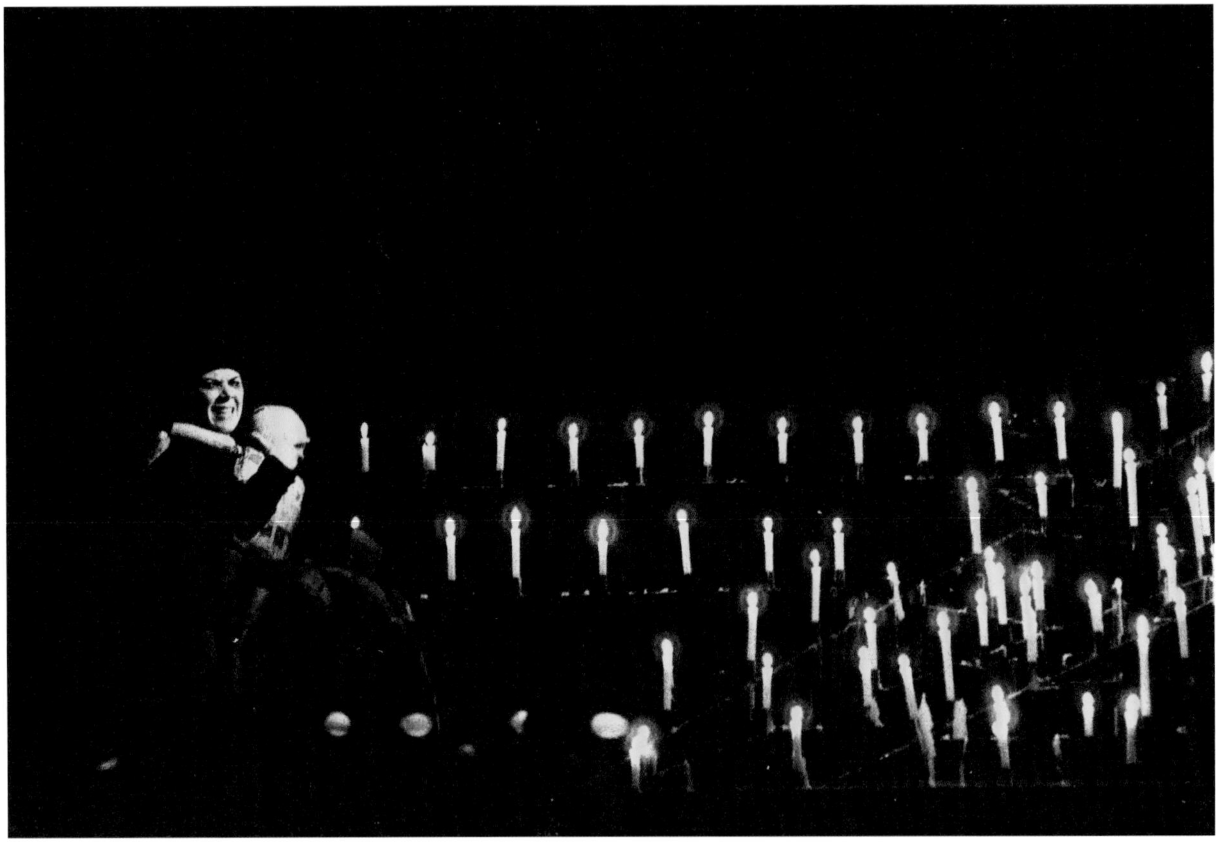

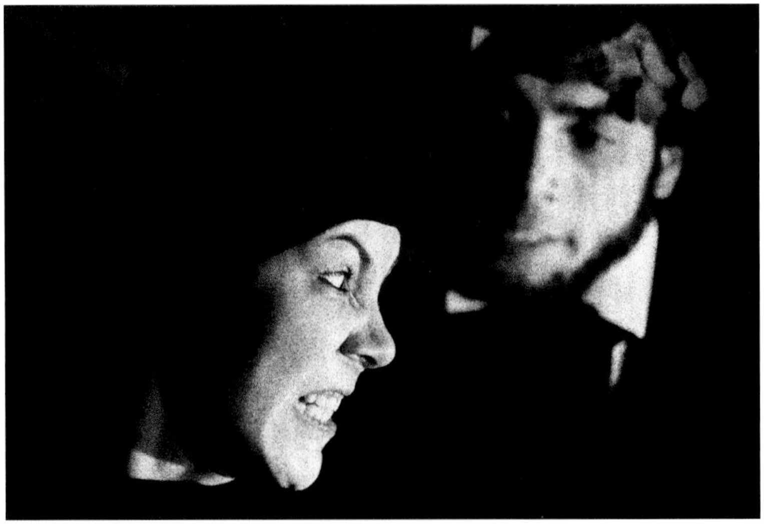

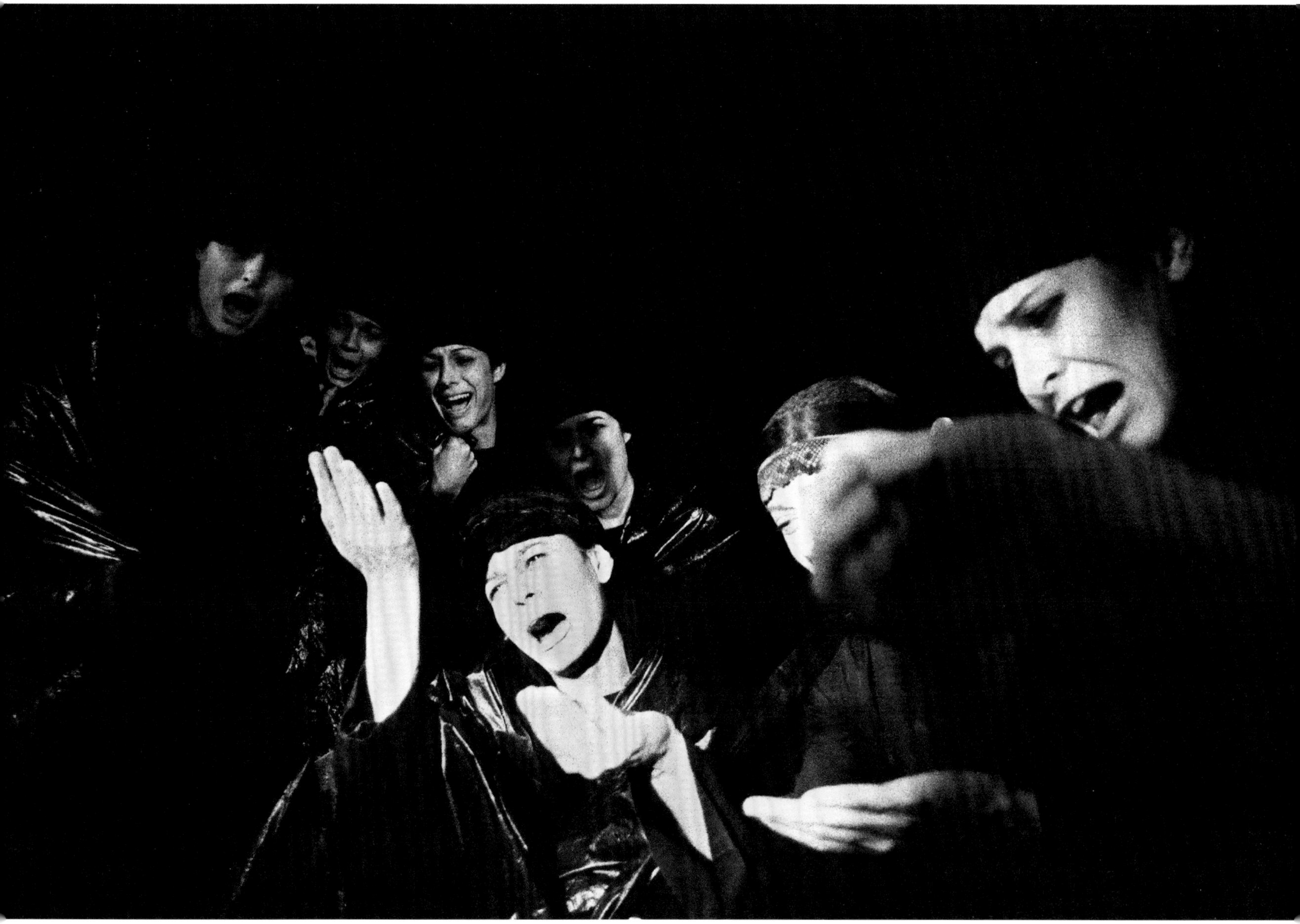

2004

# O canto de Gregório

*Perdendo-se nos labirintos da lógica formal, chafurdando em suposições e hipóteses, Gregório se bate na inócua busca do conhecimento de si mesmo. Mostra-se esperto no atoleiro dos princípios e dos conceitos, mas resvala sempre no vazio, na impossibilidade de qualquer definição concreta e racional para a hipótese levantada.*

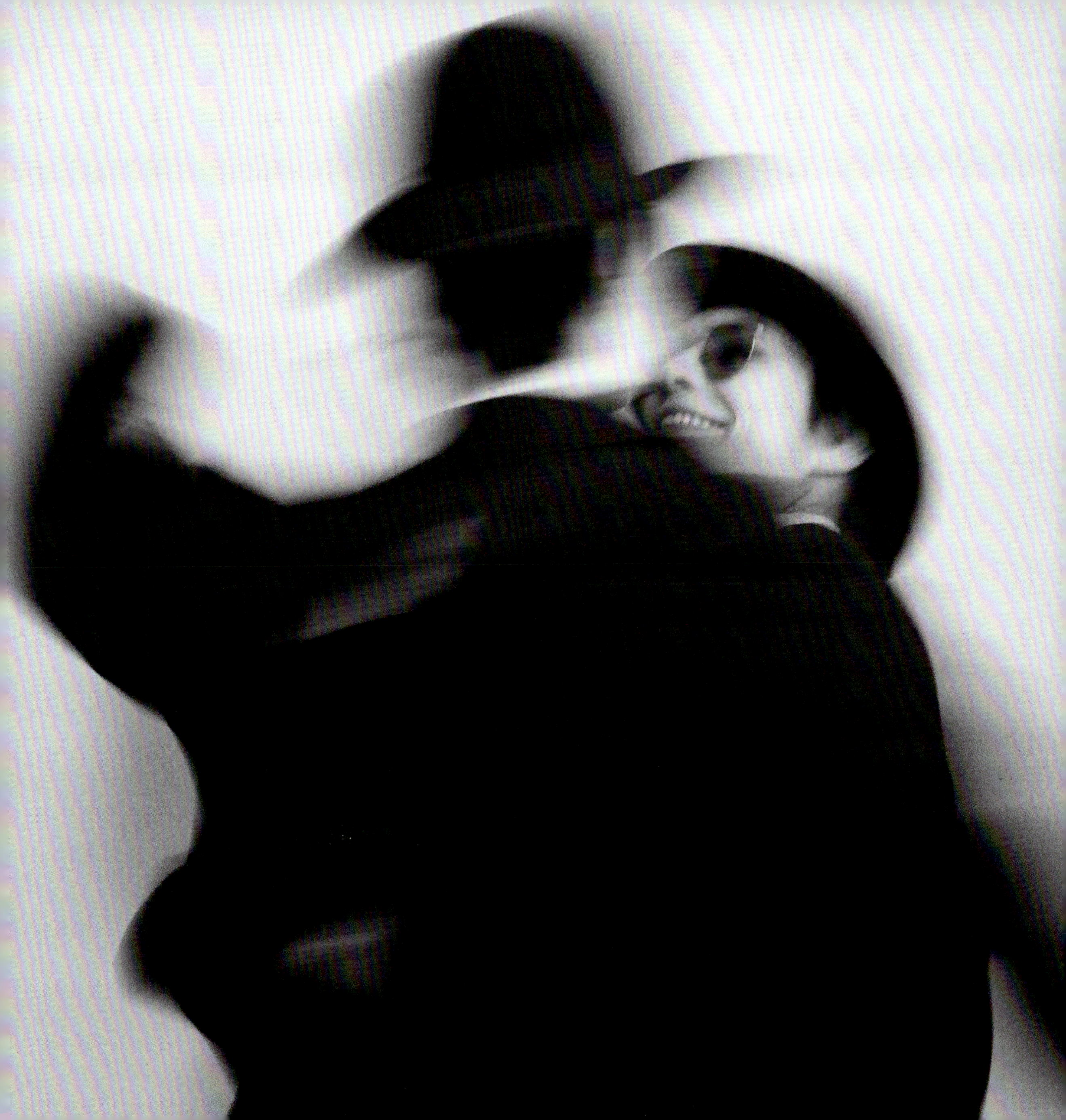

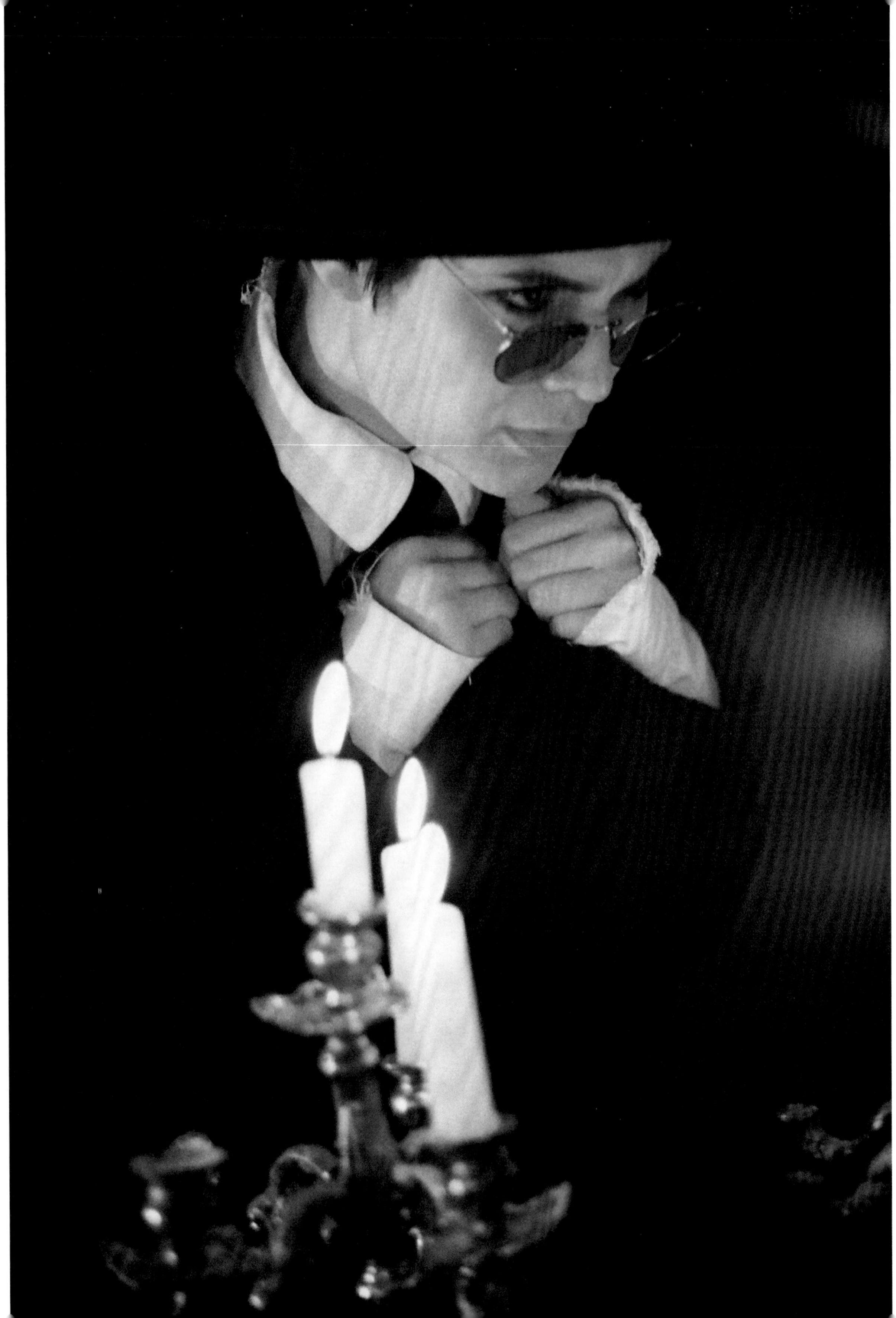

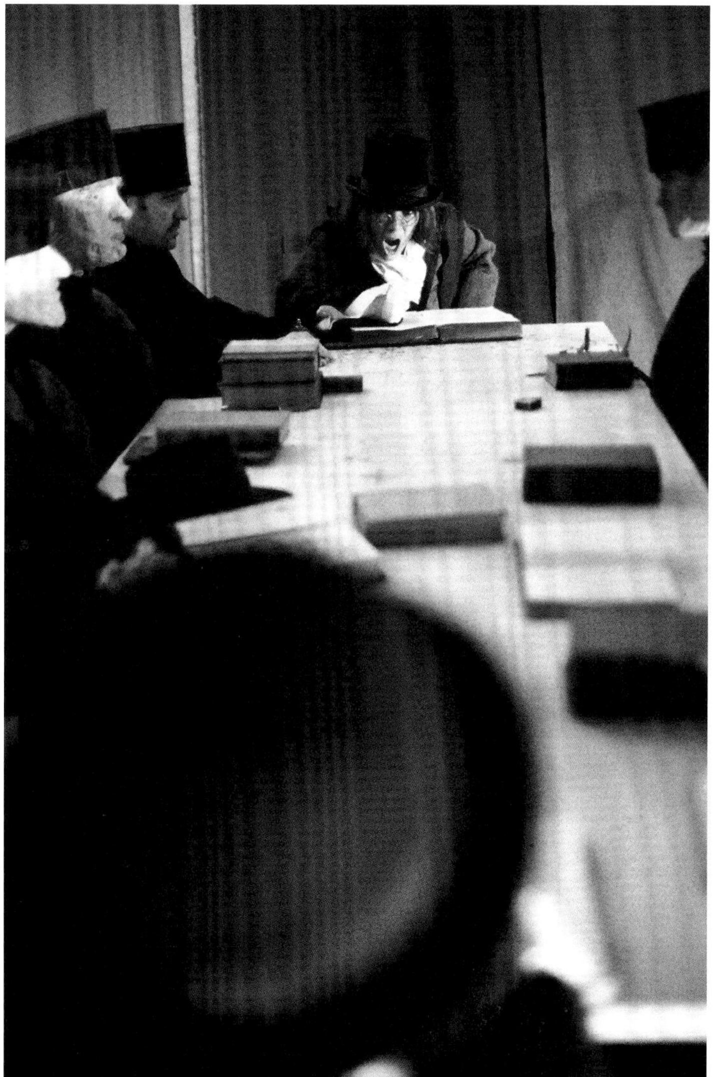

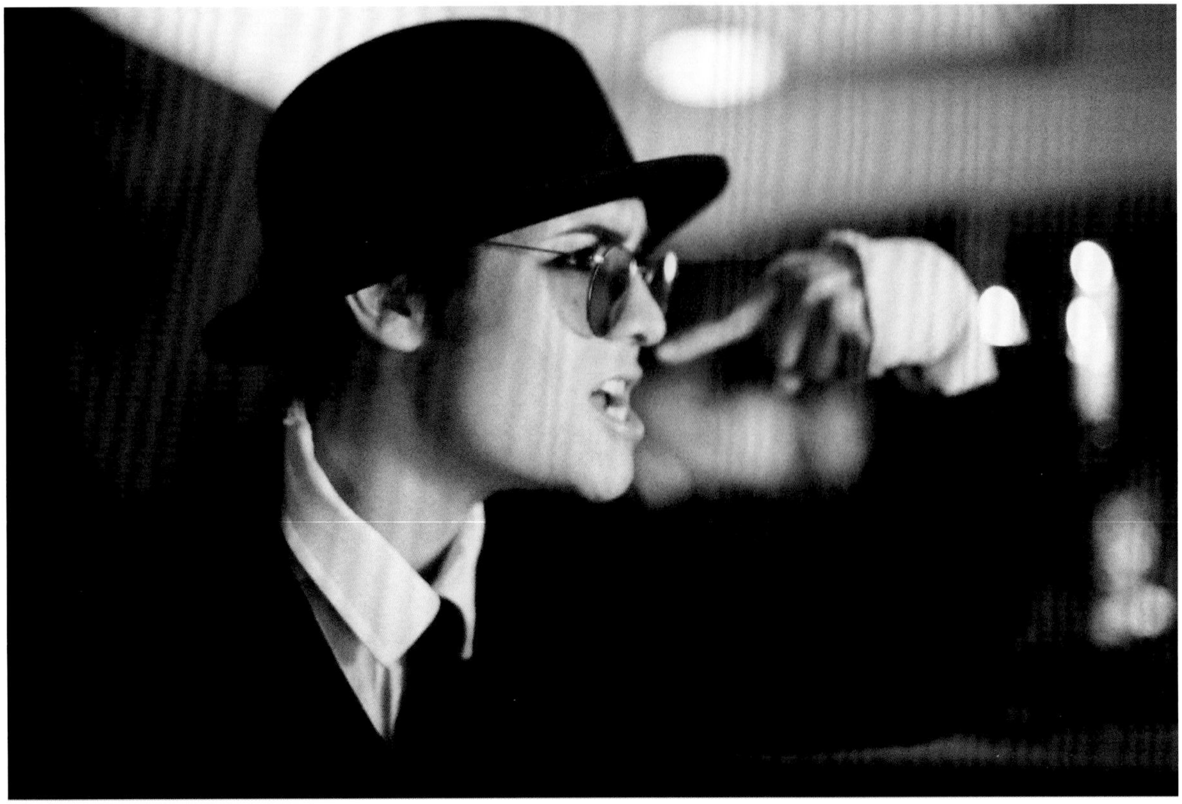

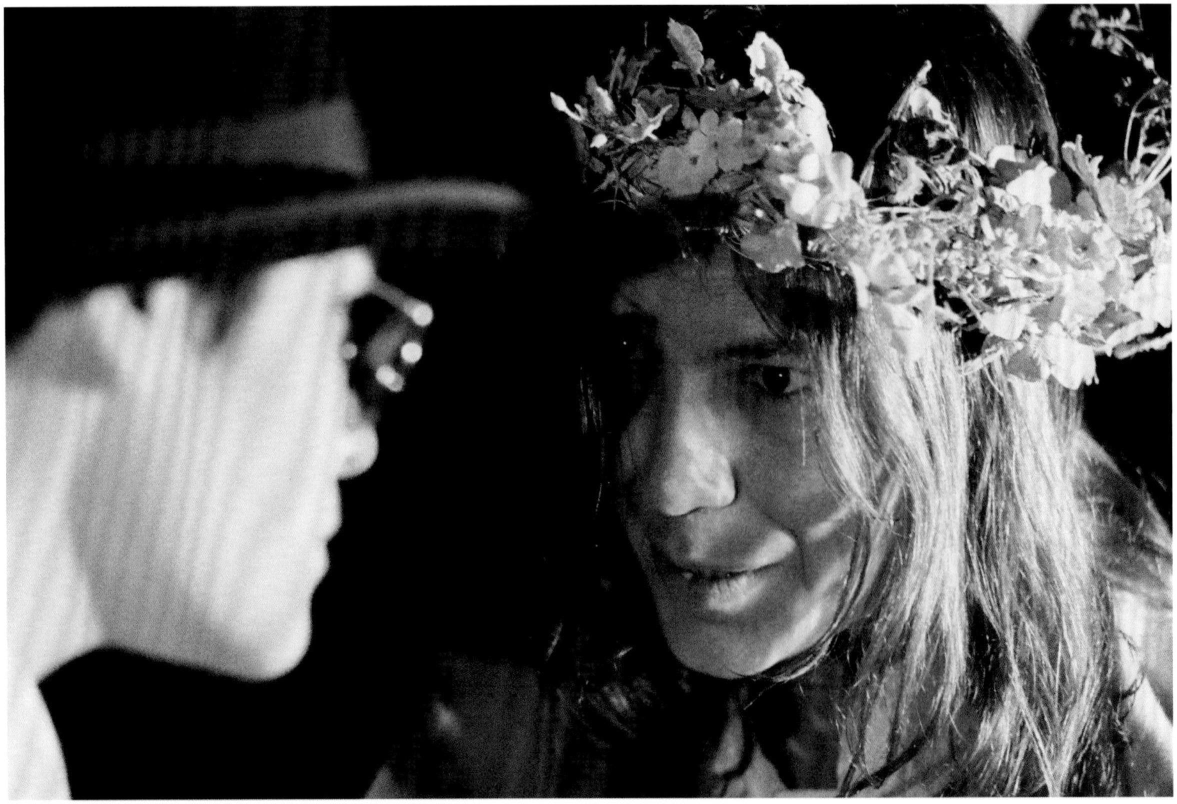

137

2005

# Antígona

*A concepção de Antunes Filho para Antígona ultrapassa os conceitos convencionais da tragédia, reinventando-a com recursos teatrais contemporâneos. Isto é feito sem prejuízo dos valores metafísicos da fábula. Pelo contrário, o diretor mergulha profundamente no pensamento arcaico e de lá extrai os elementos míticos que ordenam e dão sentido ao relato cênico.*

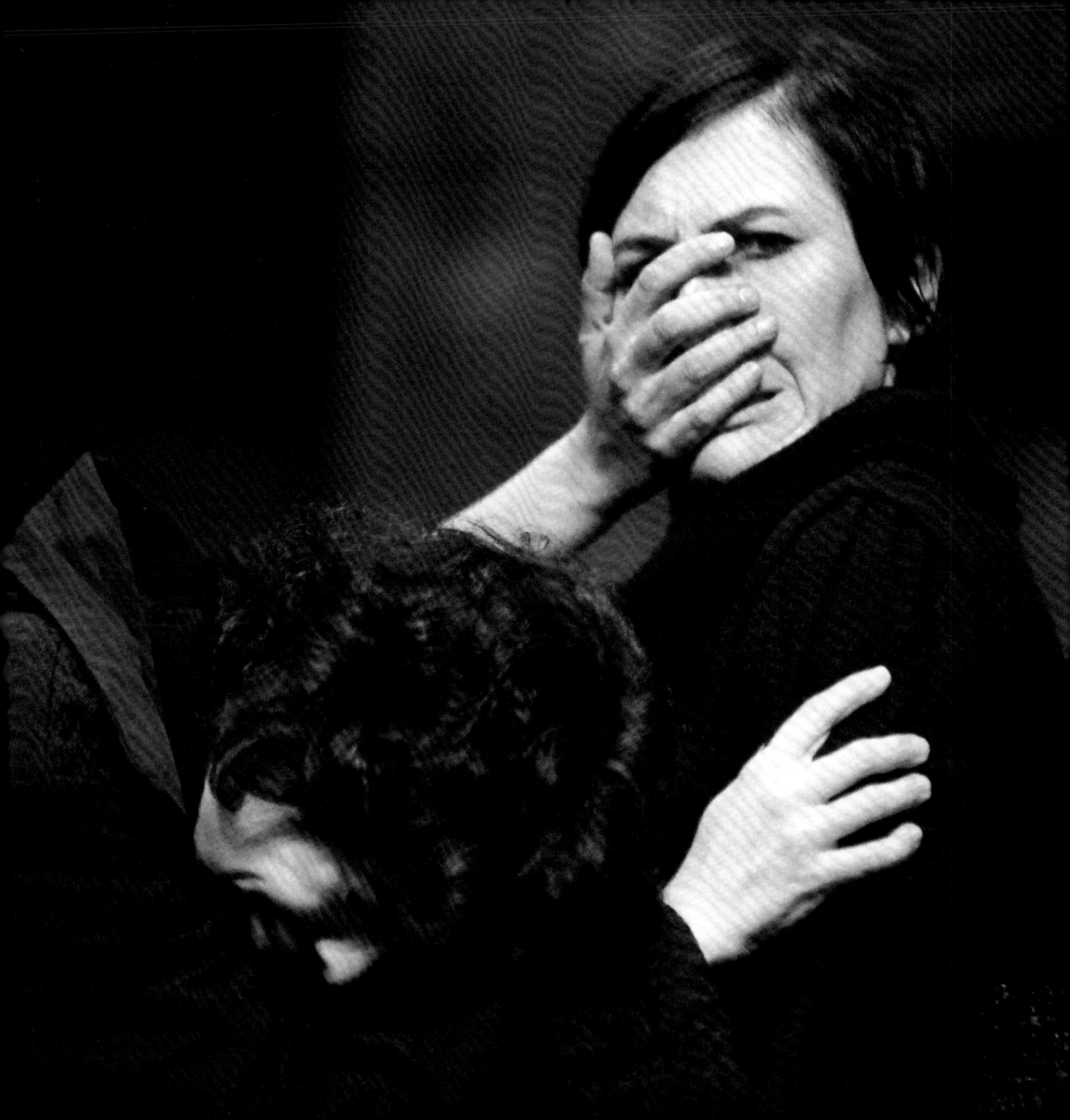

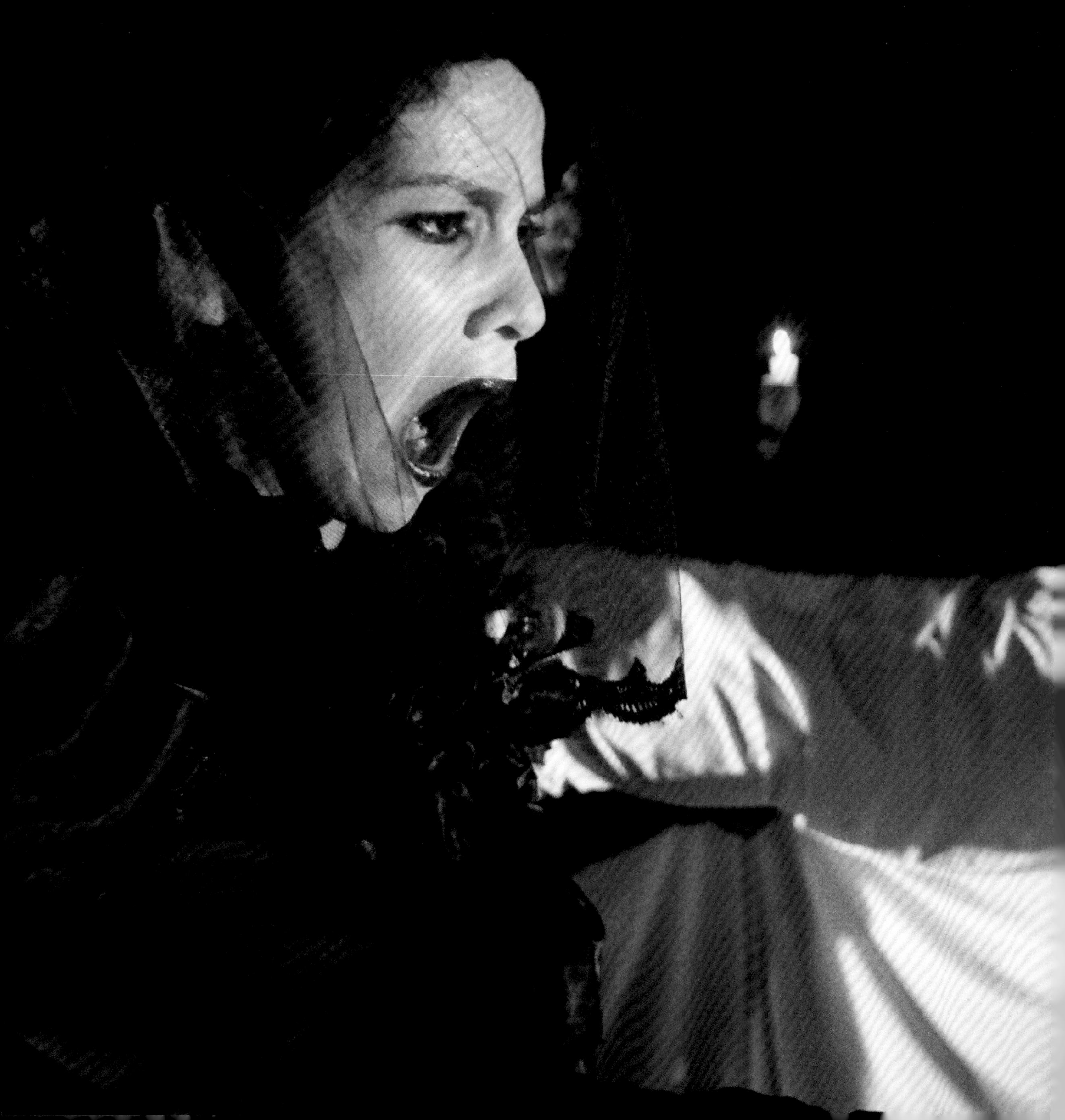

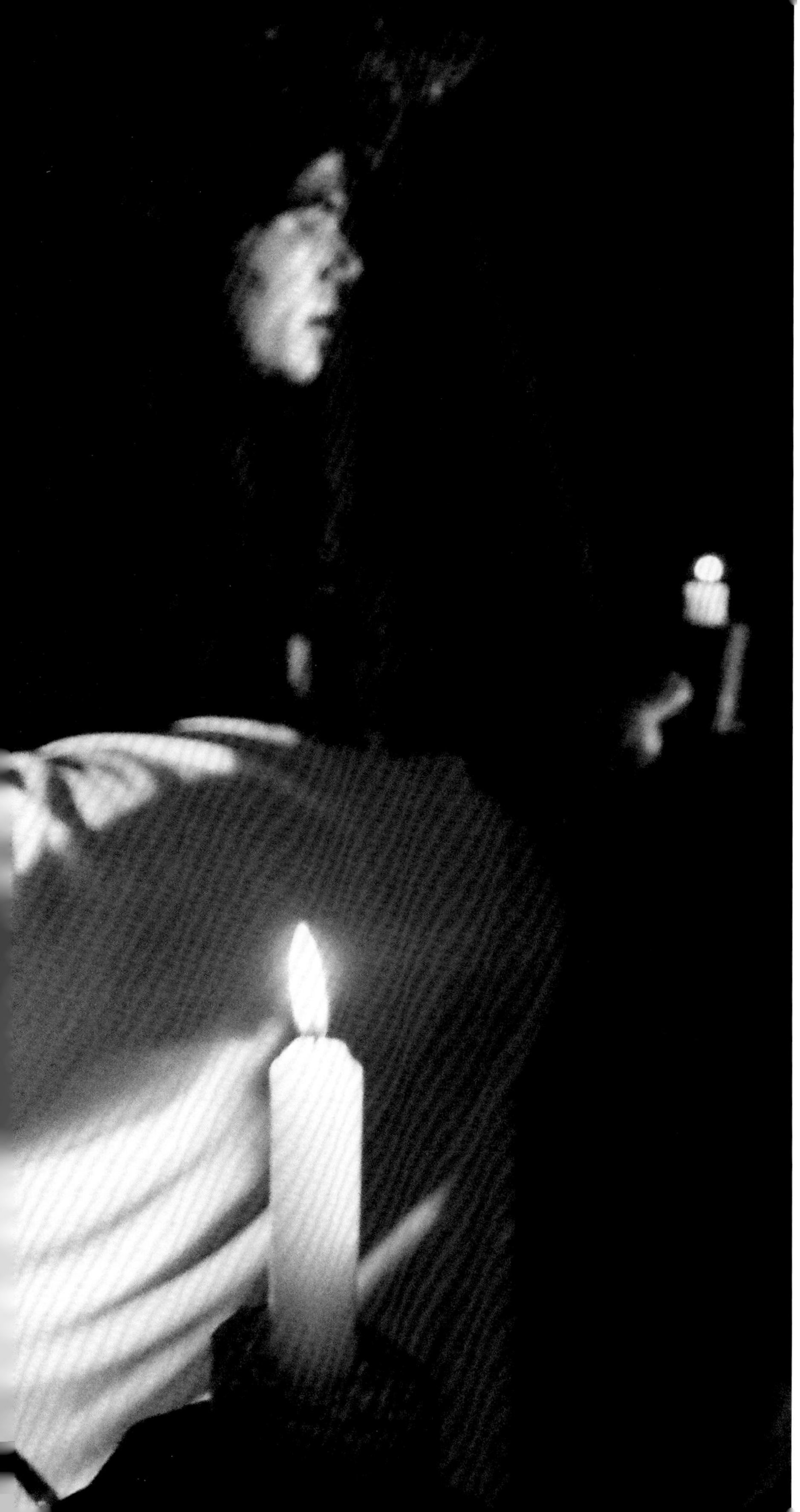

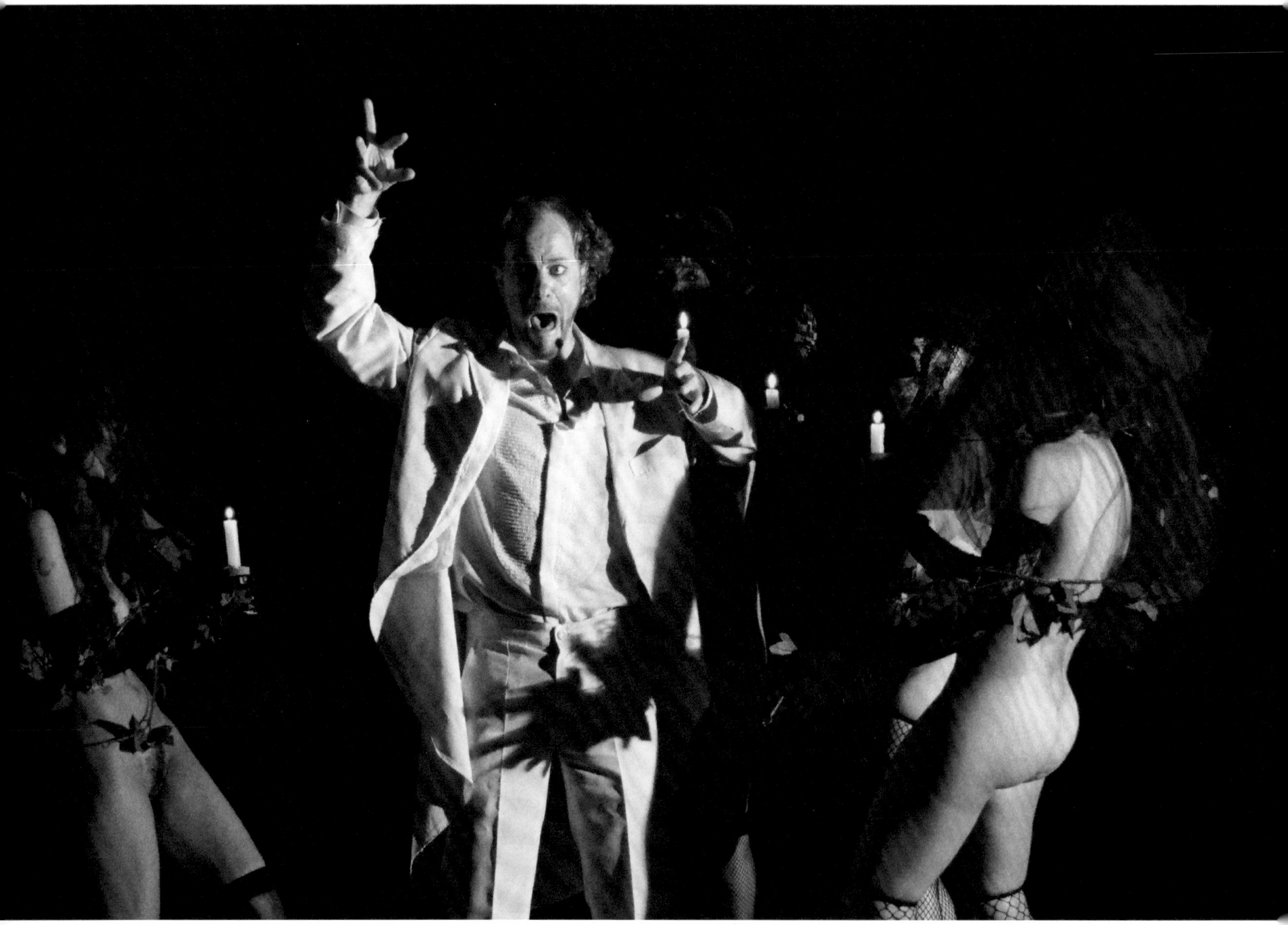

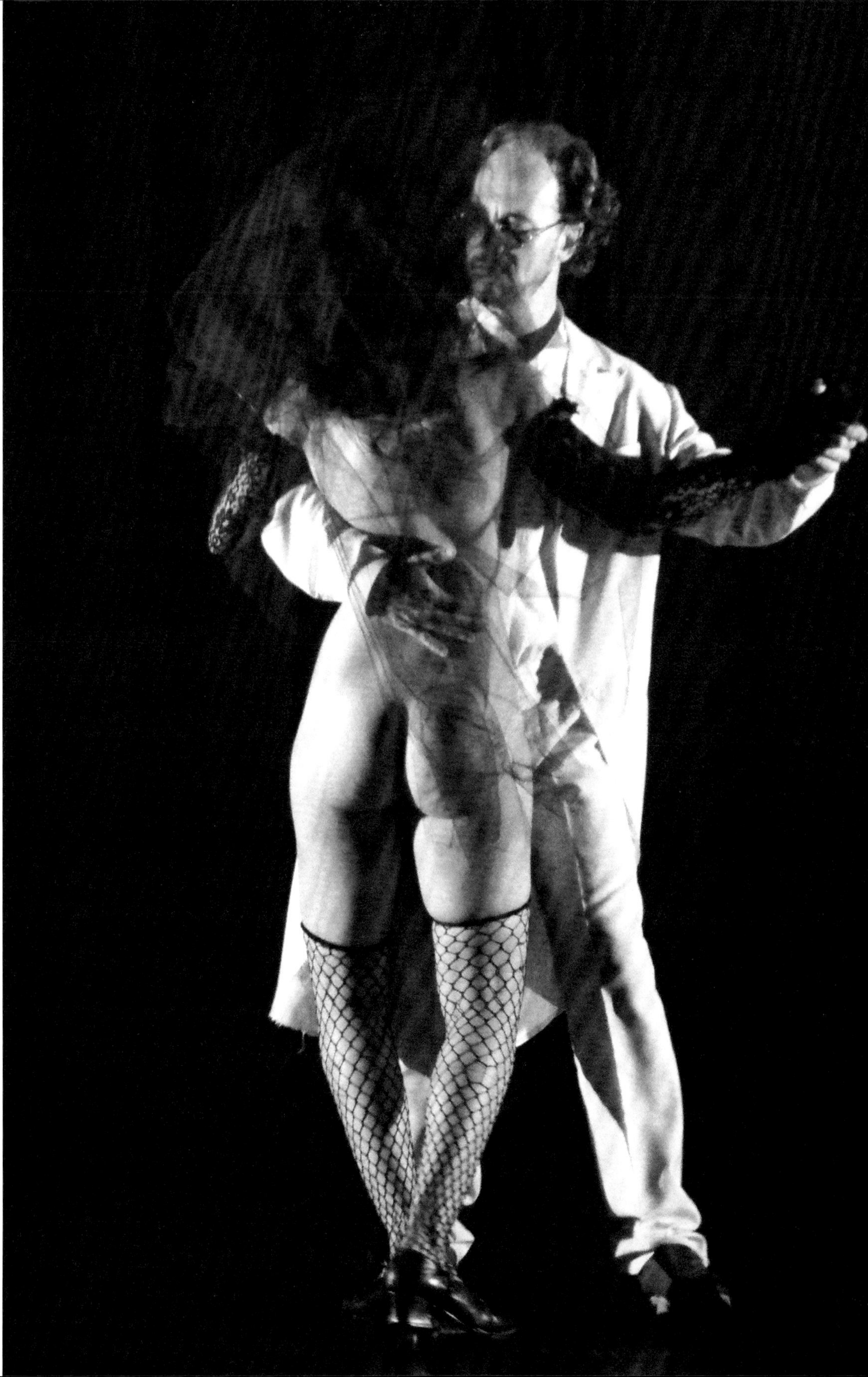

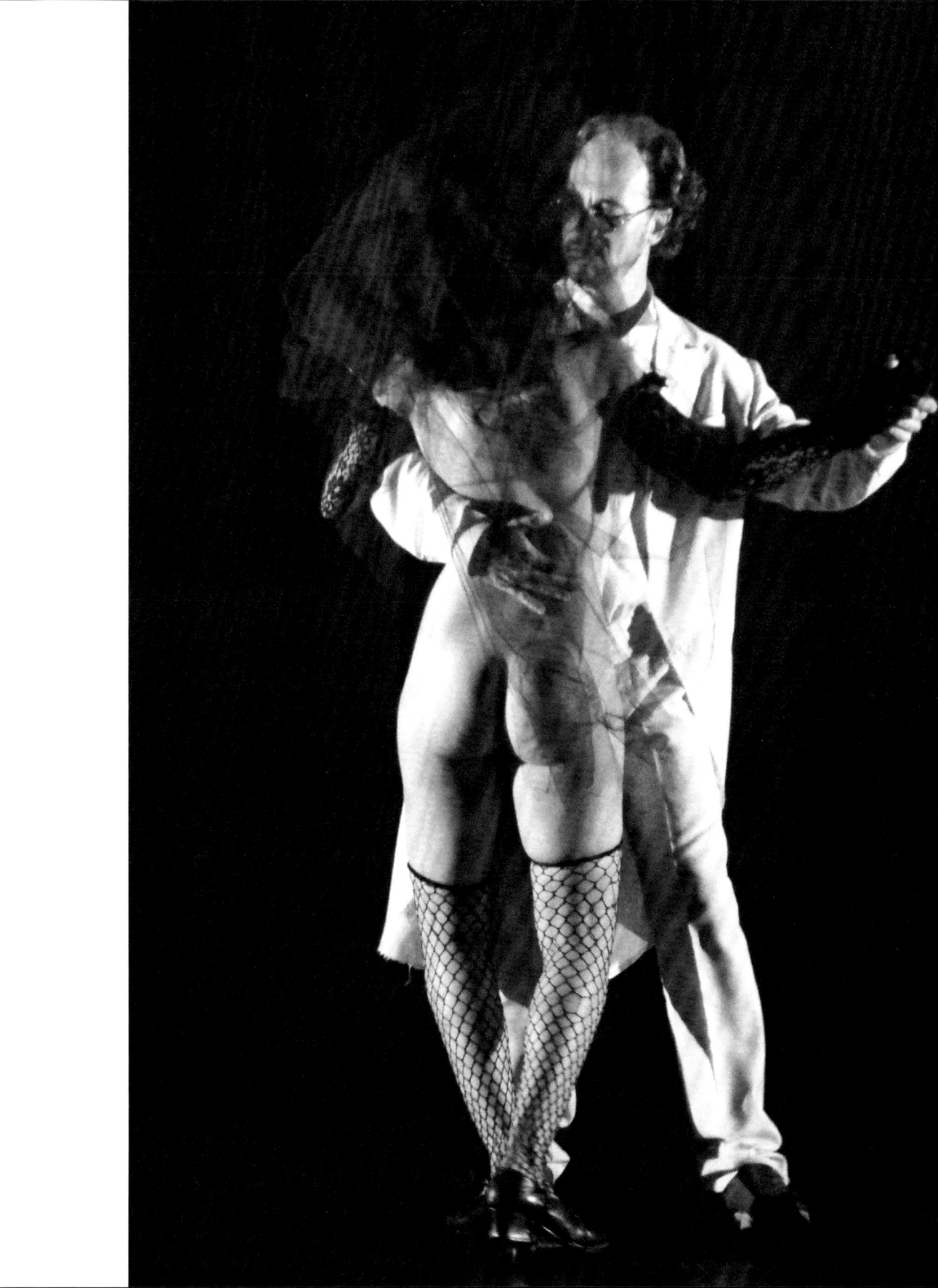

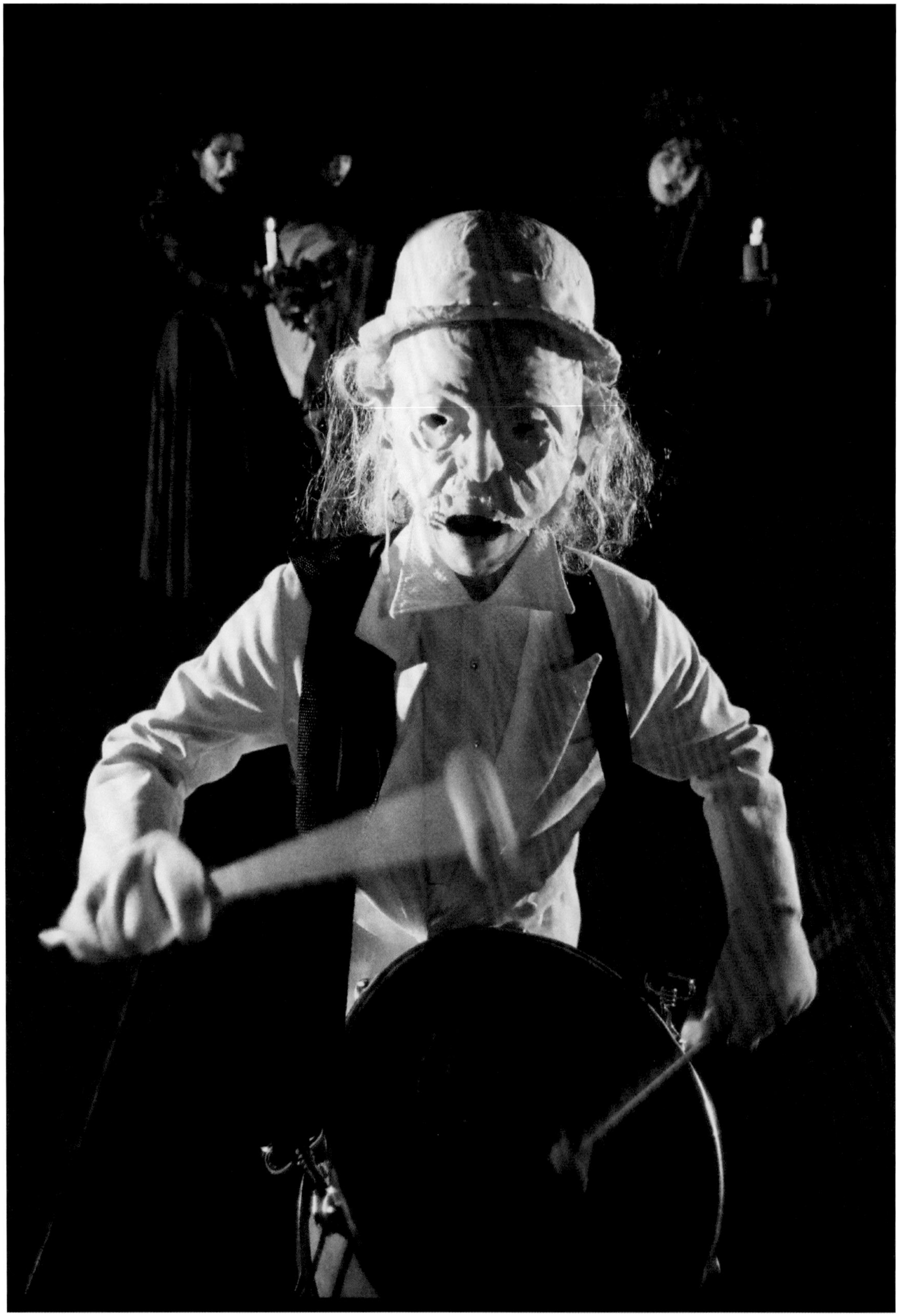

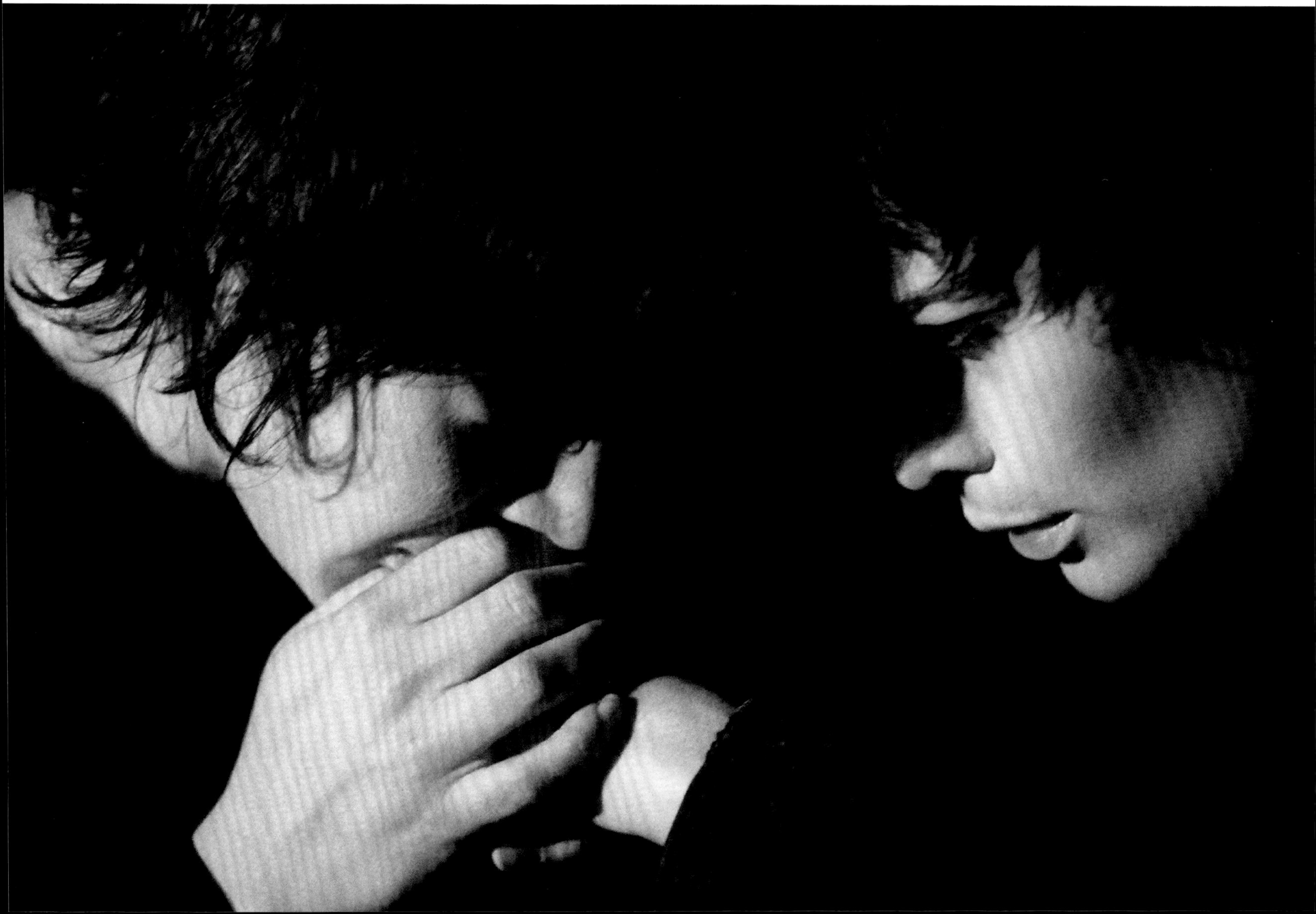

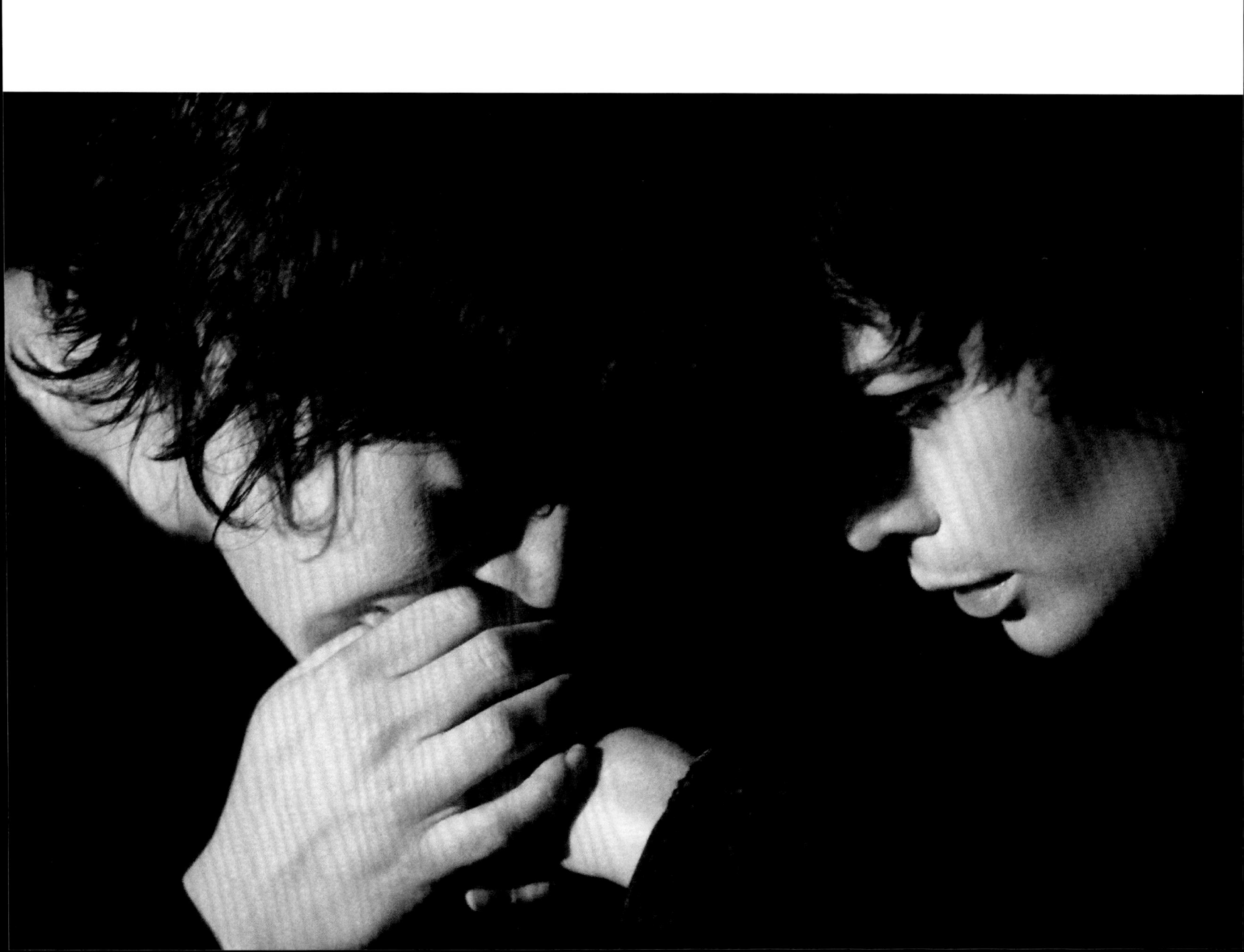

2005

# *Foi Carmen*

*Não pretendeu fazer um espetáculo sobre
Carmen Miranda, com base na sua biografia, em trama
que lhe descrevesse a trajetória. Pretendeu apenas traçar um
paralelo poético entre a pessoa que teria sido essa artista
e o que ela representa no imaginário popular.*

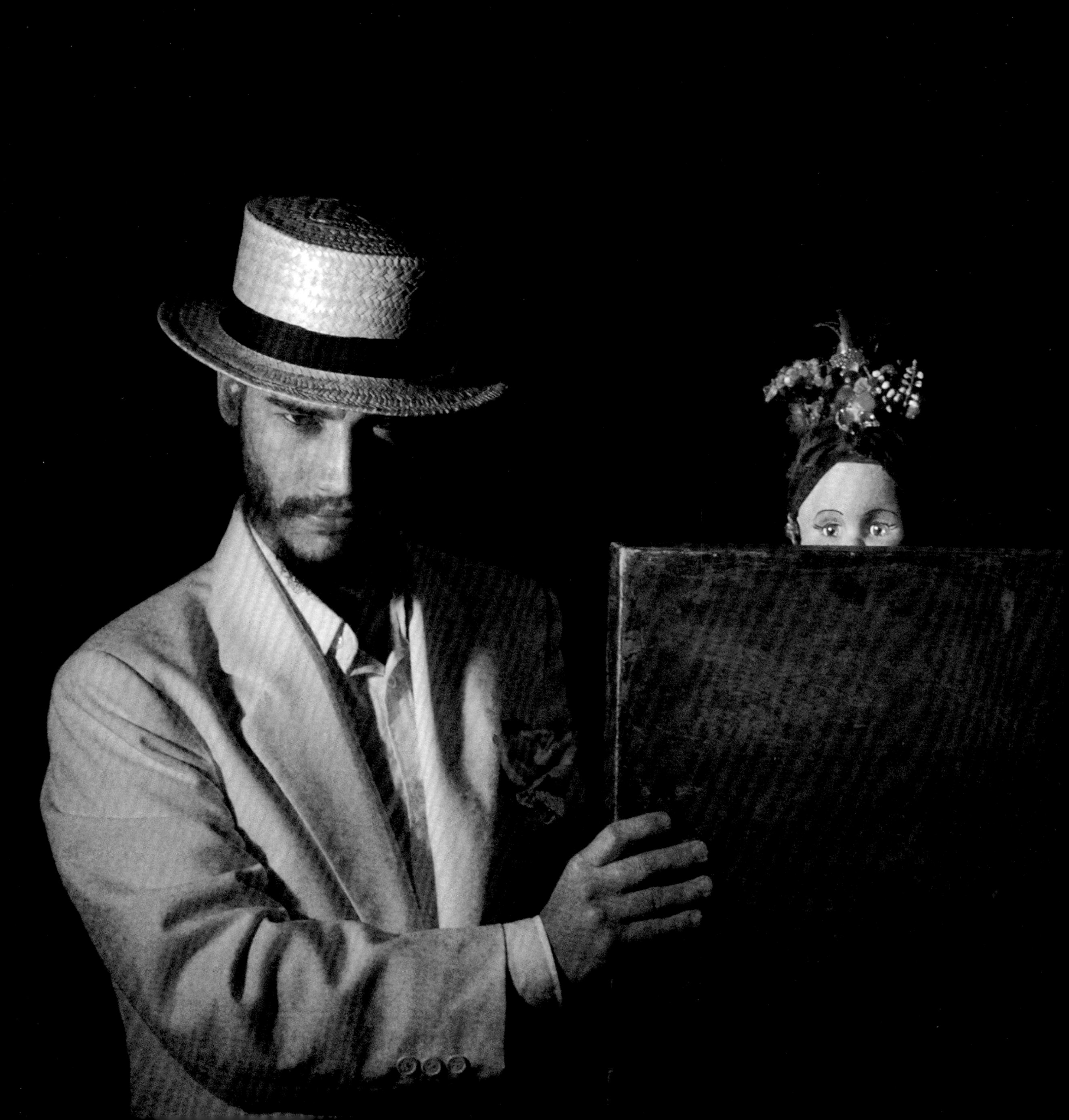

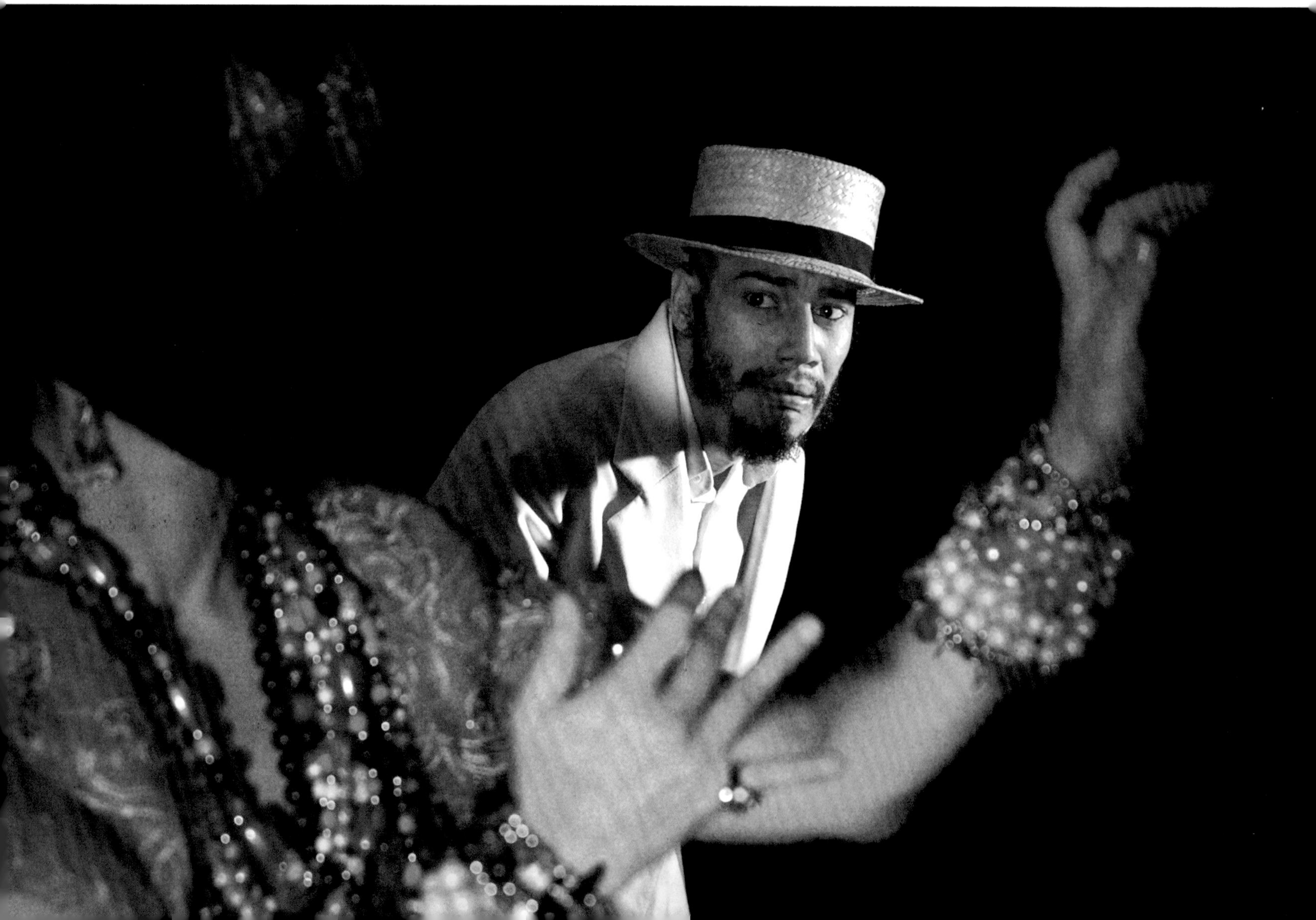

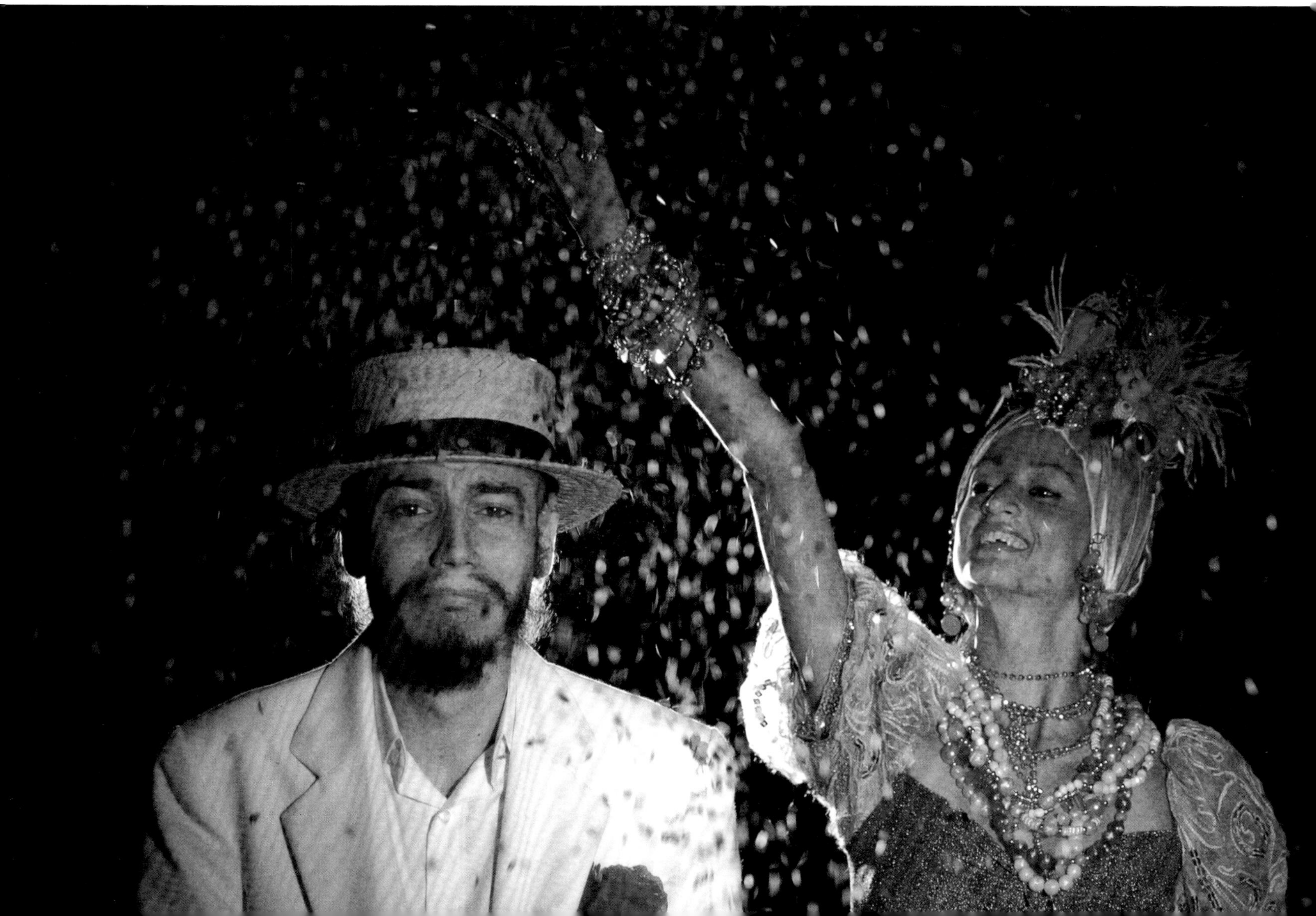

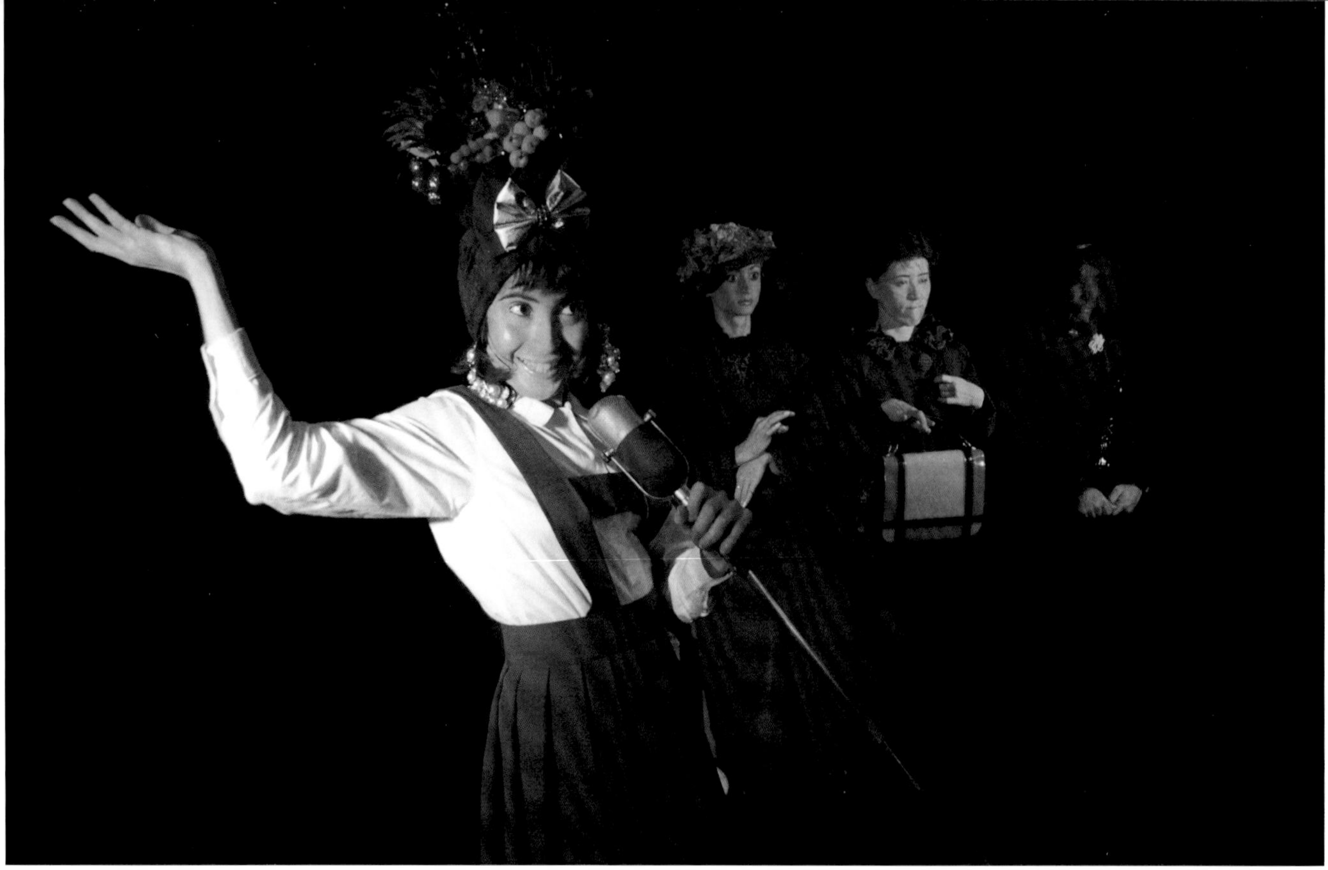

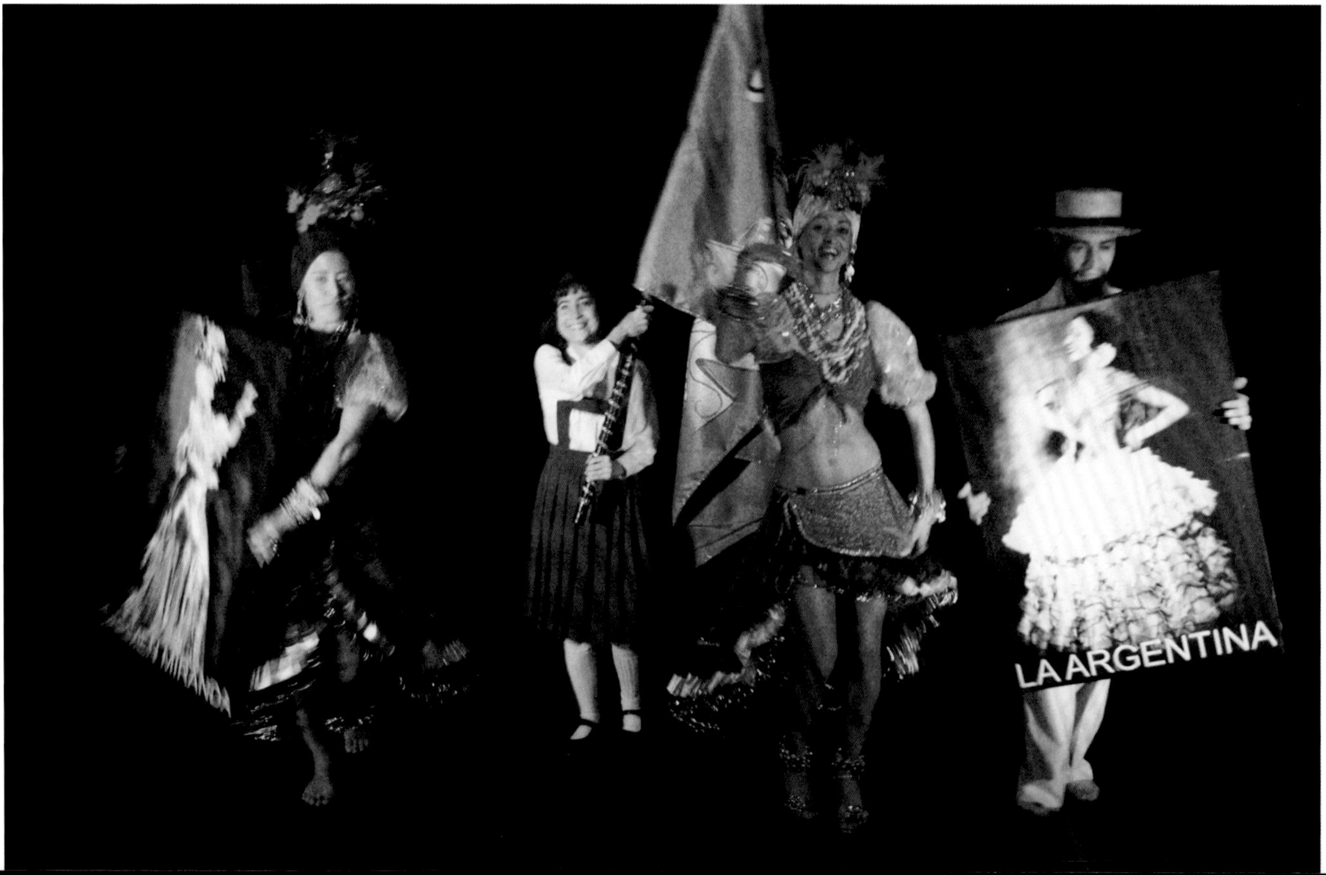
LA ARGENTINA

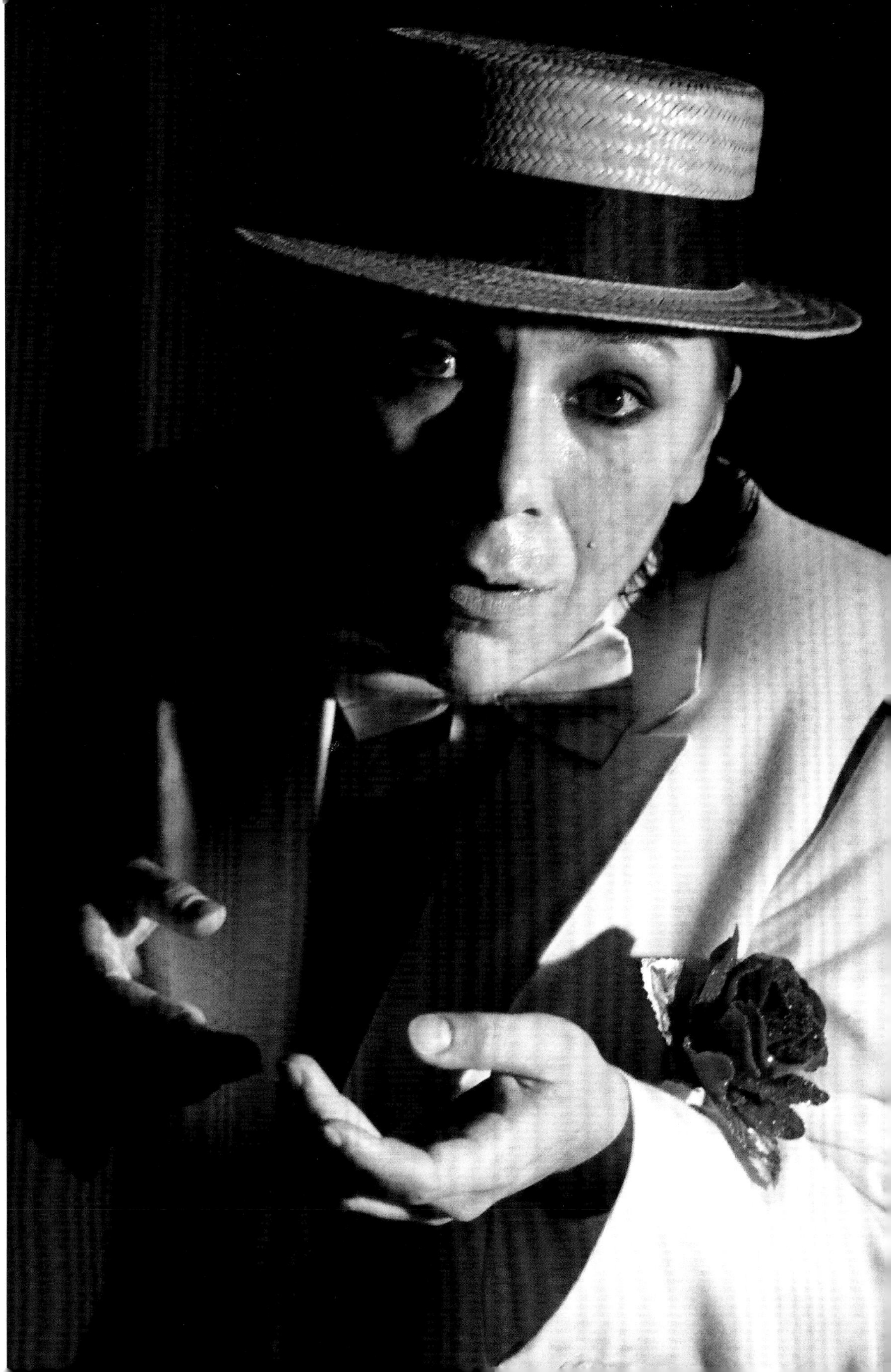

2006

# A Pedra do Reino

A epopeia de A Pedra do Reino *acontece sobre o tablado despojado, onde os objetos de cena são introduzidos pelos próprios atores, que também sugerem diferentes estruturas pela composição de grupos, como o carro em que viajam alegres donzelas. Esse maravilhoso faz de conta envolve o espectador e lhe oferece a sensação de paisagens sertanejas, o bulício das cavalgadas, o mistério dos tesouros enterrados, dos reis destronados, das princesas degoladas, dos ciganos bandoleiros.*

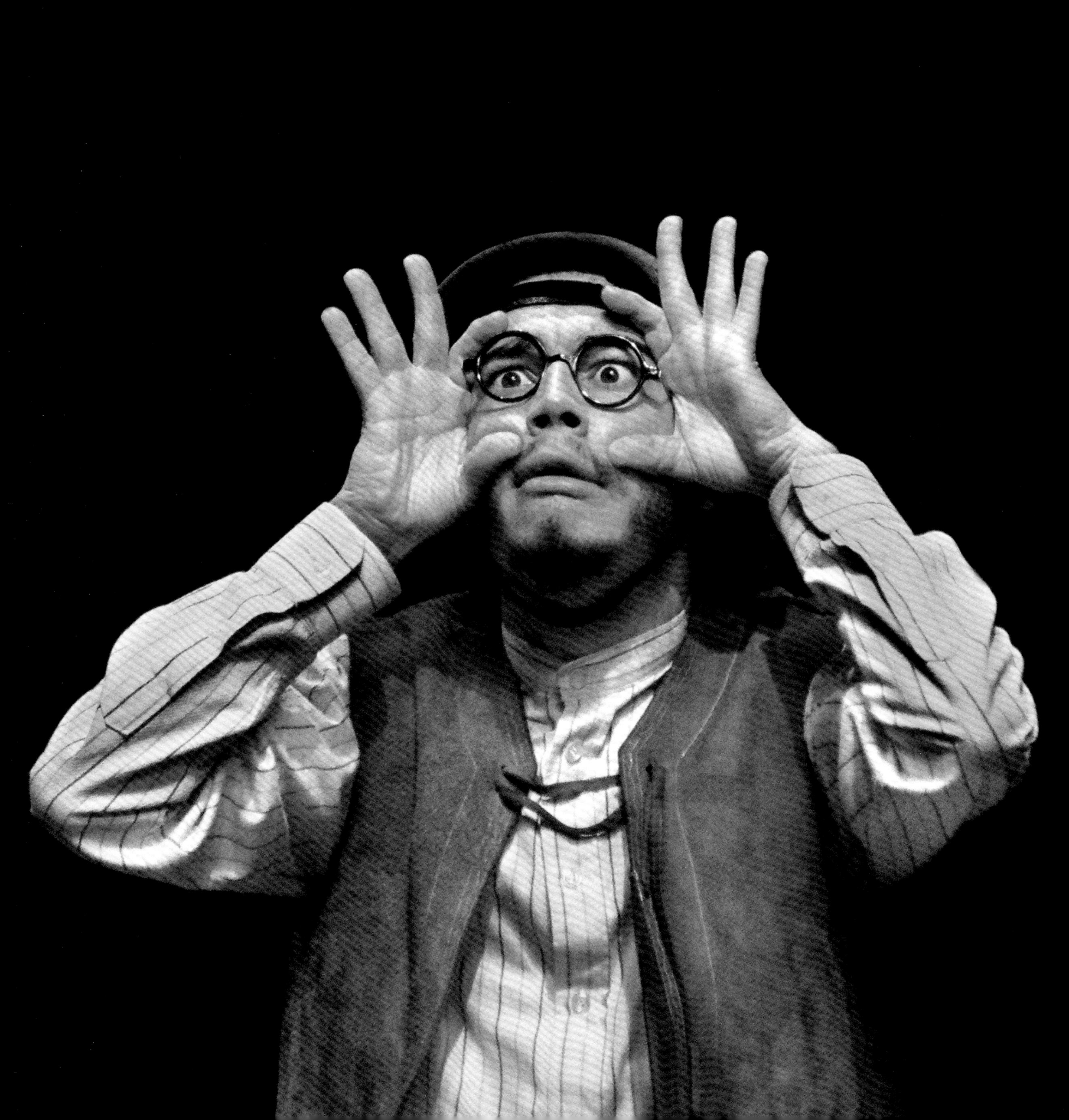

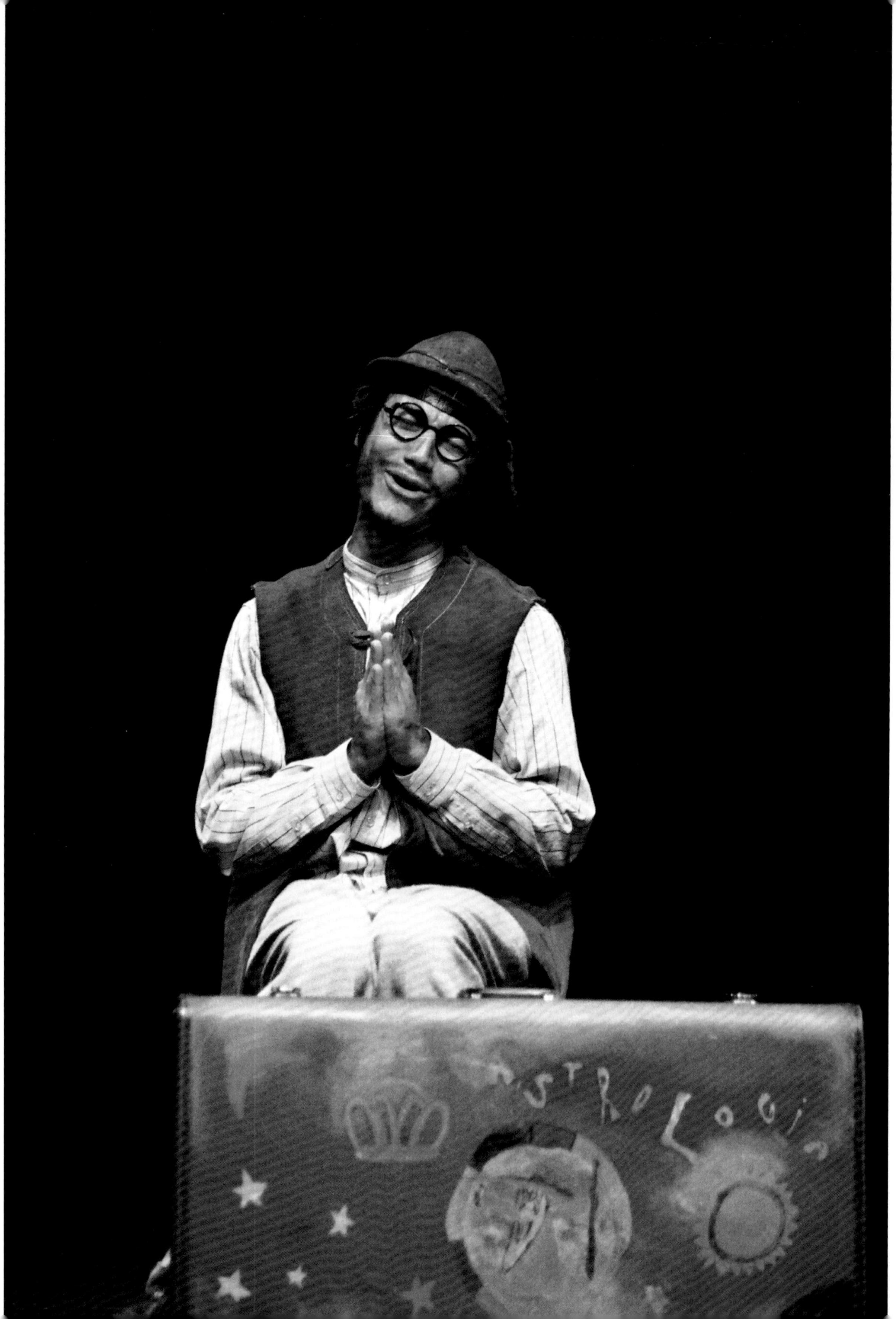

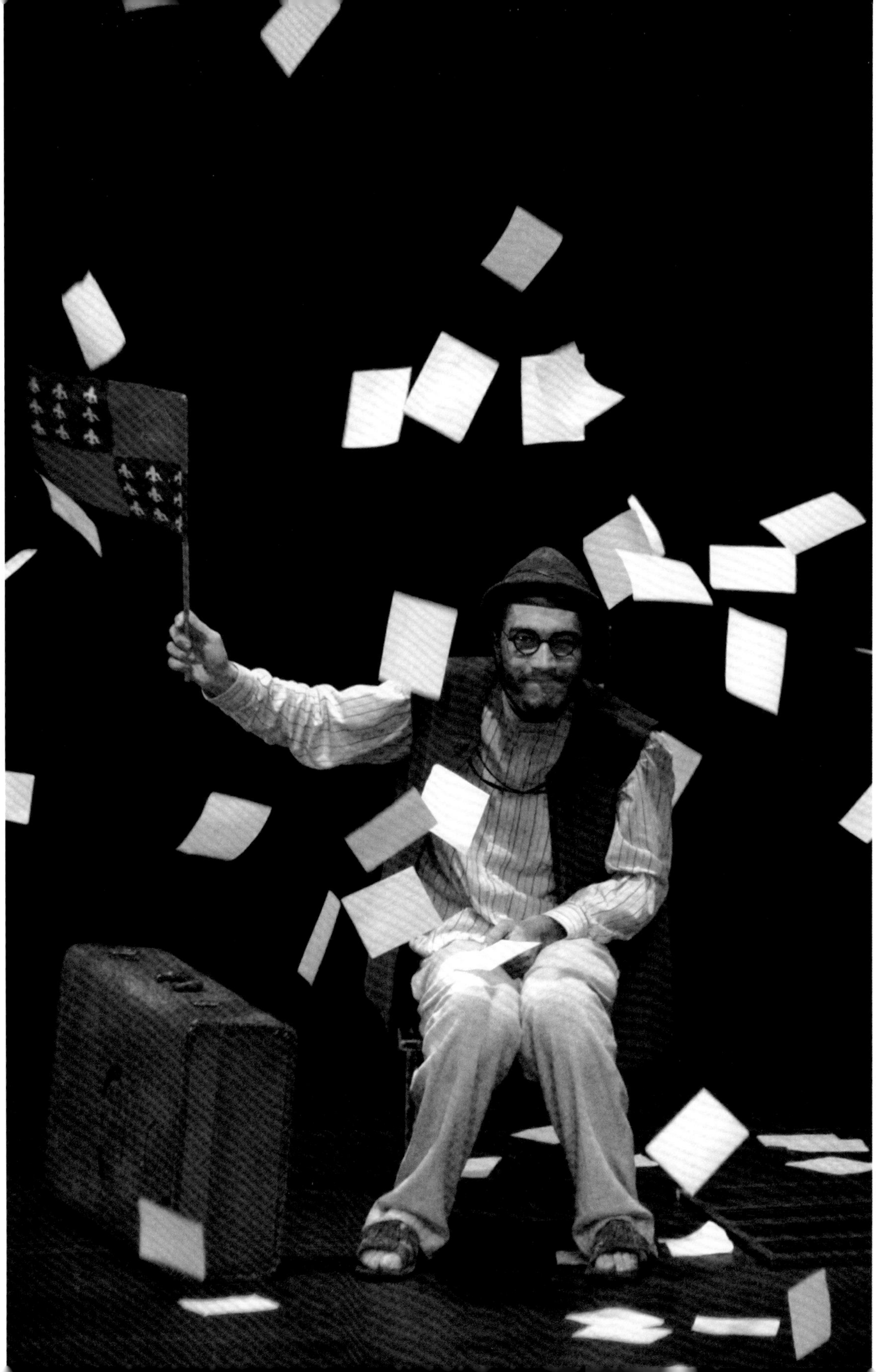

156

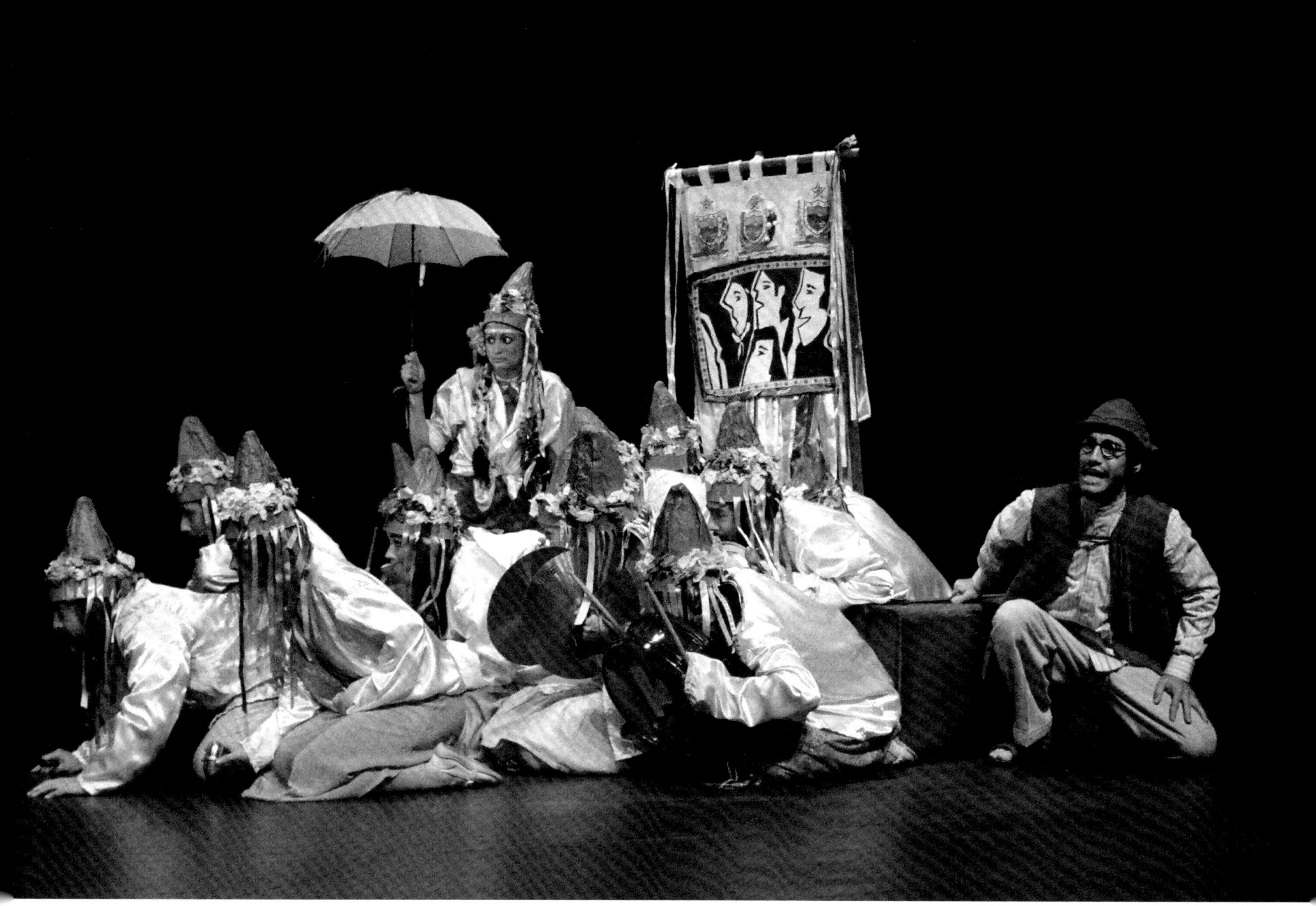

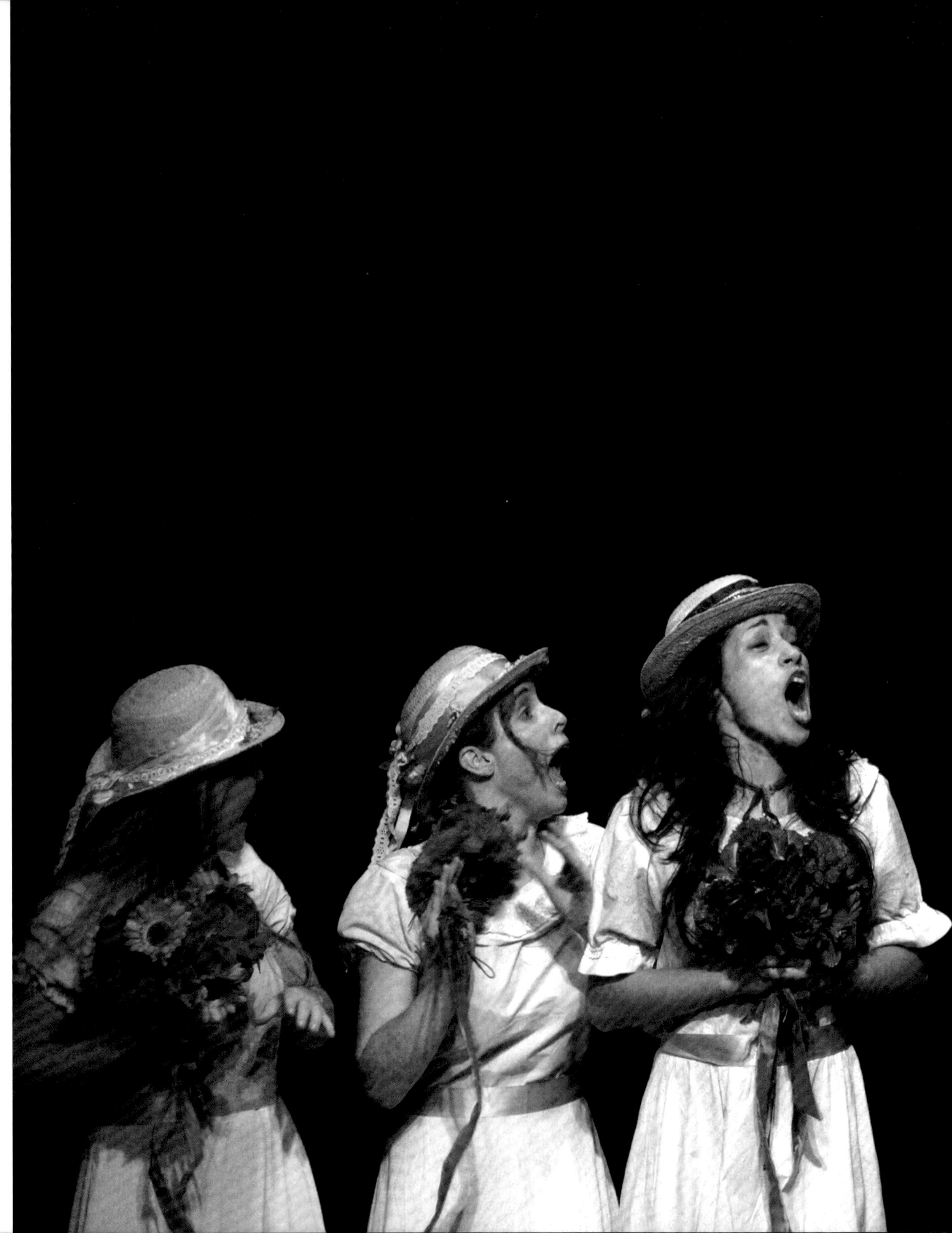

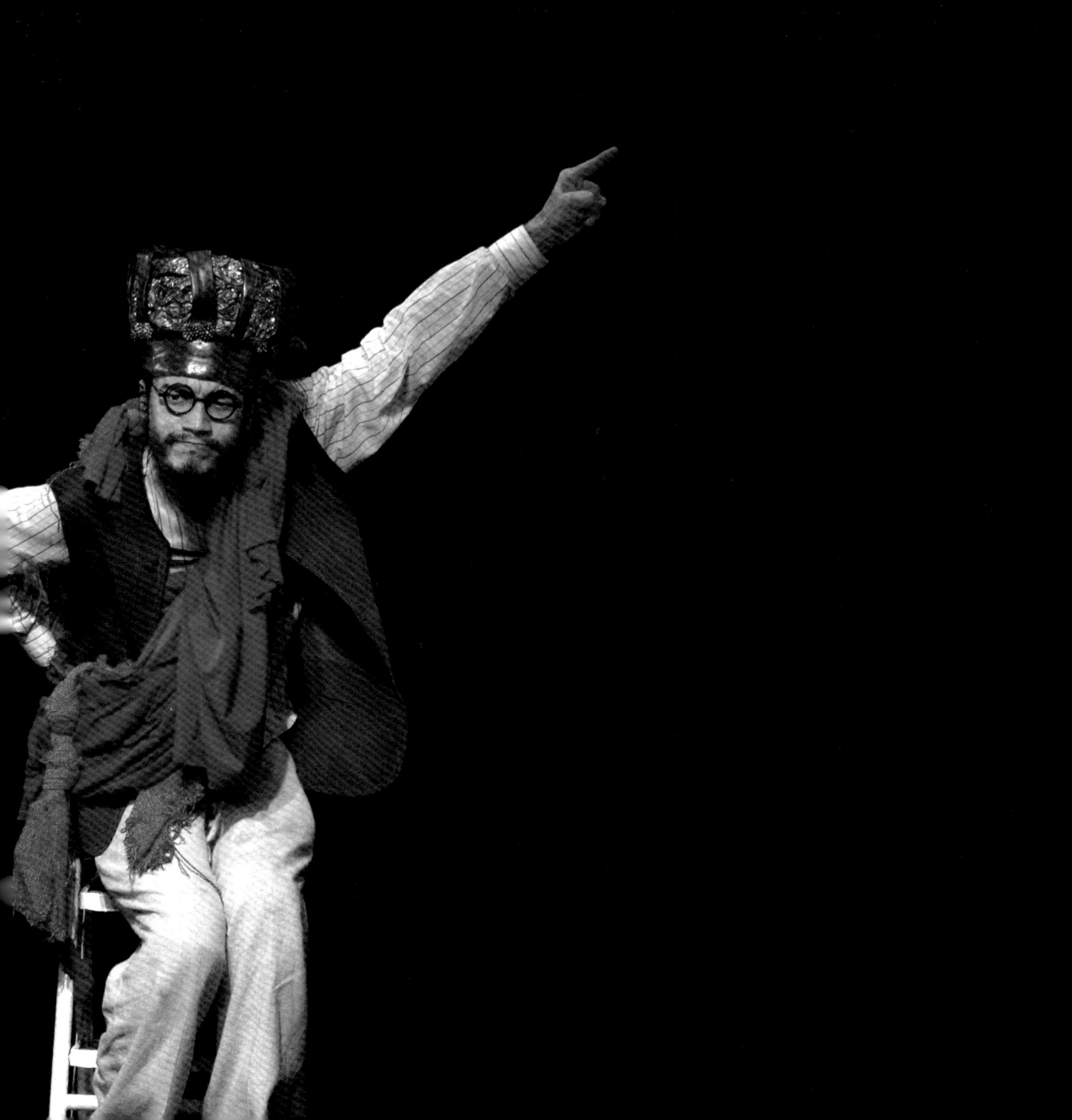

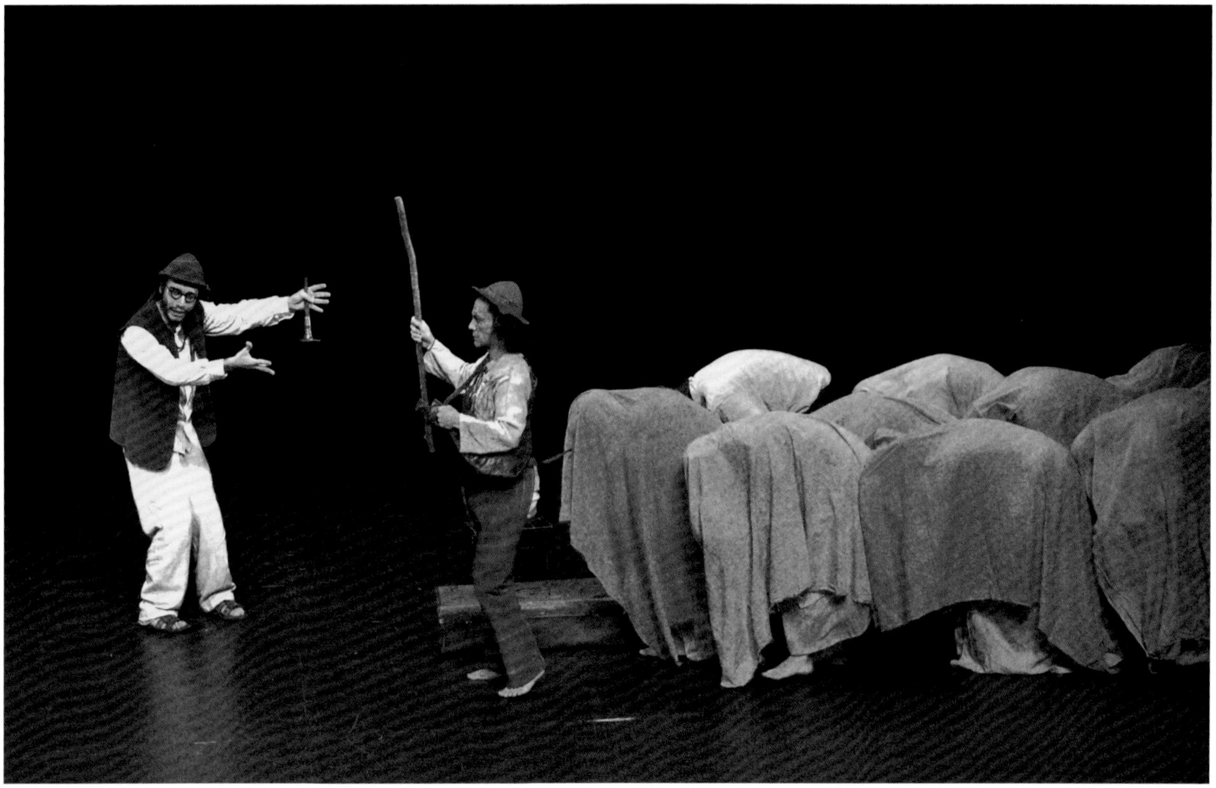

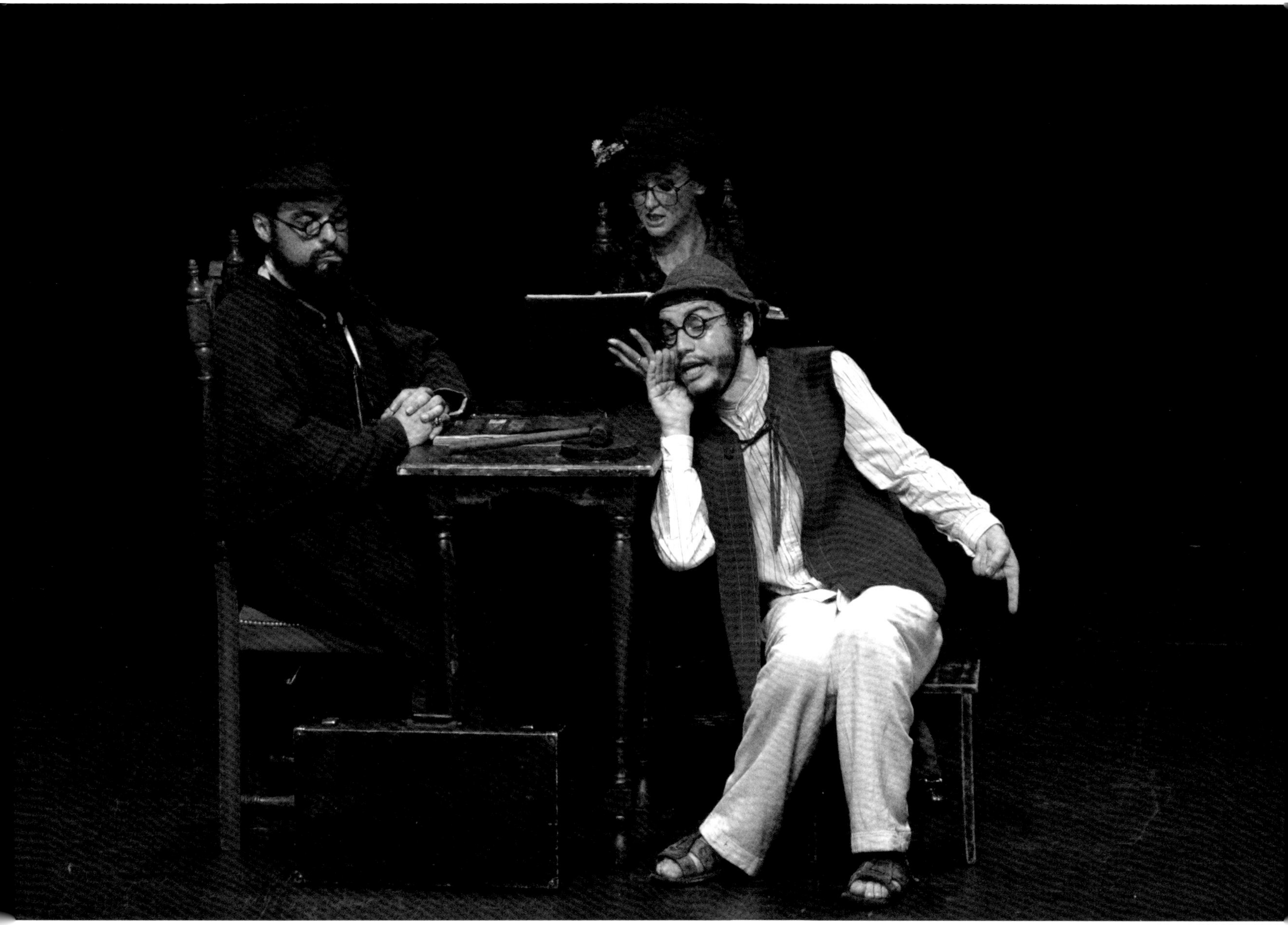

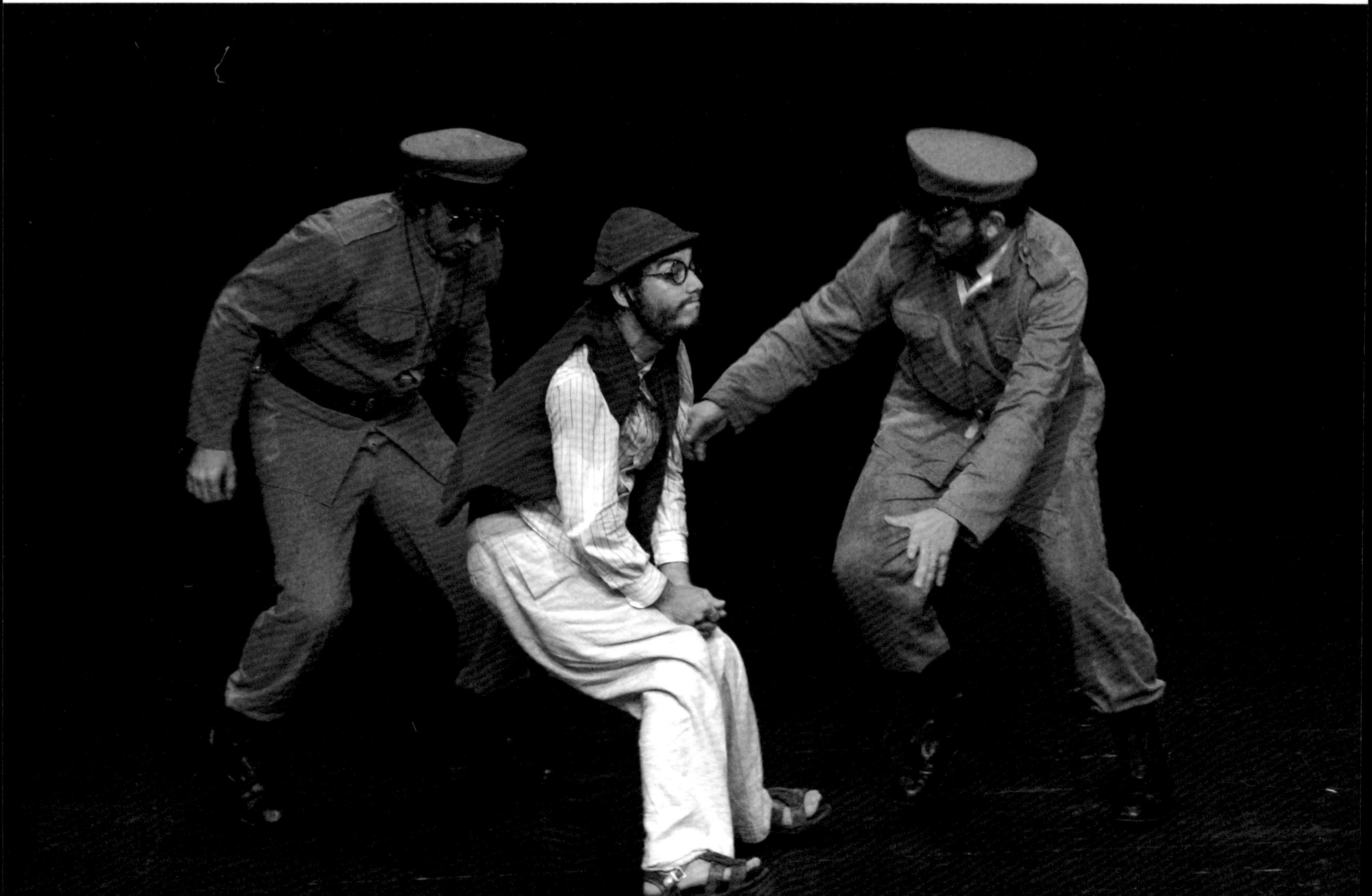

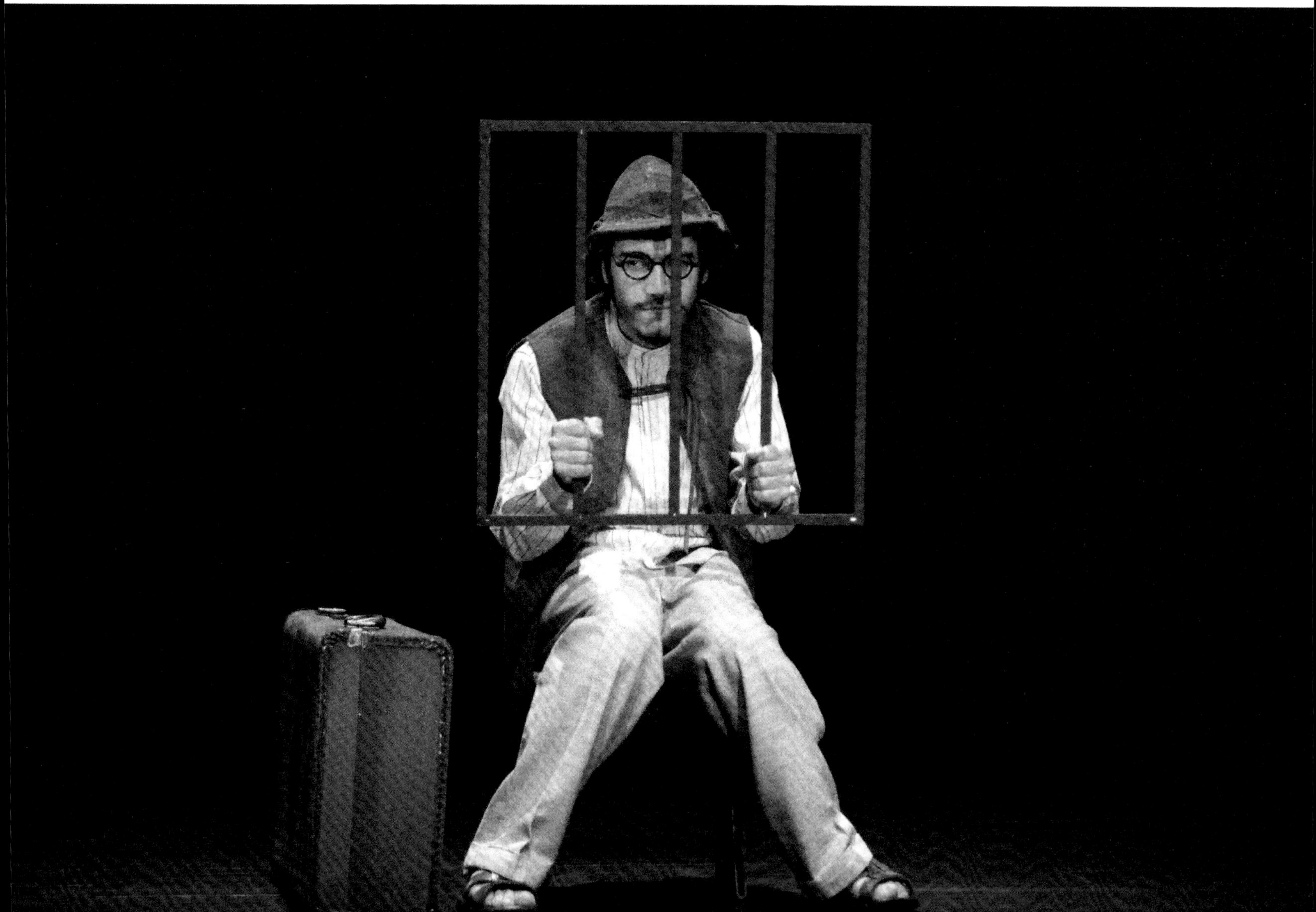

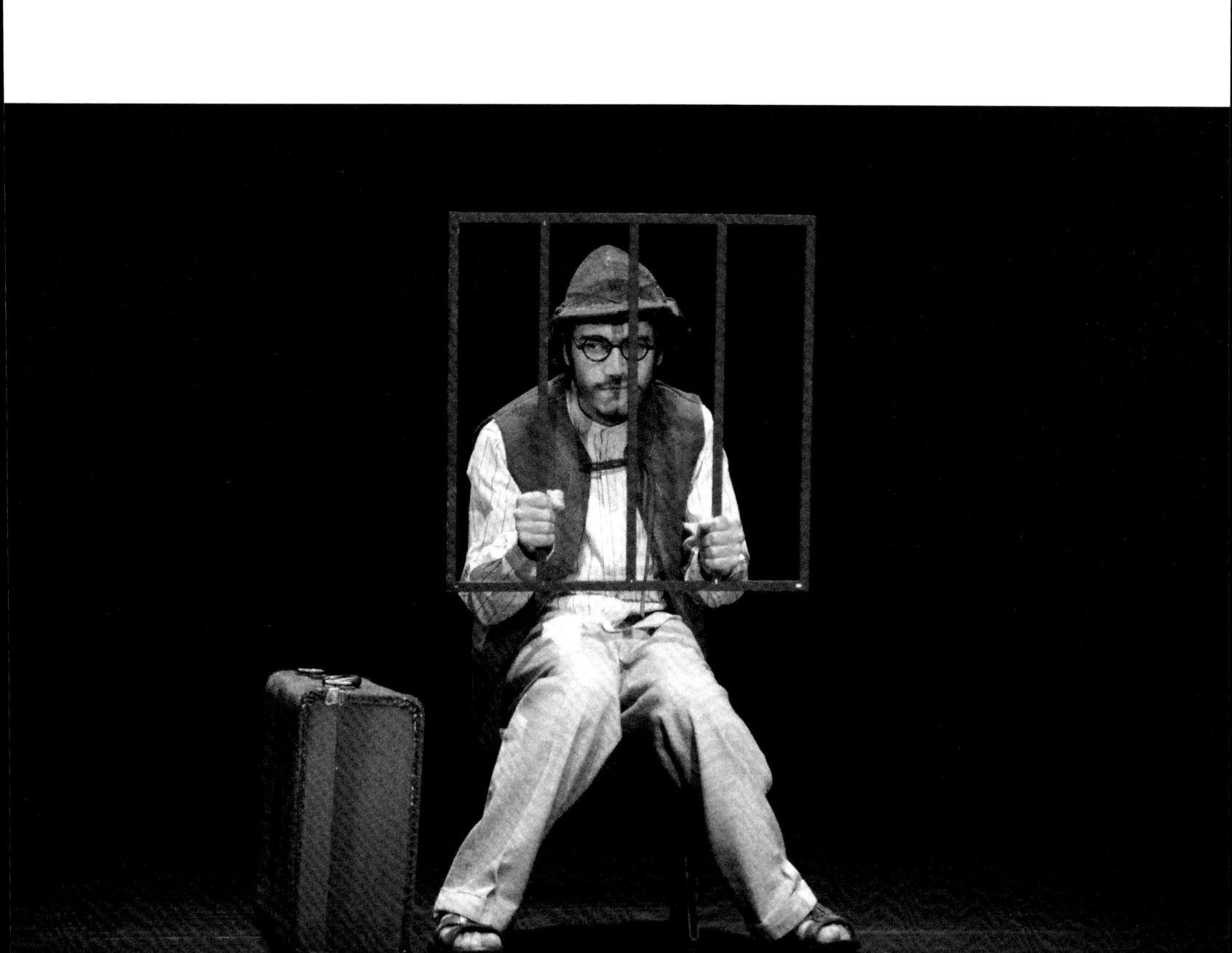

## 2008

# Senhora dos afogados

*São vários os exemplos da perfeita consciência dos atores quanto ao material dramático sobre o qual trabalham e de que se servem para suas atuações. Deve-se a isso, certamente, o domínio demonstrado pelos intérpretes, resultando um conjunto de admirável força na materialização do terrível poema no palco. Assim, permite-se ao espectador navegar espiritualmente desde a voragem das ondas desse mar que não devolve os corpos e onde os mortos não boiam até a ilha paradisíaca para onde vão as prostitutas após a morte.*

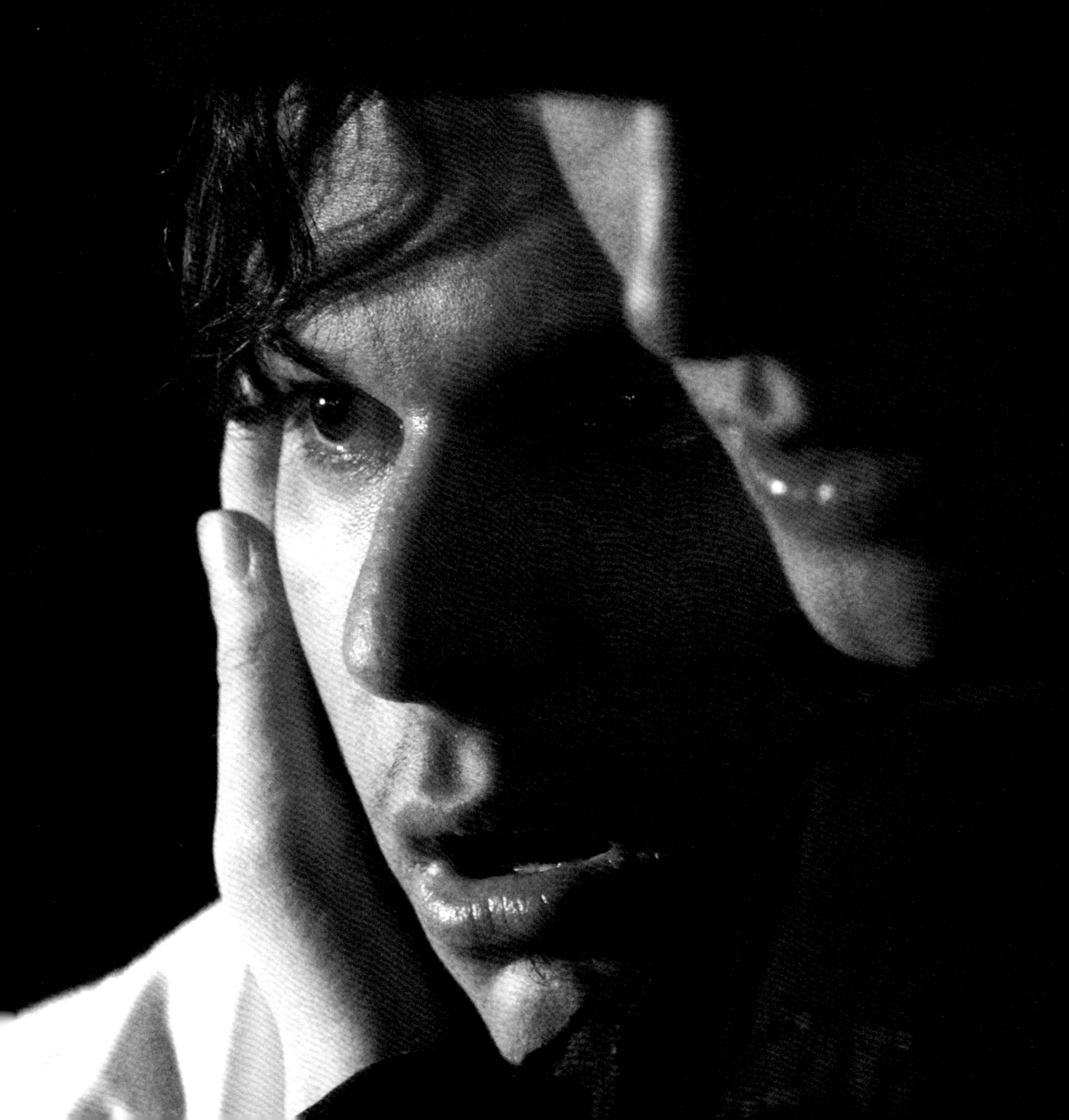

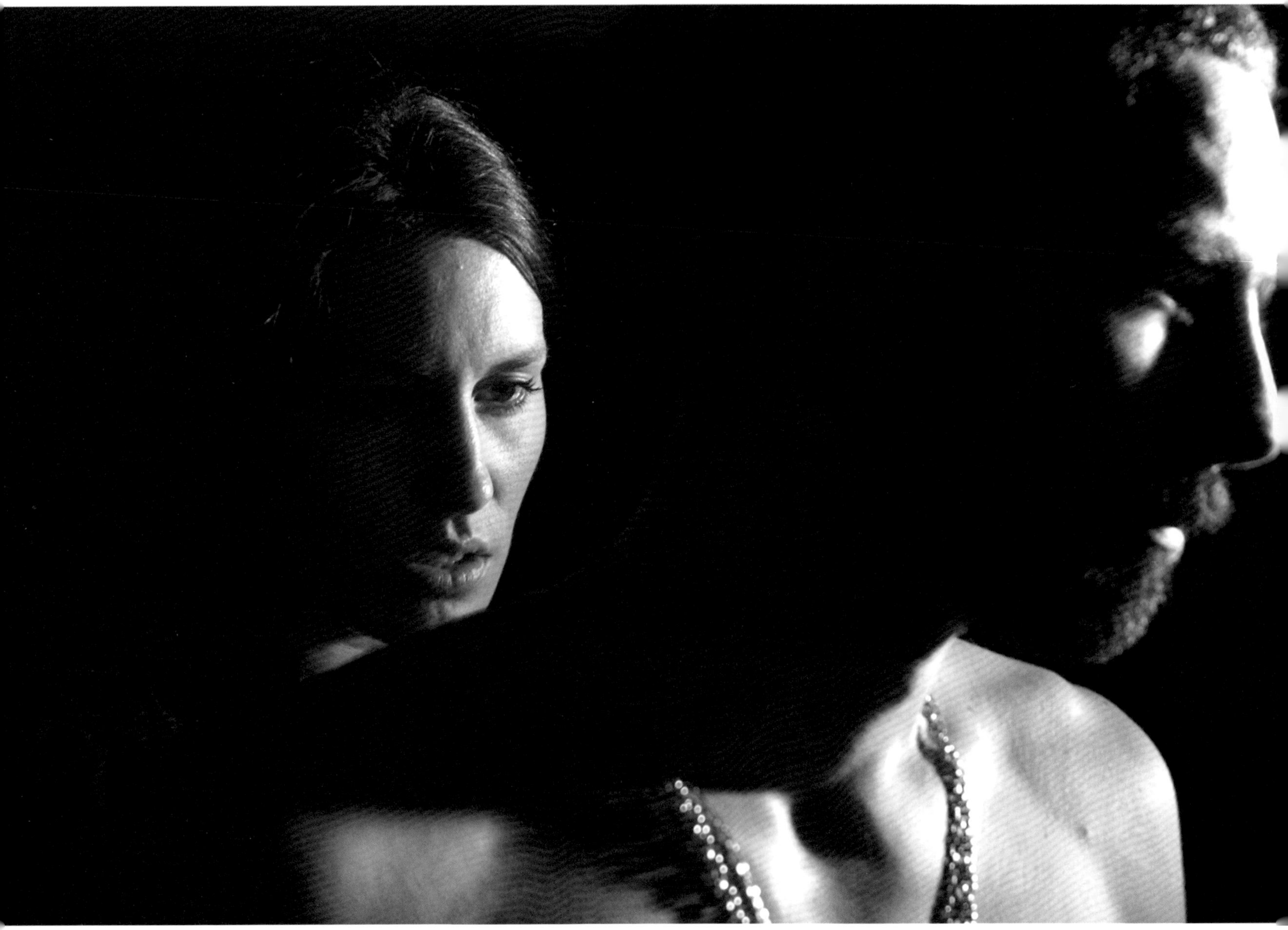

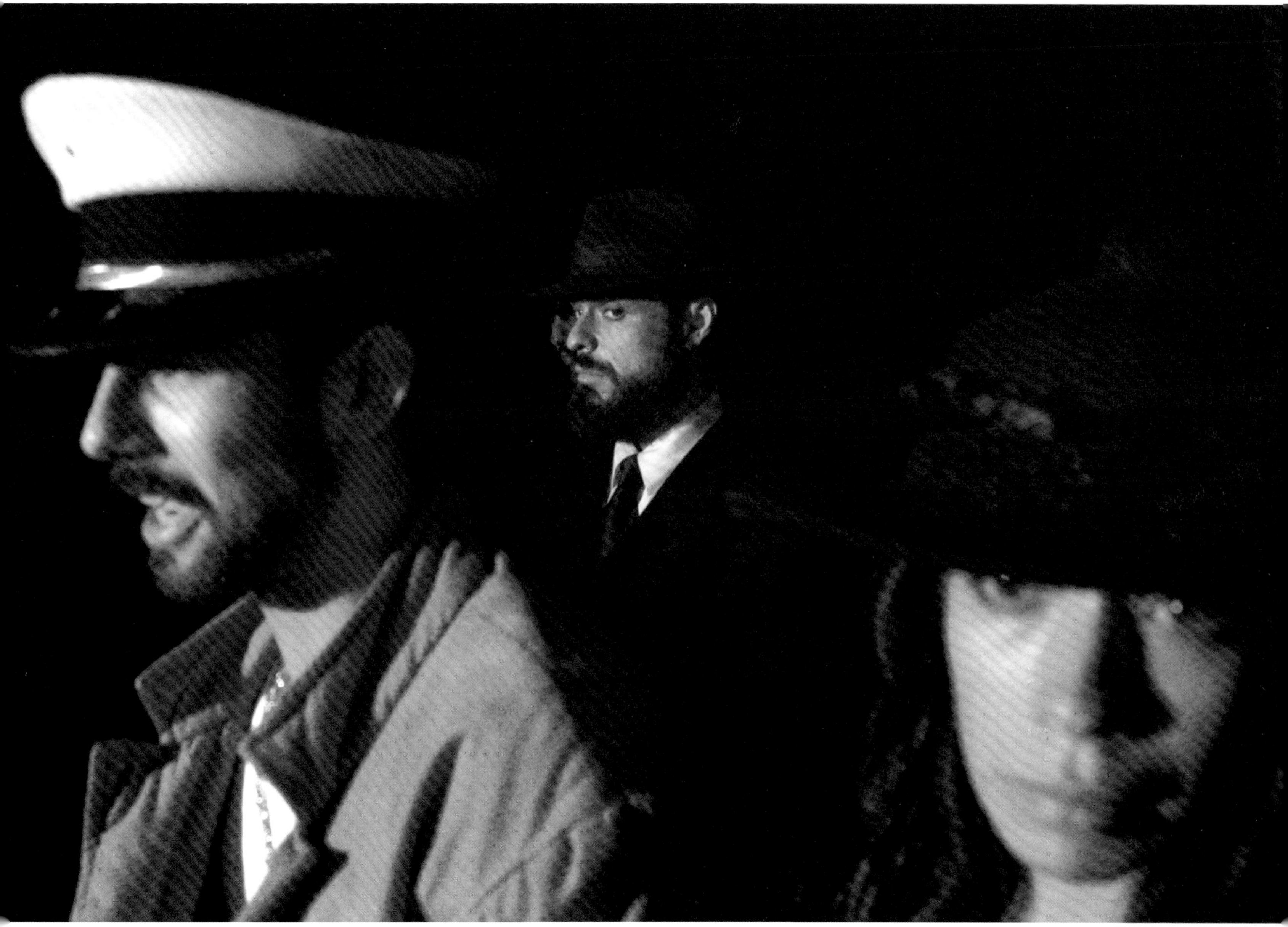

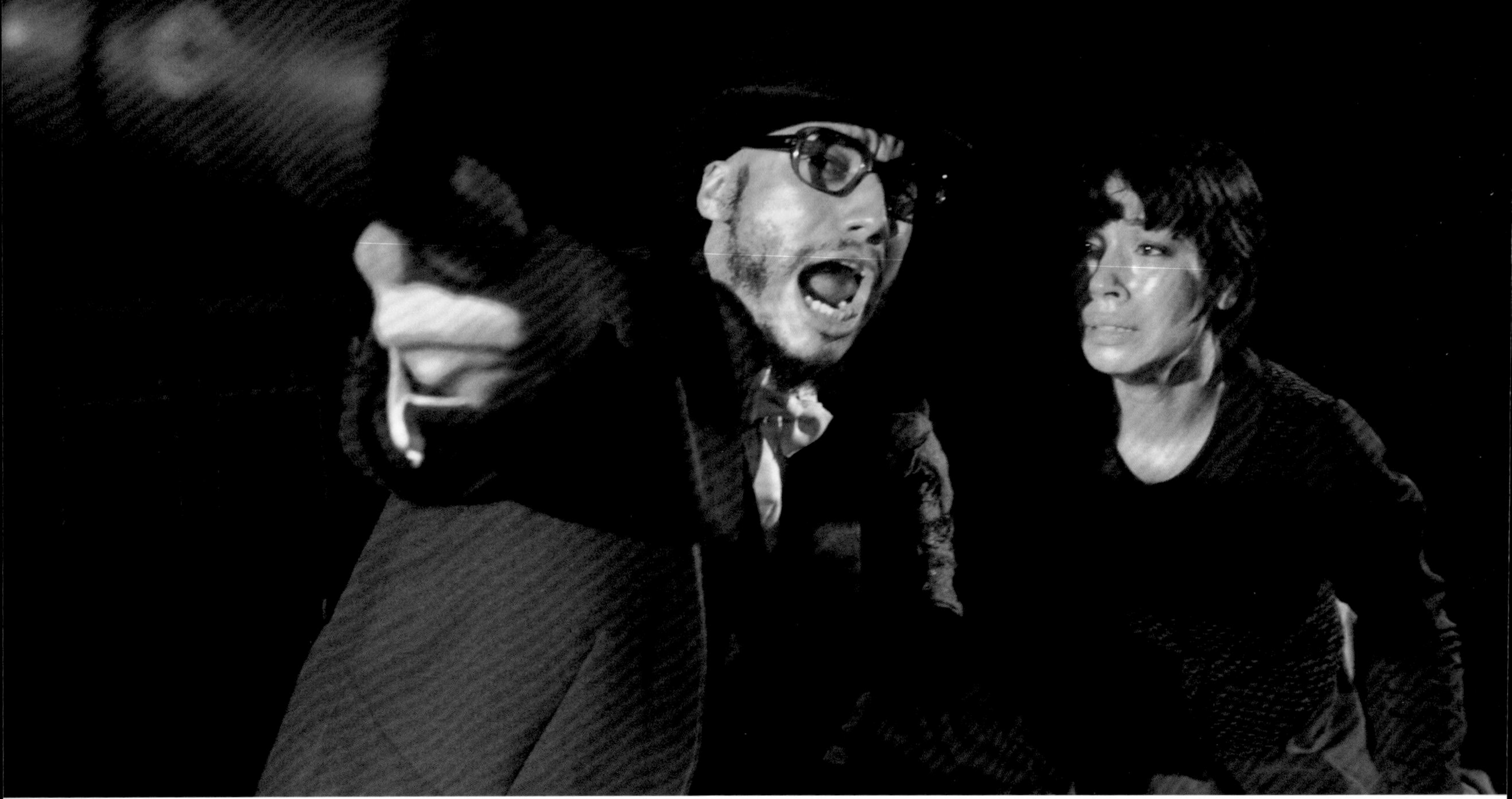

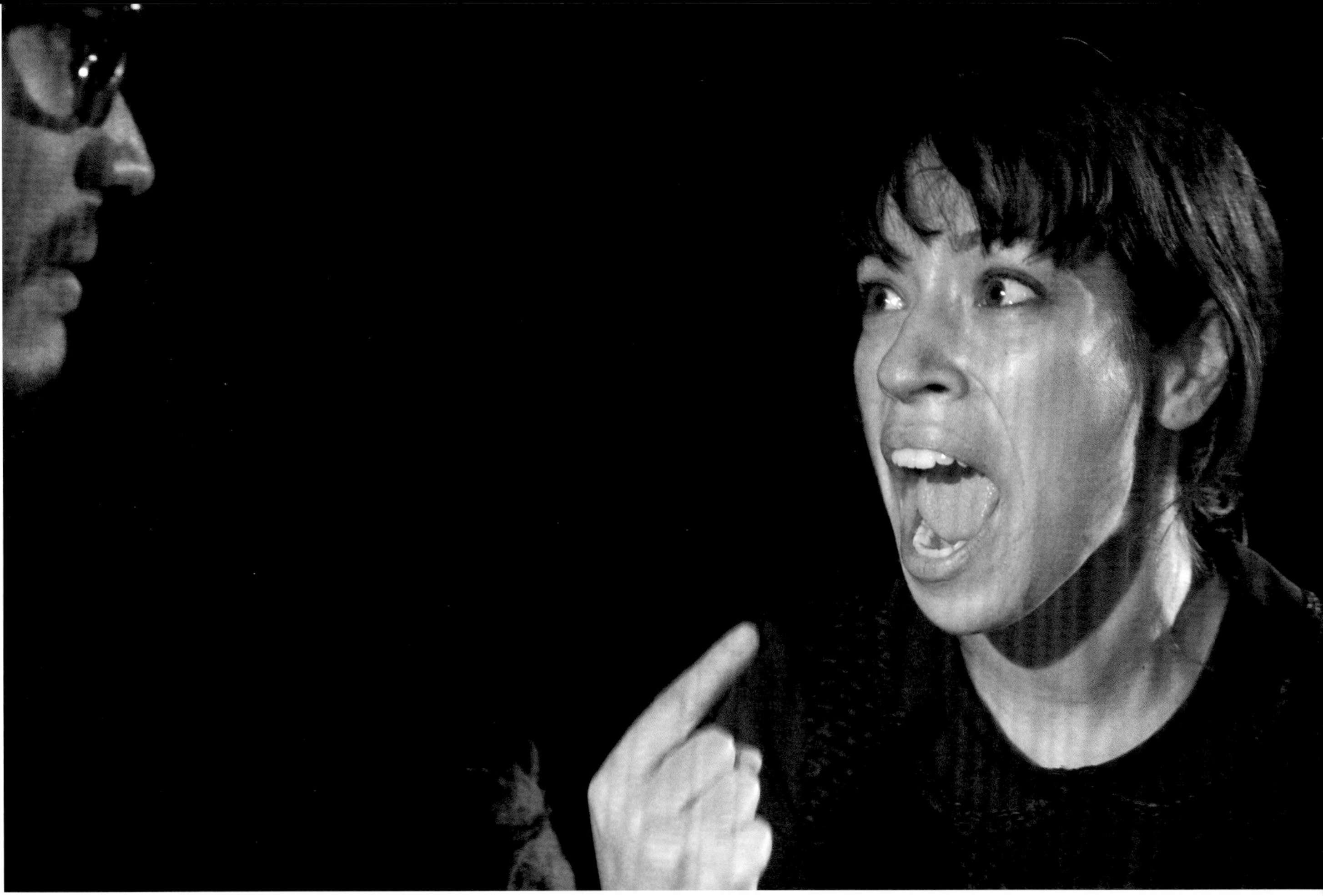

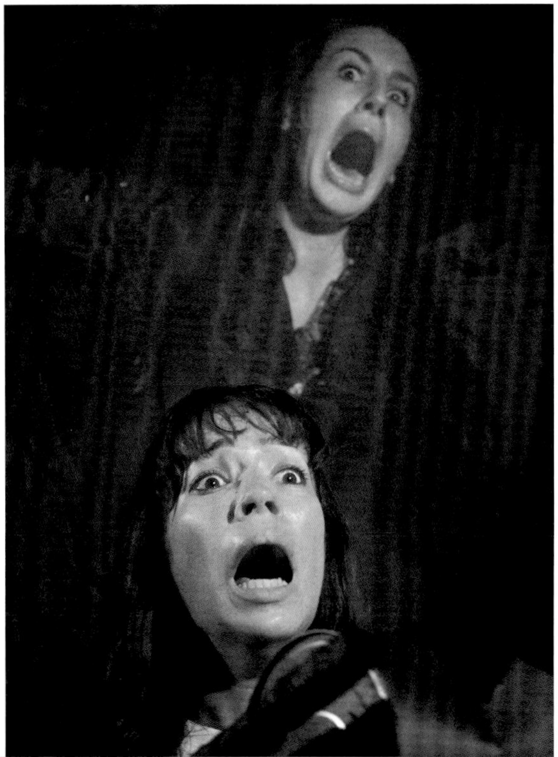

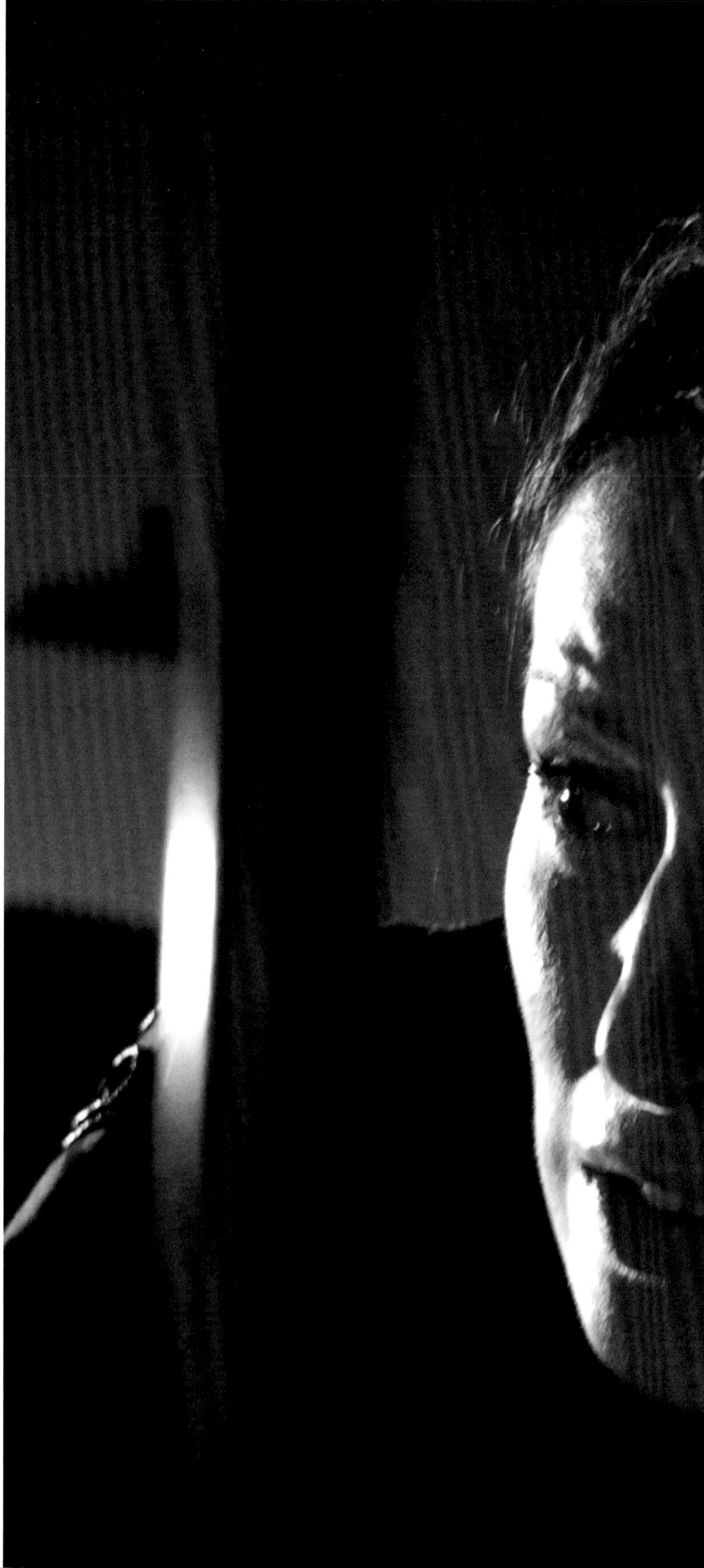

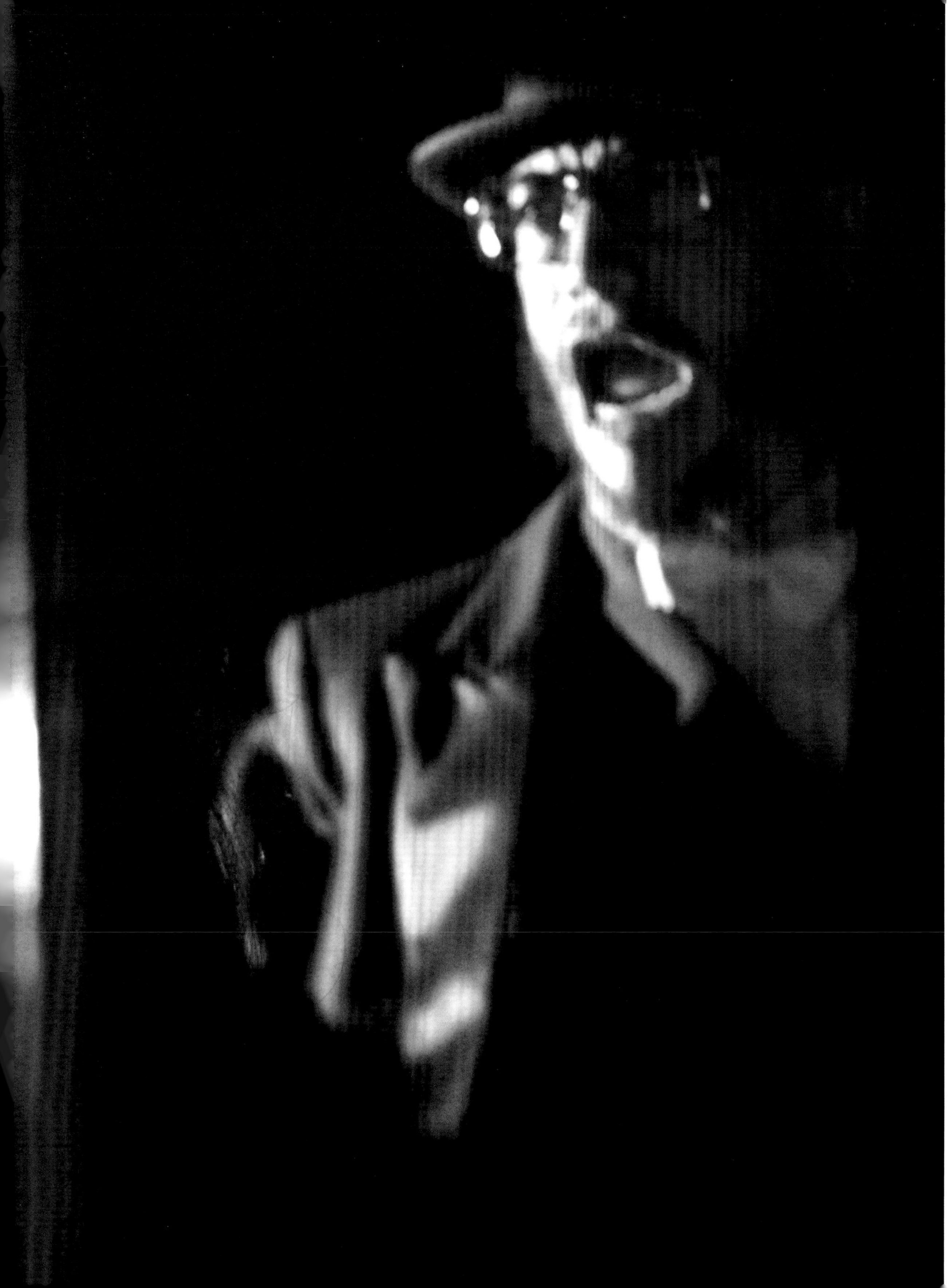

172

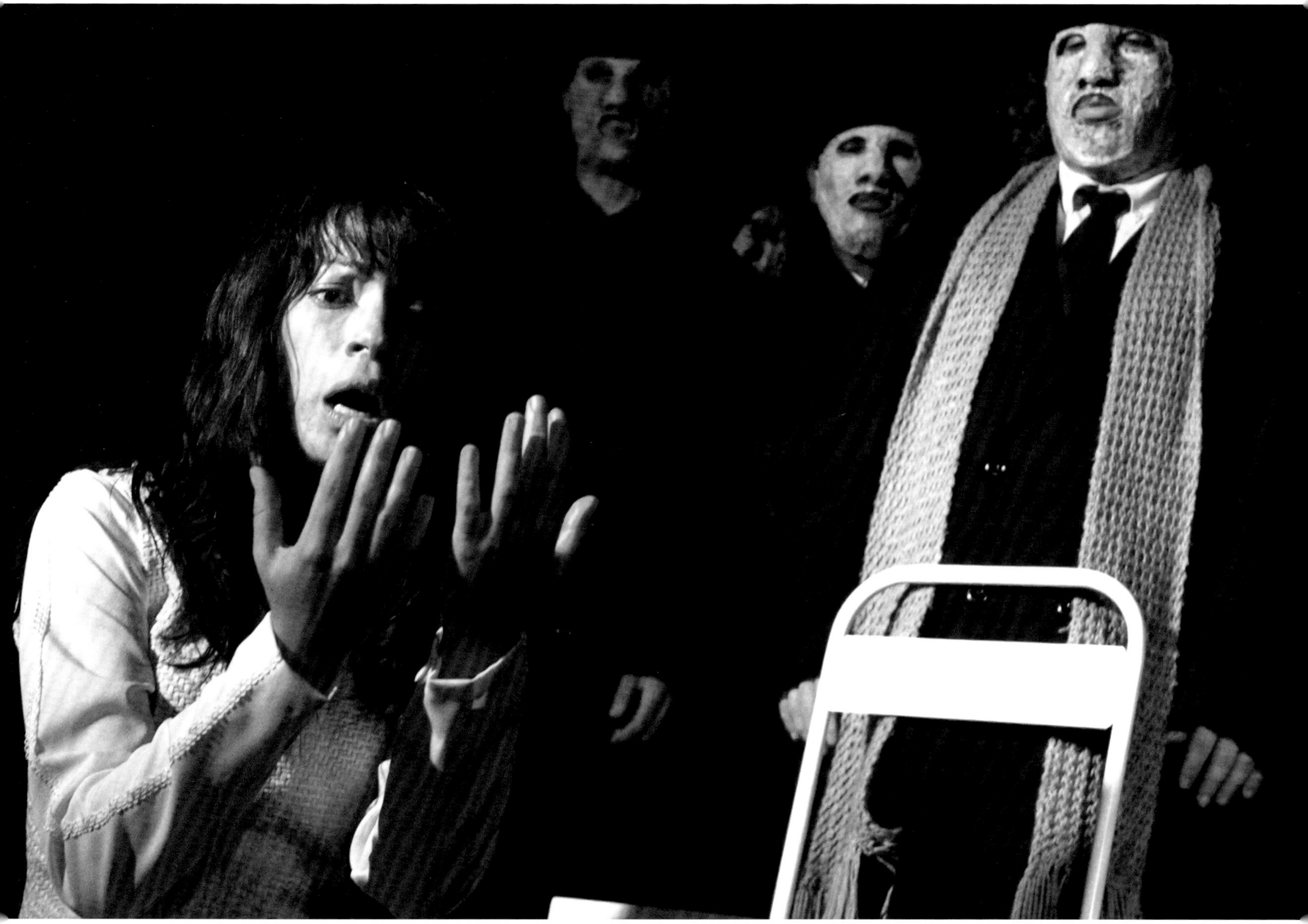

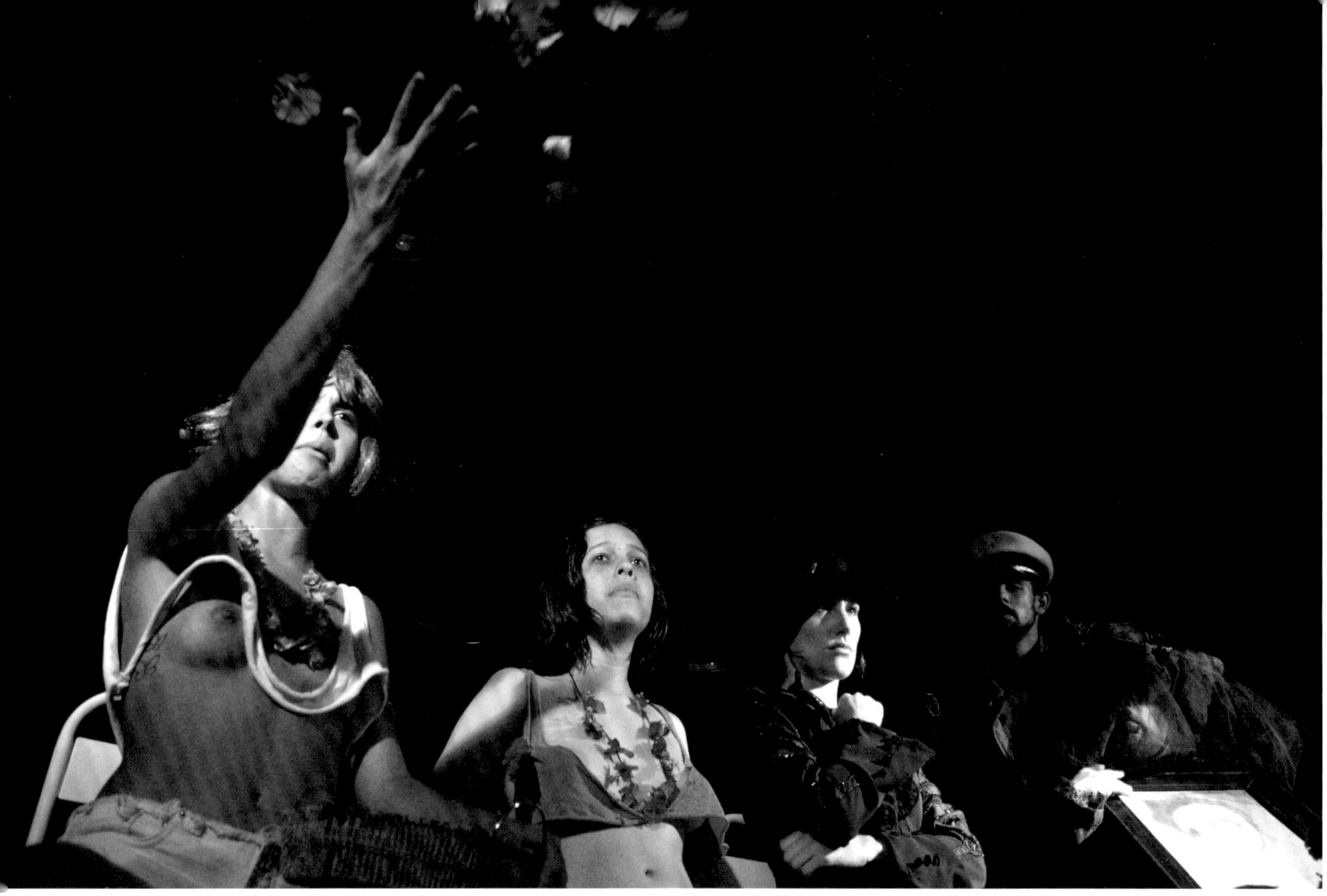

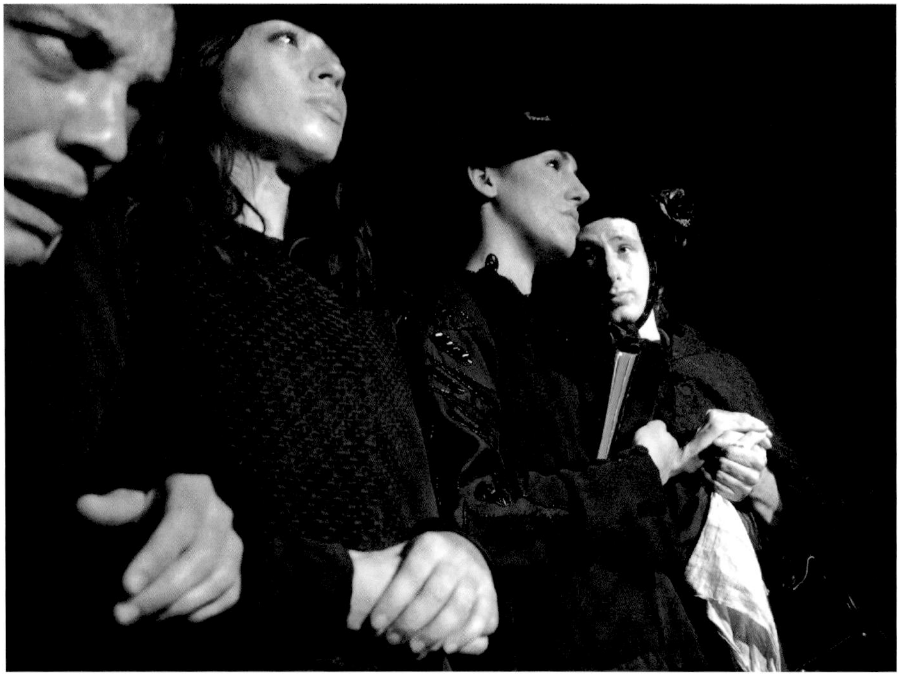

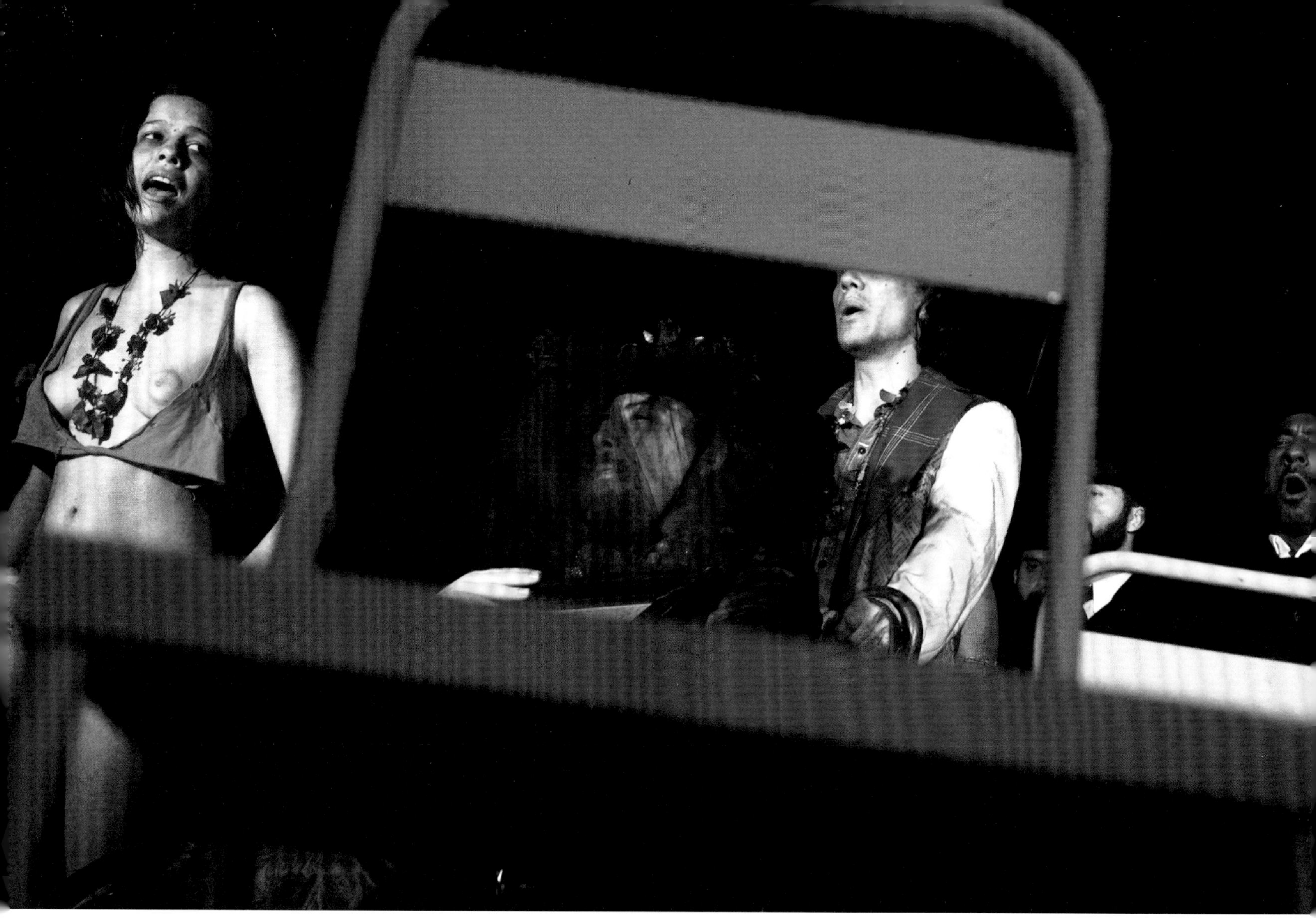

2009

# A falecida vapt-vupt

*Pobre gente anônima perdida no turbilhão da metrópole e reinventada por um frequentador desse bar, Nelson Rodrigues, que os sonha no burburinho das conversas, e seu sonho os materializa ante a indiferença dos demais frequentadores. Faz circular entre as mesas e conviver com outros, que não os veem, todos os tipos humanos da história — os agentes funerários, os amigos de Tuninho, pais, irmão e cunhada de Zulmira, a cartomante —, cada qual trazendo na postura, nos gestos, nas roupas que veste as marcas da vida, das idiossincrasias e dos próprios anseios.*

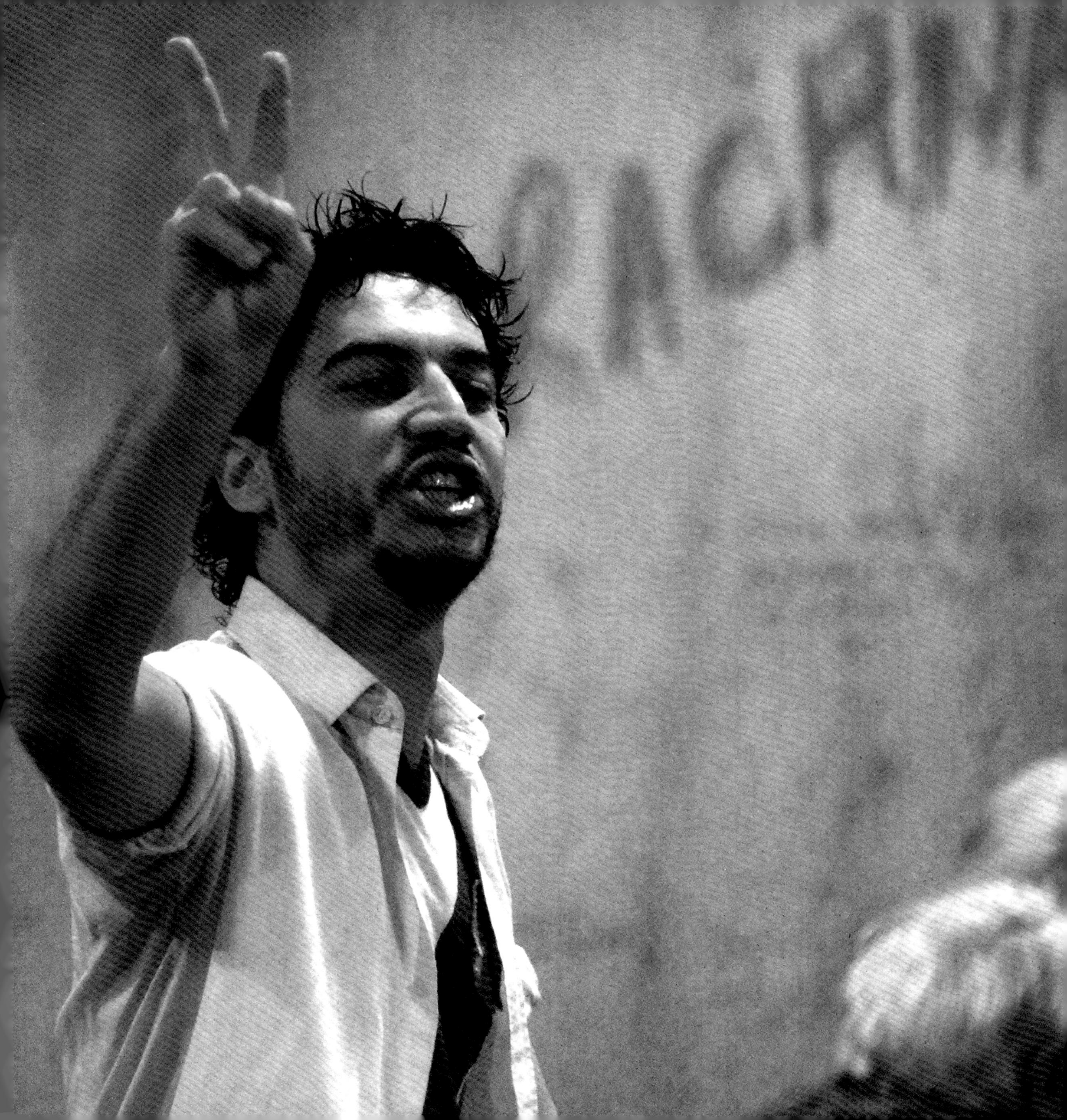

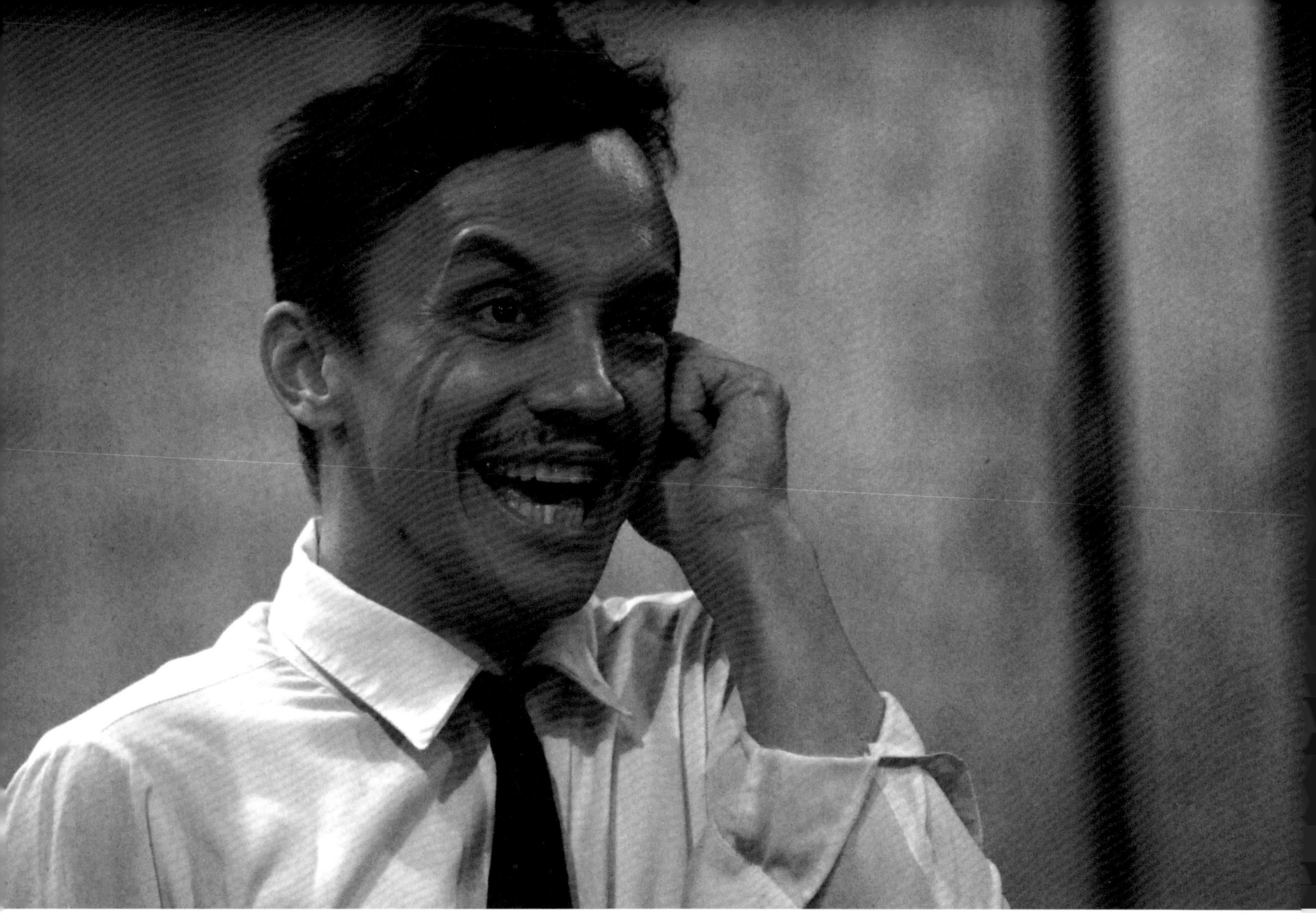

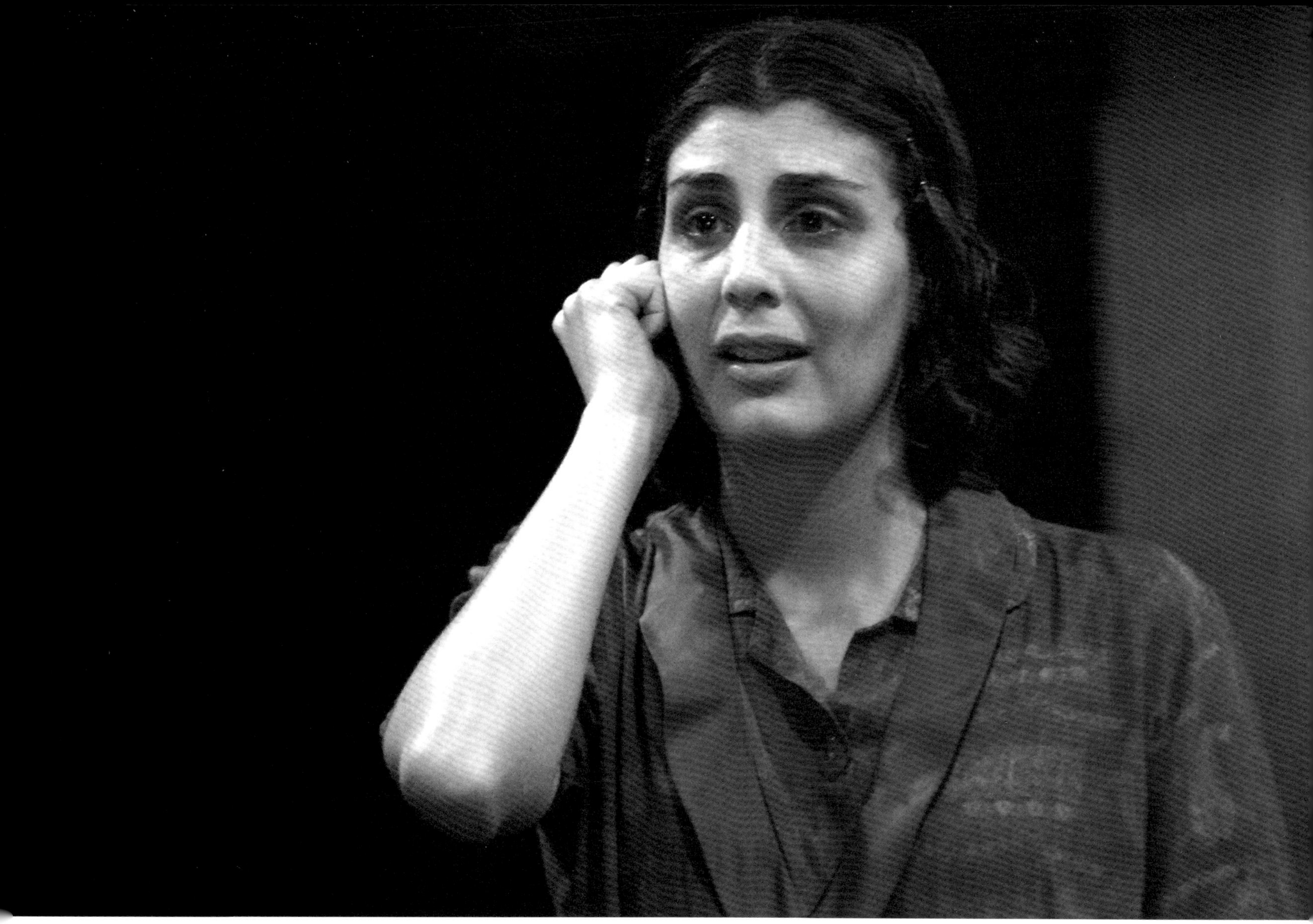

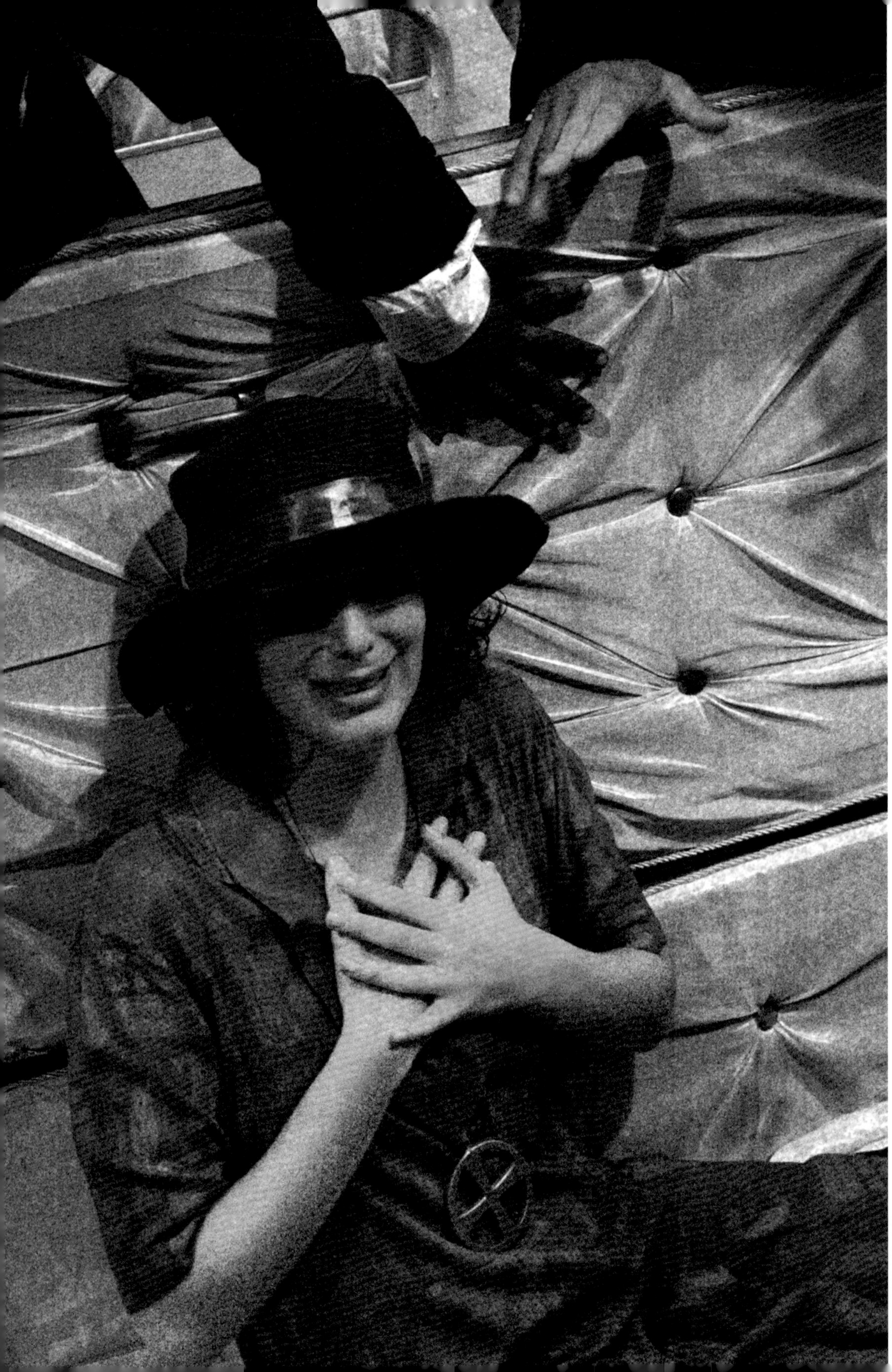

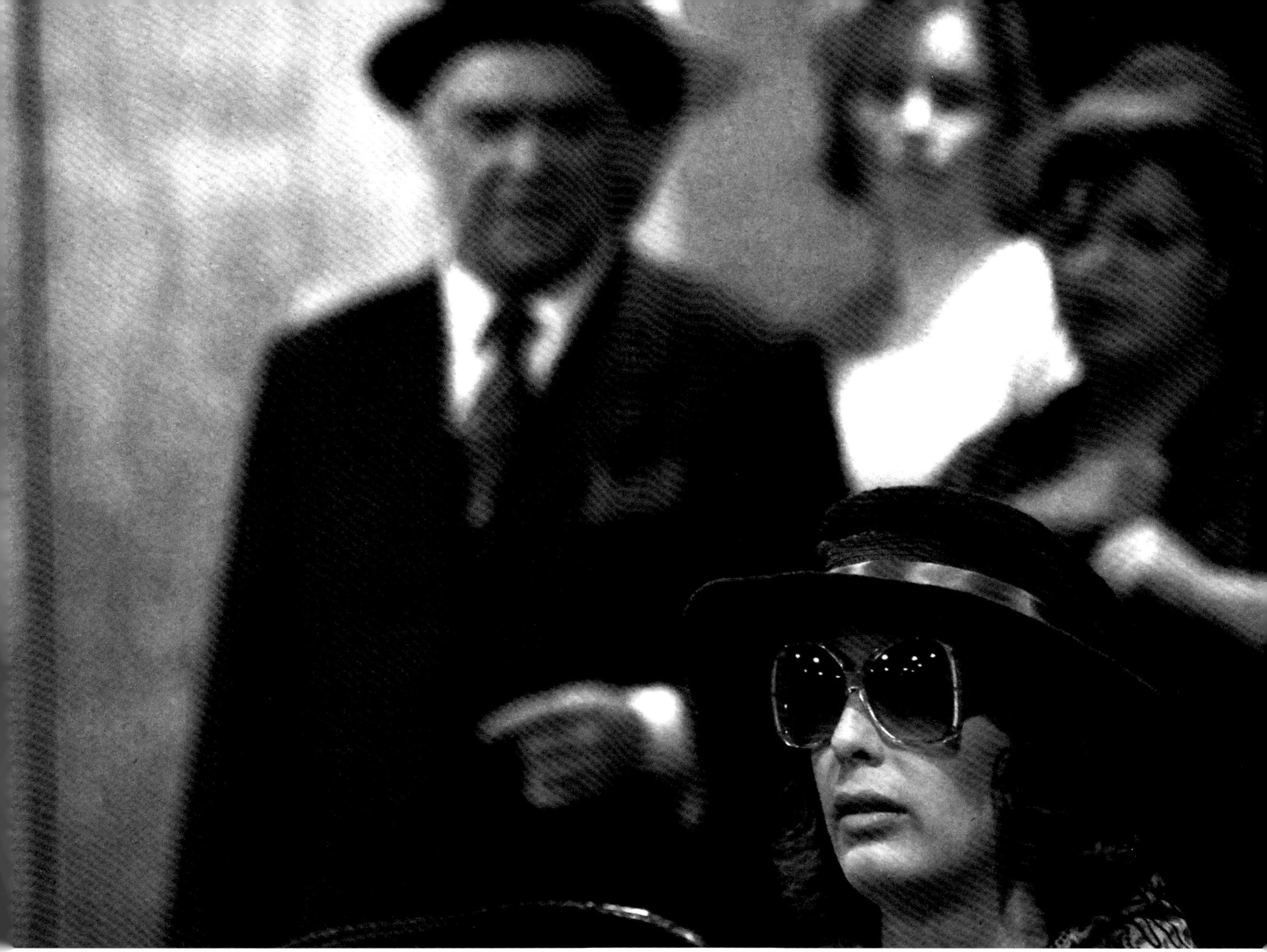

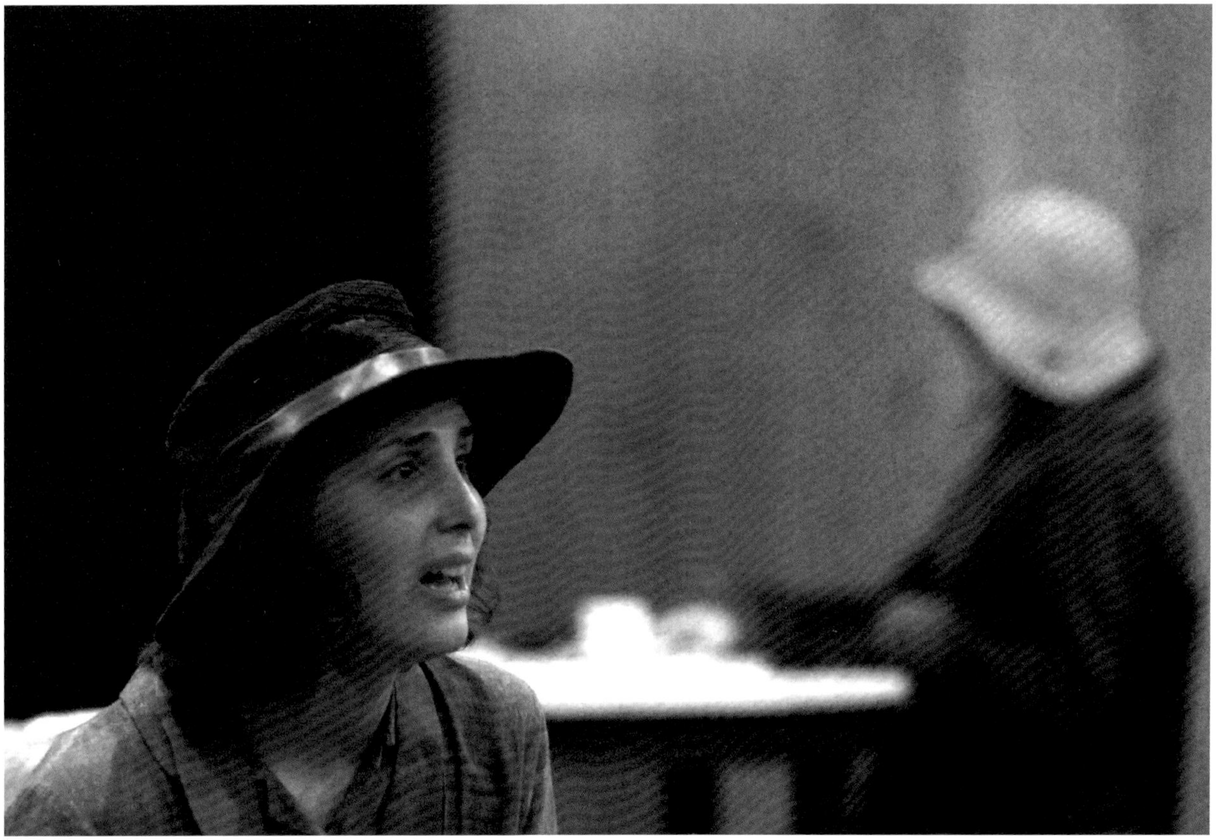

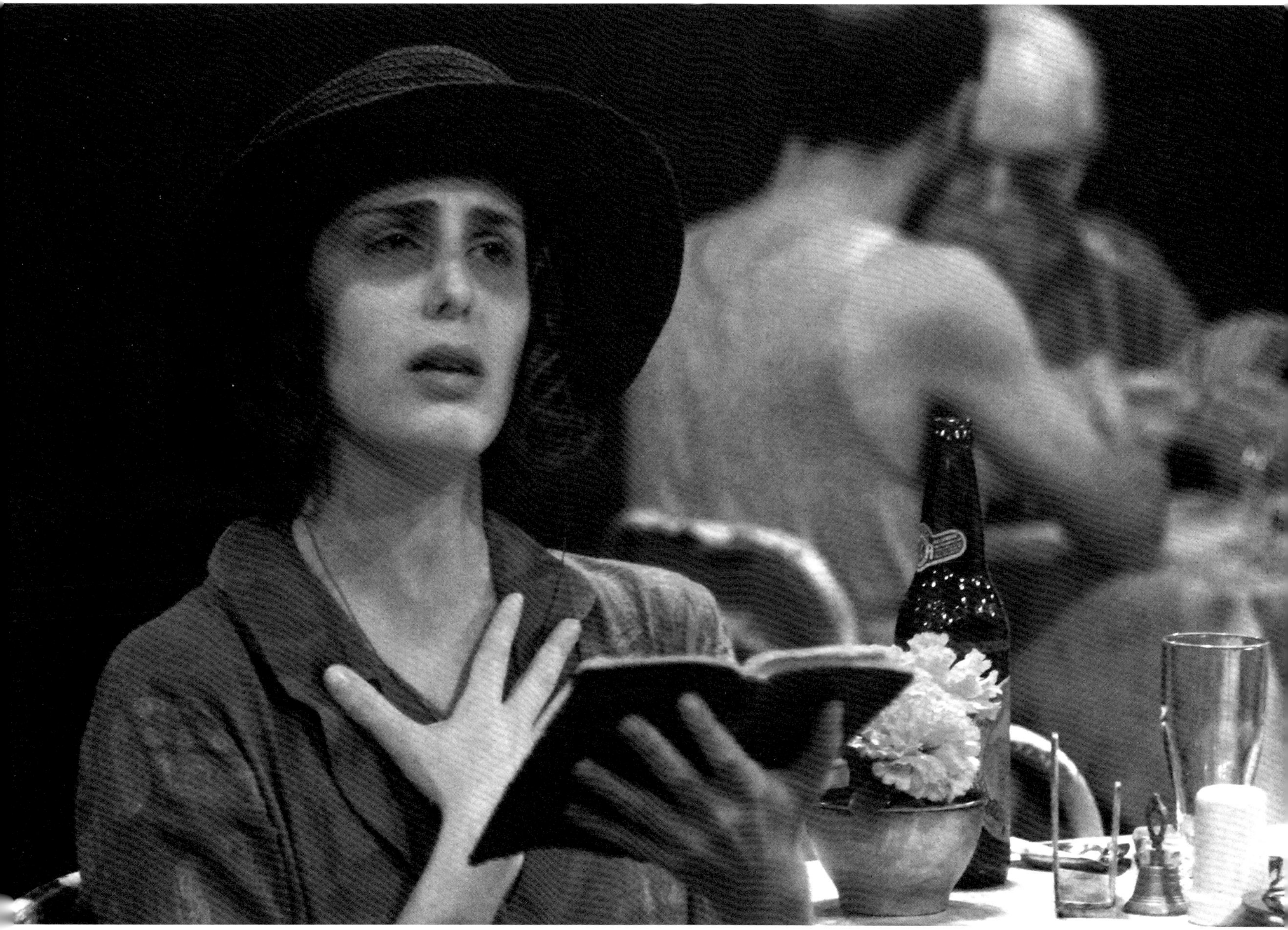

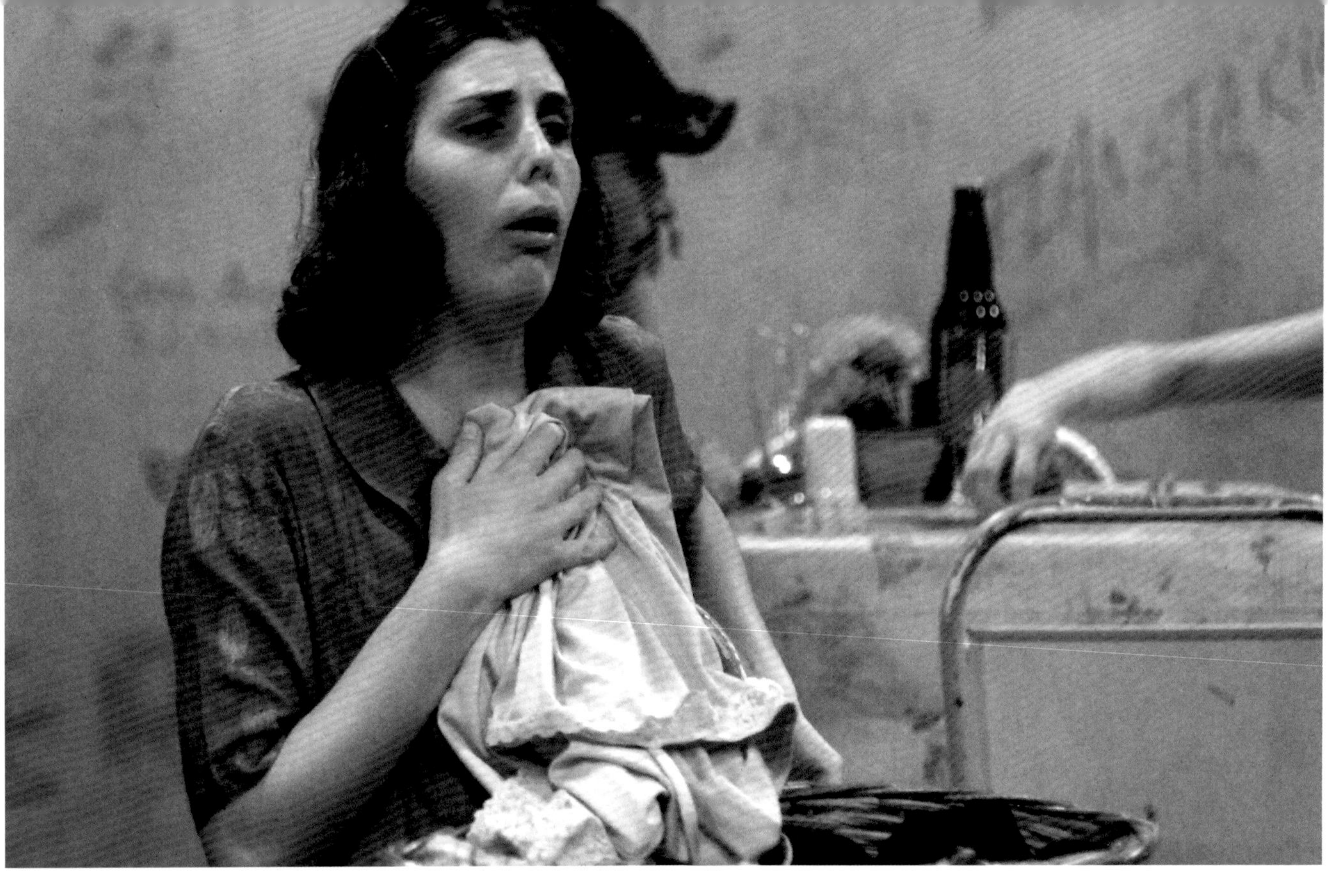

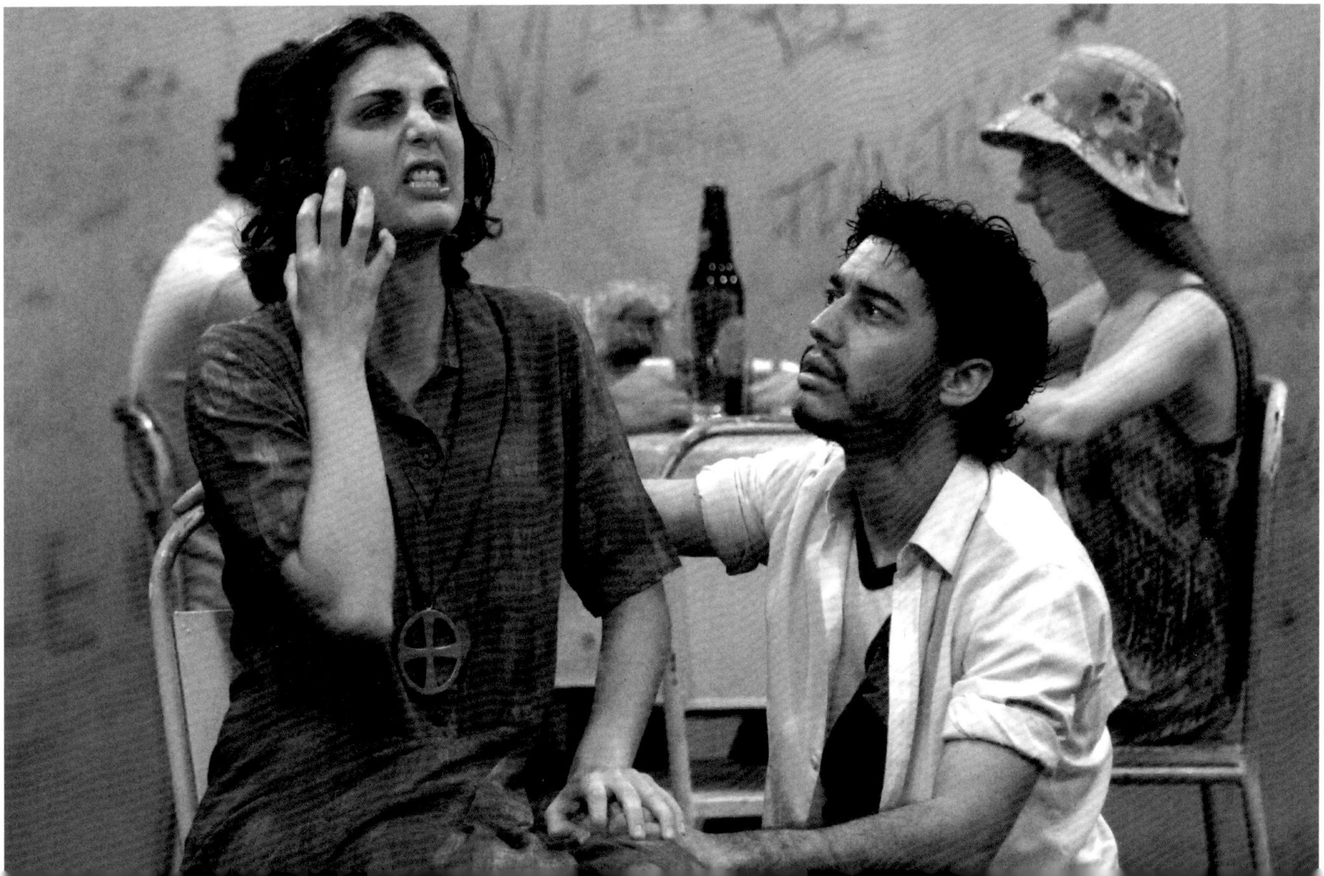

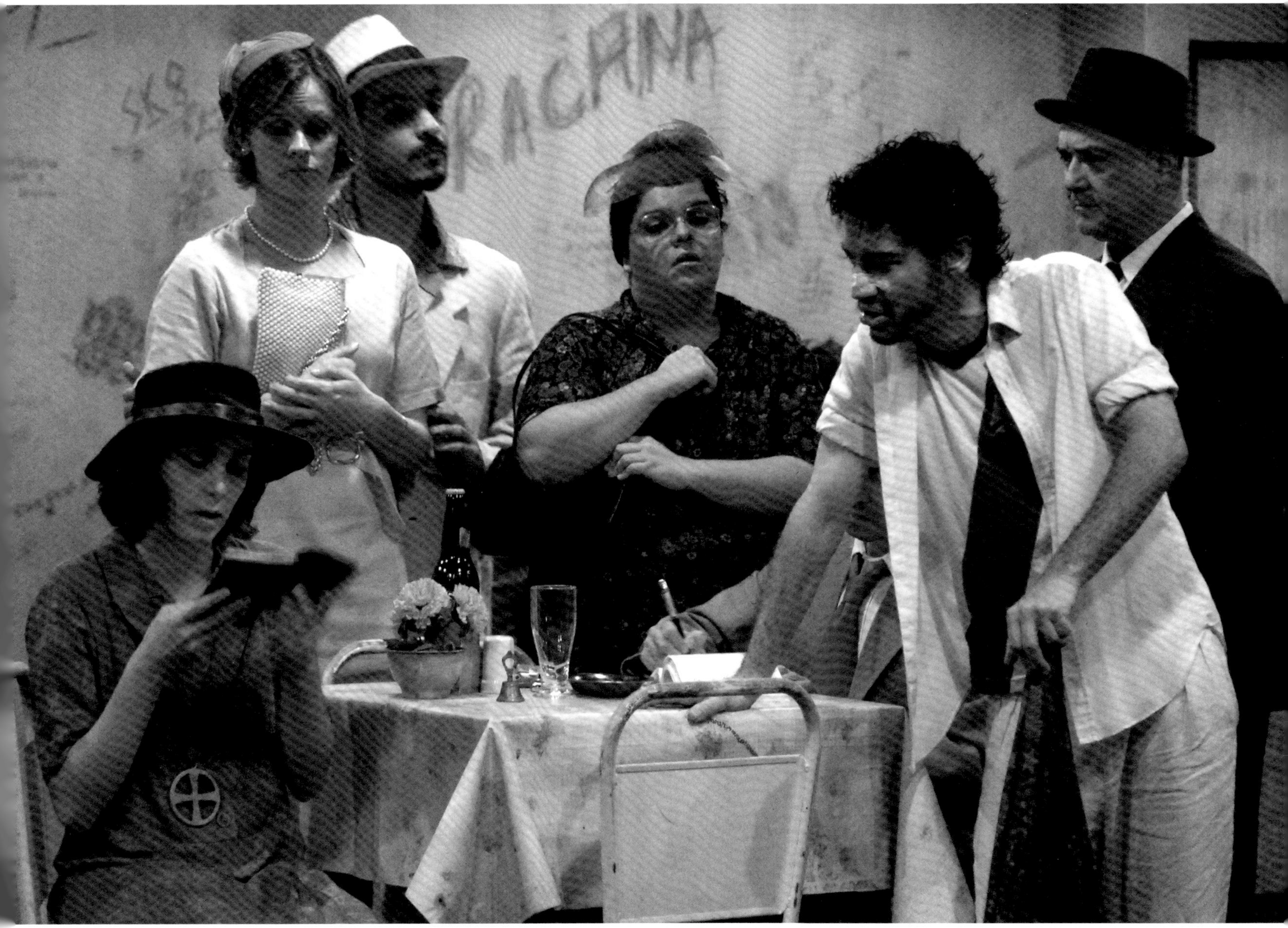

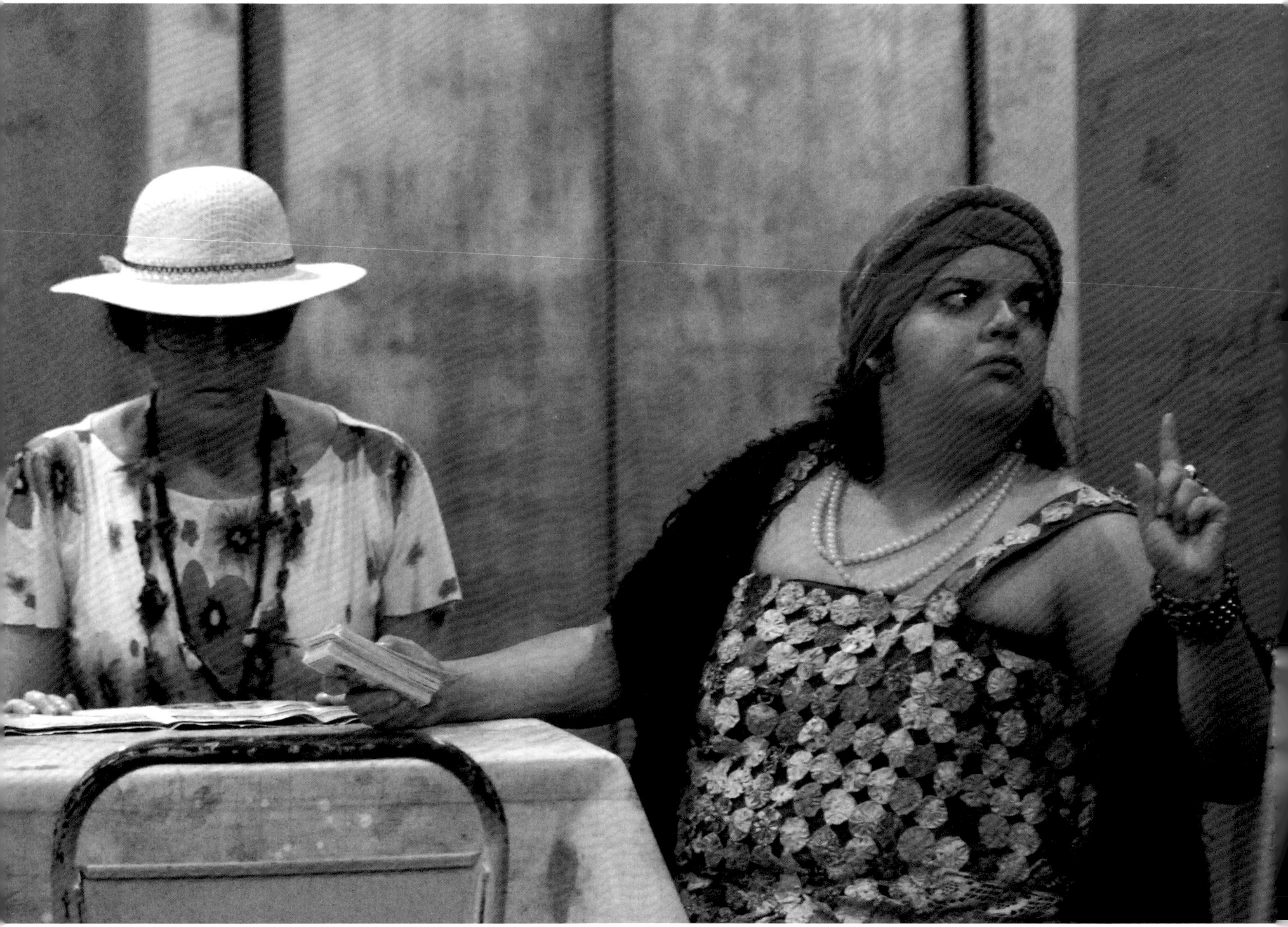

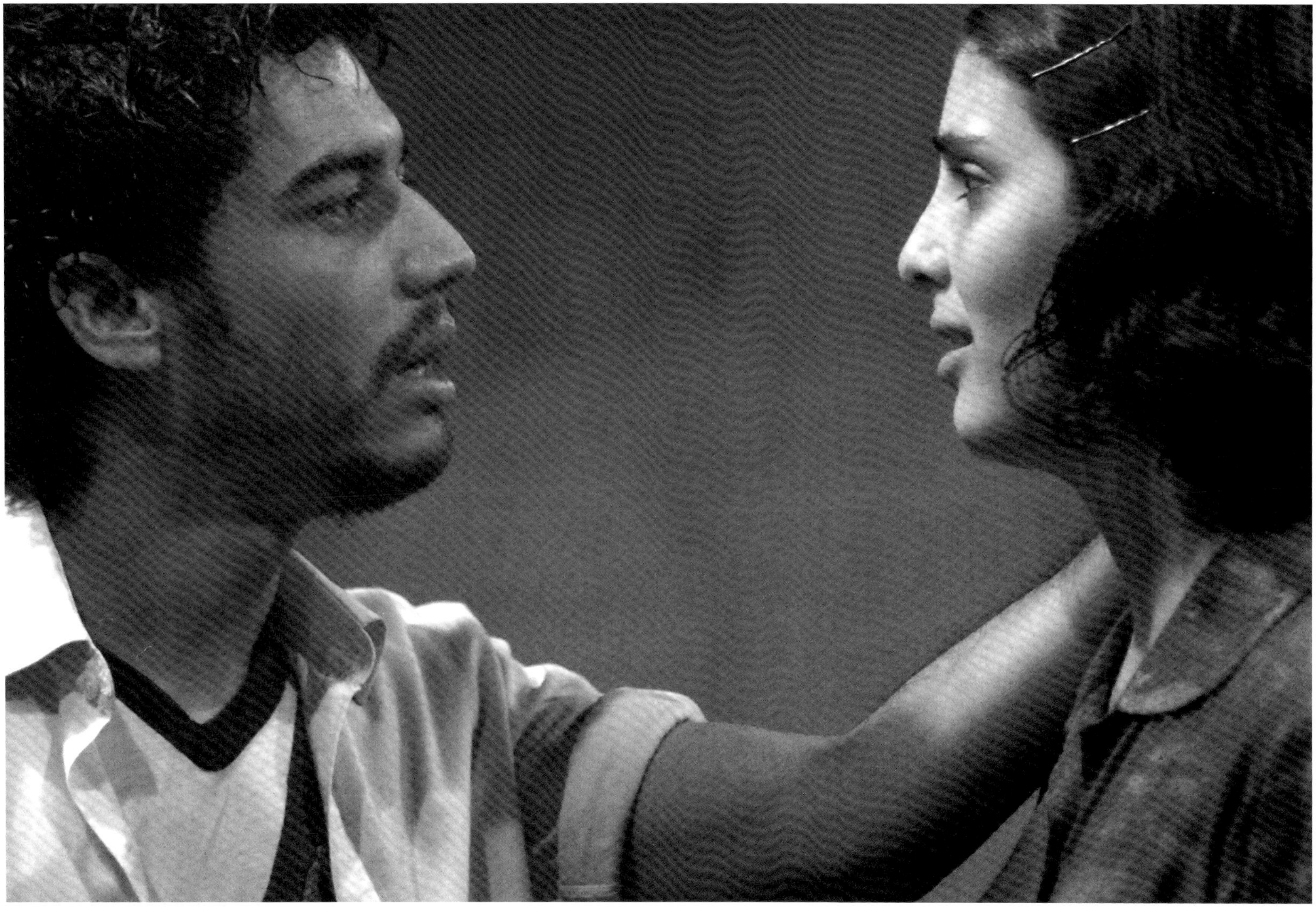

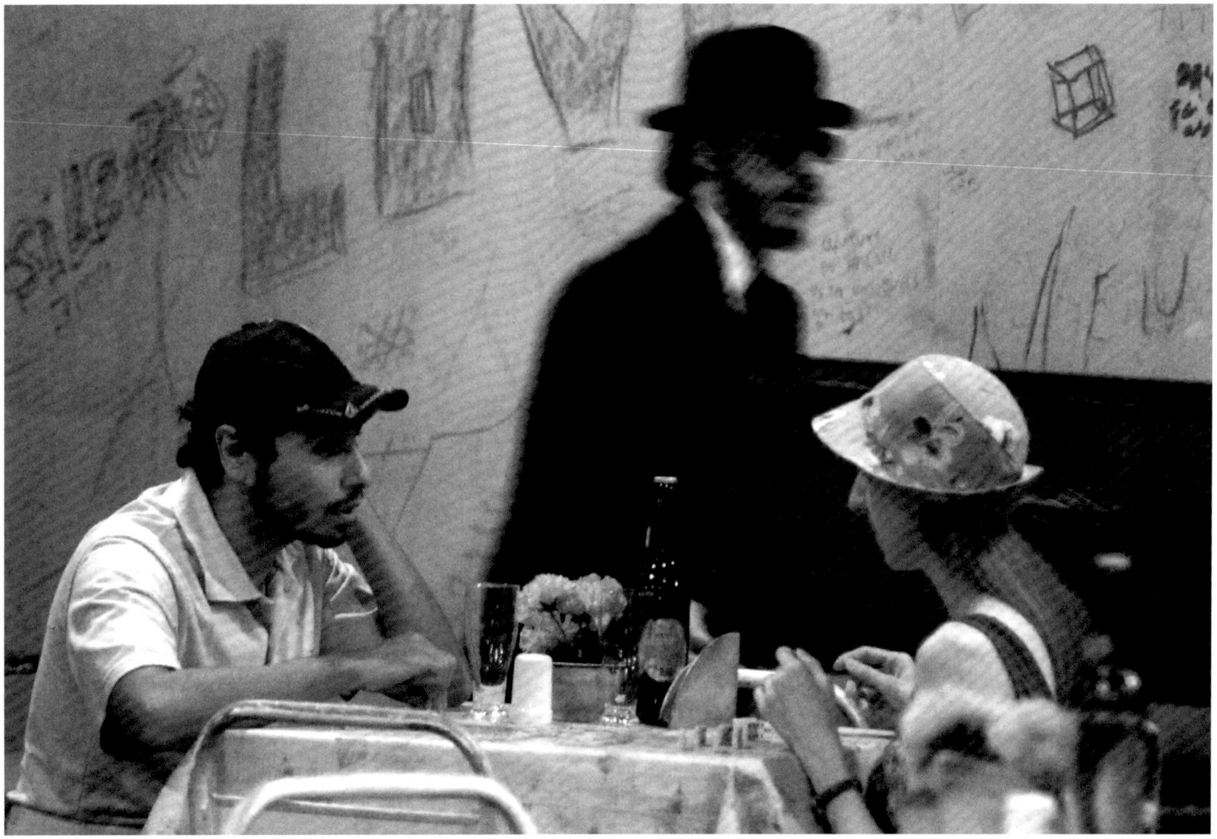

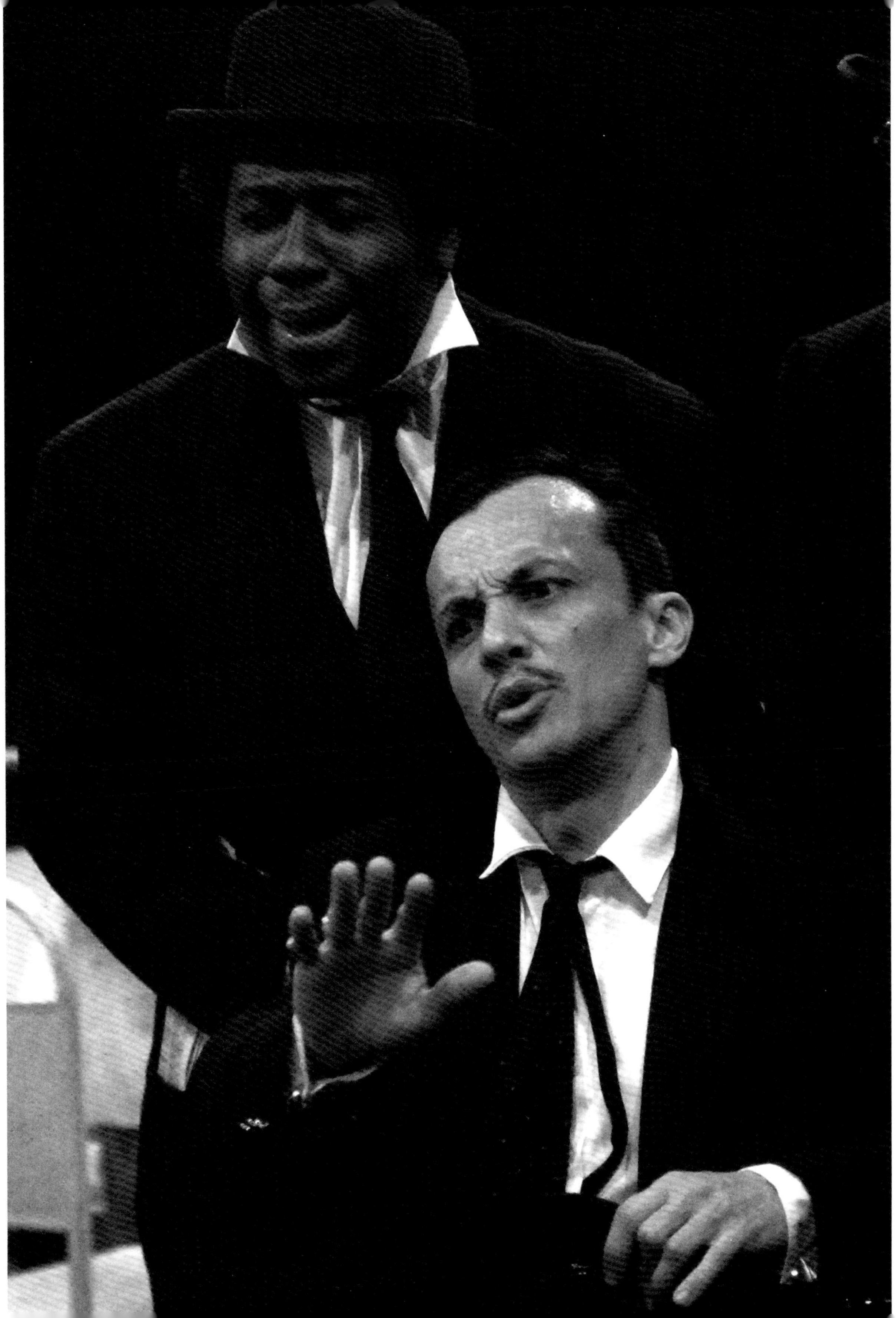

2010

# Policarpo Quaresma

*A adaptação de Antunes Filho transcreve para a cena, passo a passo, o relato de Lima Barreto. Às vezes a narrativa original se converte em diálogos, outras vezes em imagens. De todo modo, aquele universo suburbano, metáfora da Primeira República, ganha vida no palco.*

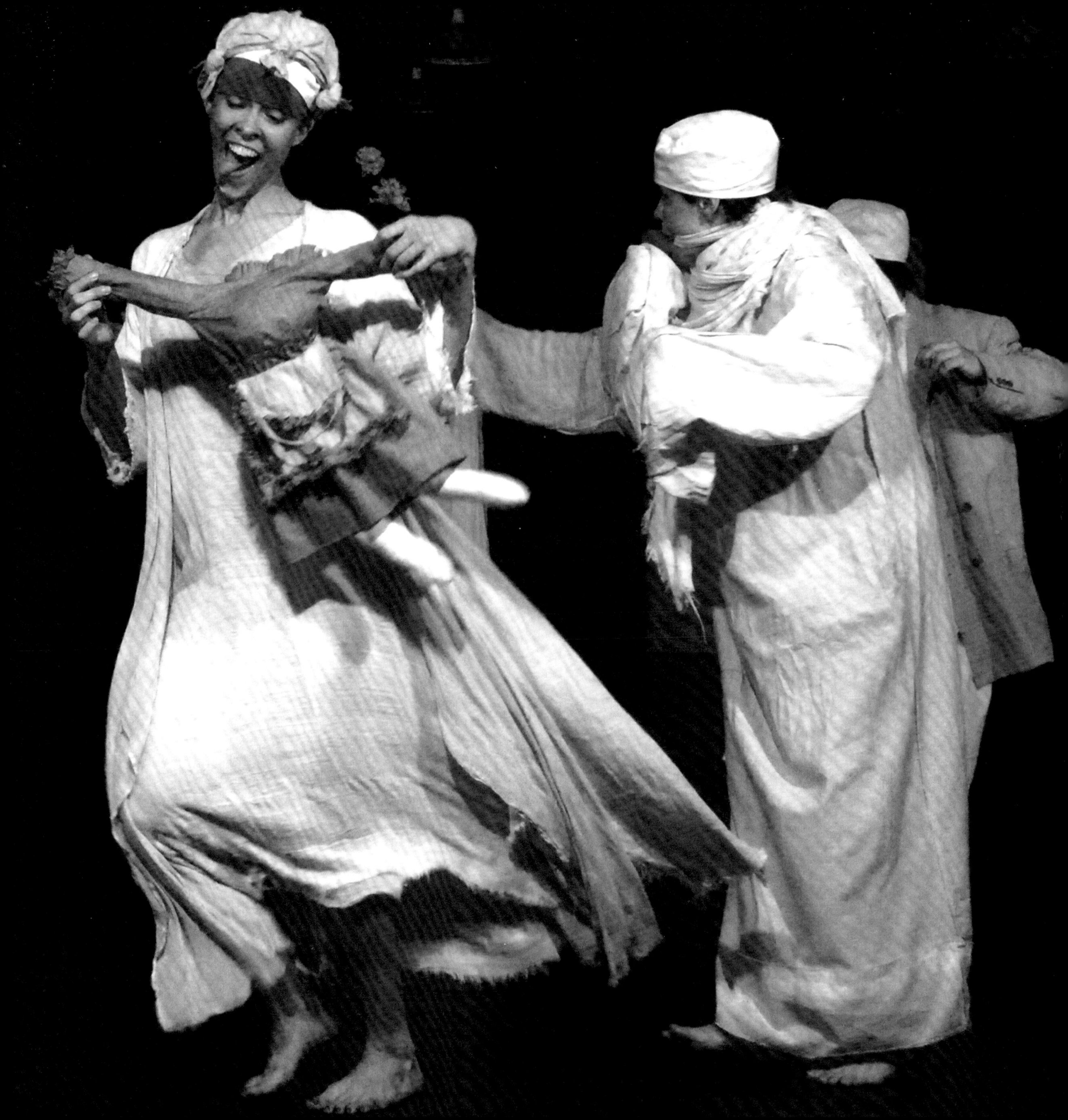

192

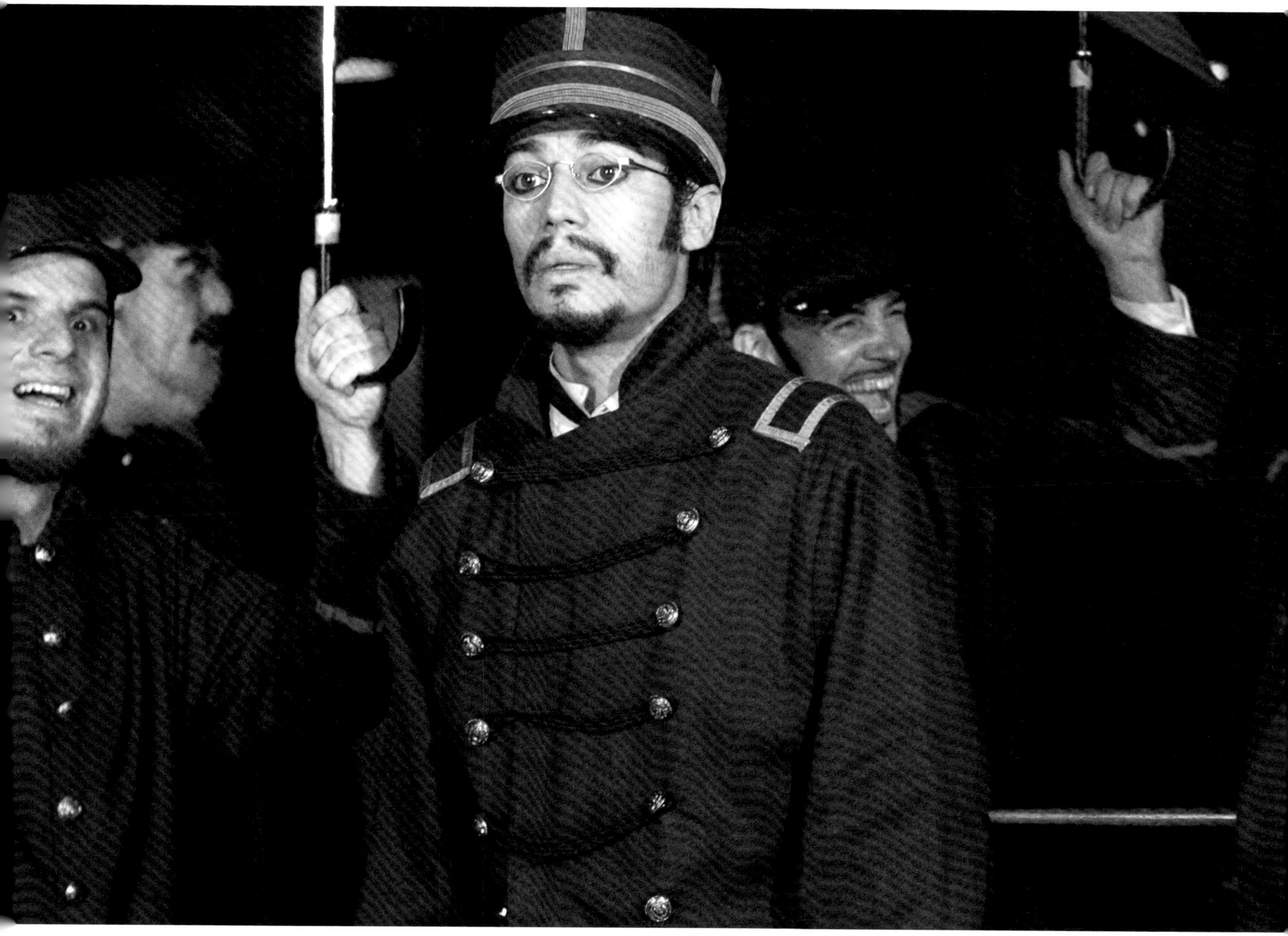

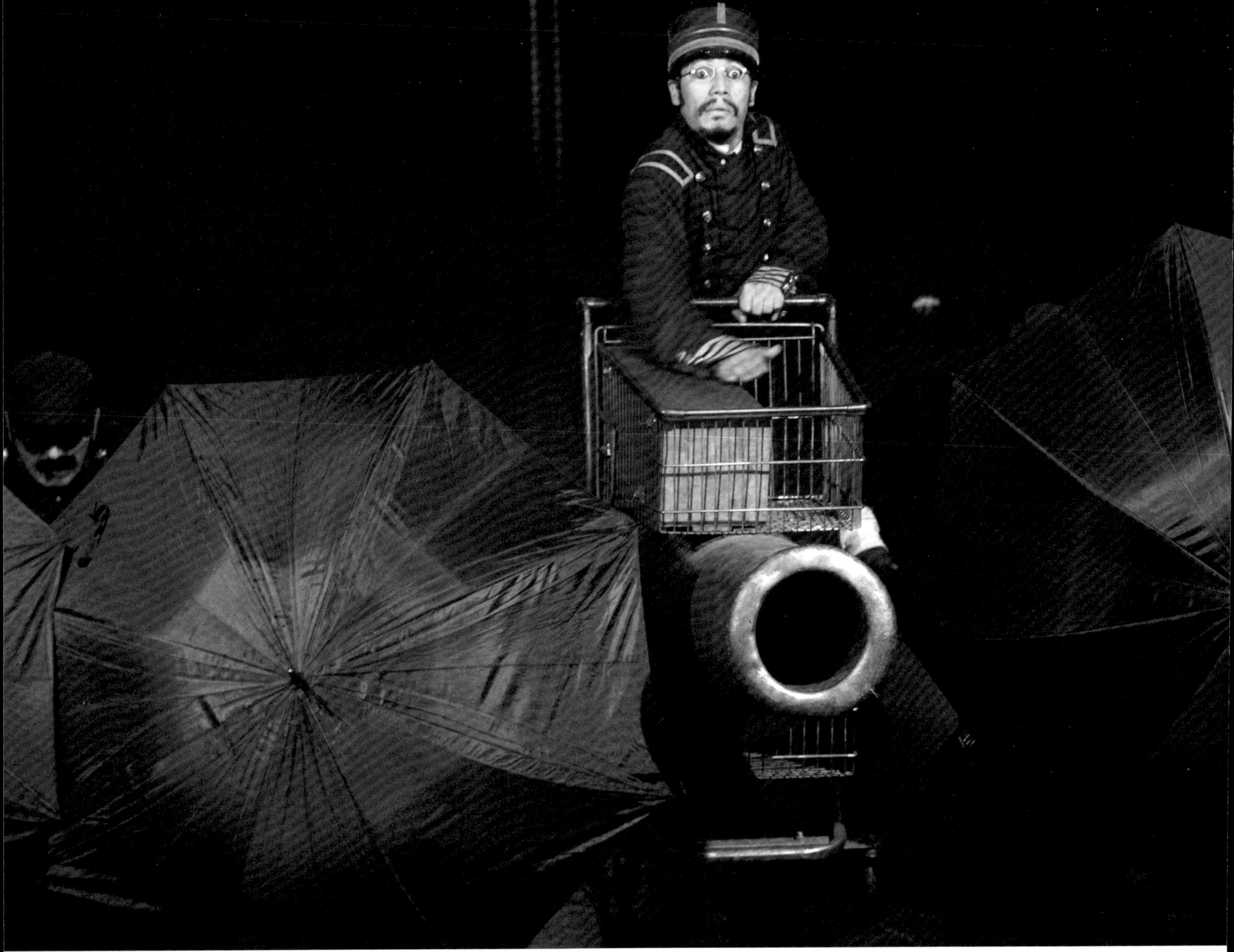

195

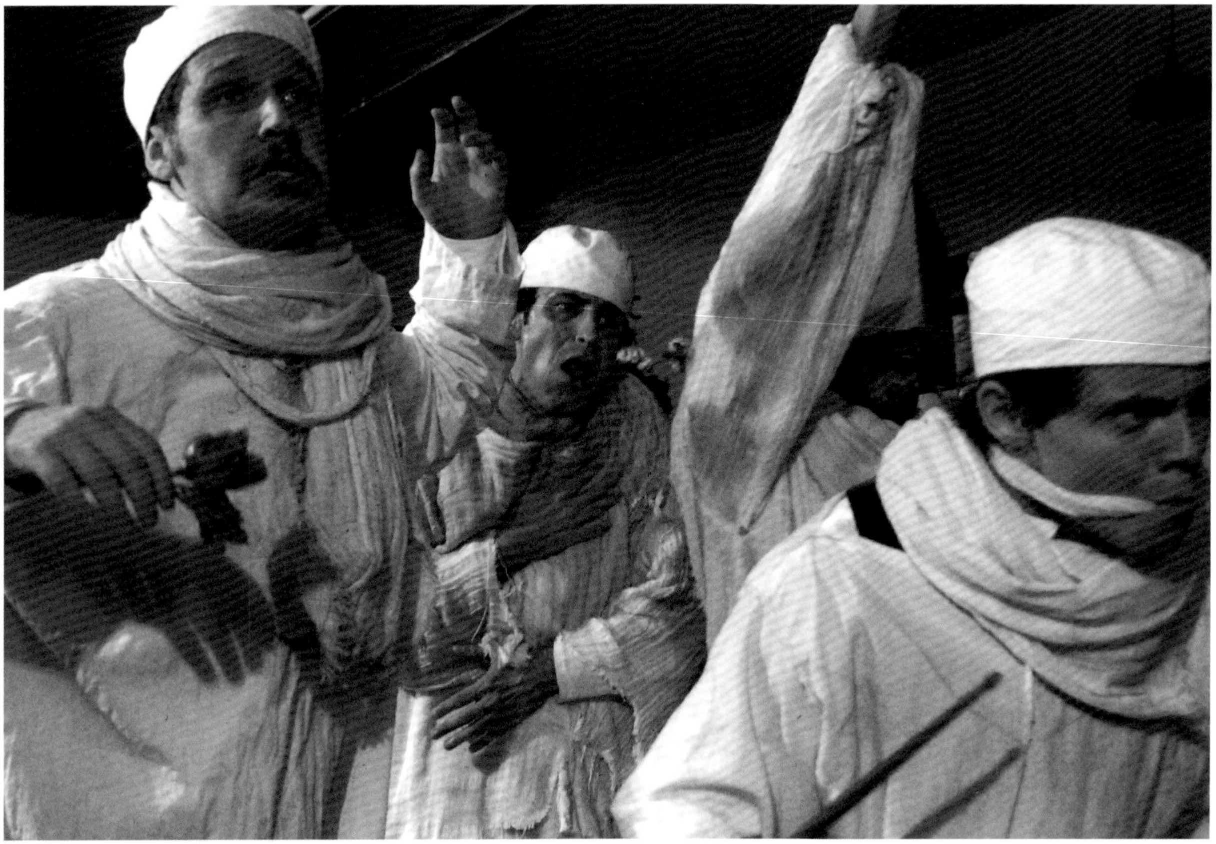

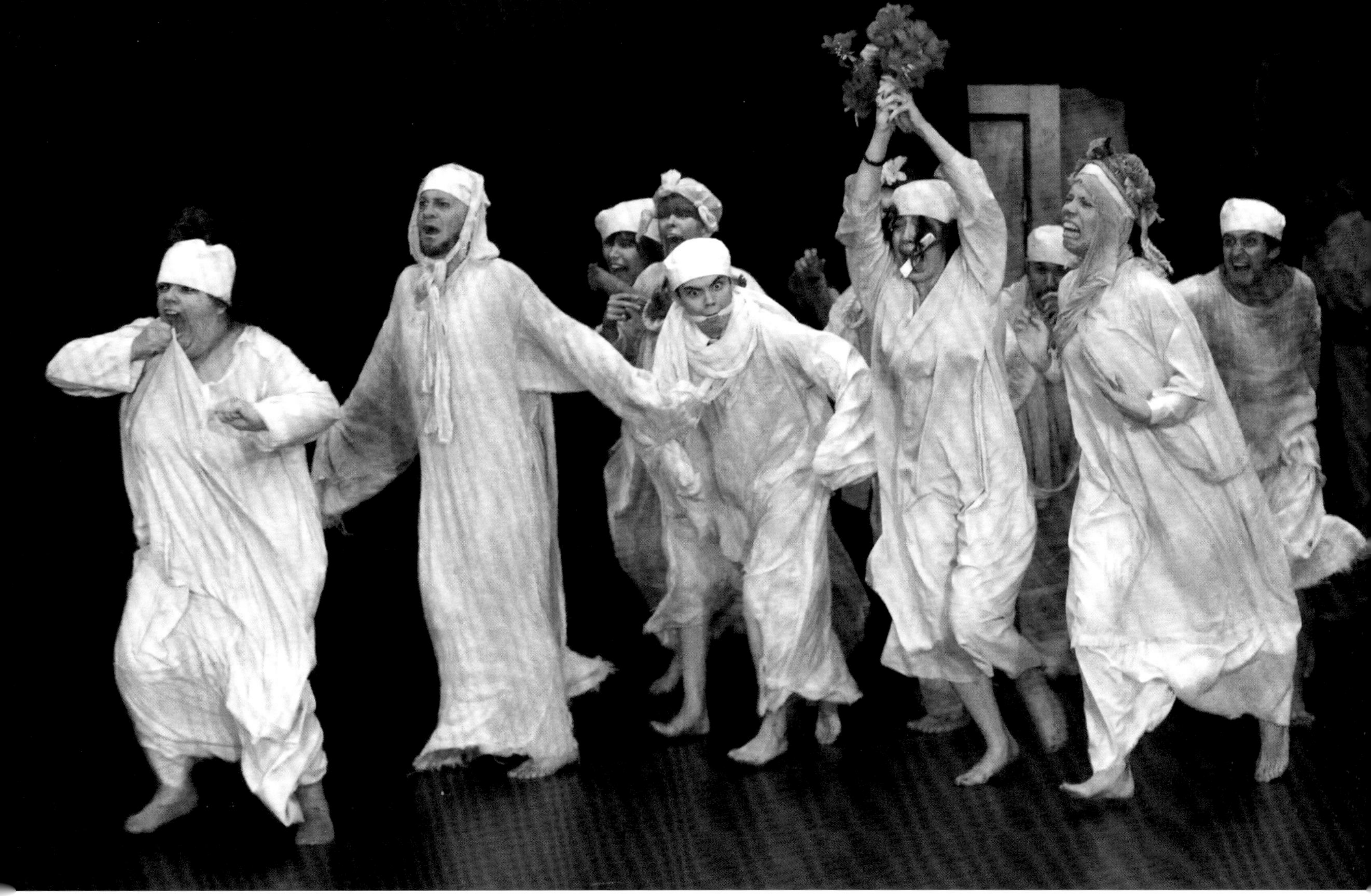

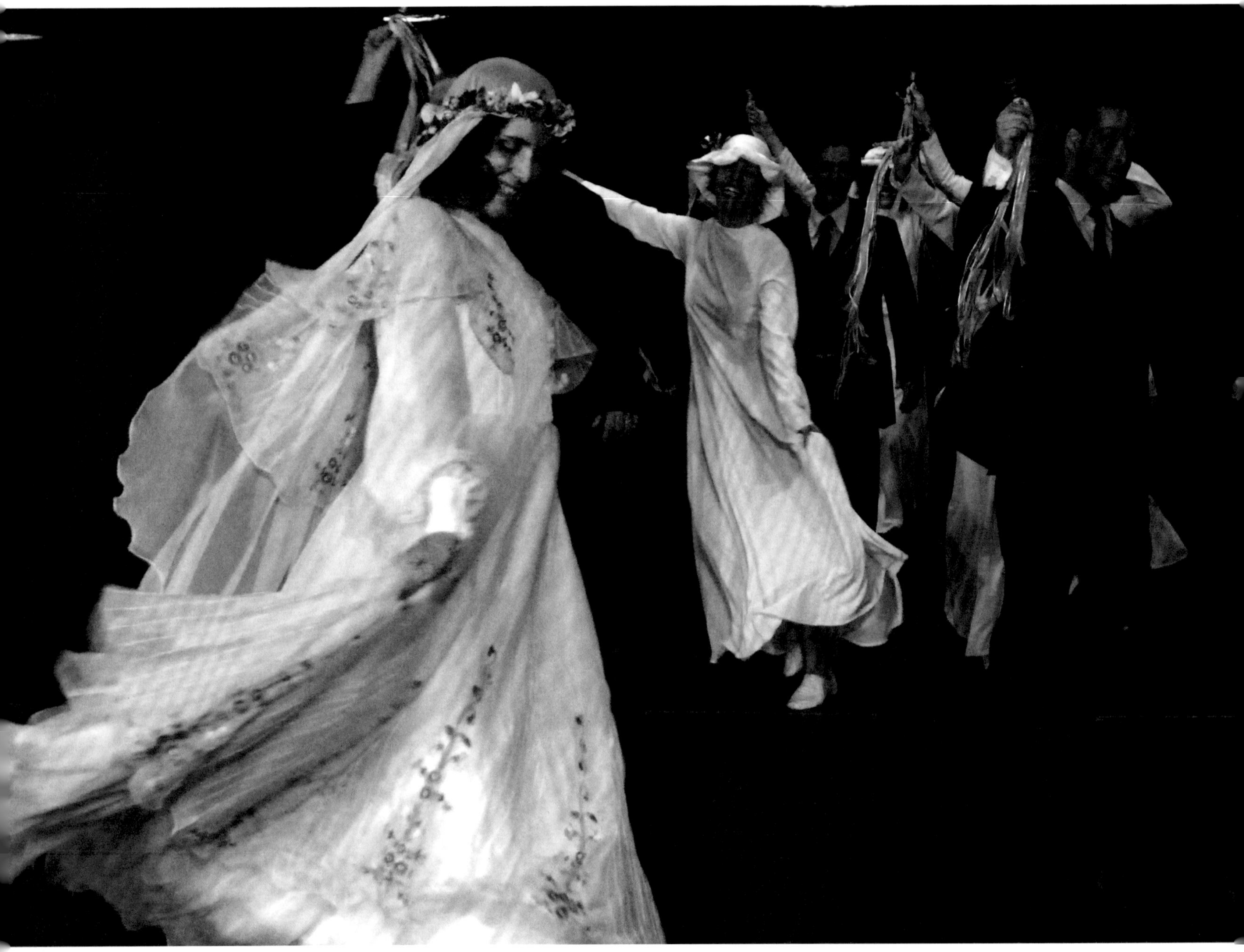

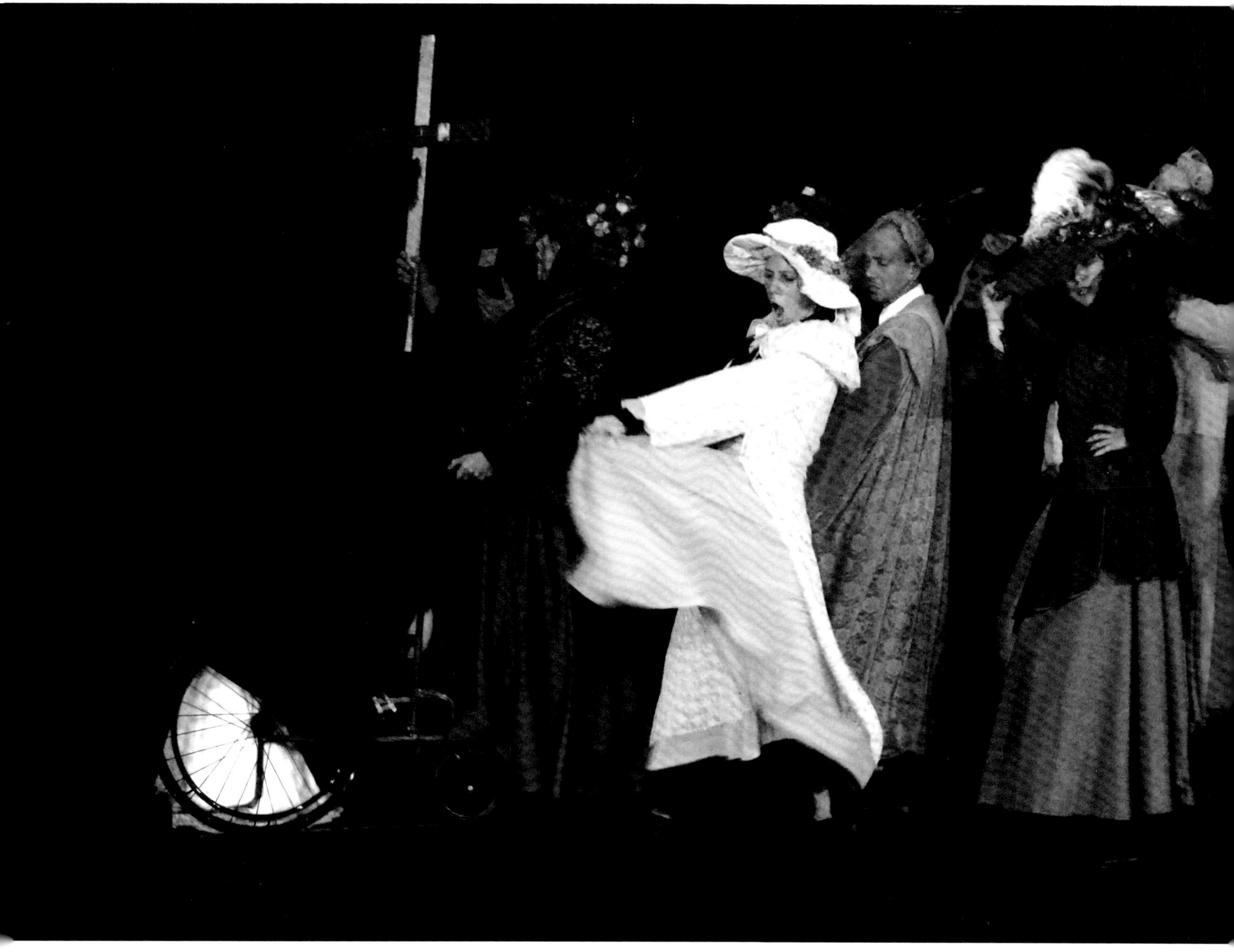

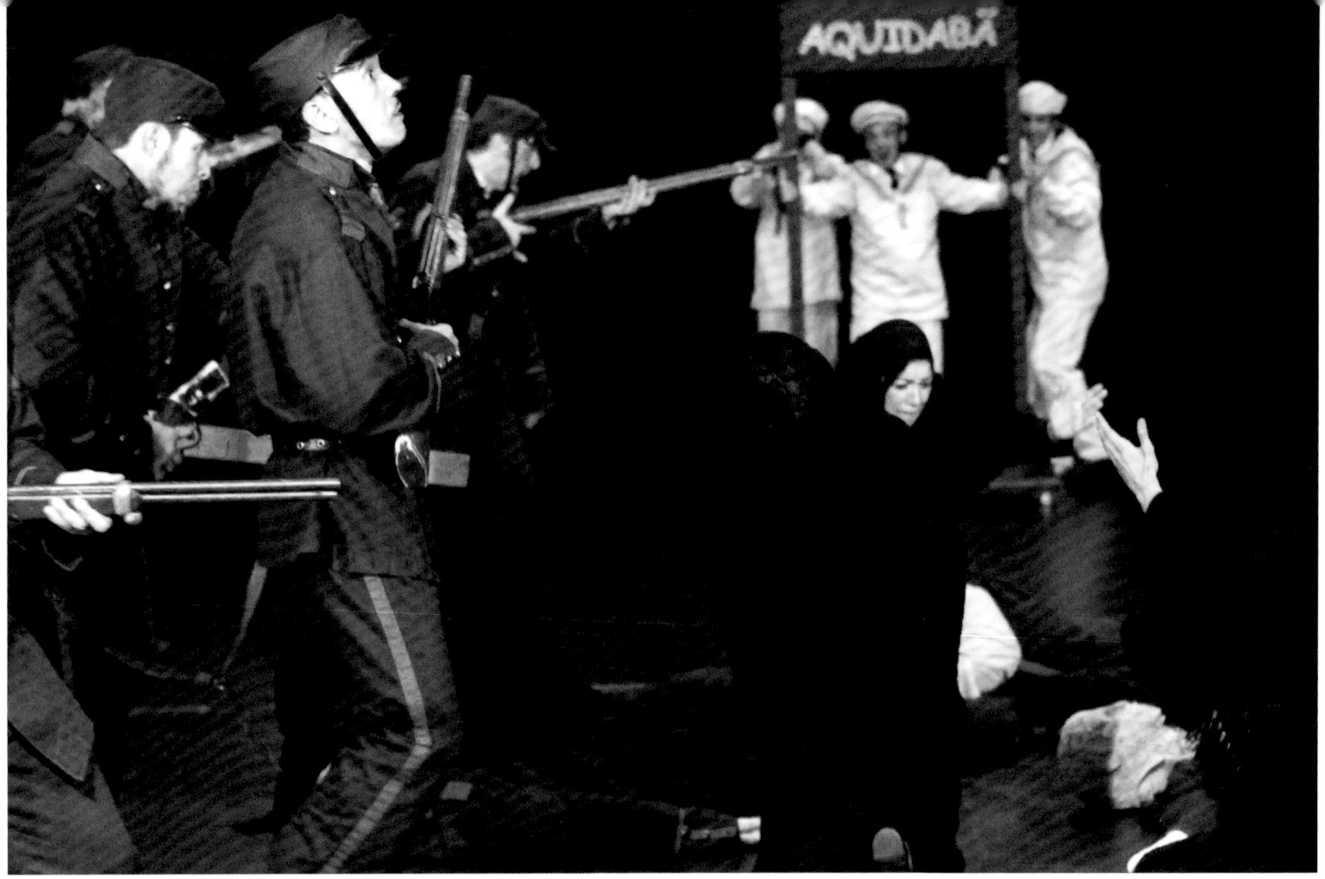
AQUIDABÃ

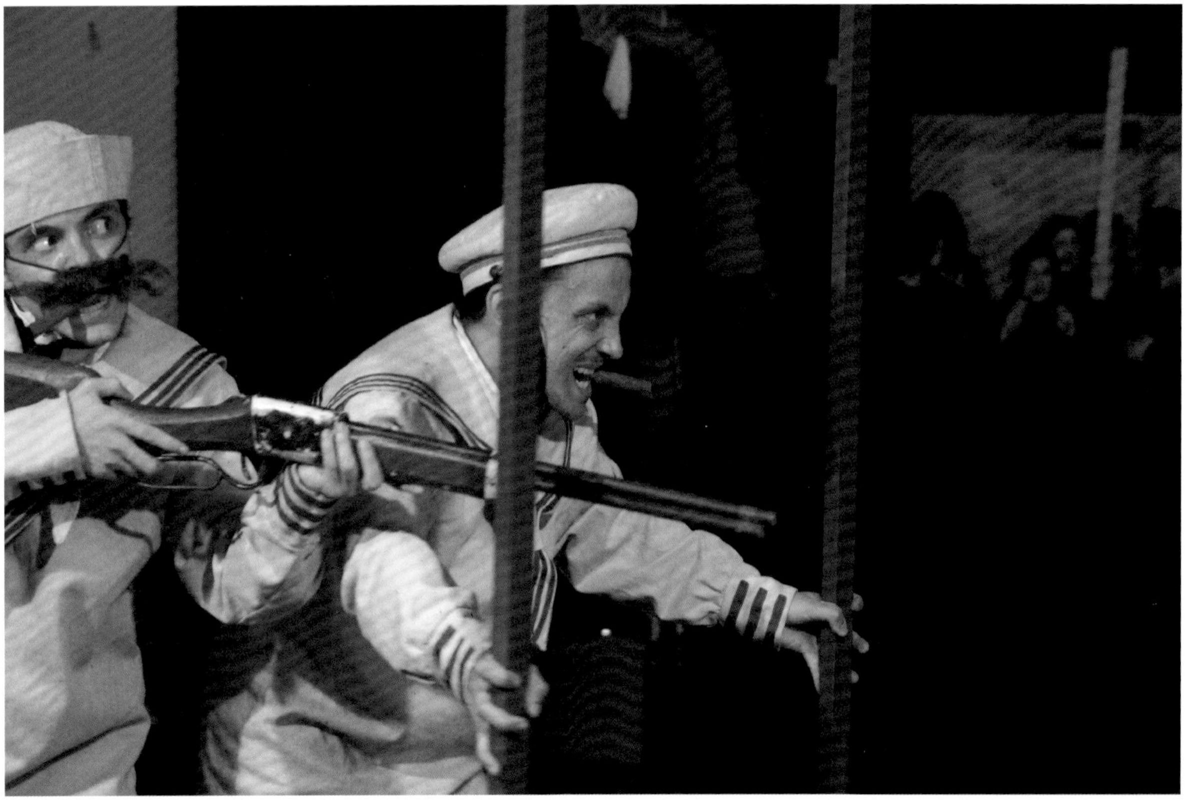

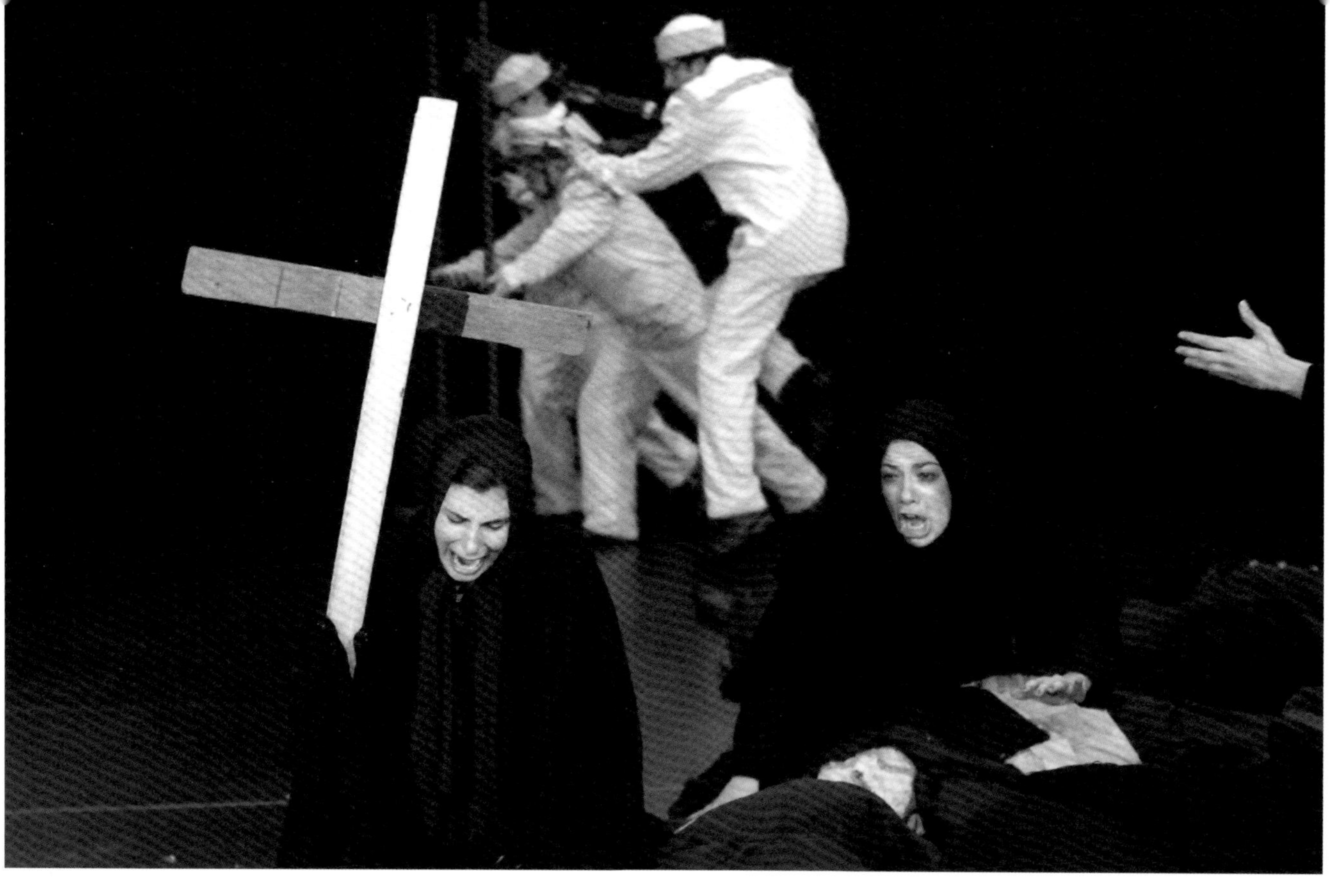

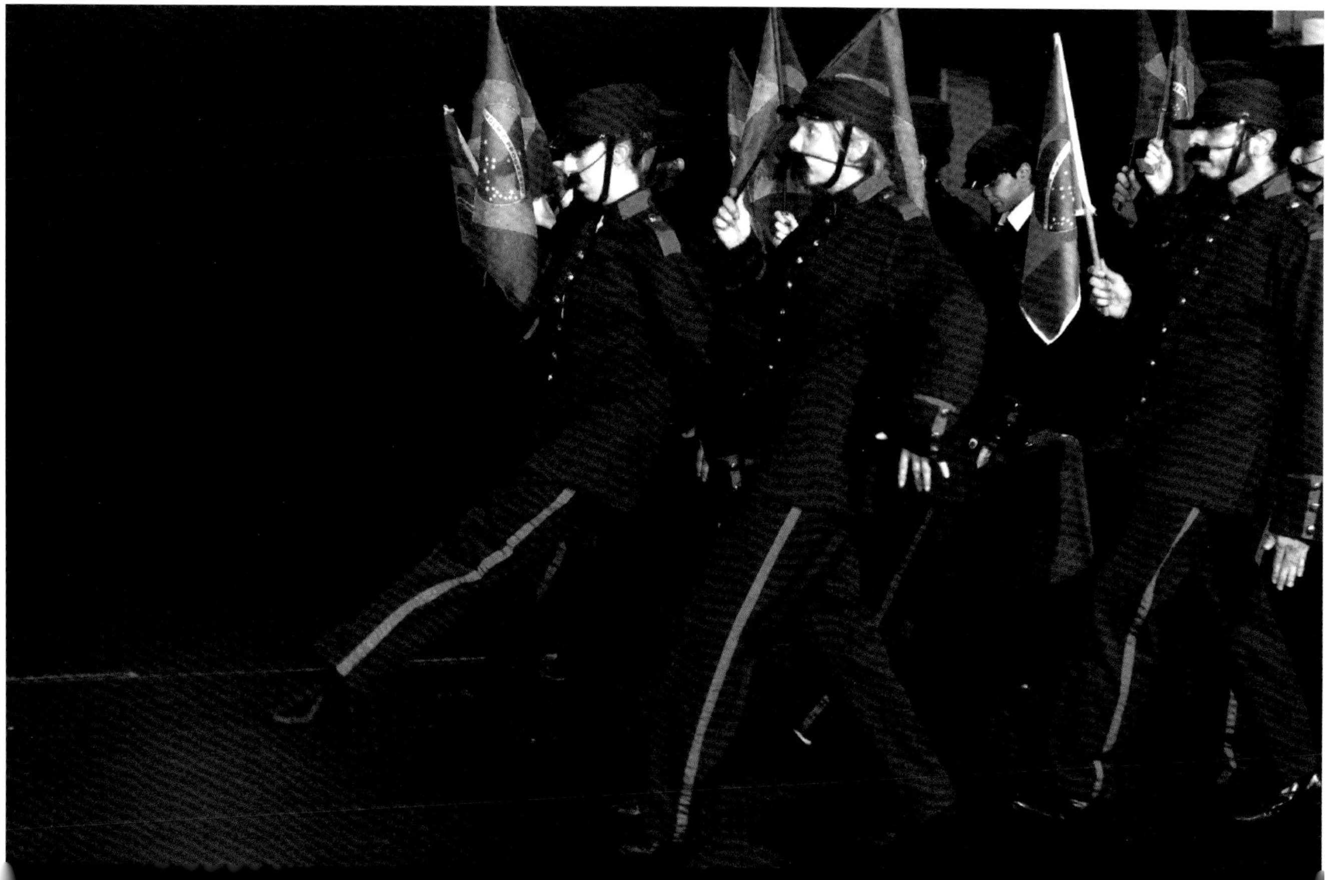

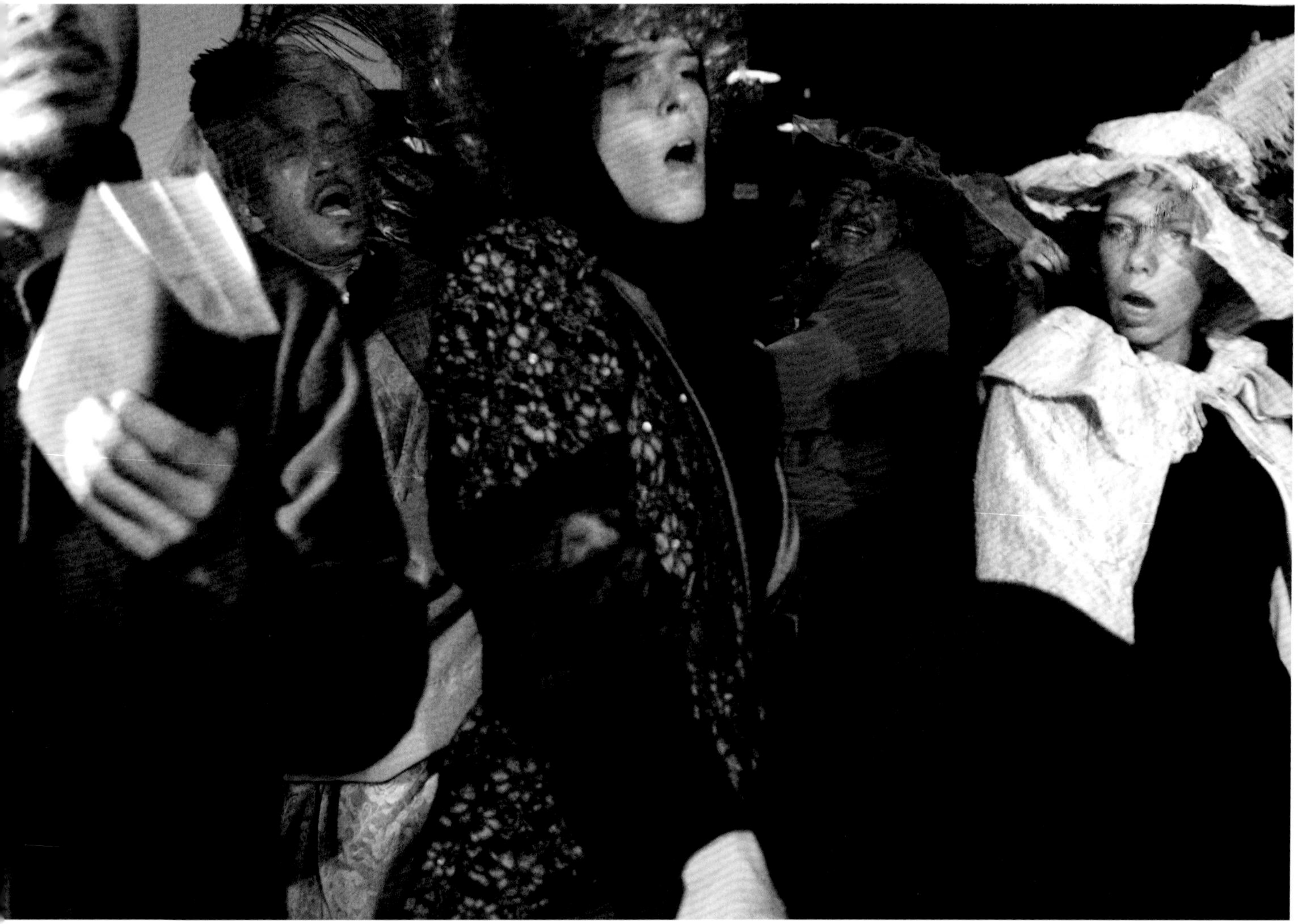

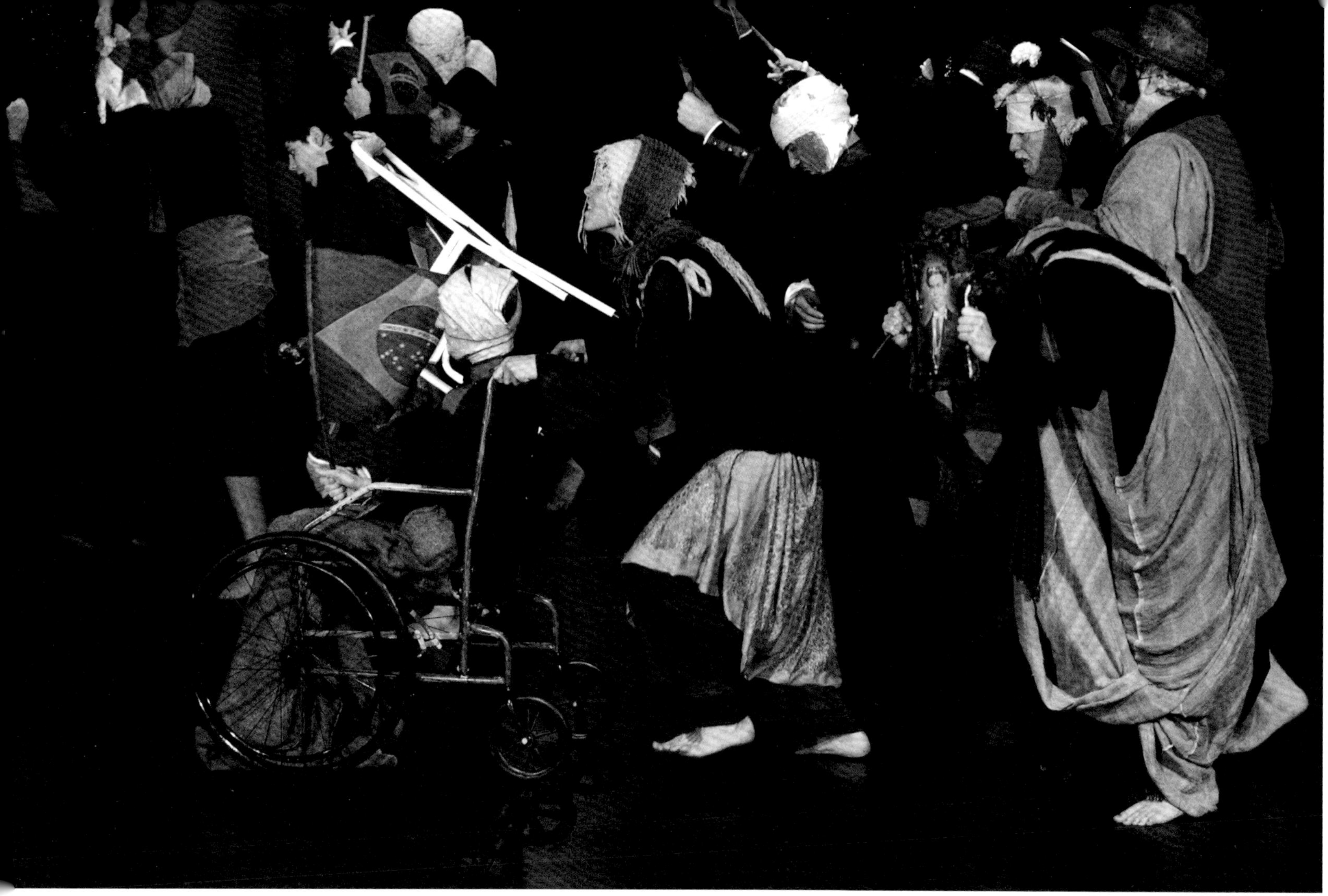

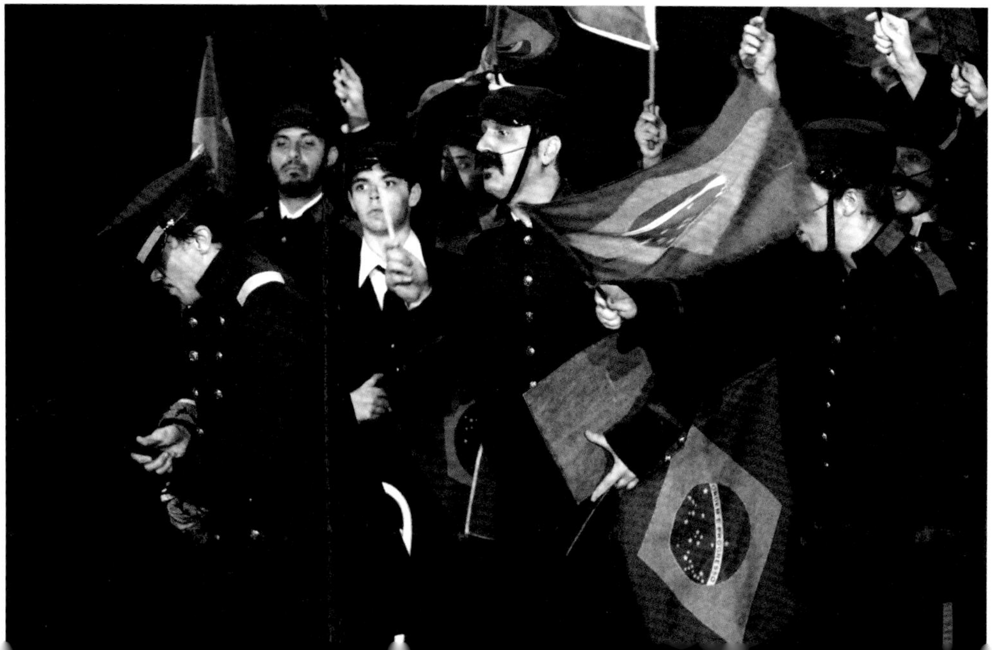

2010

# *Lamartine Babo*

*Na segura e inventiva direção de Emerson Danesi, o espetáculo foi concebido como um sarau, onde ao embalo das conversas executam-se músicas e se canta. Mas as conversas, aparentemente comentando ações banais do momento, vão delineando o drama secreto de Silveirinha e evidenciando o poder dramatúrgico do mestre, que oculta, sob aparentes banalidades, profundas observações da condição humana.*

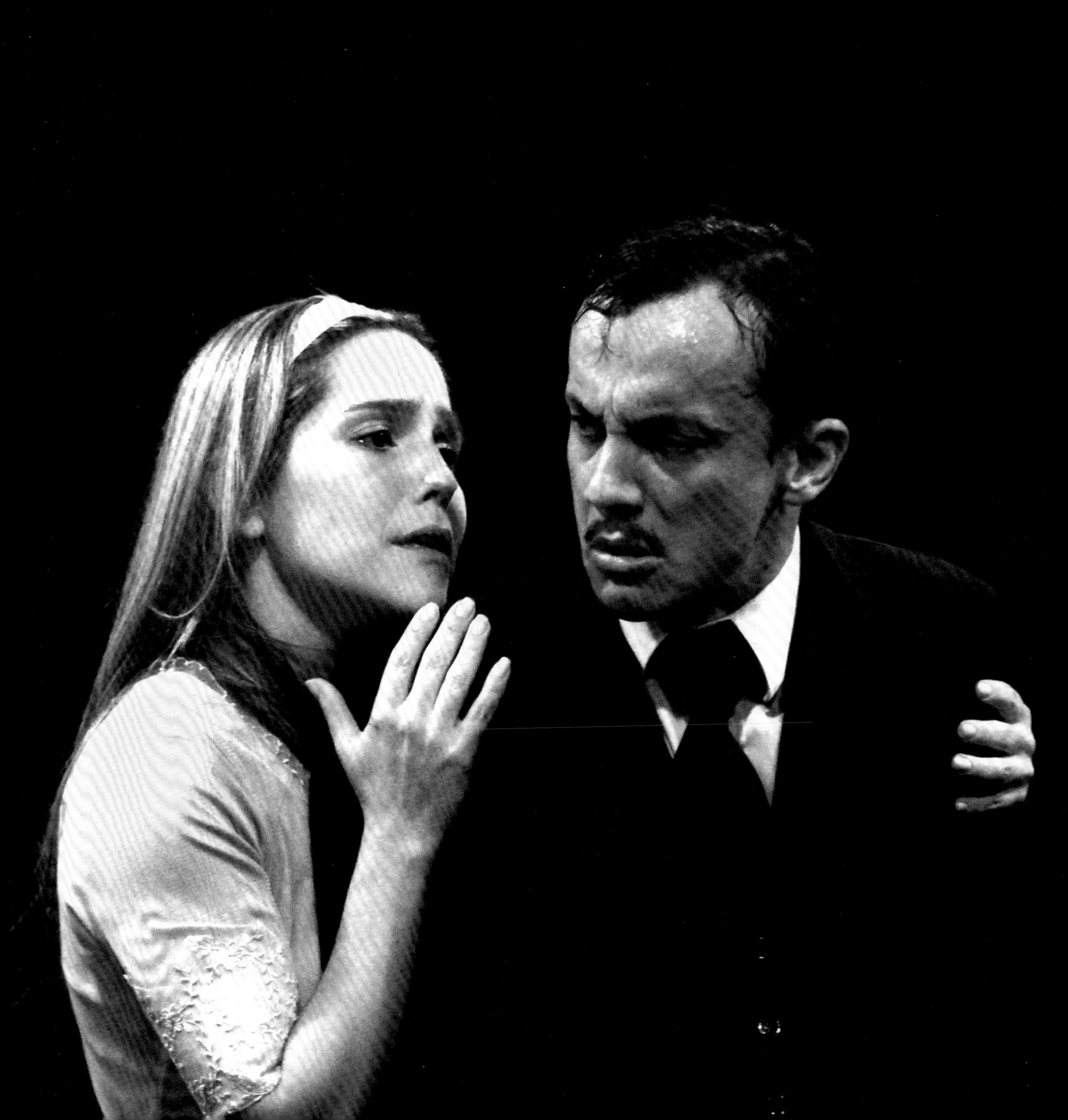

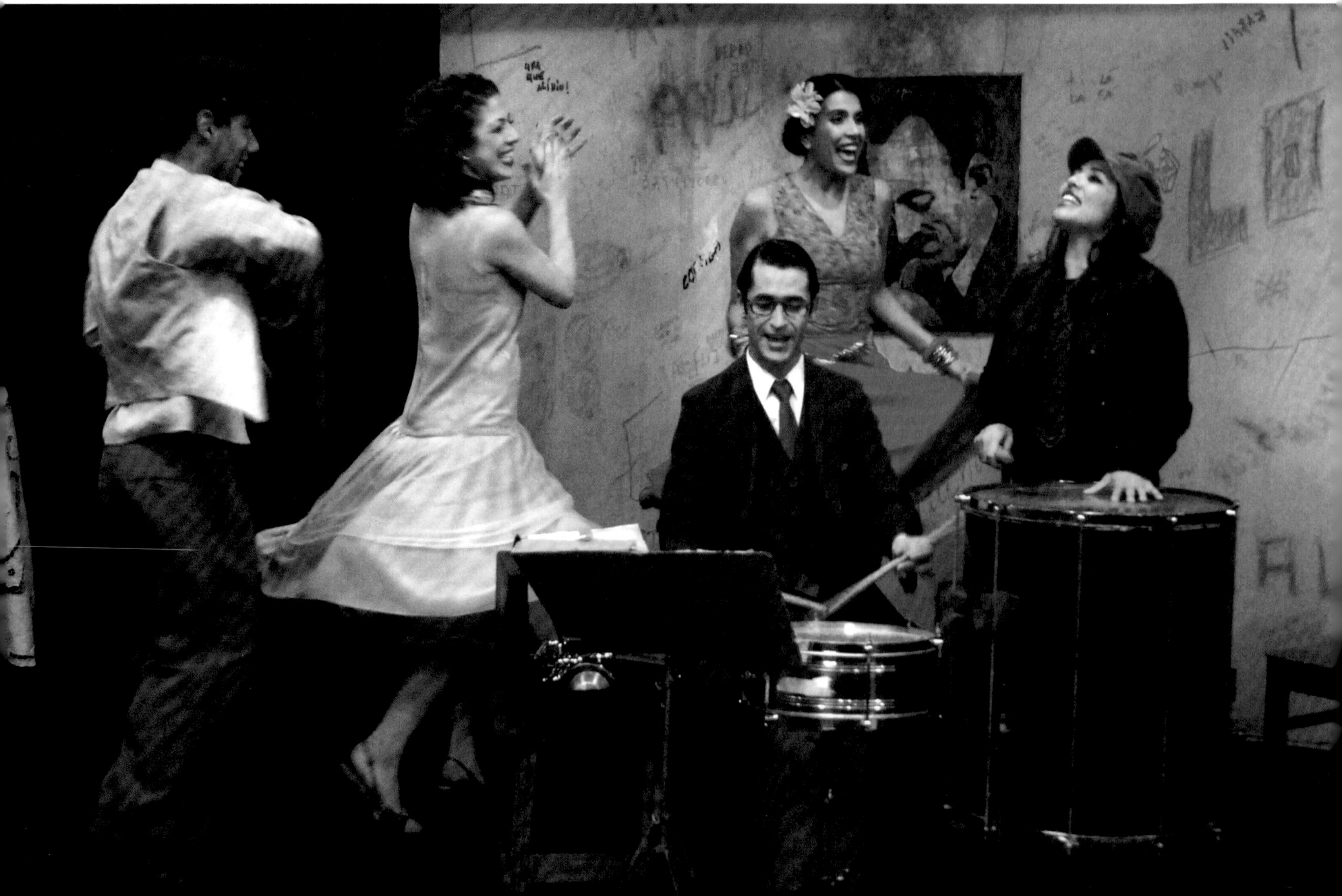

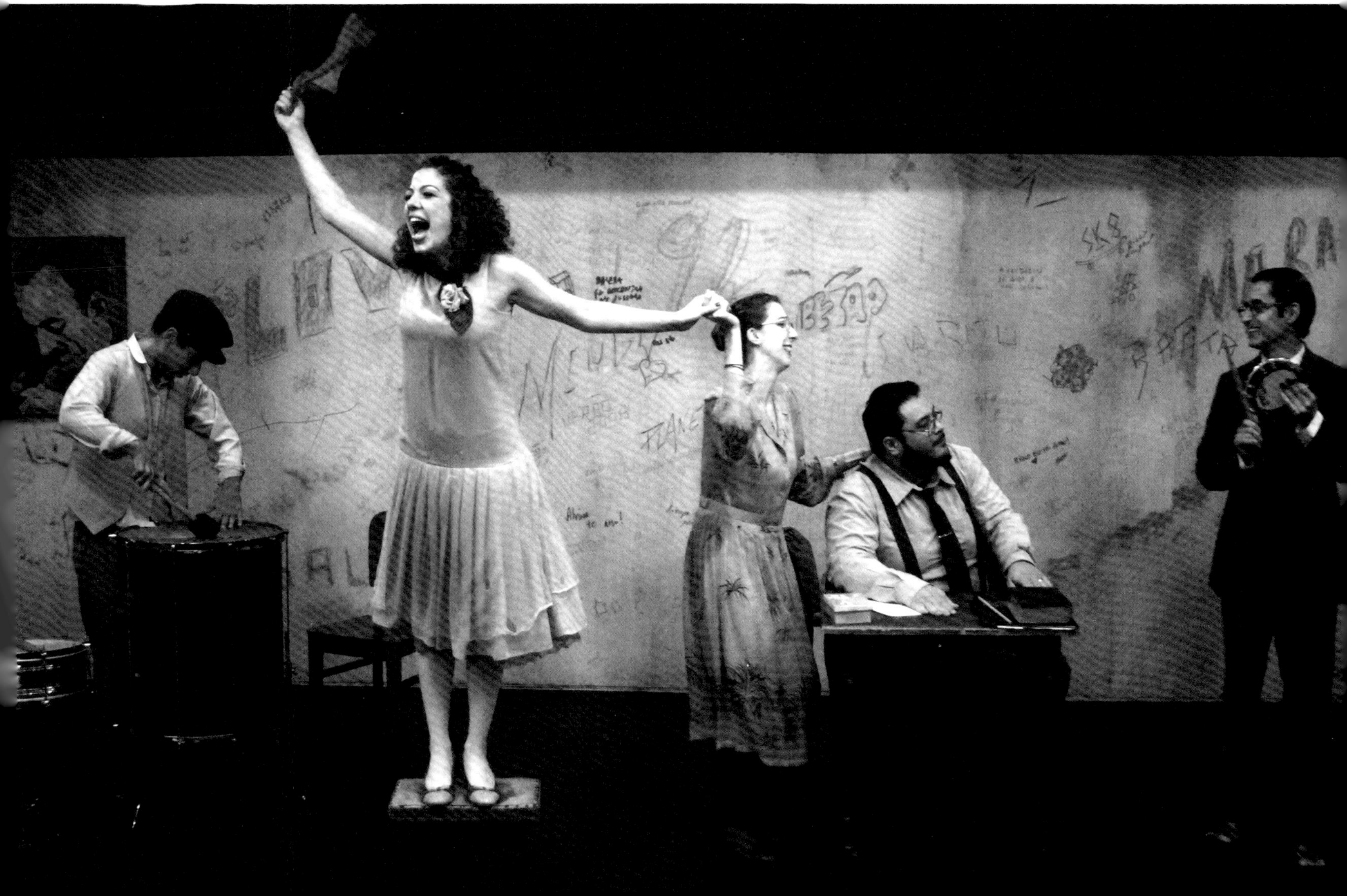

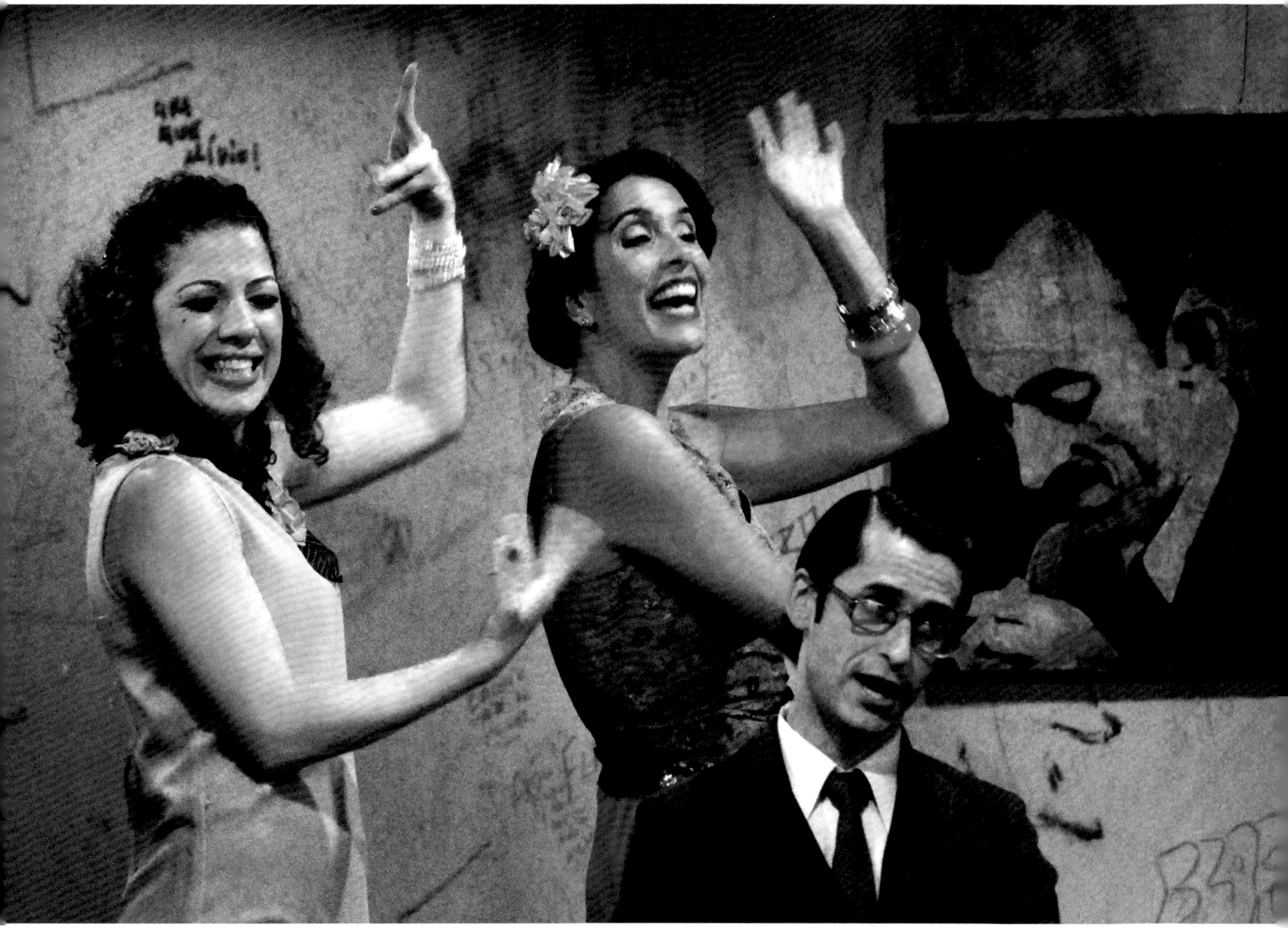

209

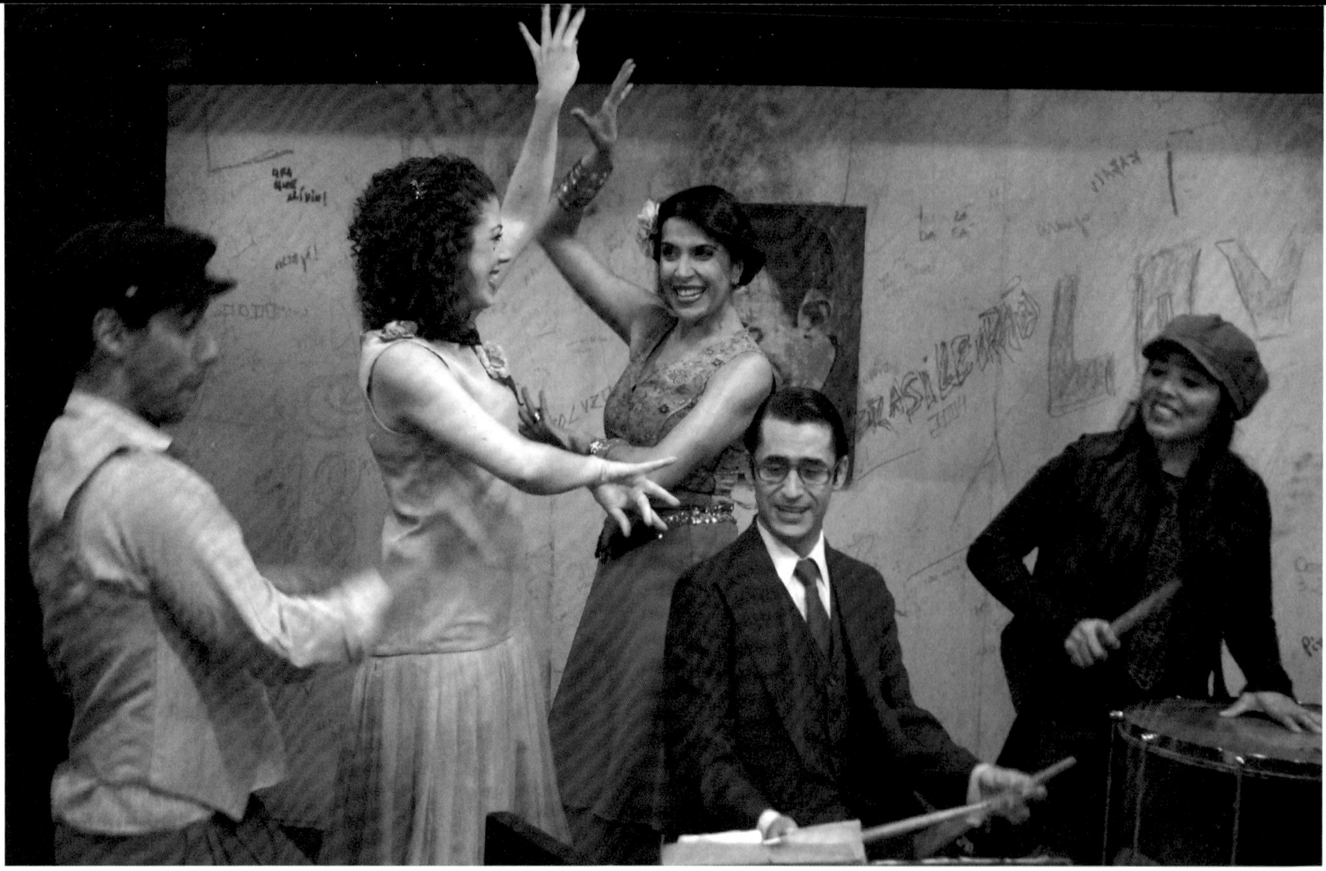

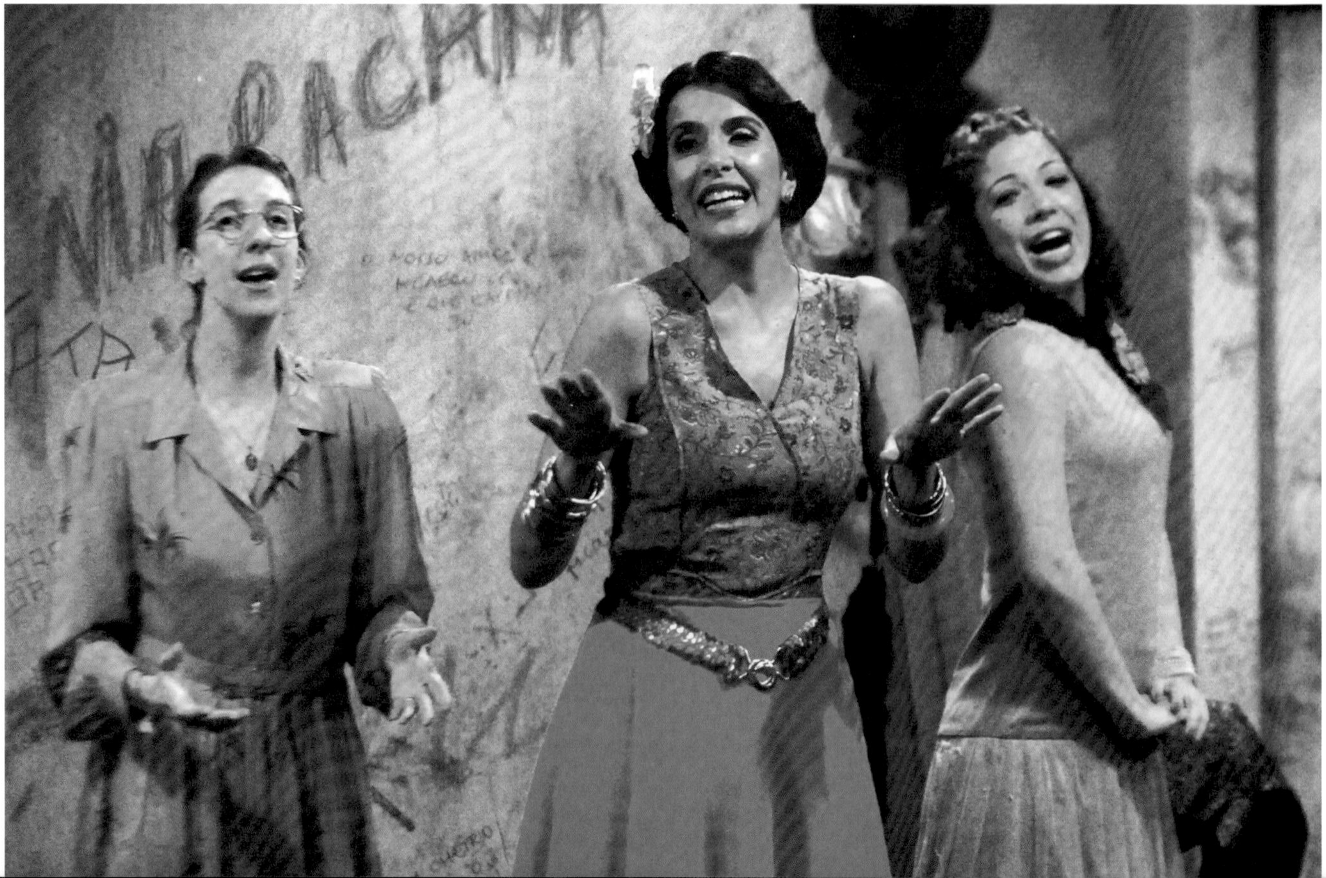

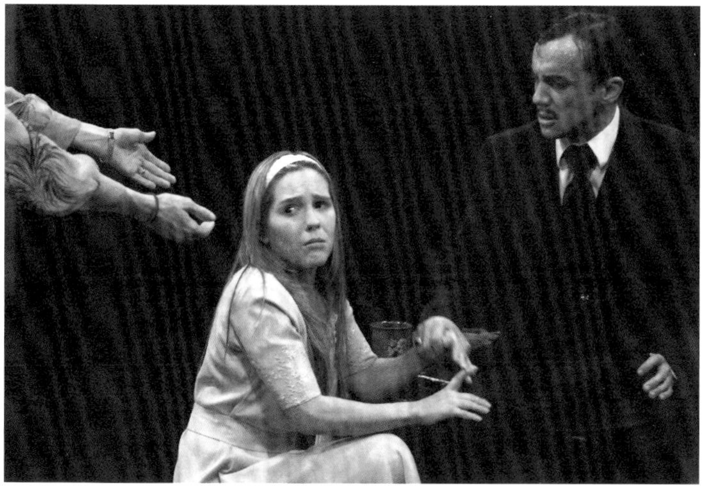

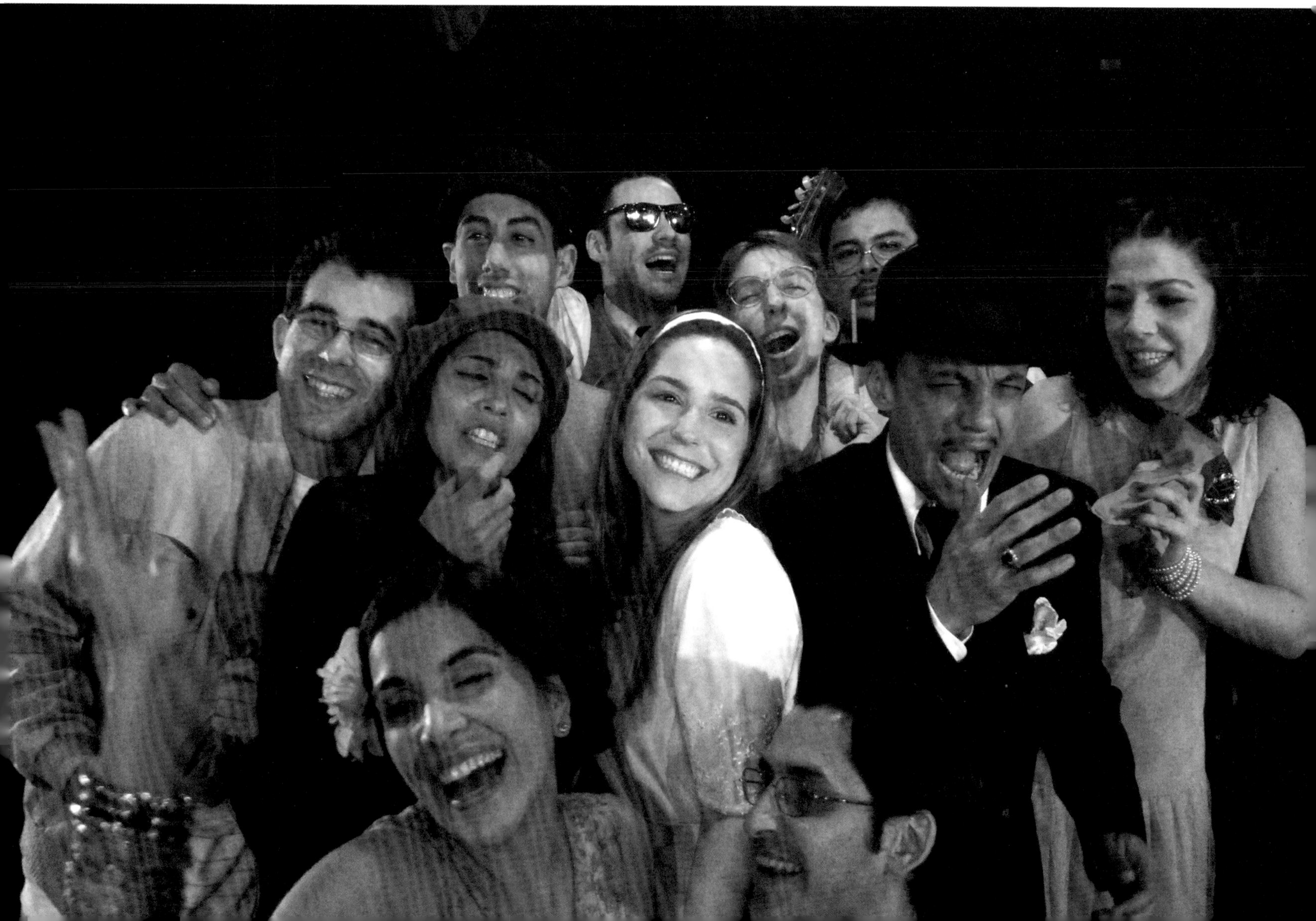

1998-2009

# Prêt-à-Porter

*Embora Antunes Filho só figure como coordenador — não fez nada diretamente na construção de cada espetáculo —, paradoxalmente o* prêt-à-porter *é uma das suas maiores criações dentro do teatro. Seu porto de chegada após décadas de investigações e buscas por um método que propiciasse ao ator criar por meio da inteligência intelectual e física, exercendo a função poética do ofício com responsabilidade social e consciência ética.*

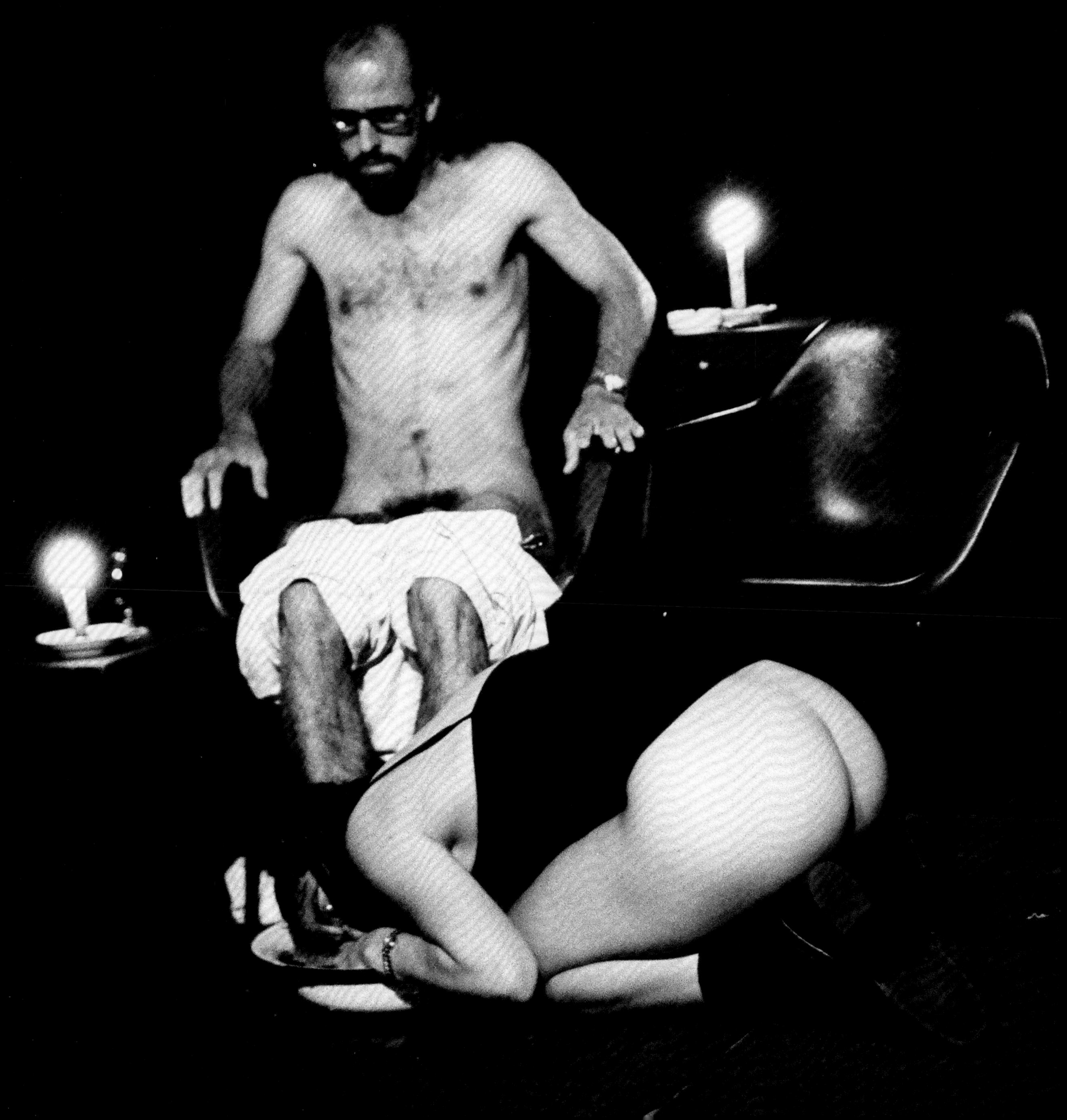

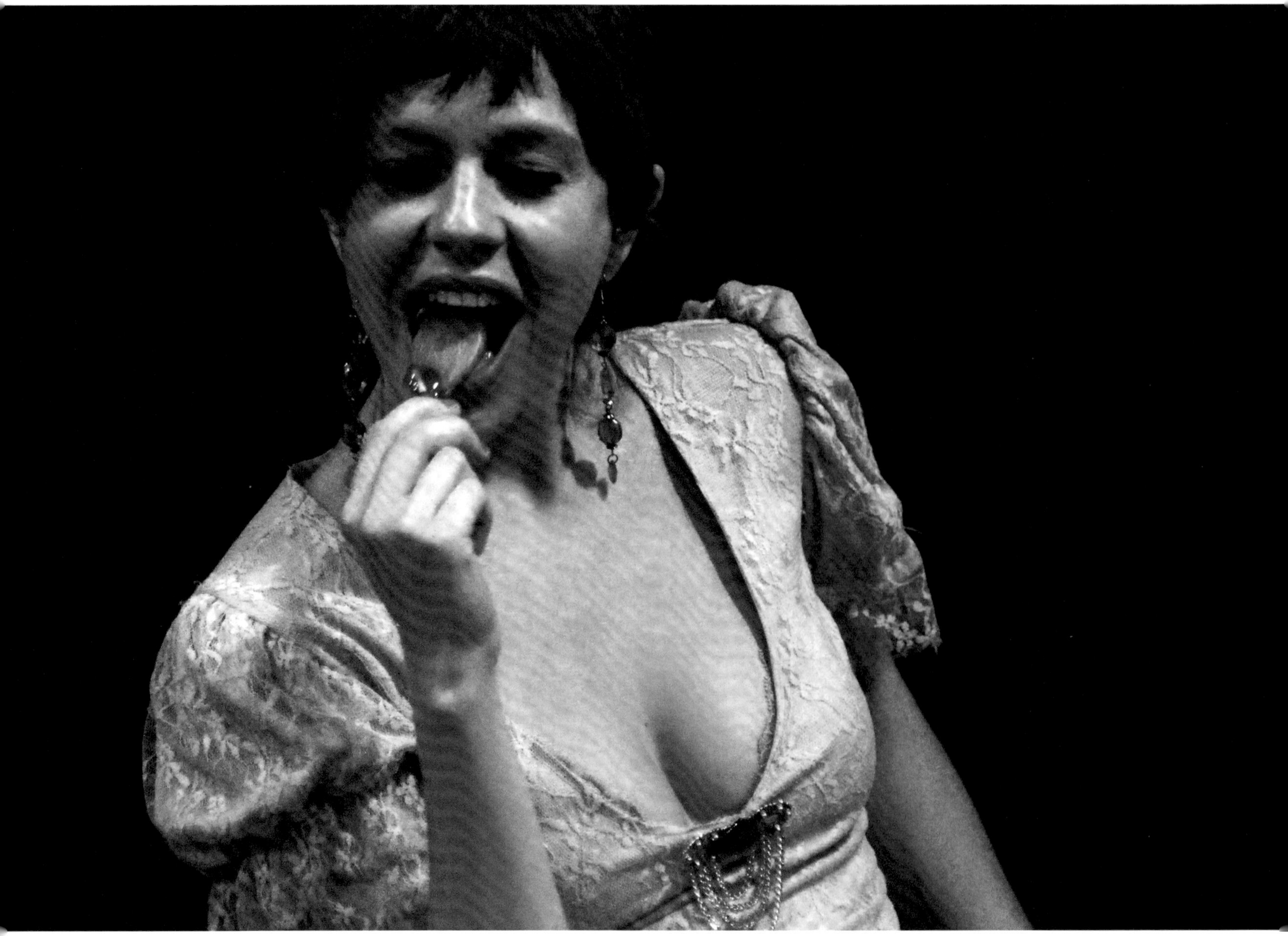

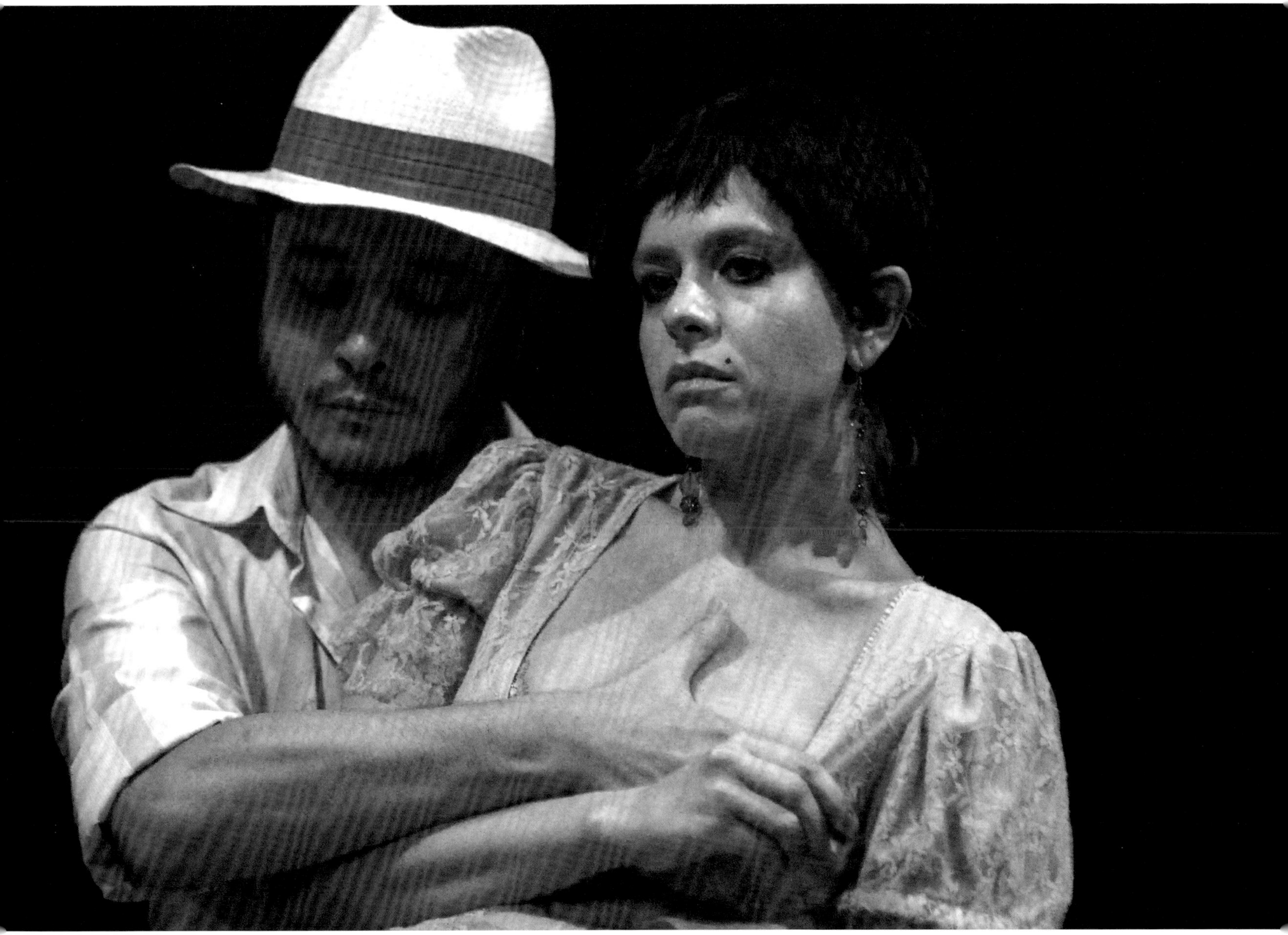

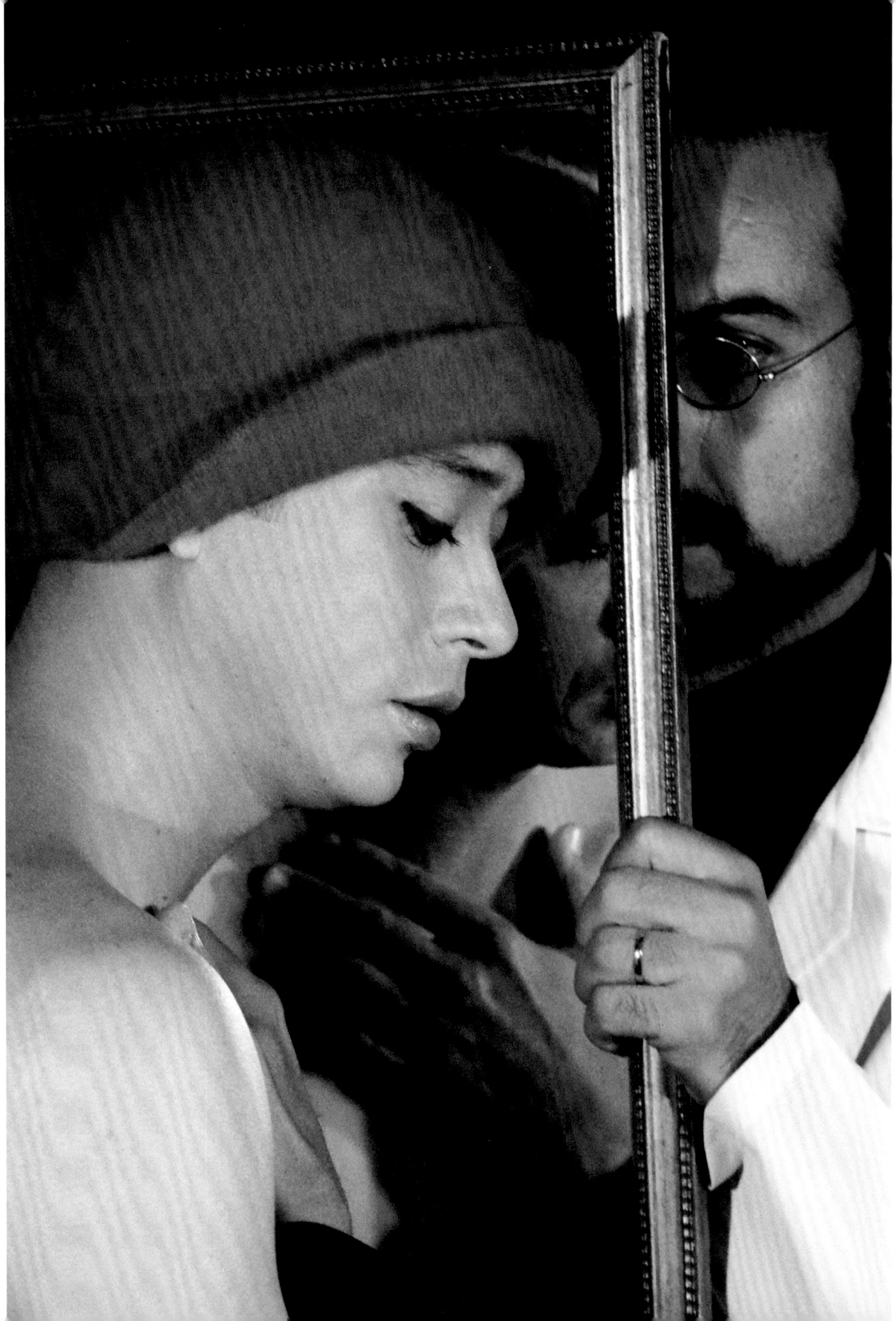

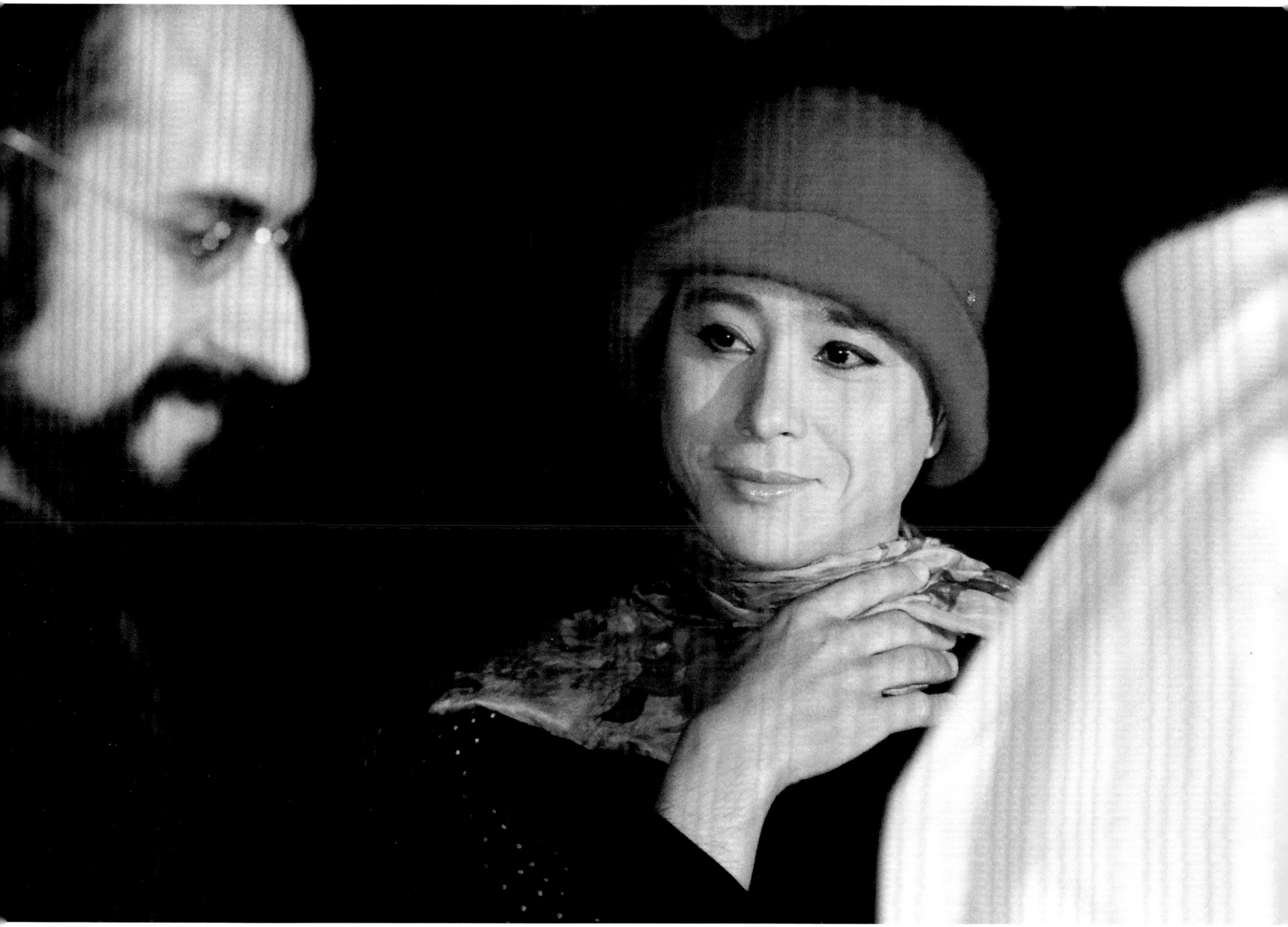

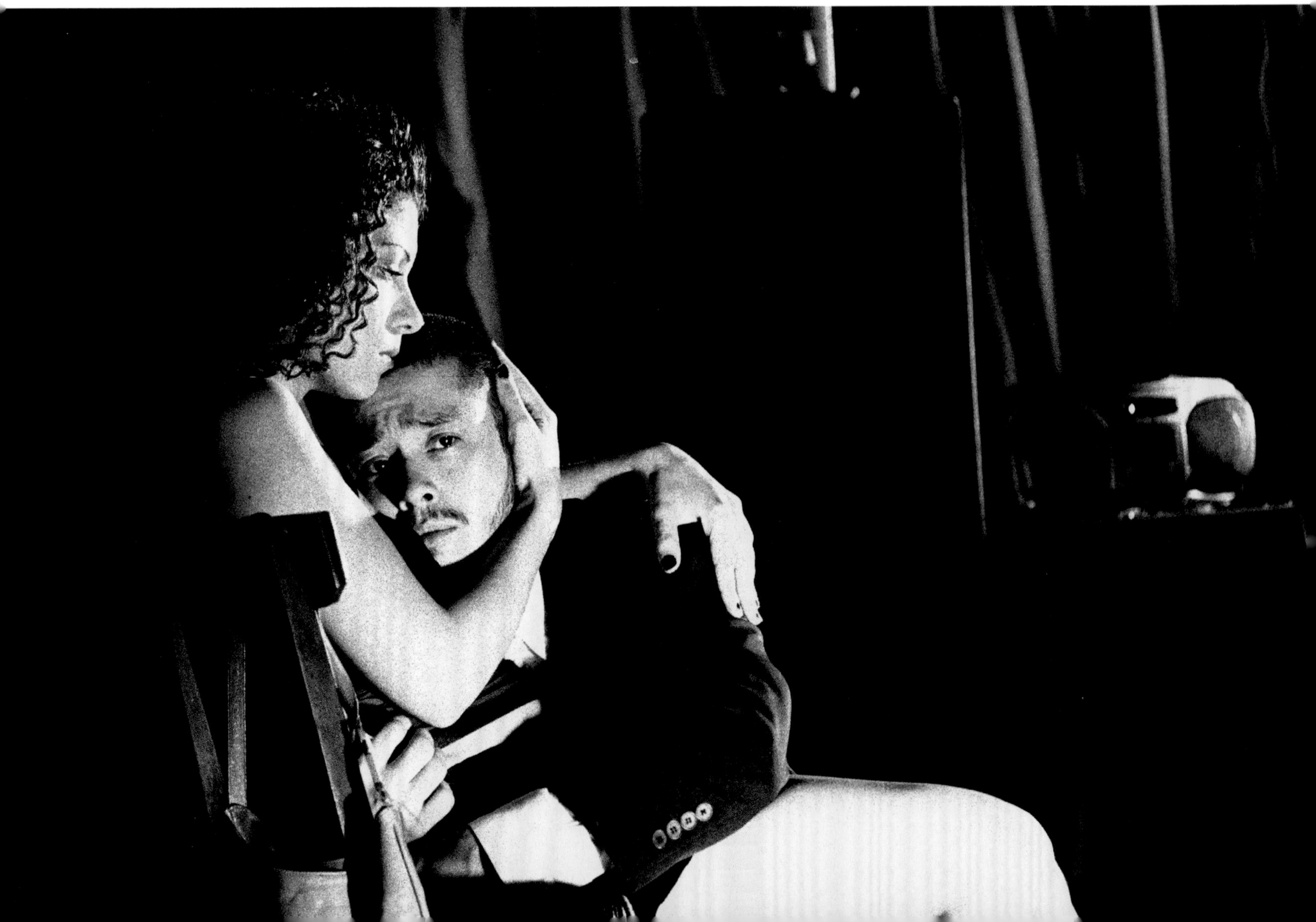

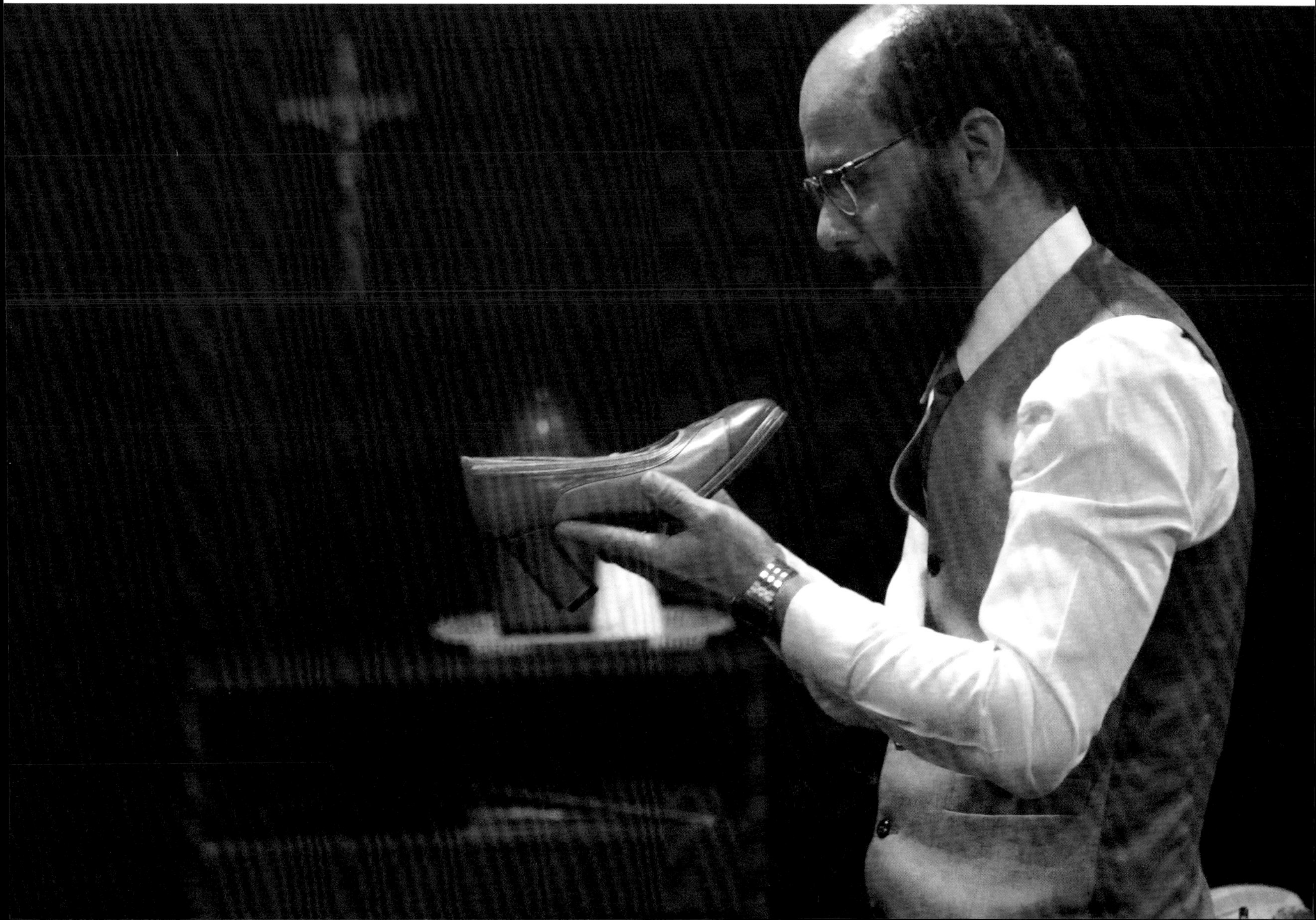

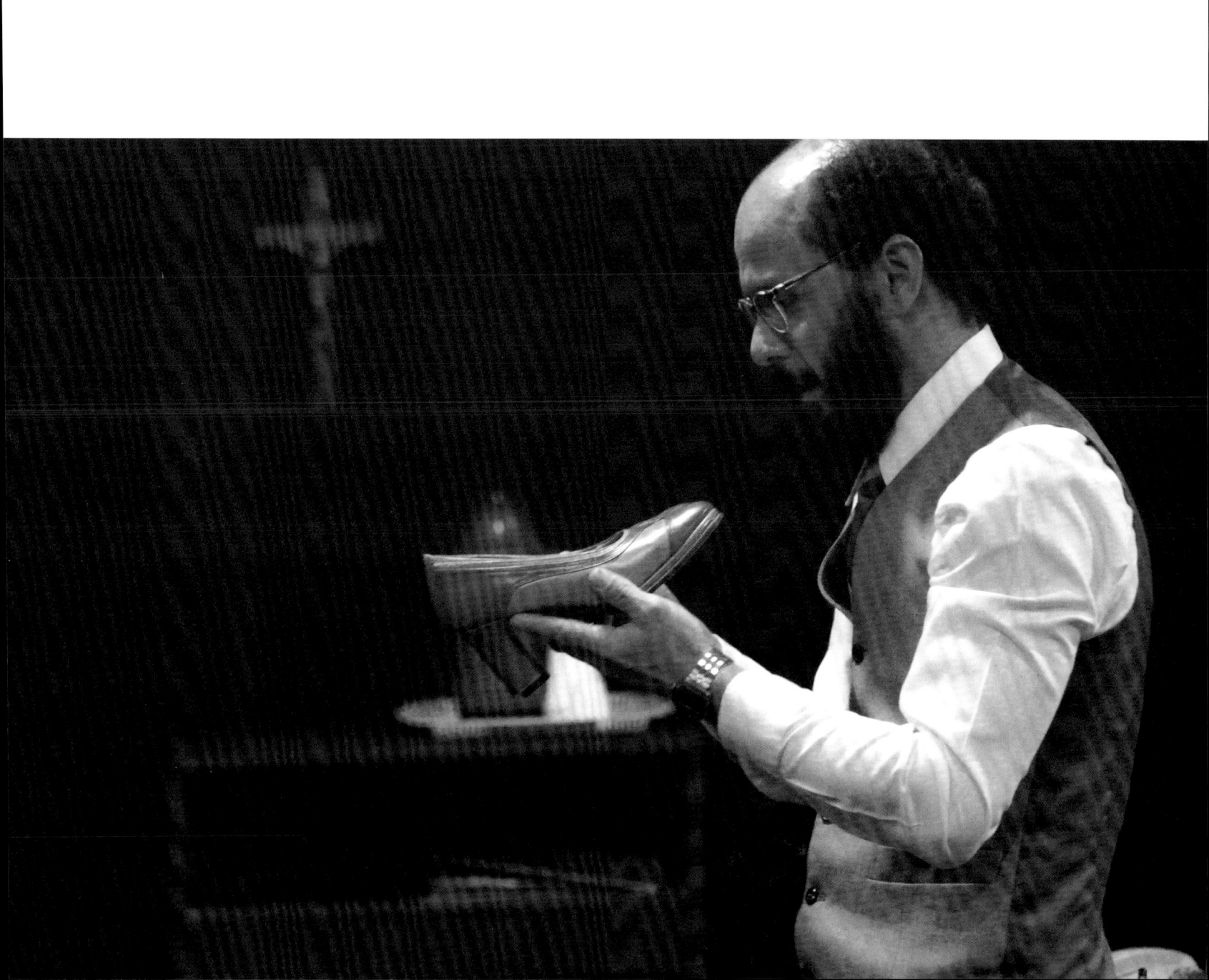

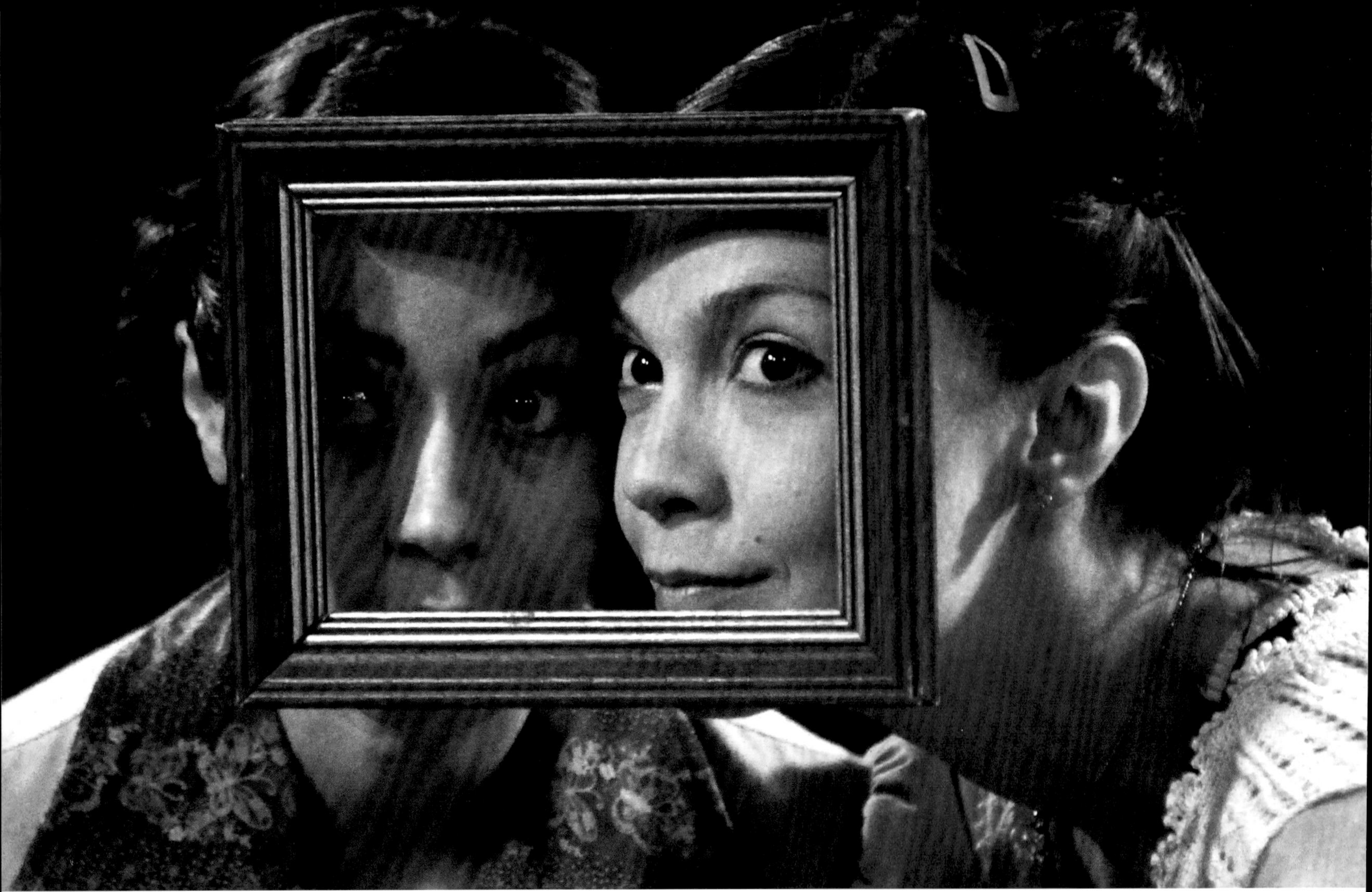

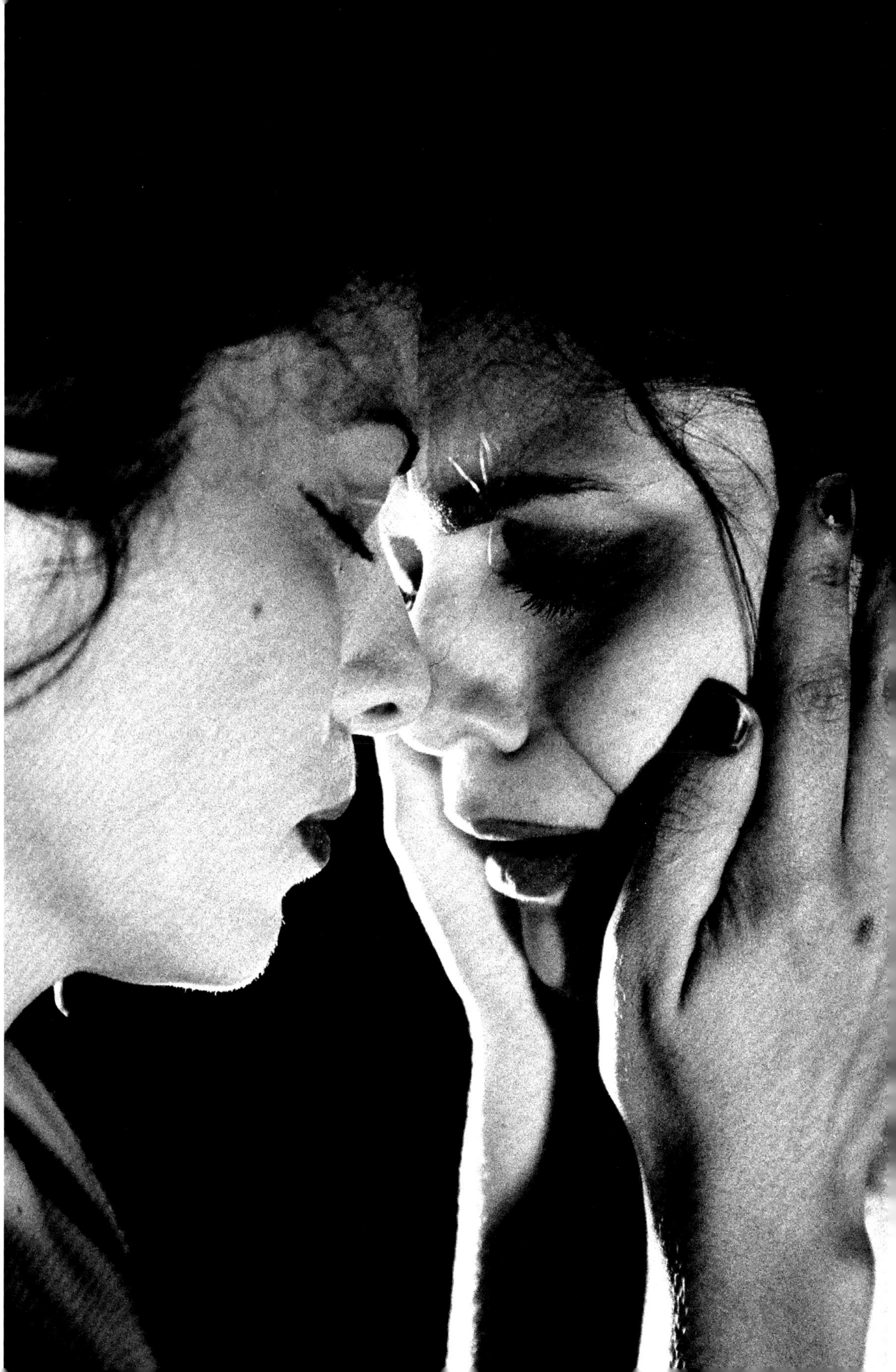

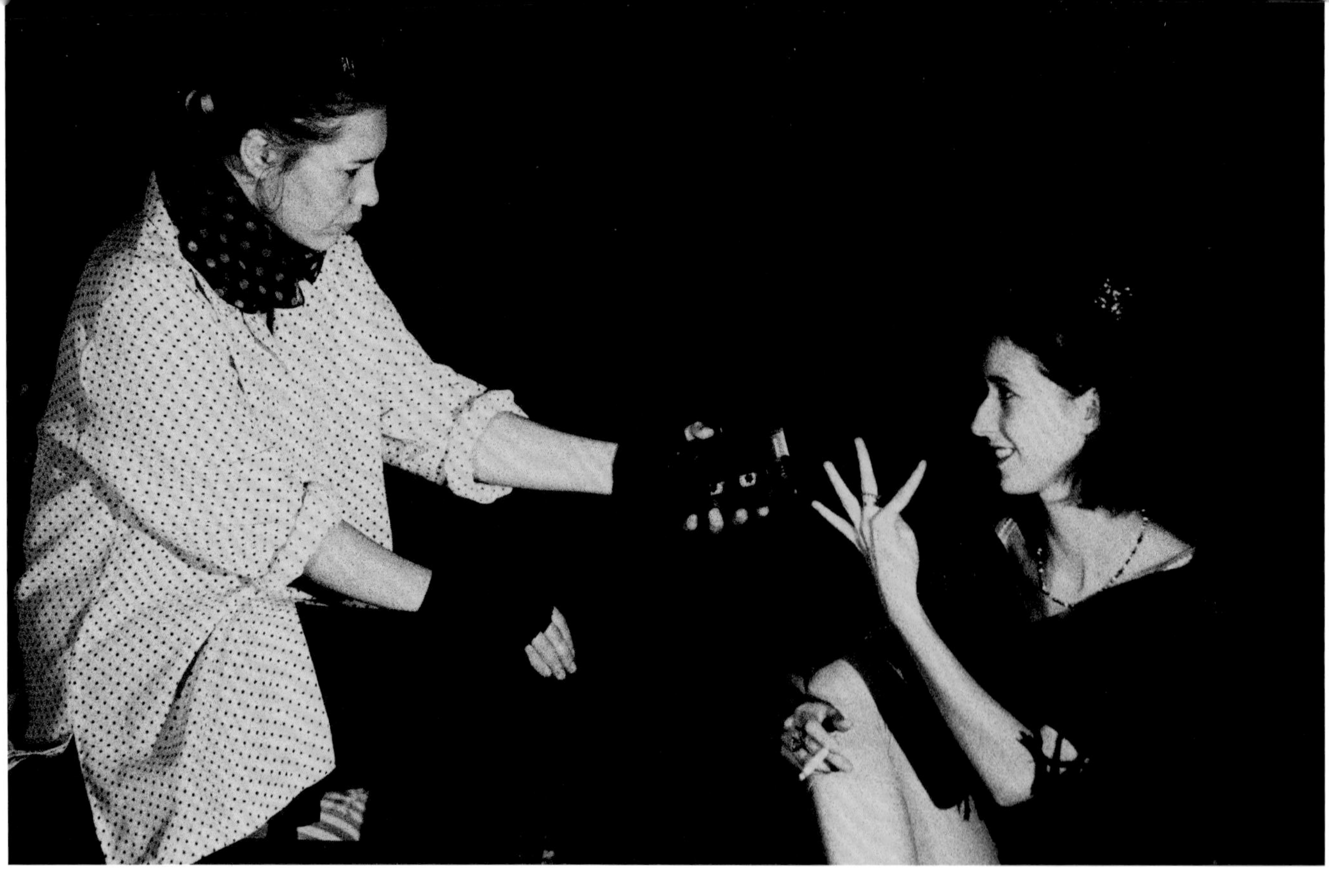

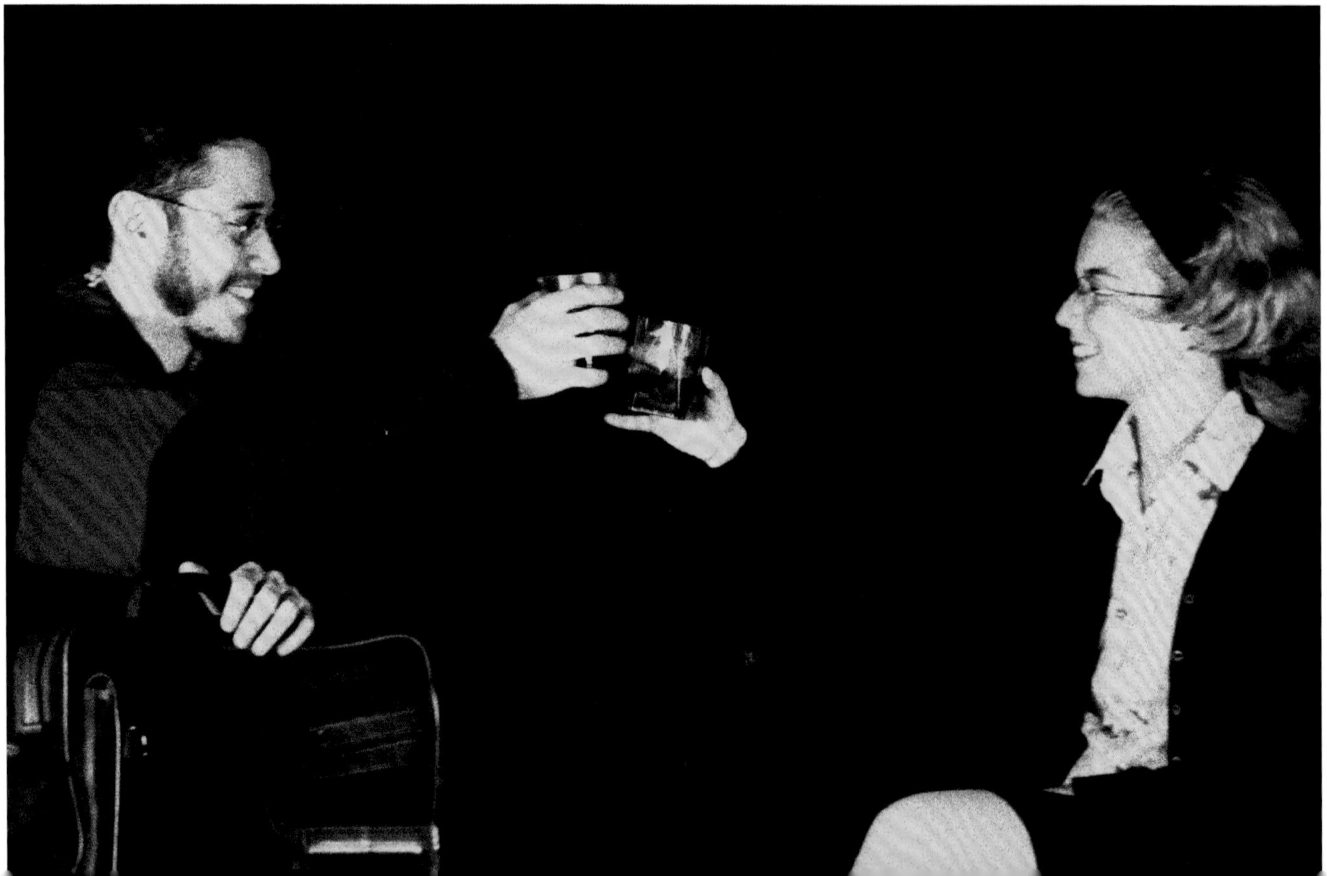

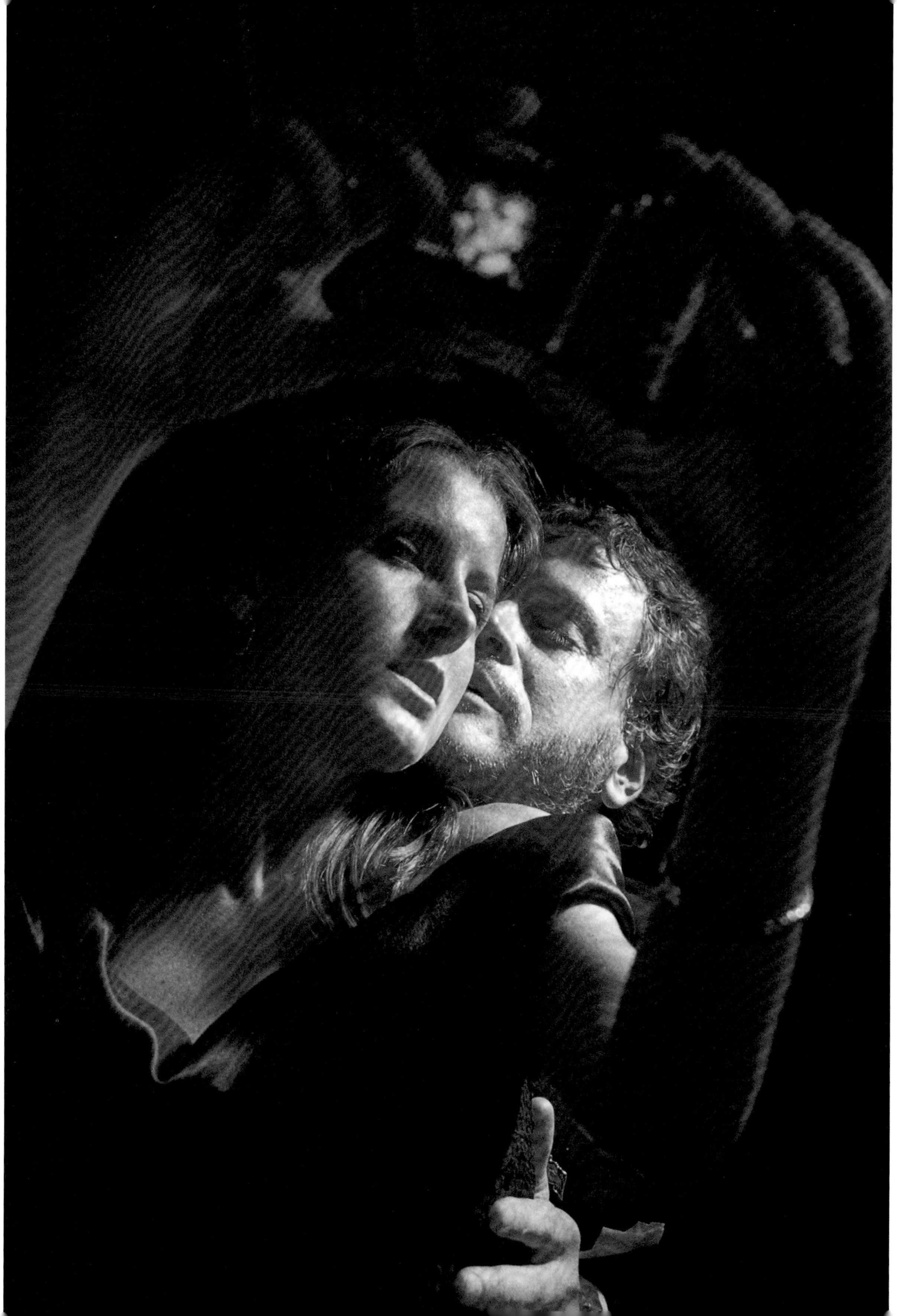

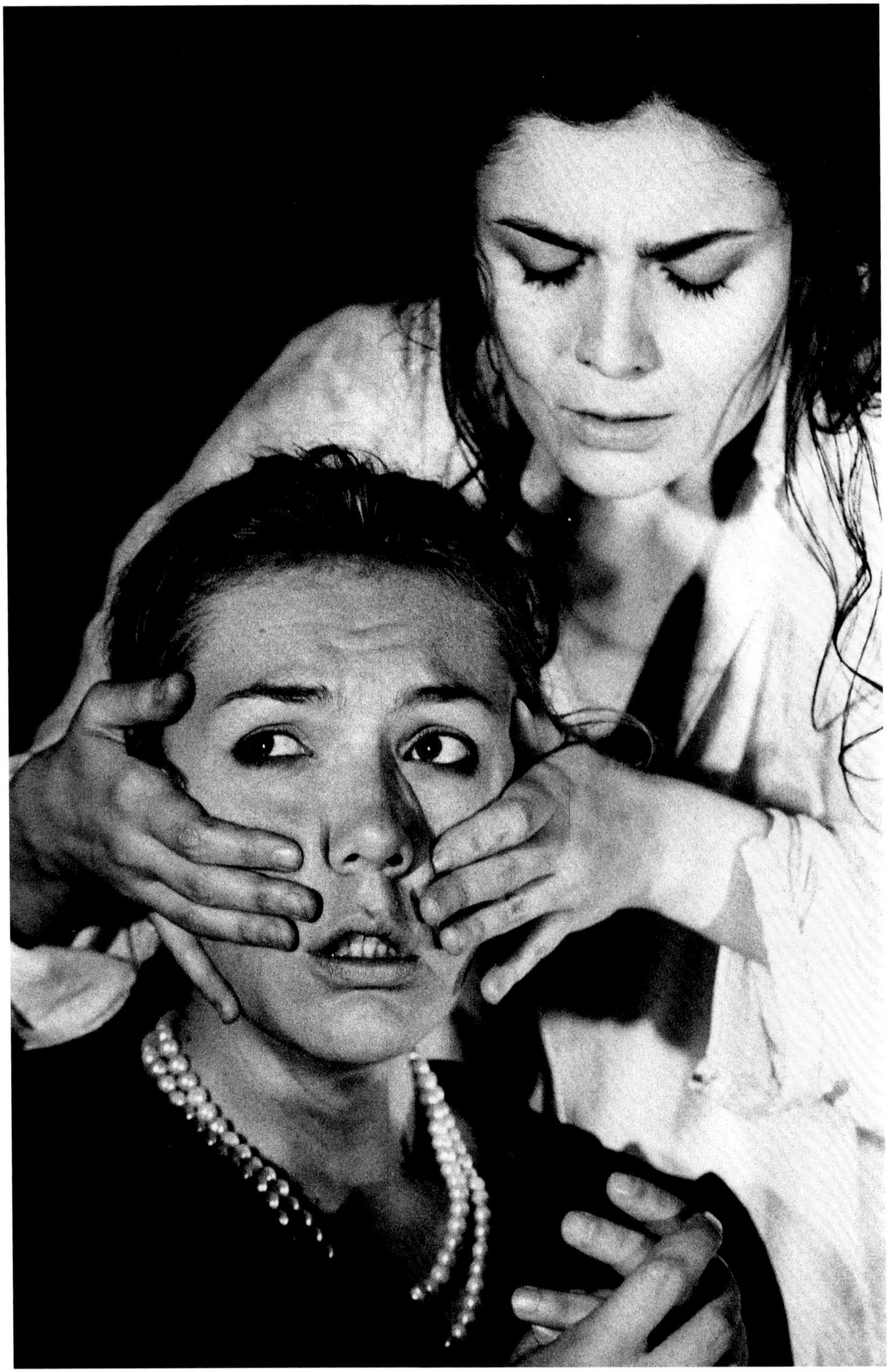

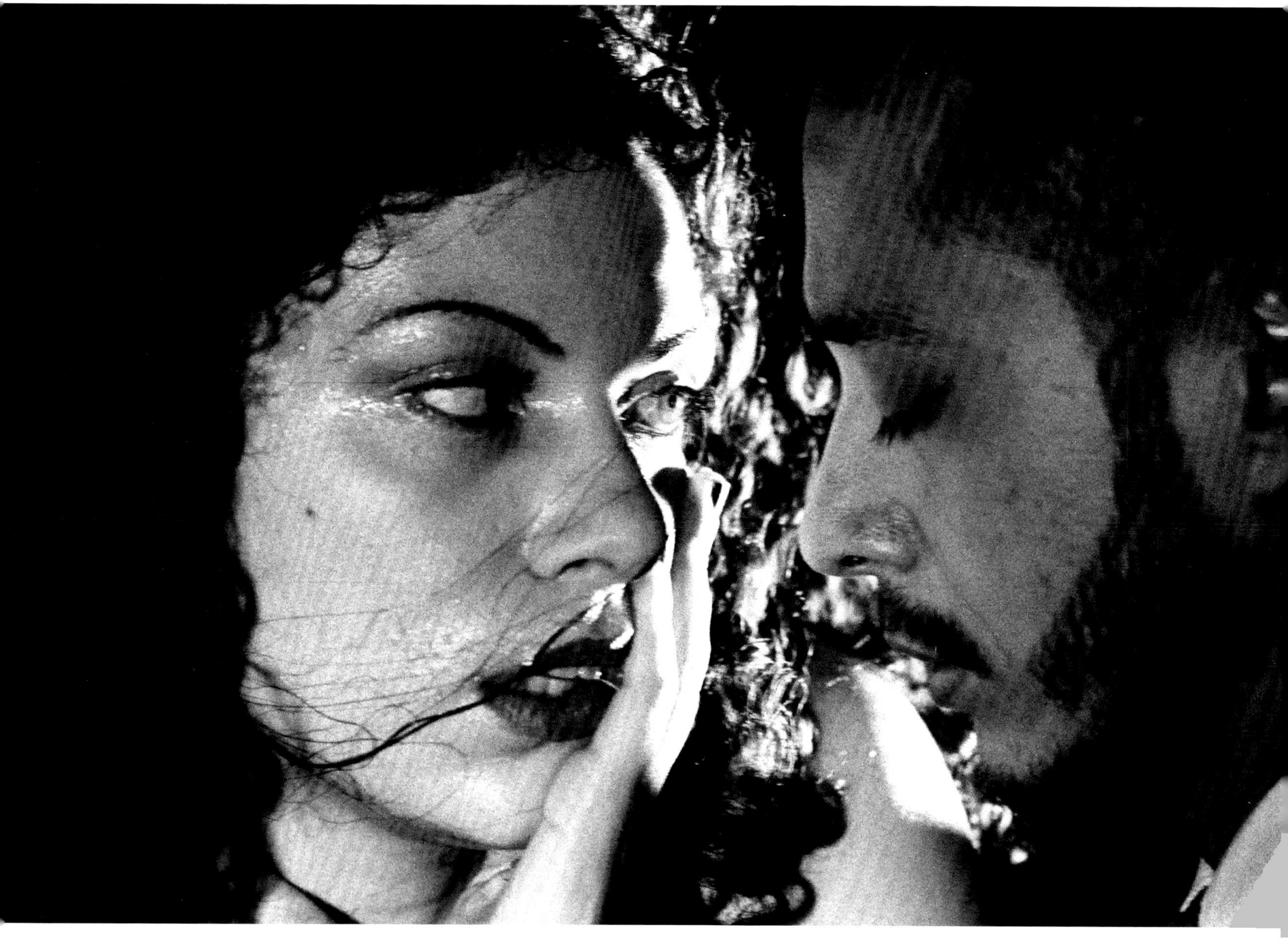

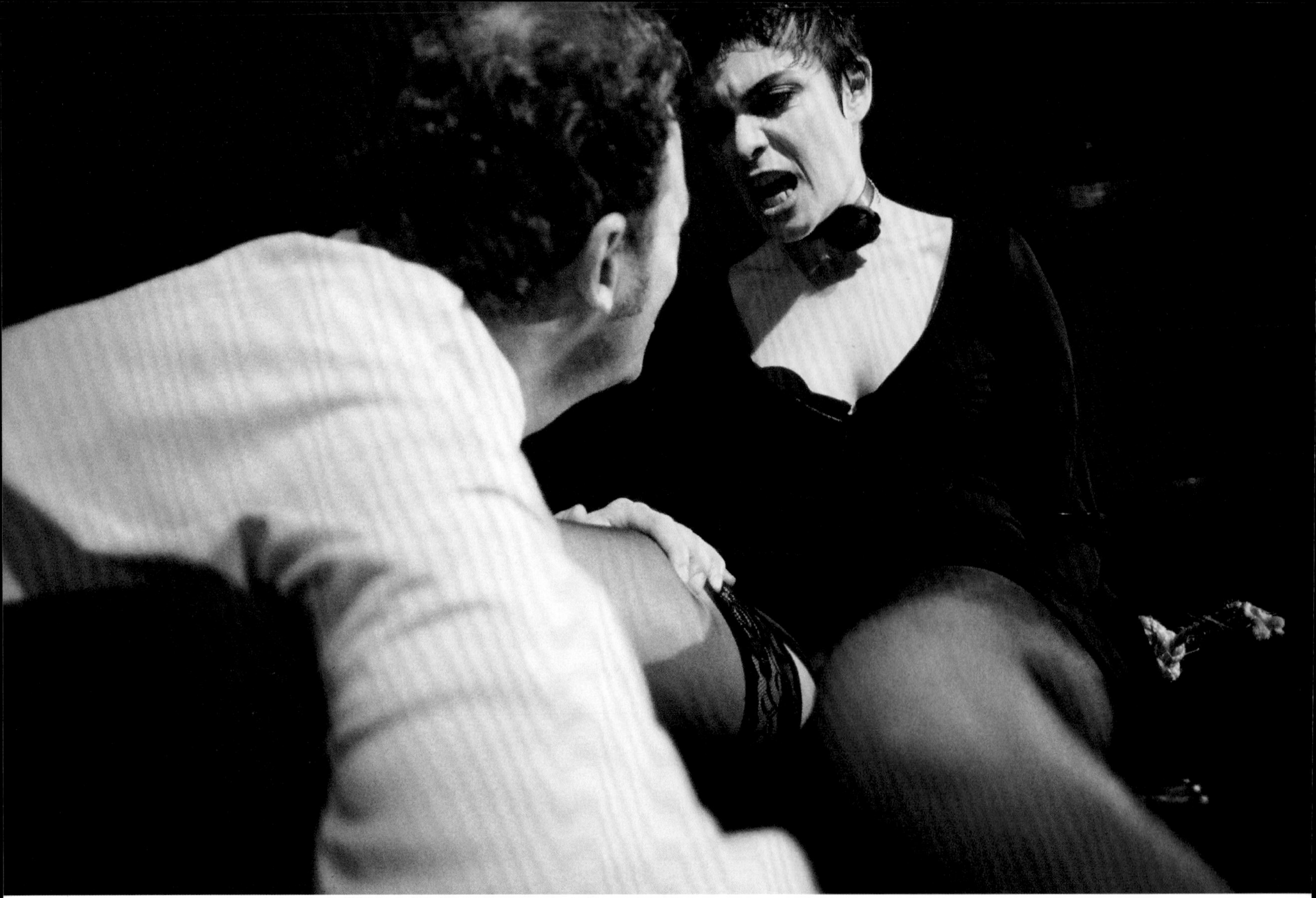

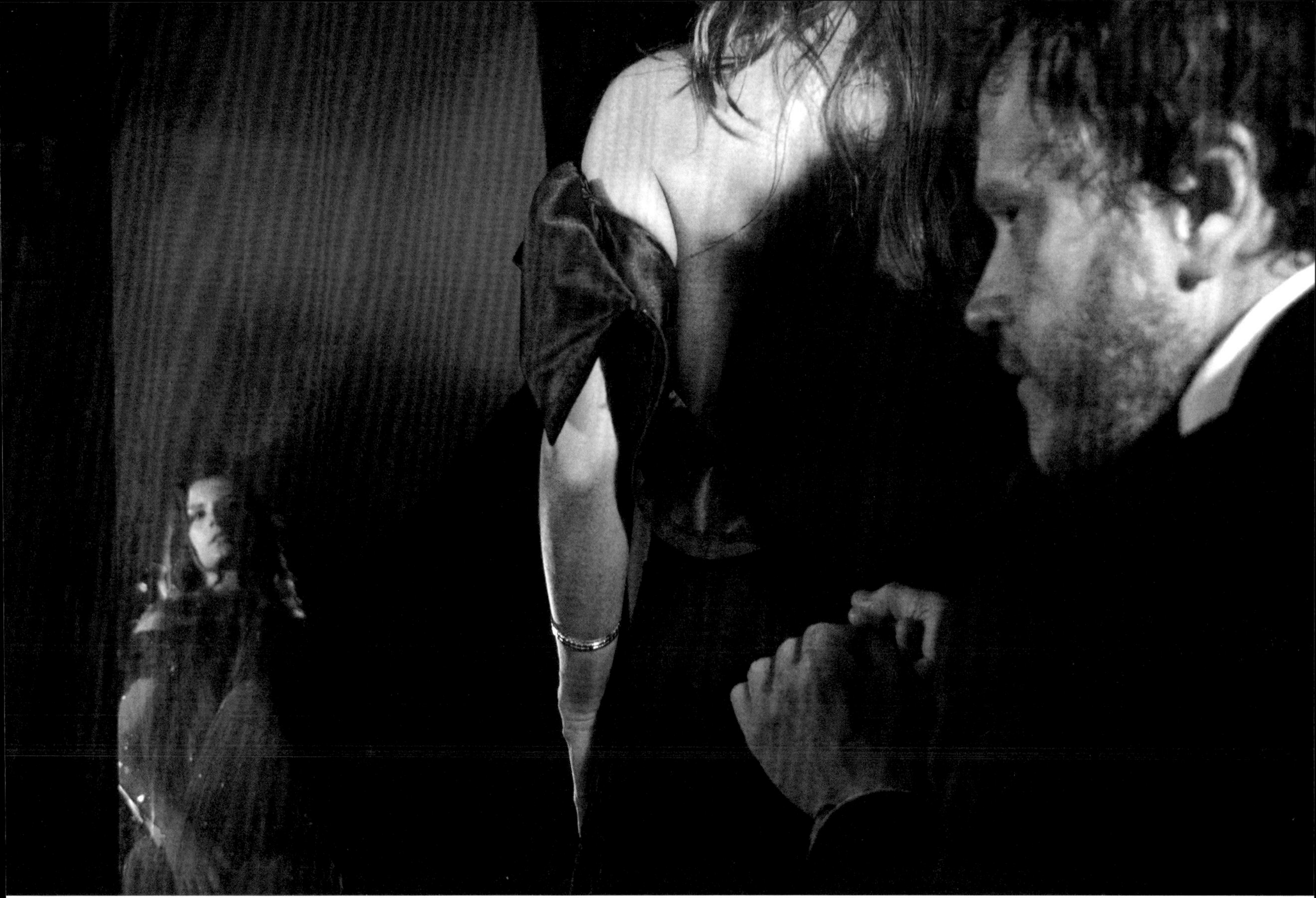

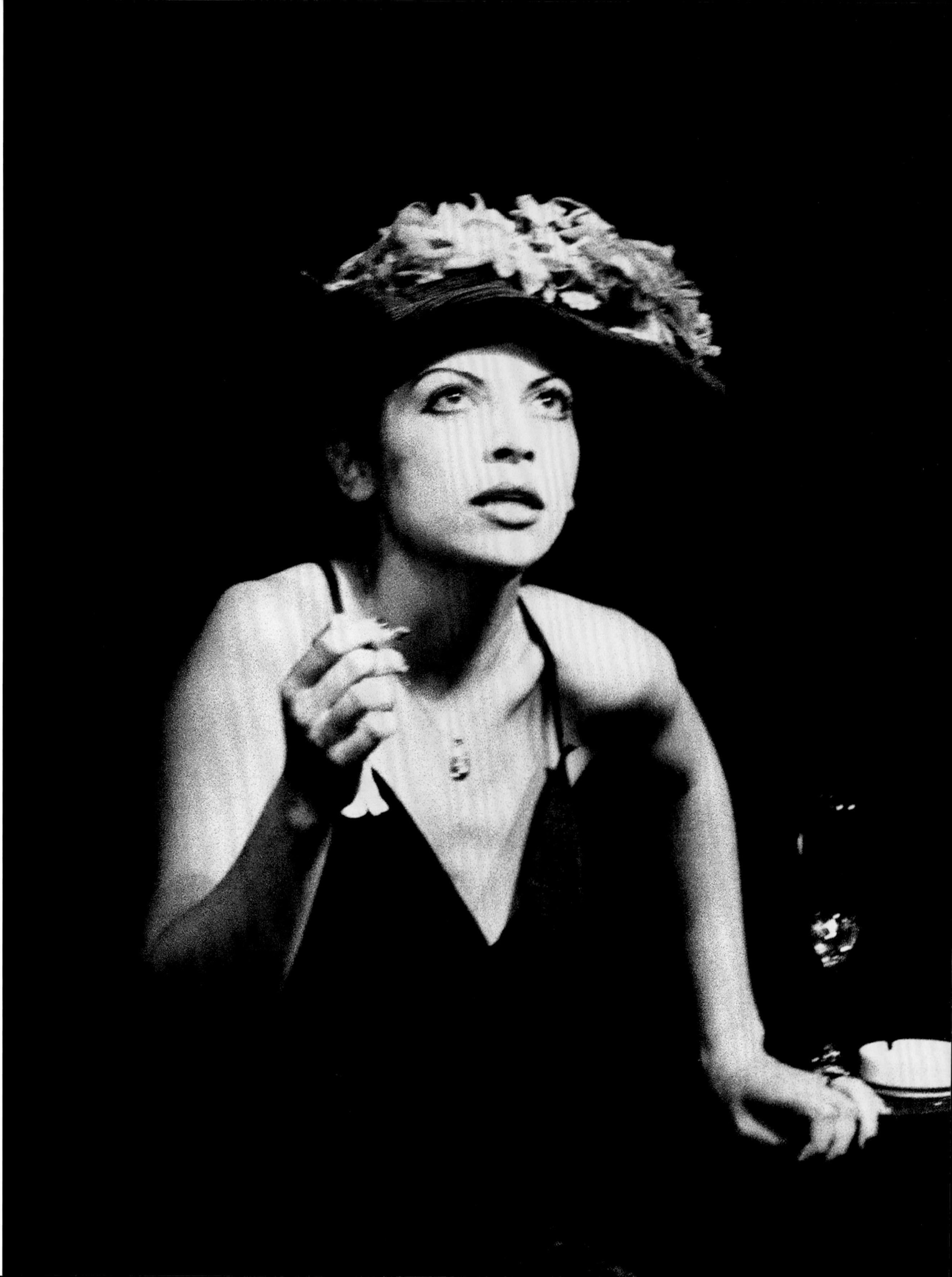

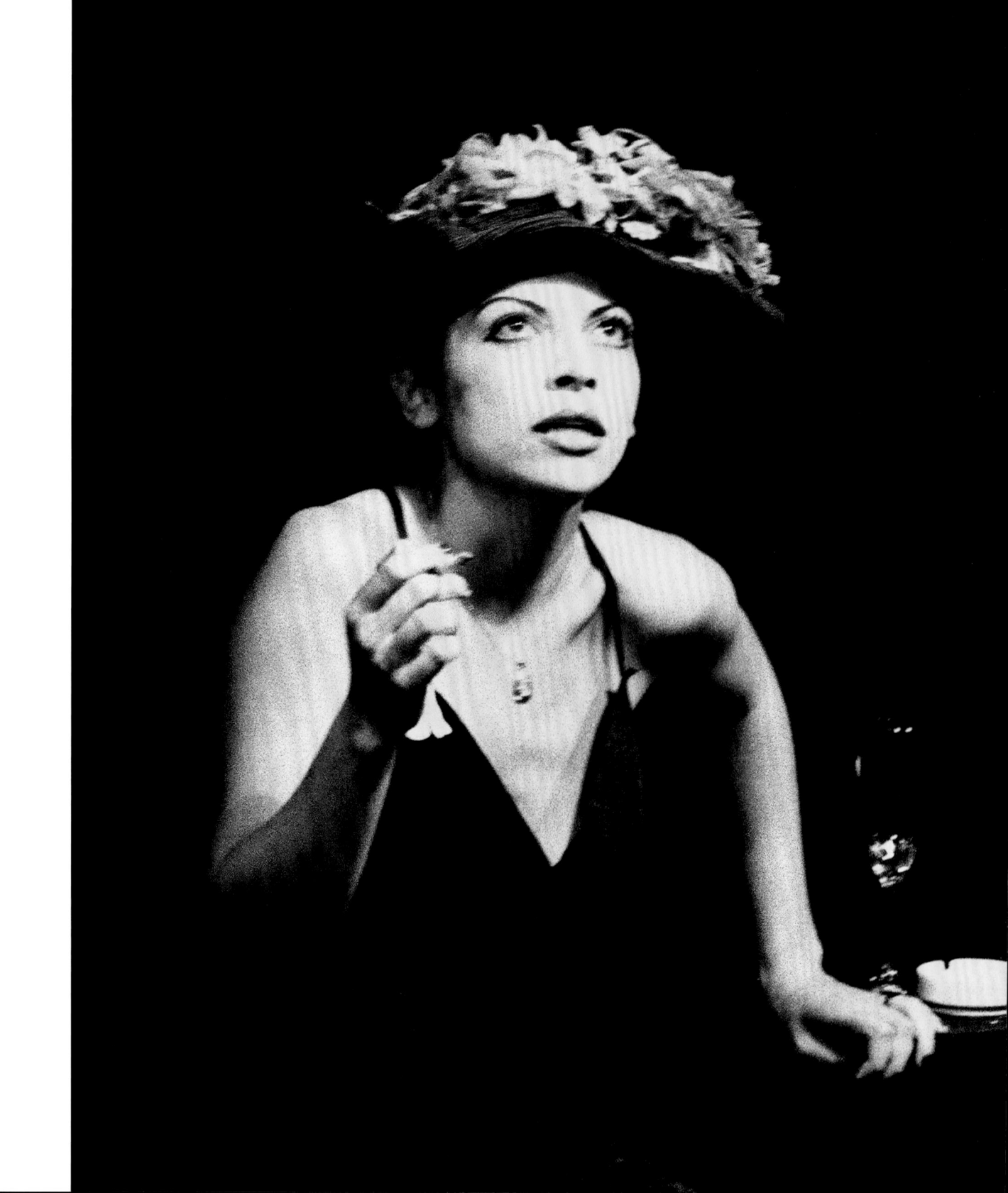

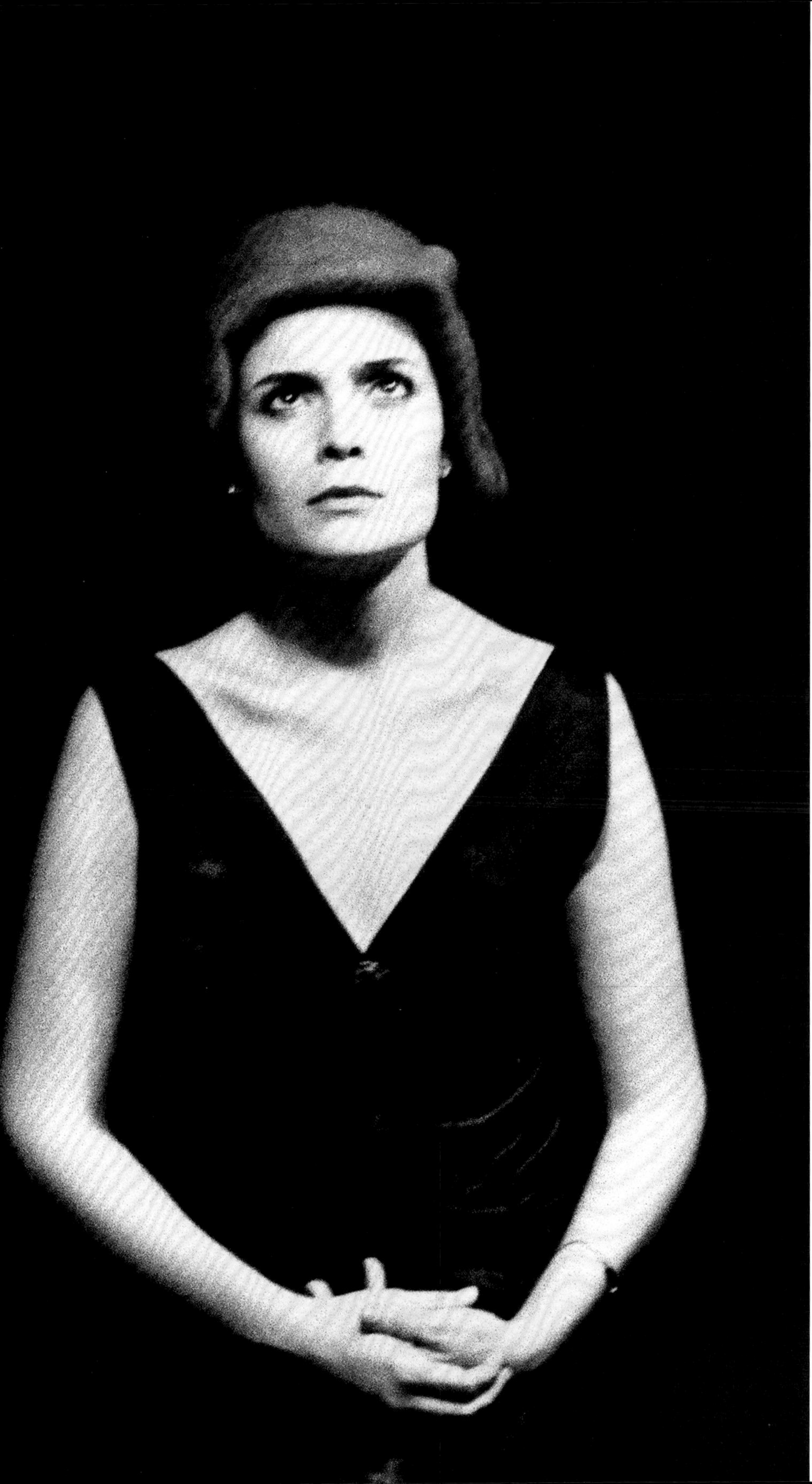

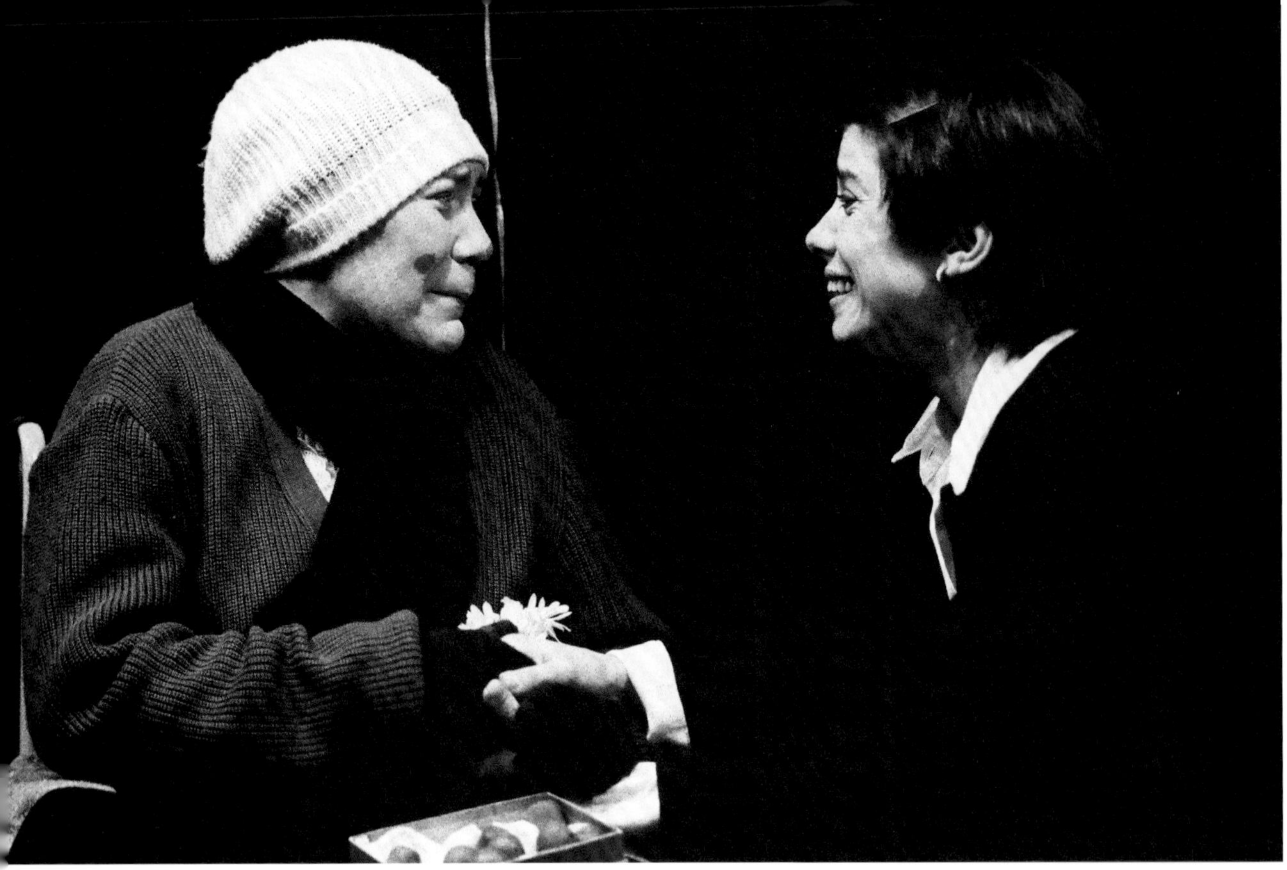

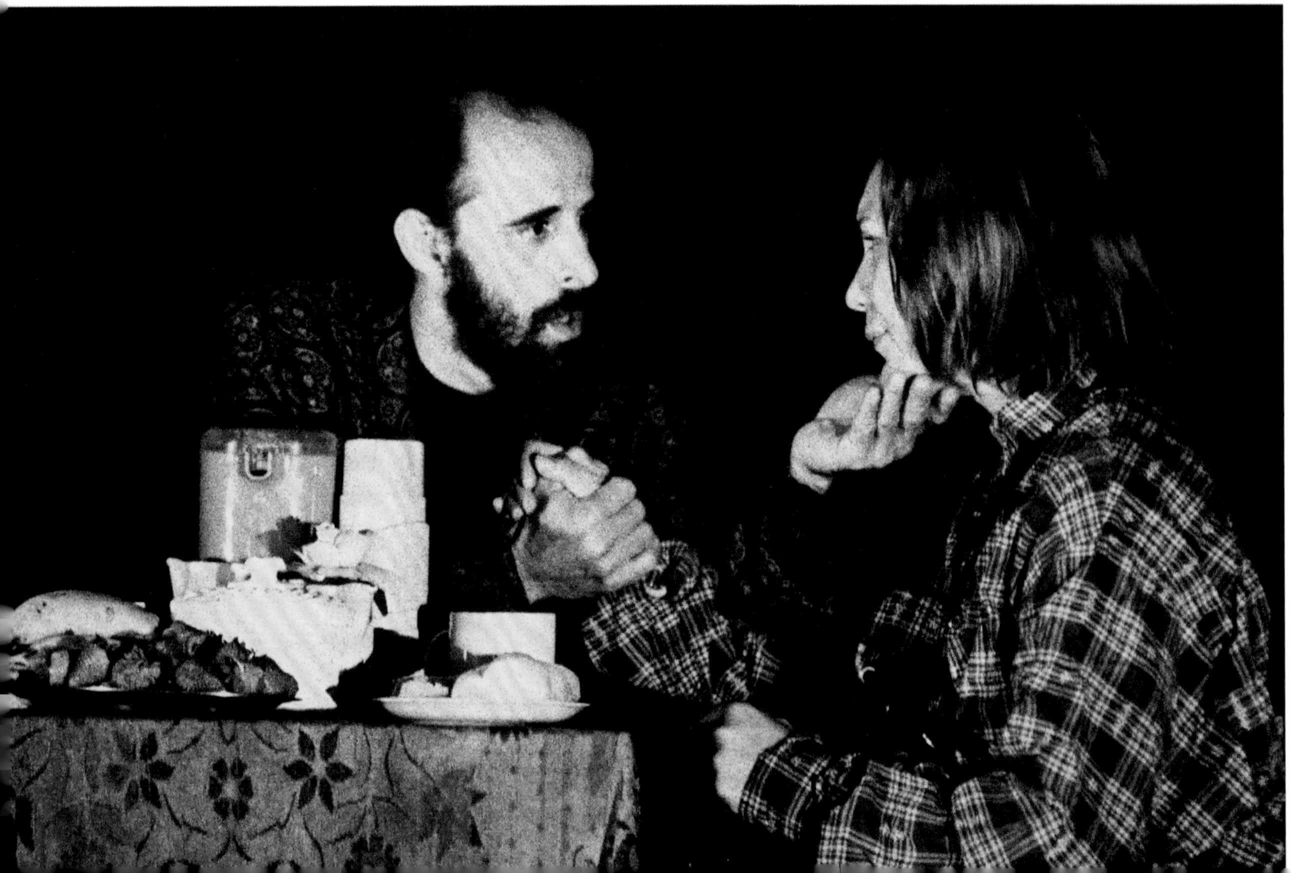

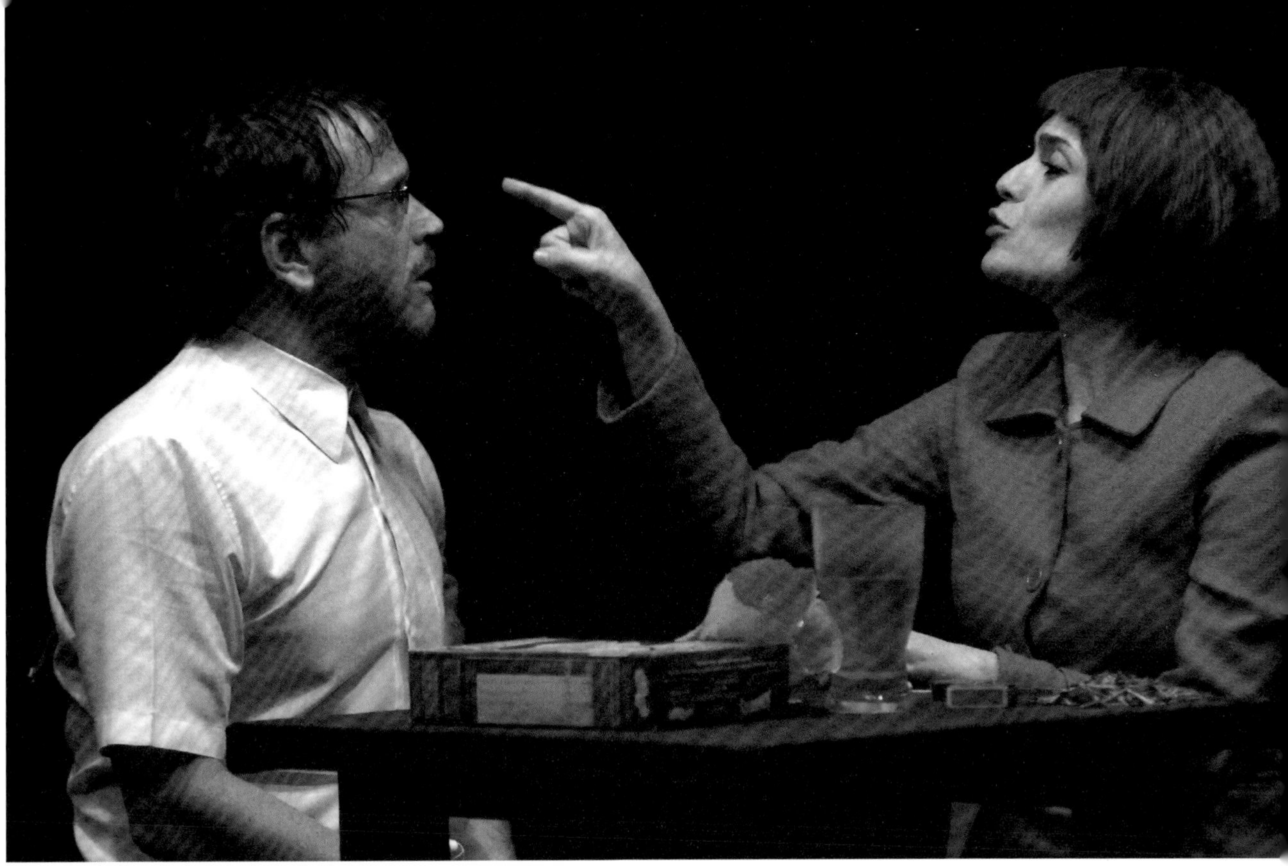

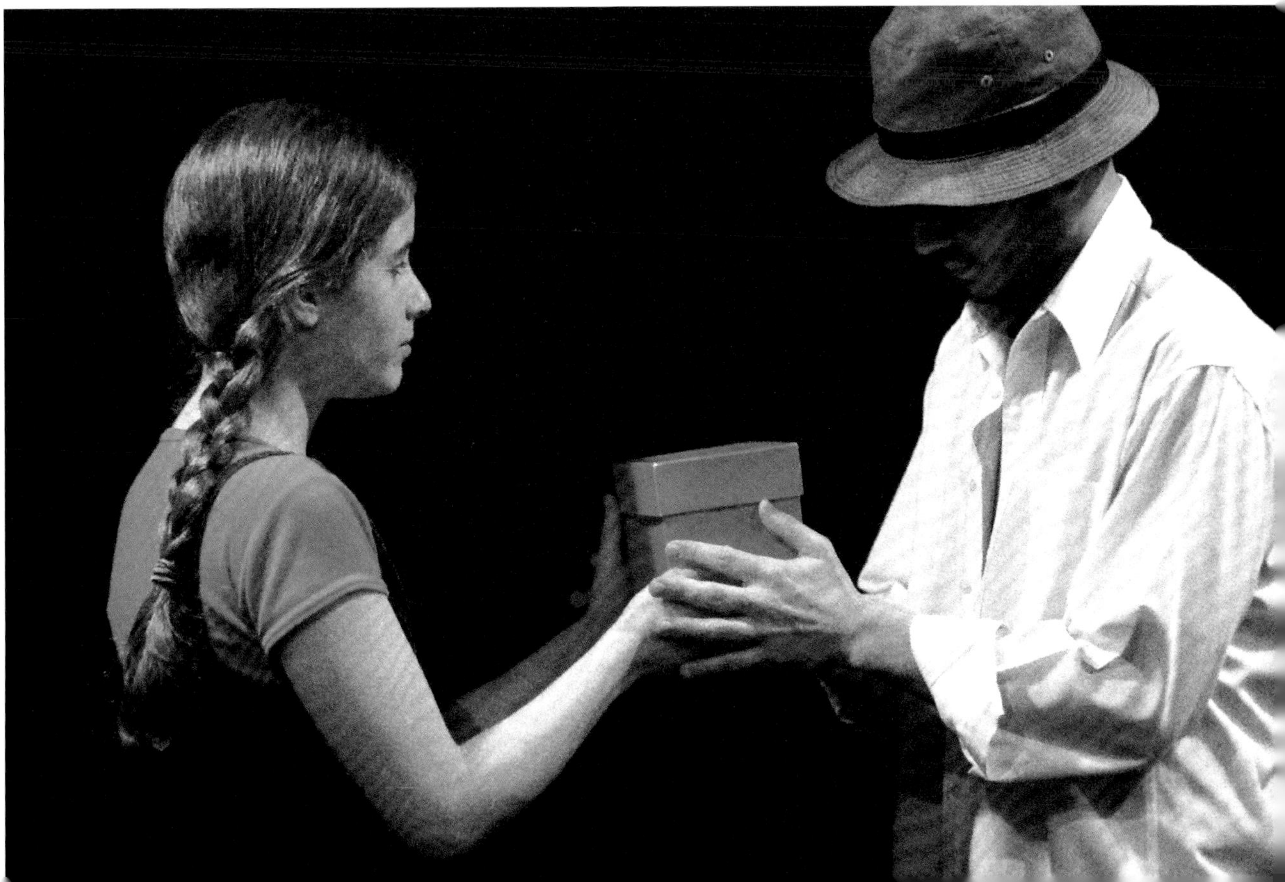

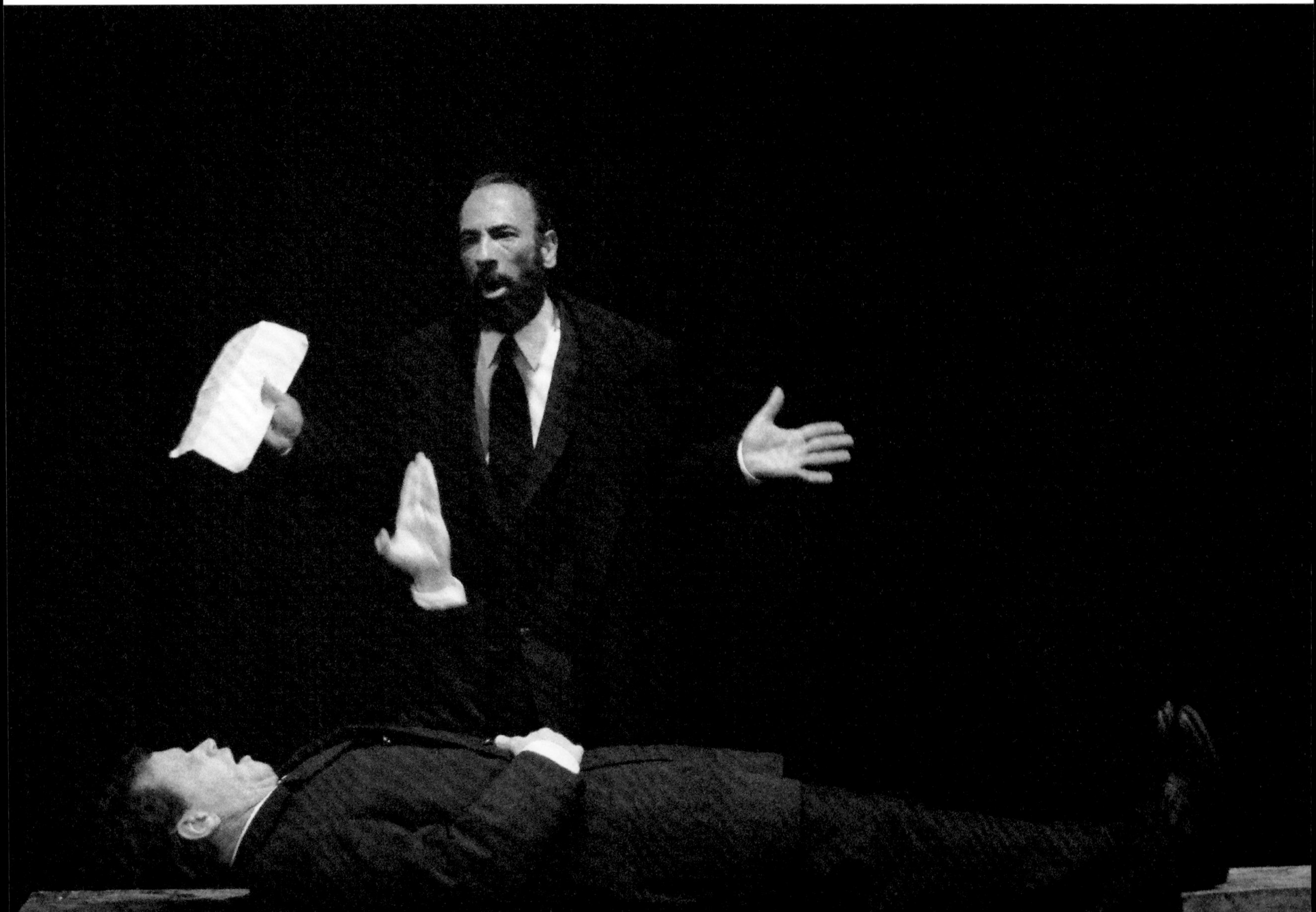

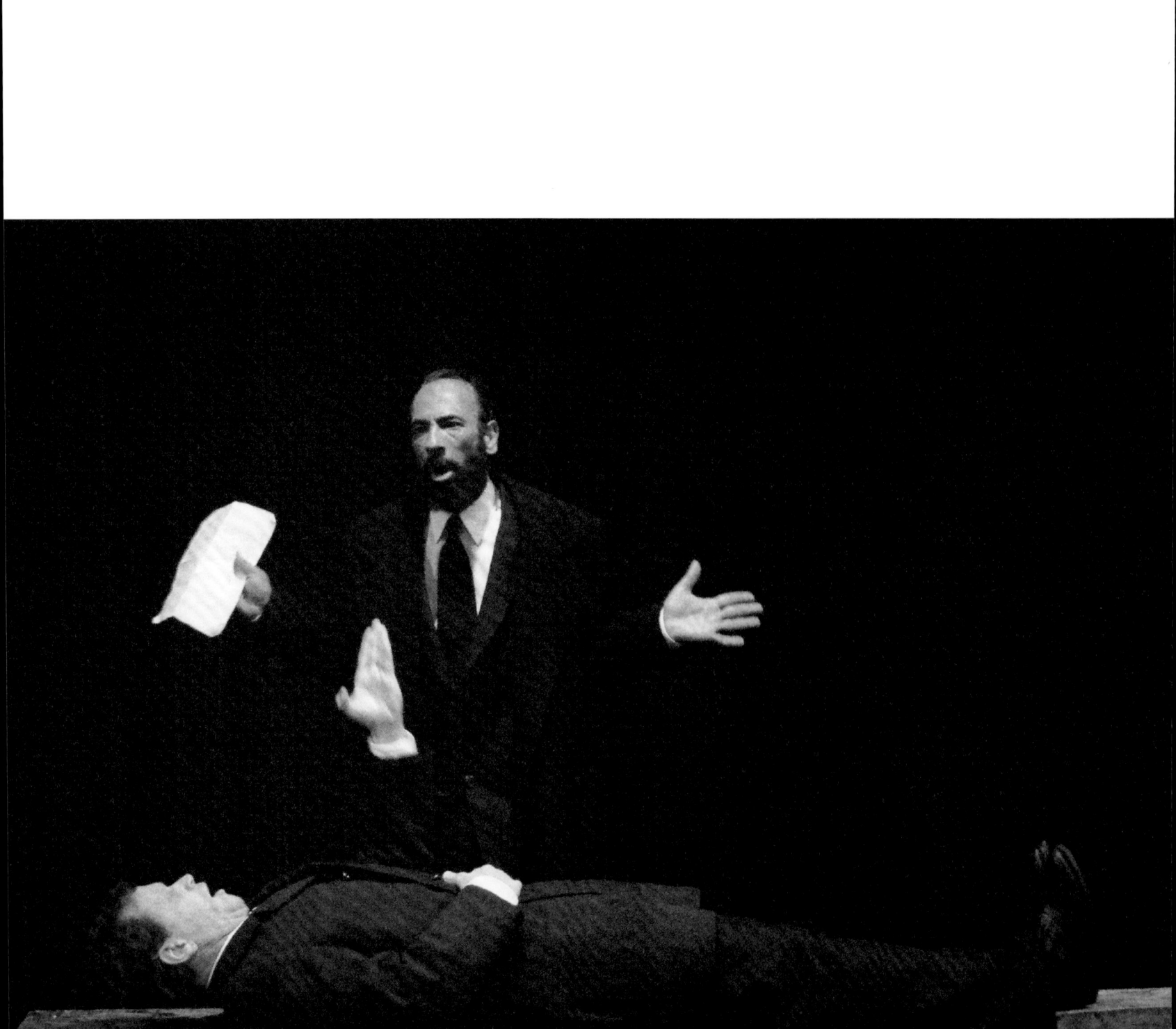

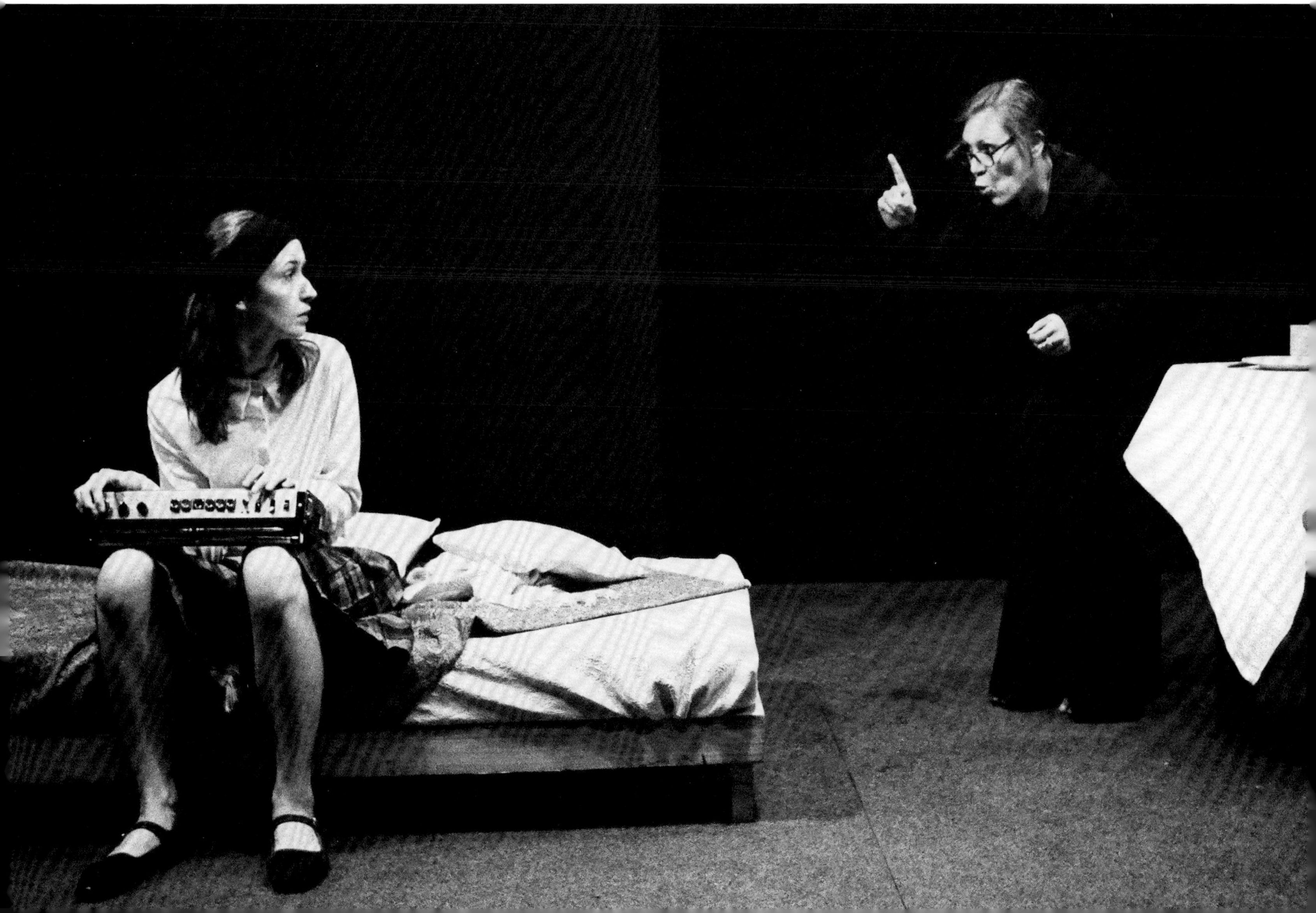

234

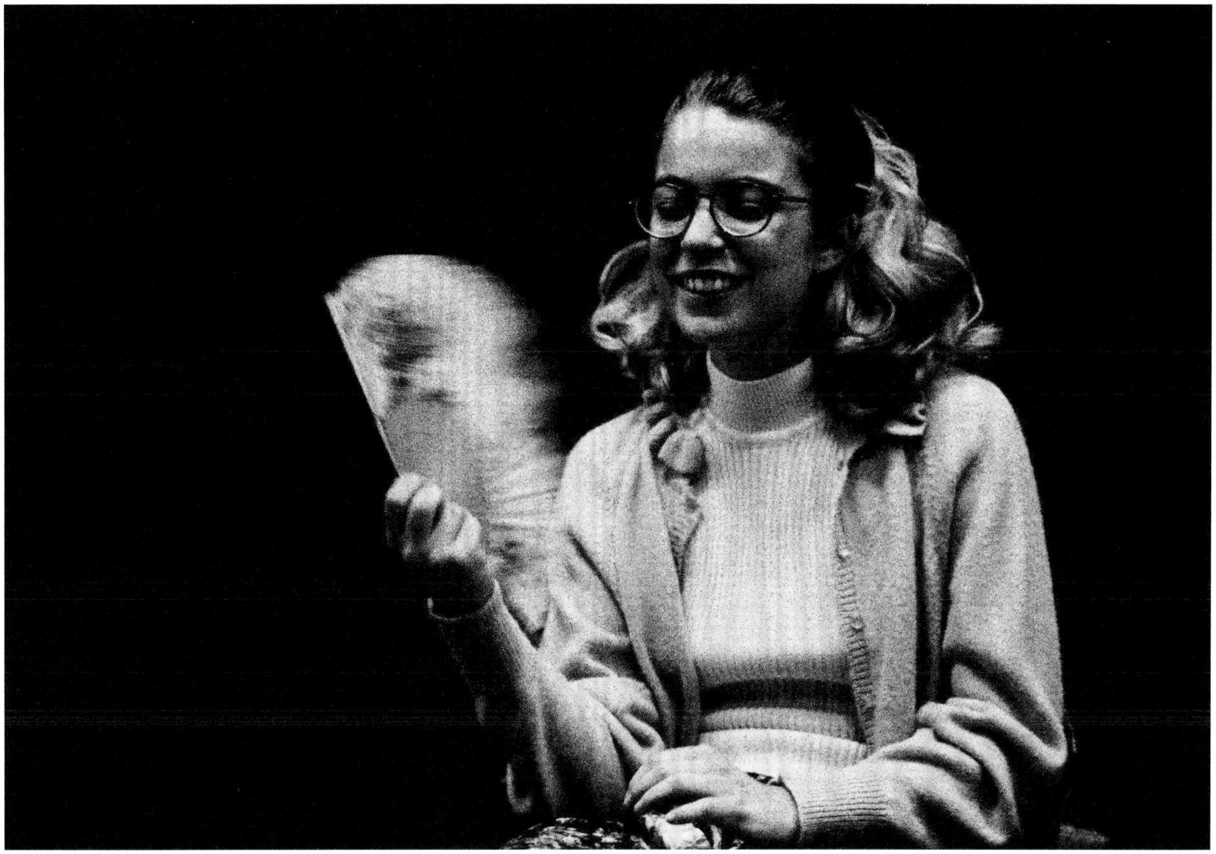

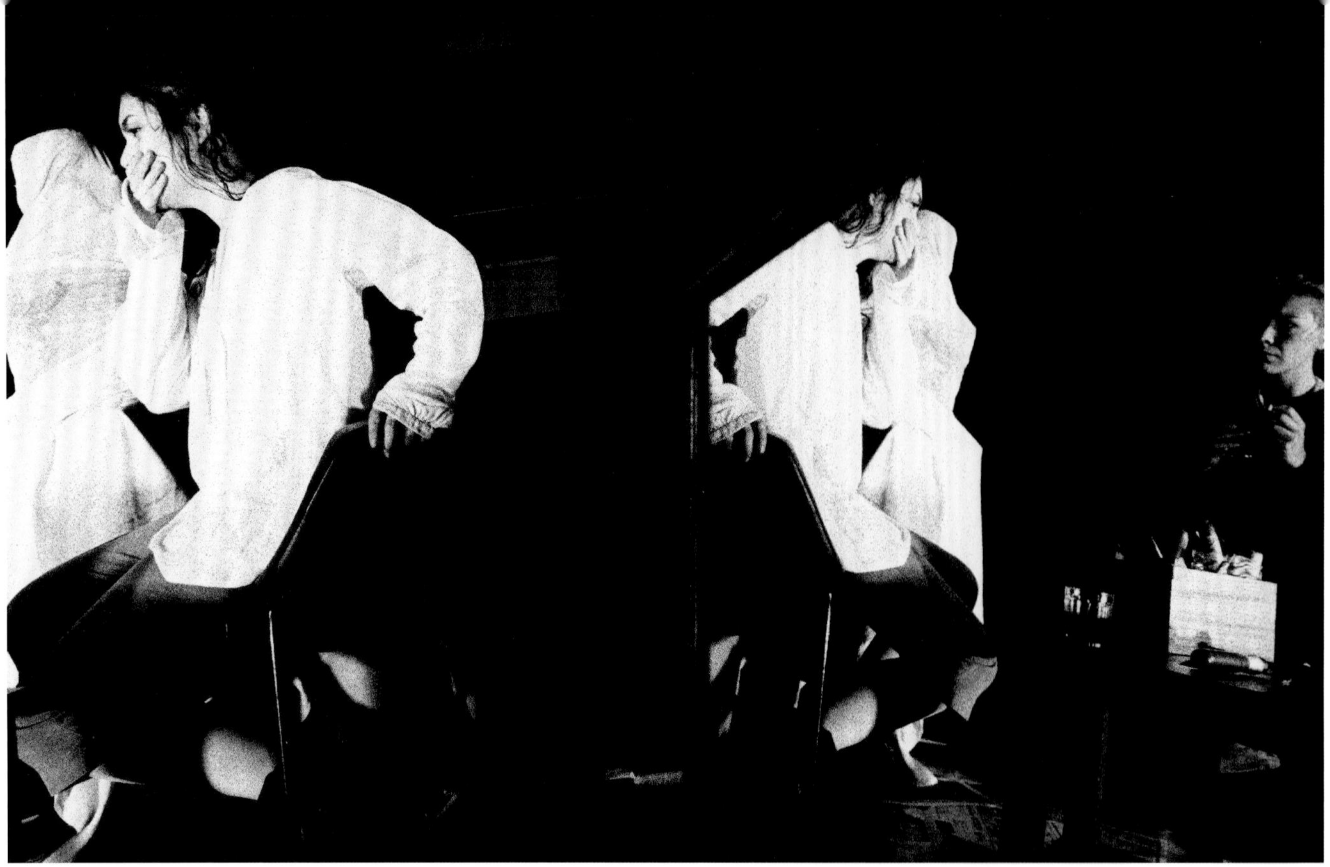

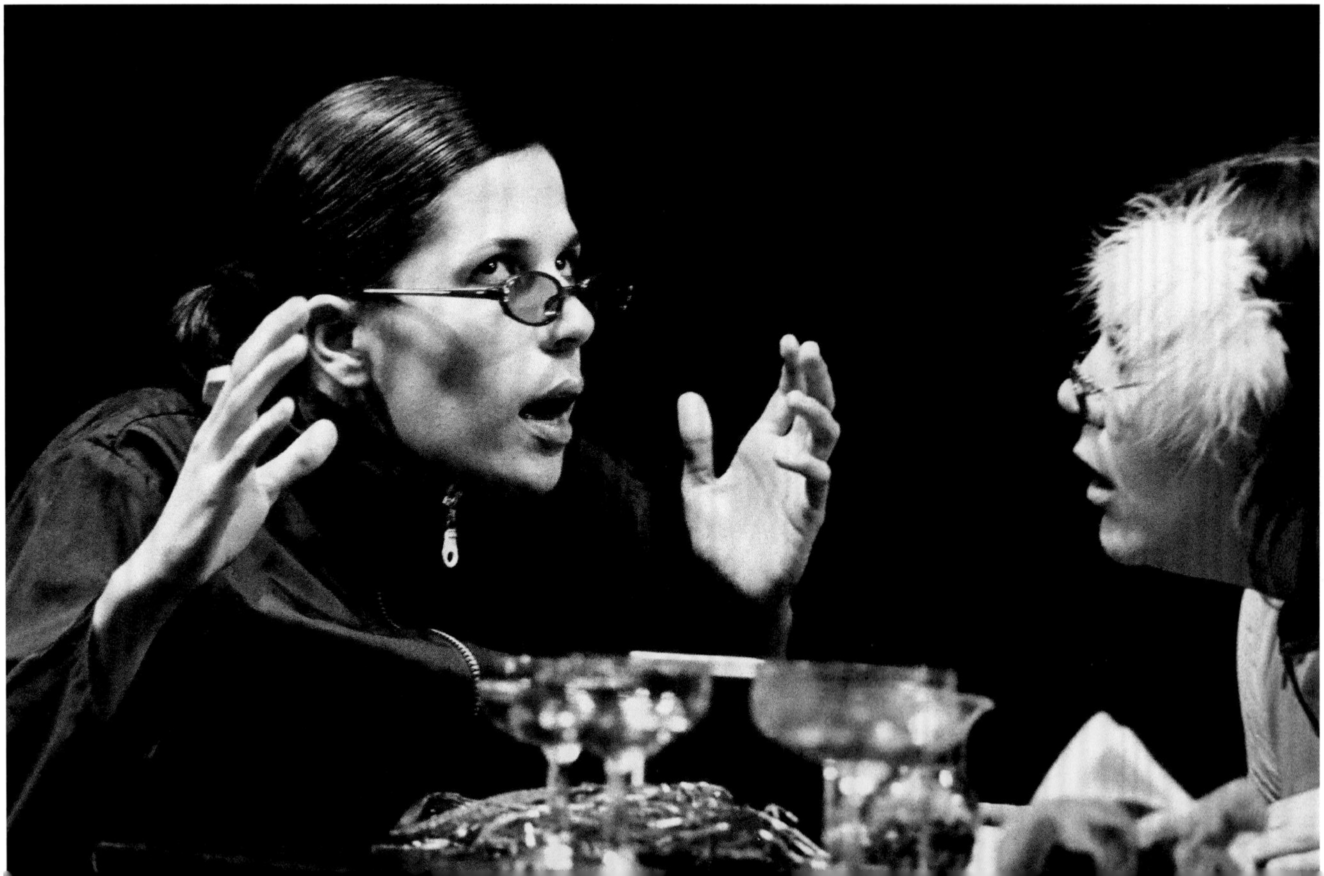

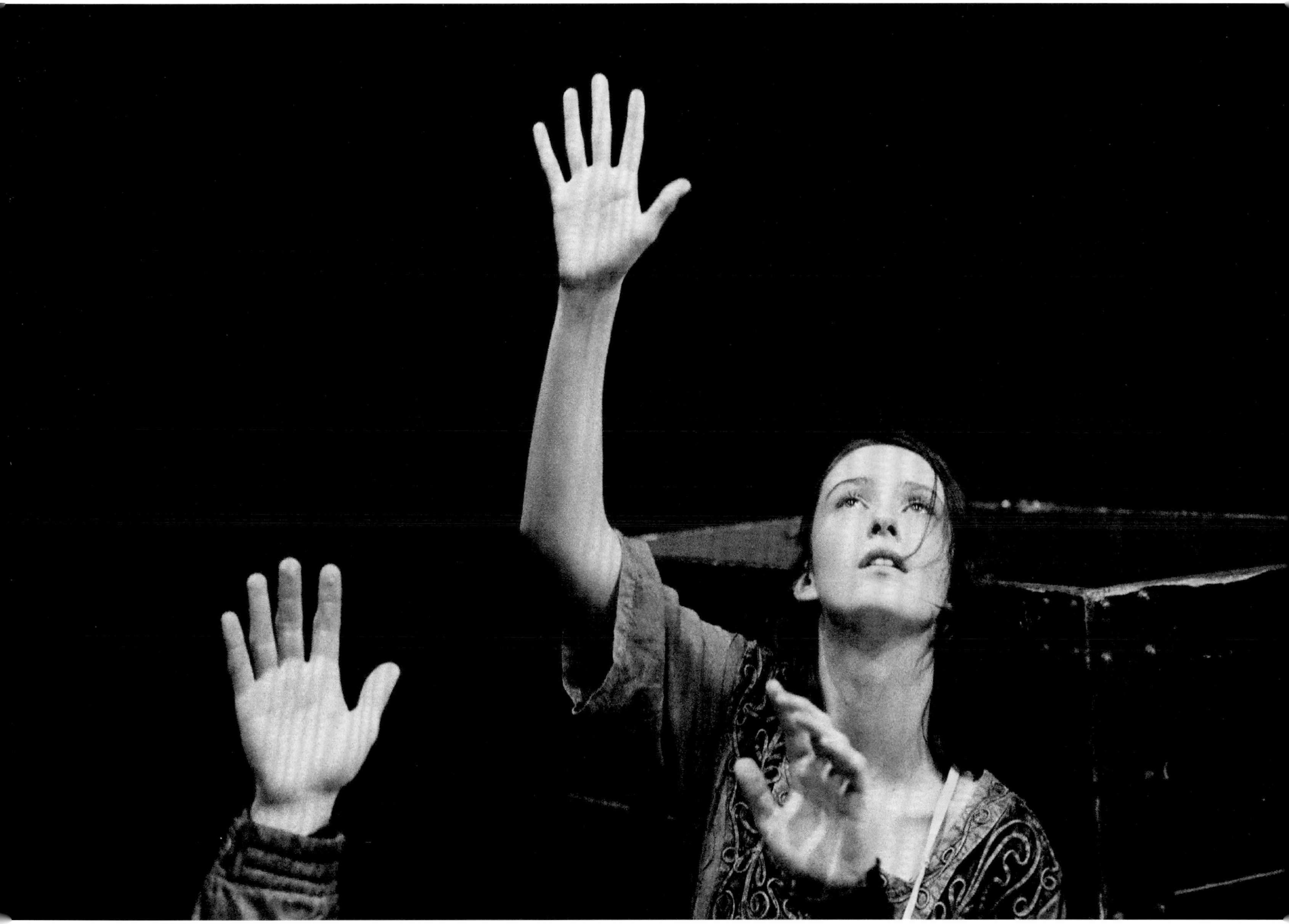

*Bastidores*

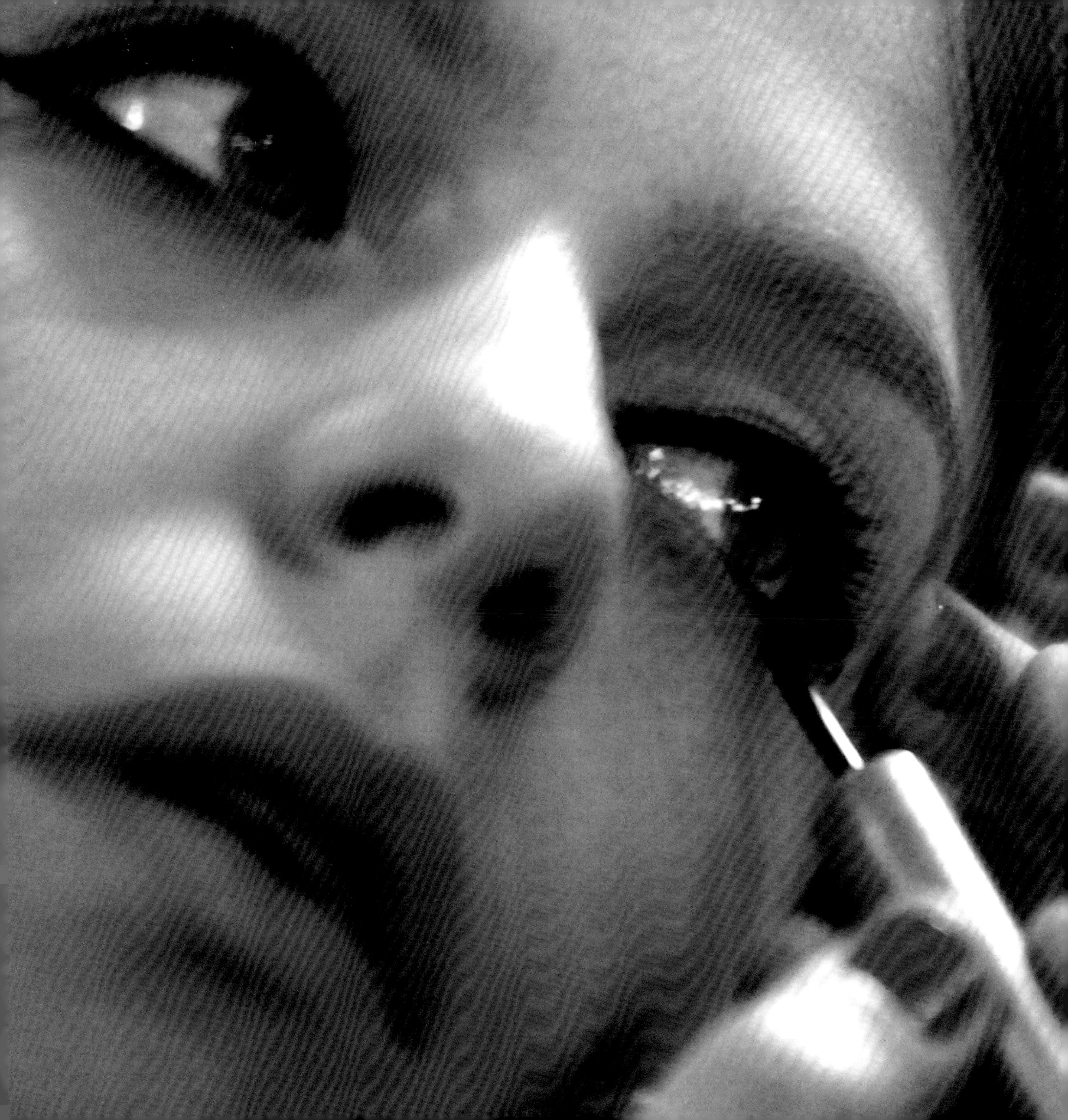

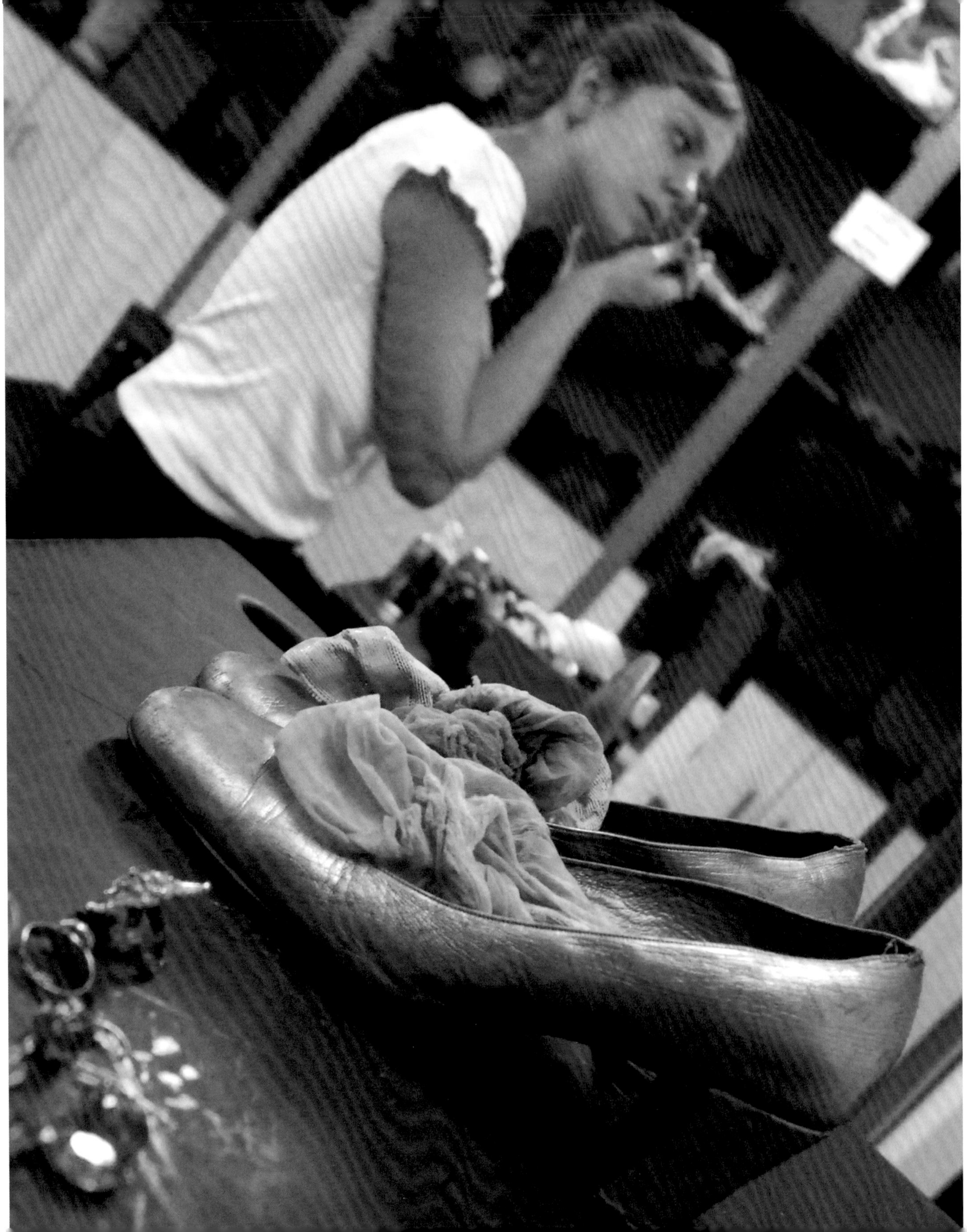

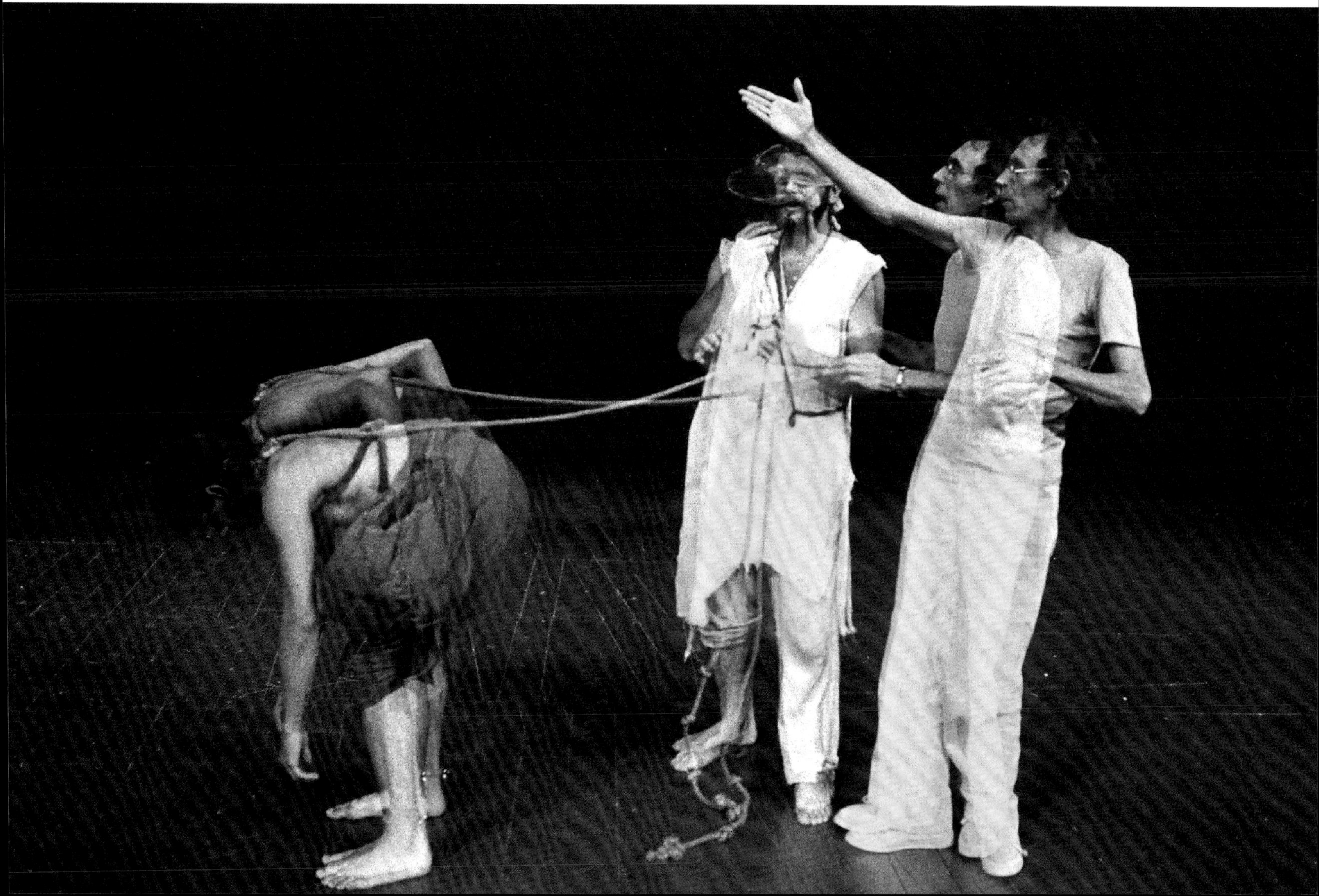

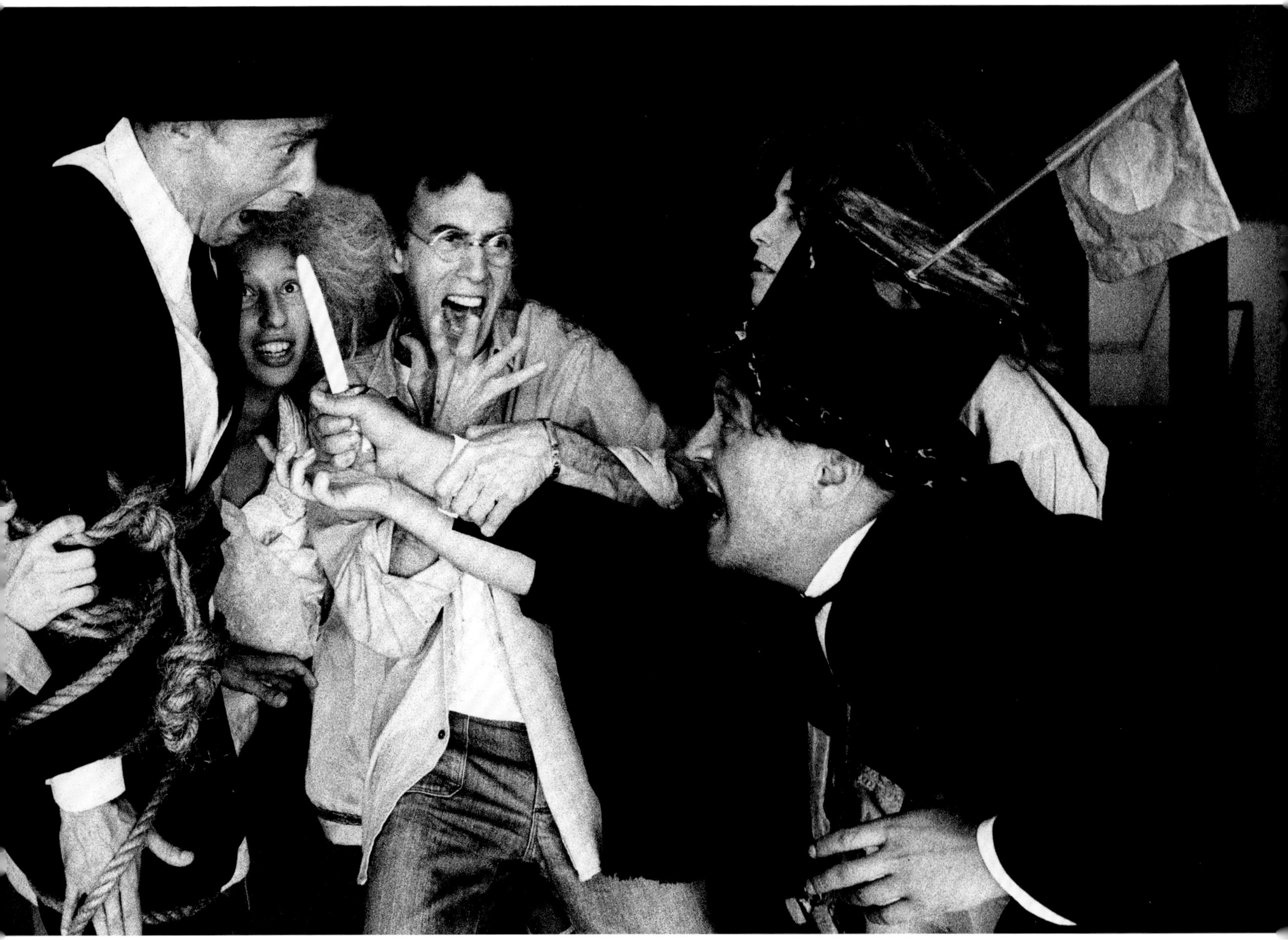

243

O CÉU 5 MINUTOS ANTES
DA TEMPESTADE

ARTE
NÃO SE ENSINA,
SE APRENDE.

**SOMENTE SAPATOS**
(sem meias)

Aos professores do CPTzinho:
FAVOR **PUXAR** OS PLUGS DAS TOMADAS APÓS SEU USO!!!!
ANTUNES

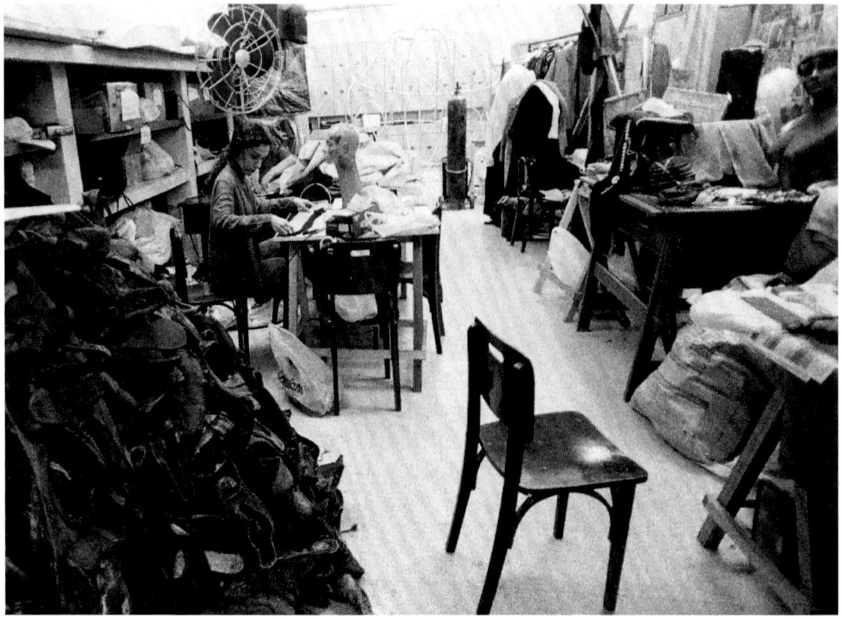

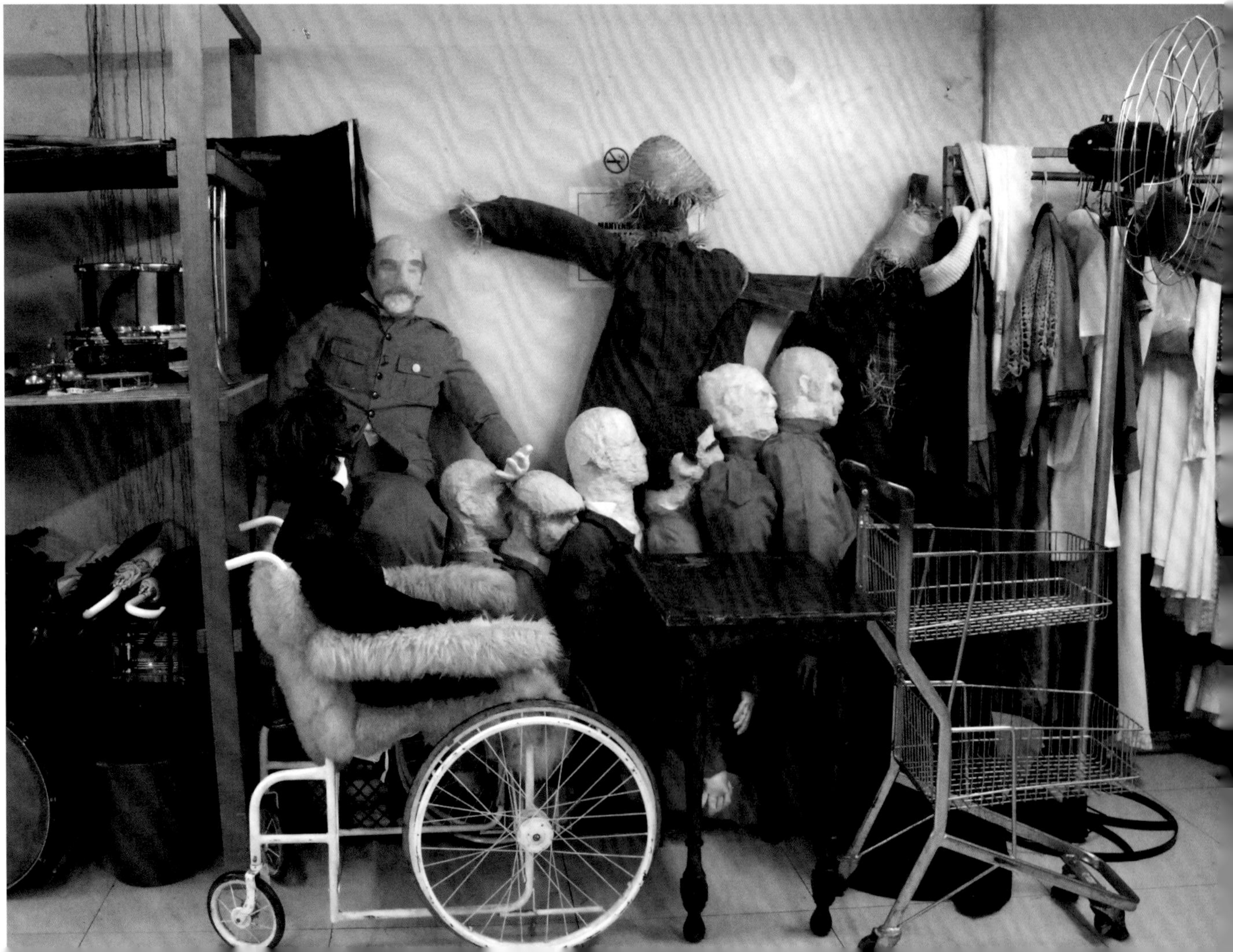

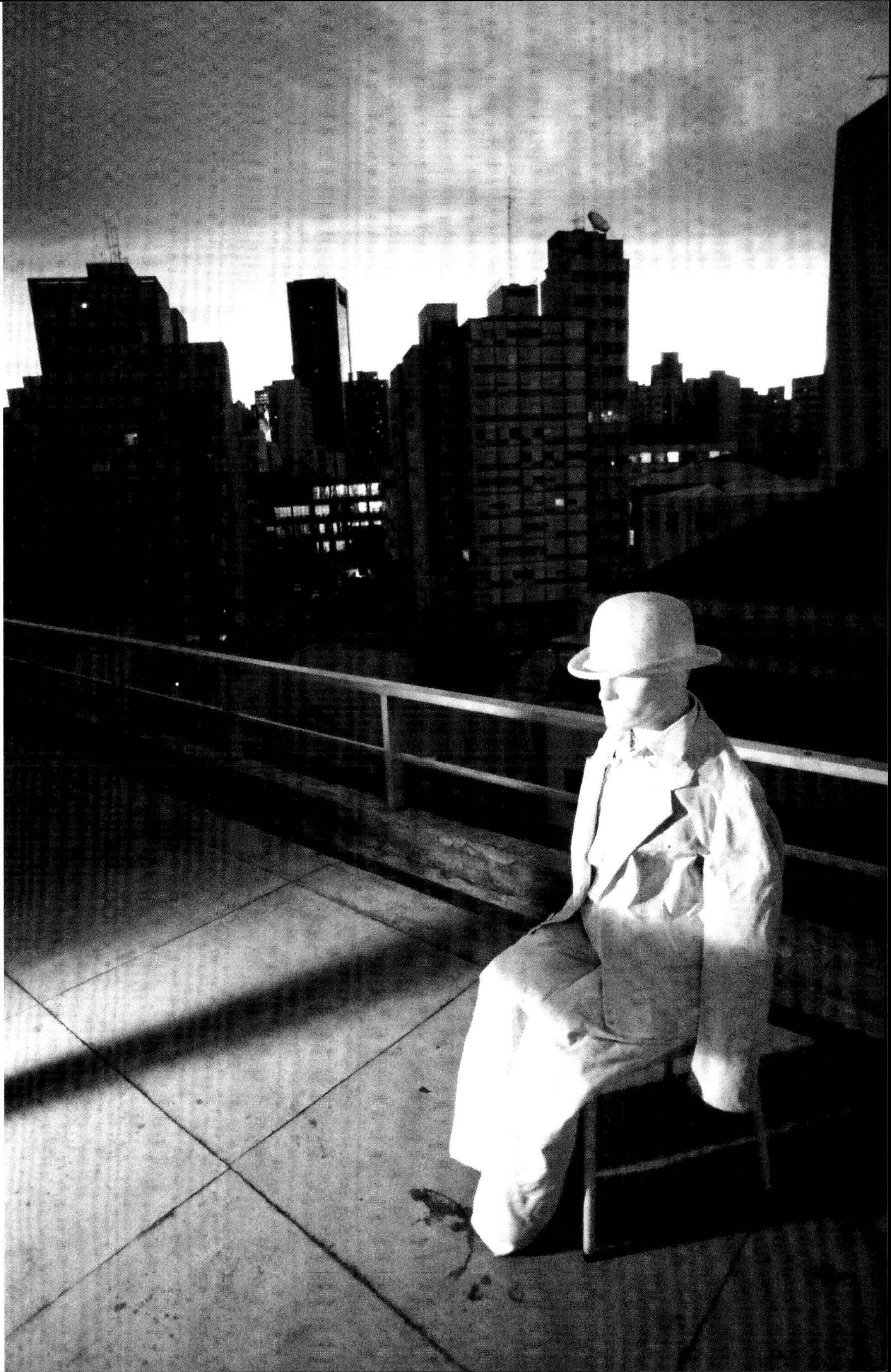

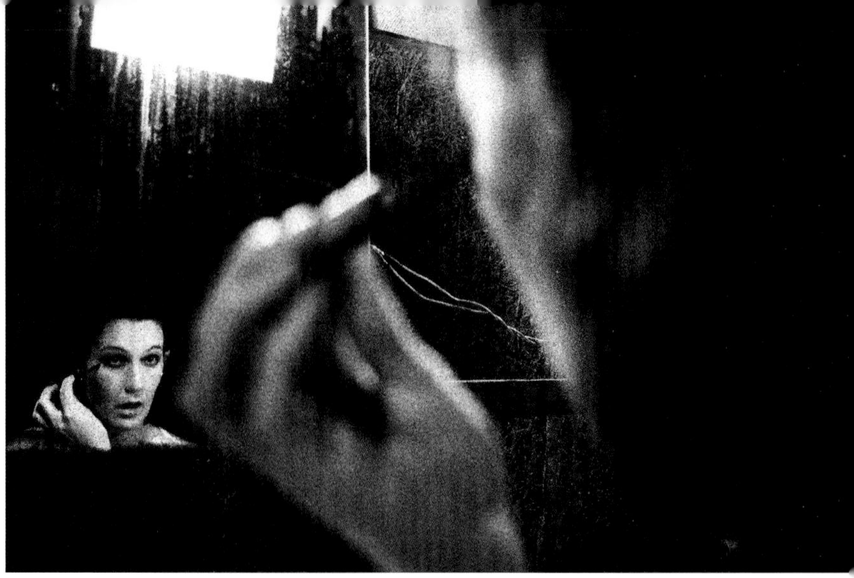
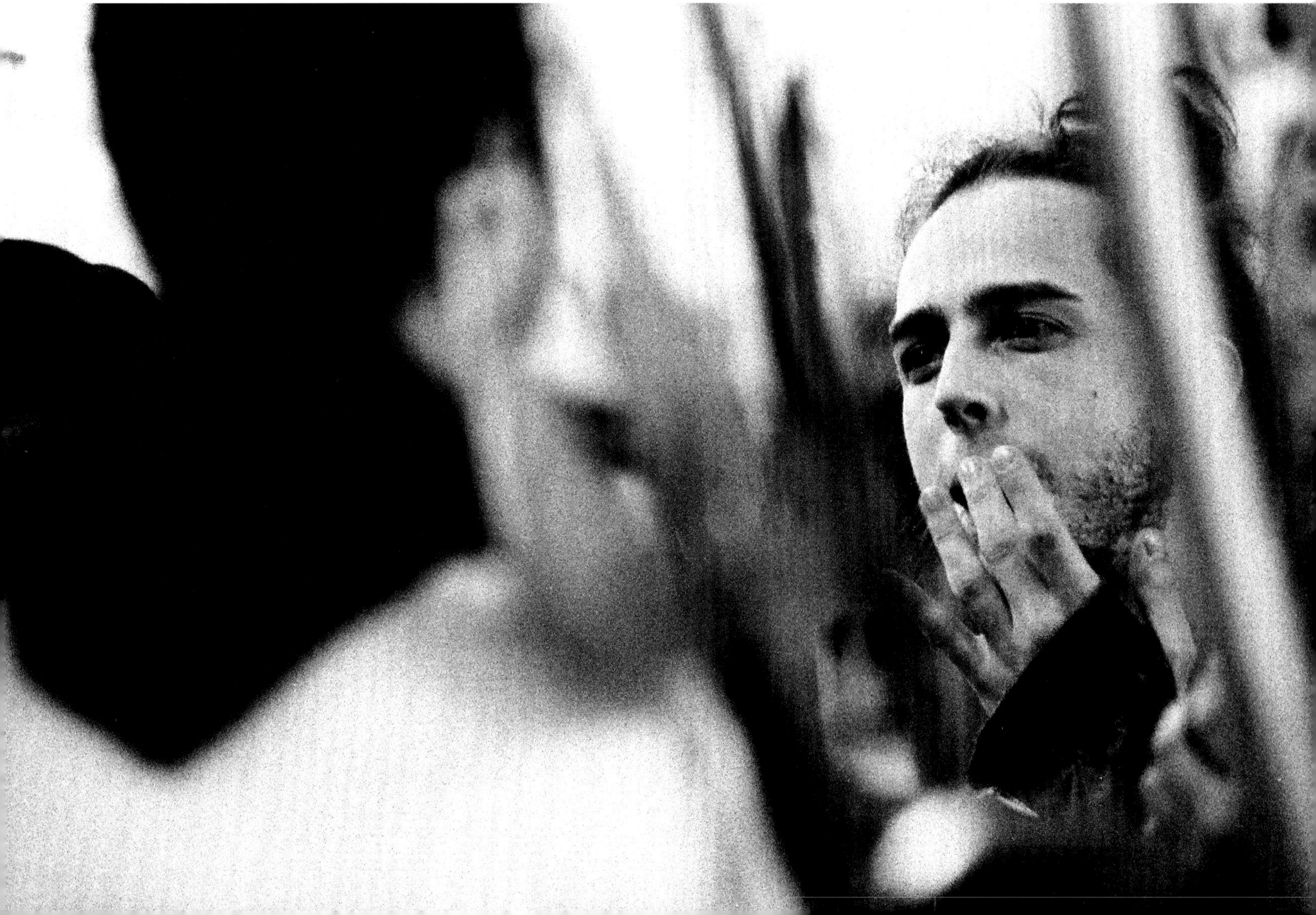

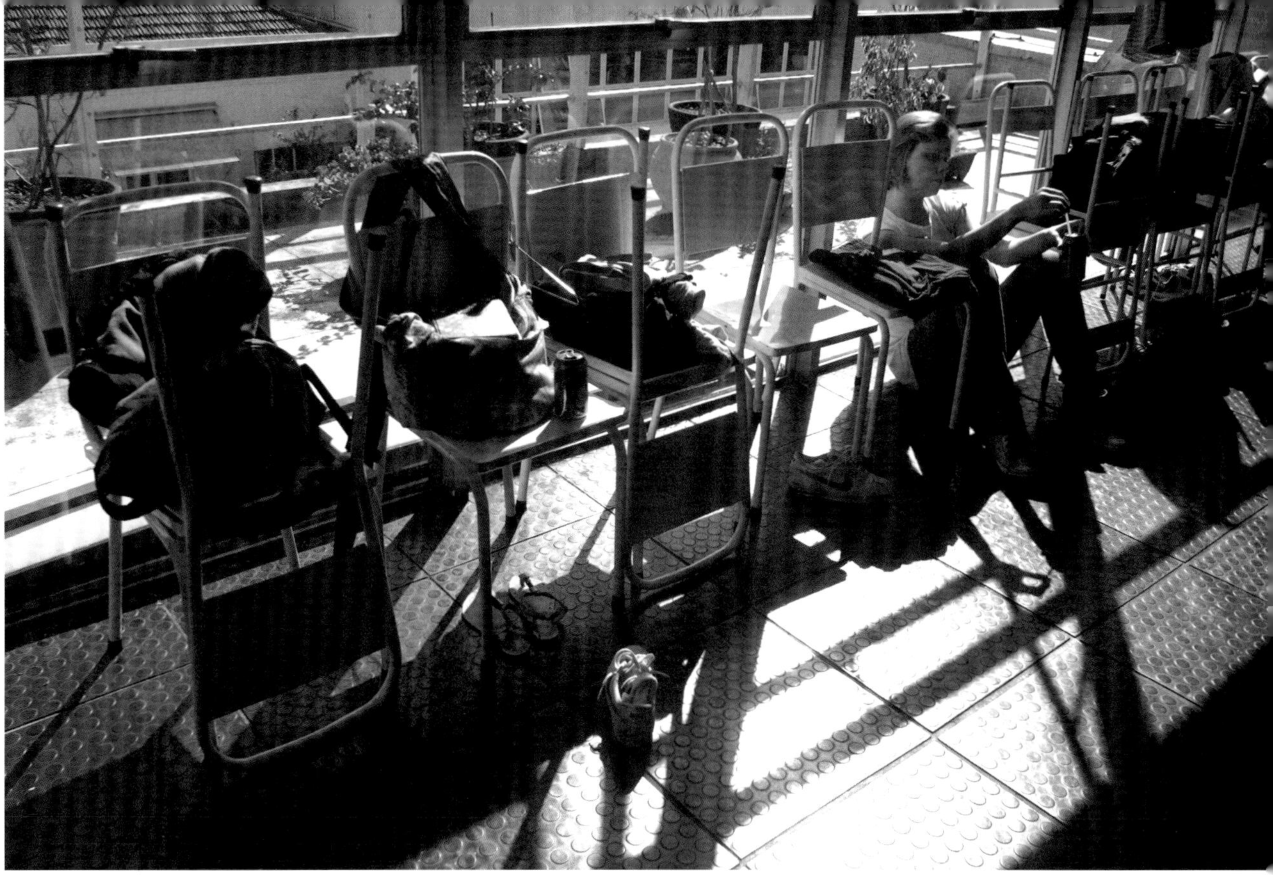

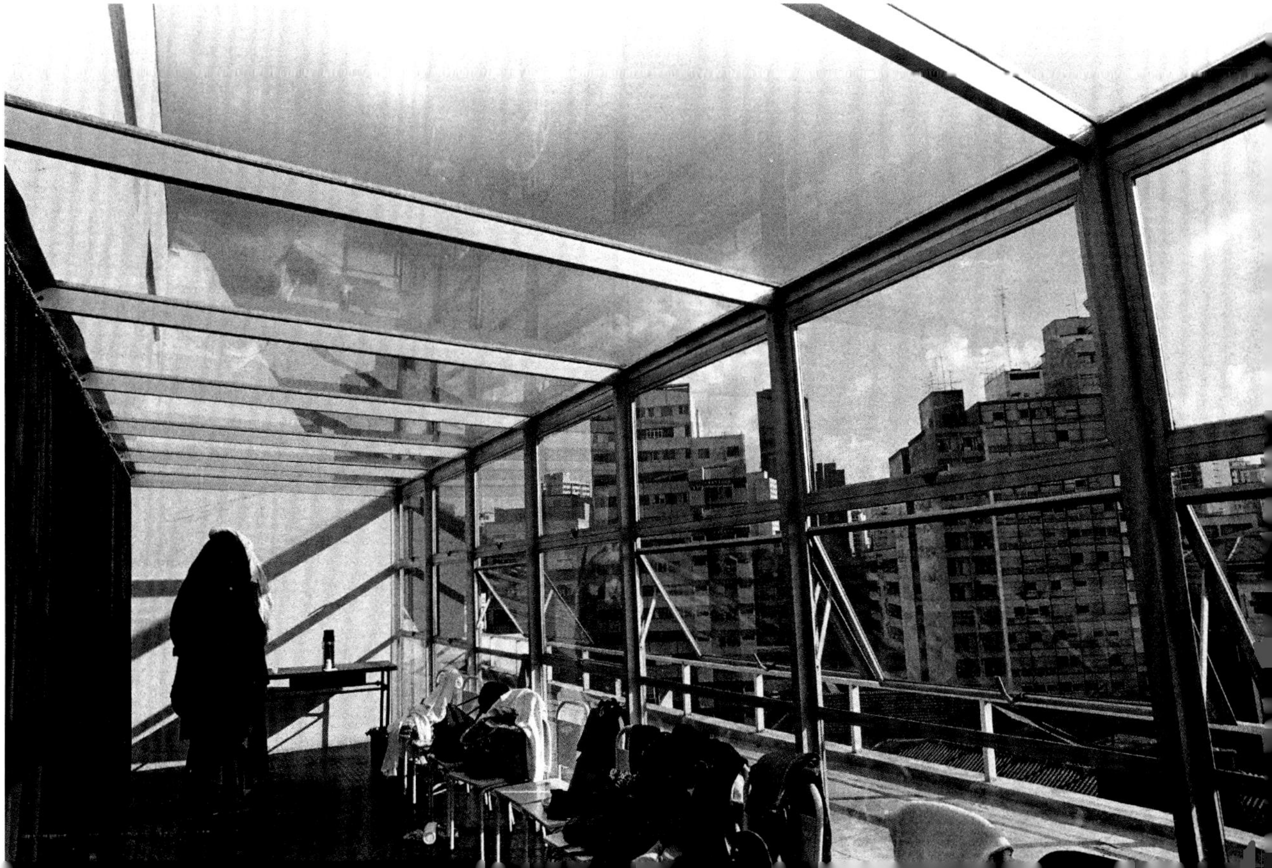

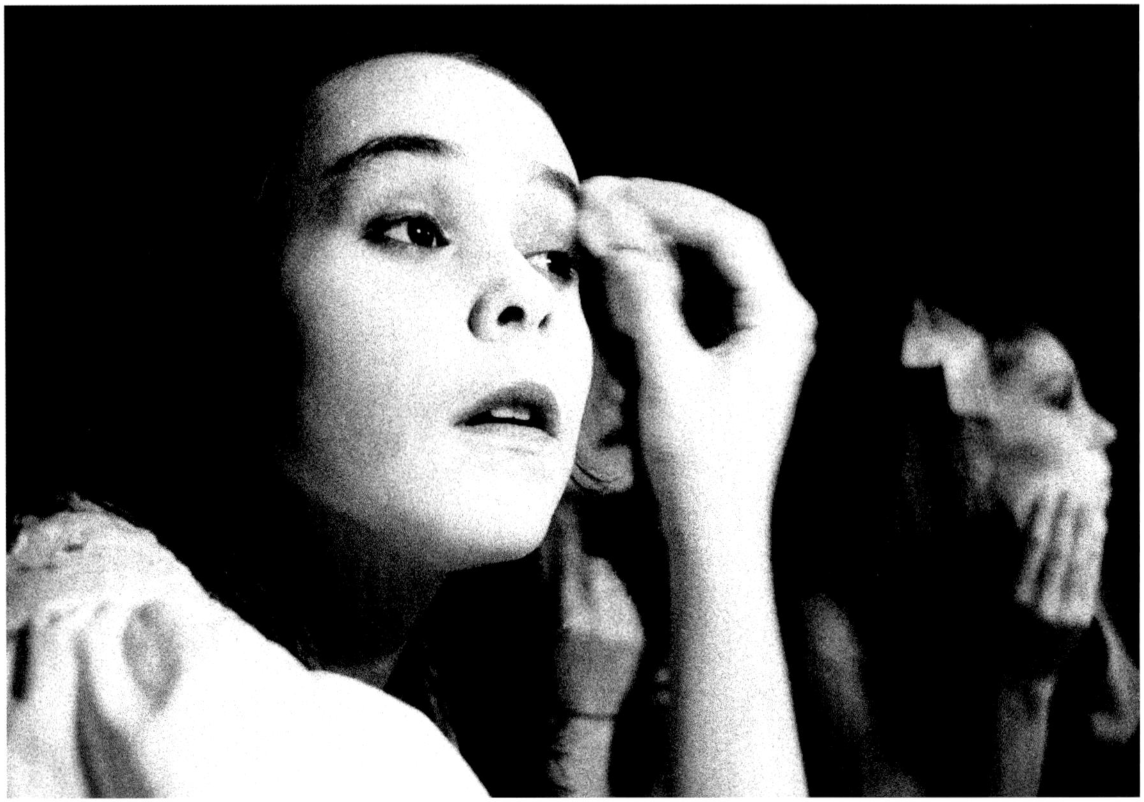

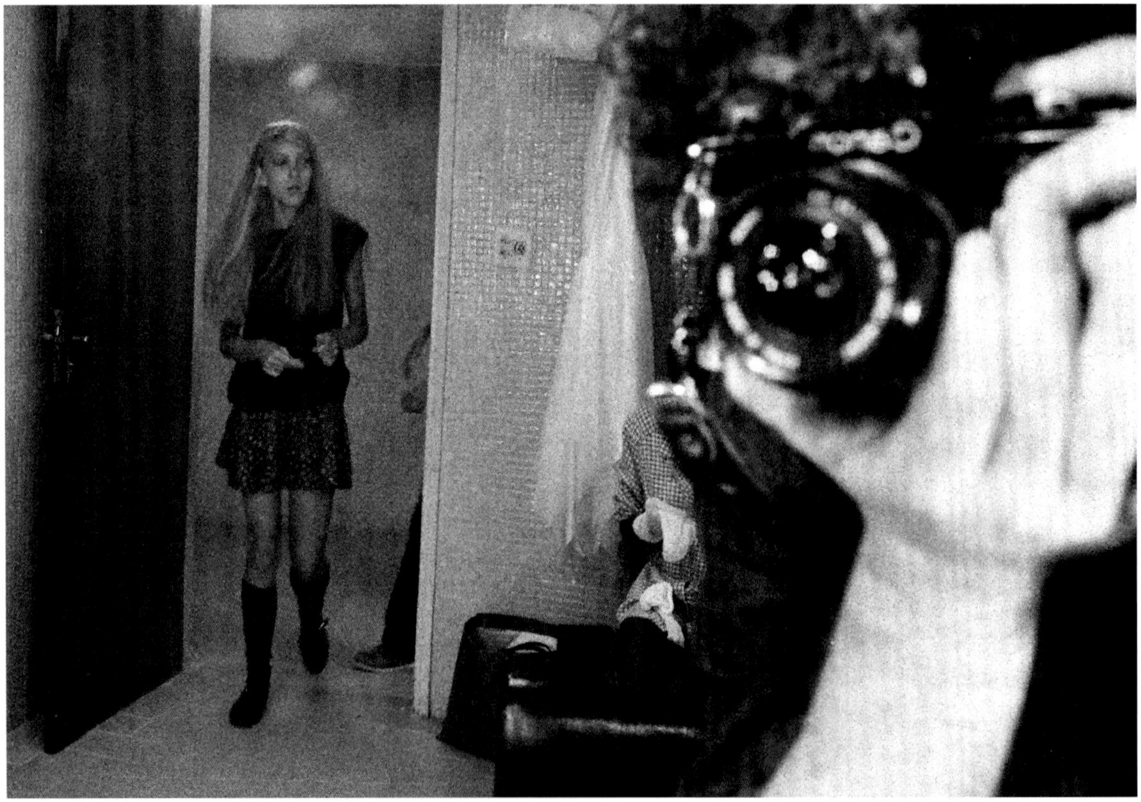

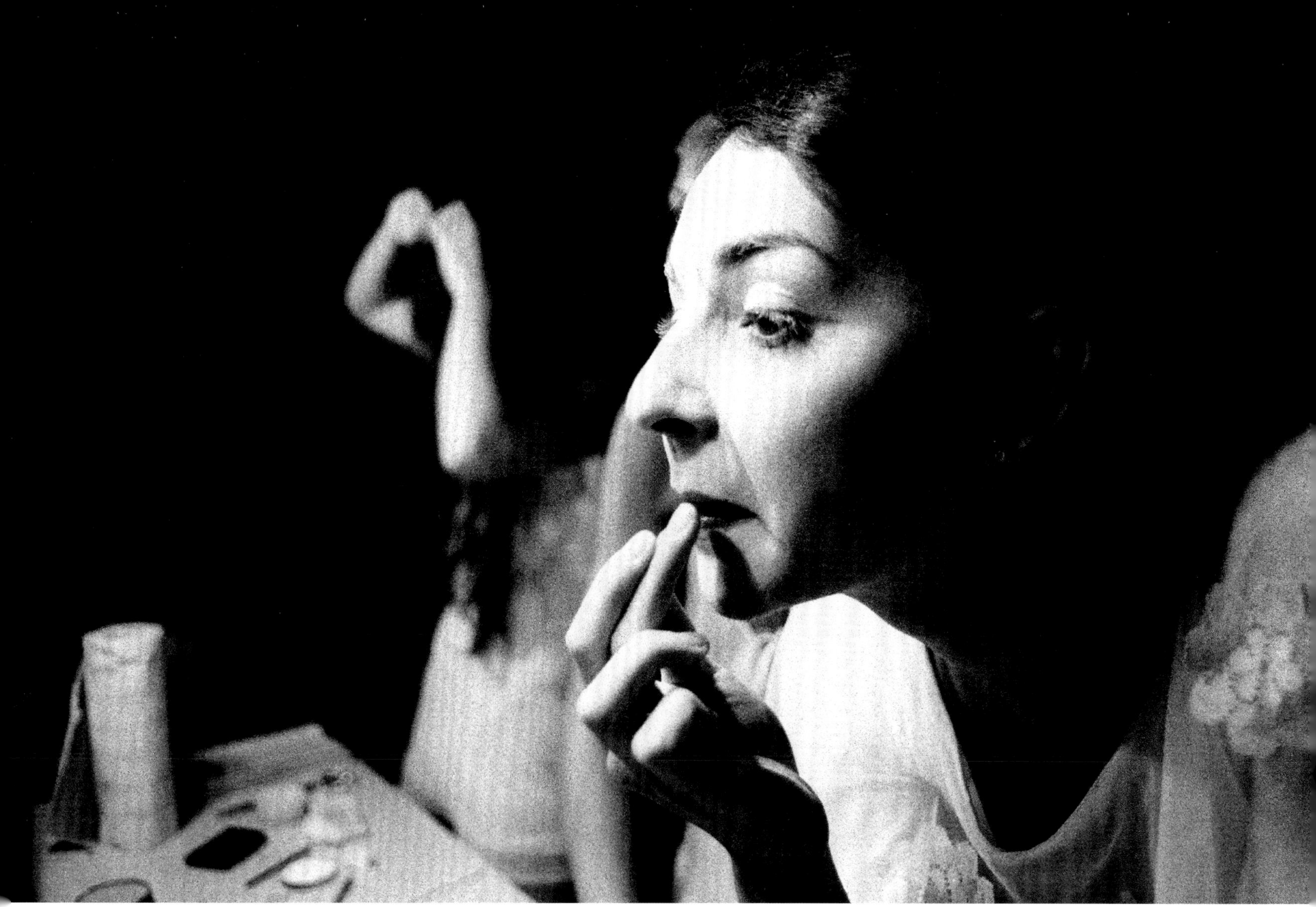

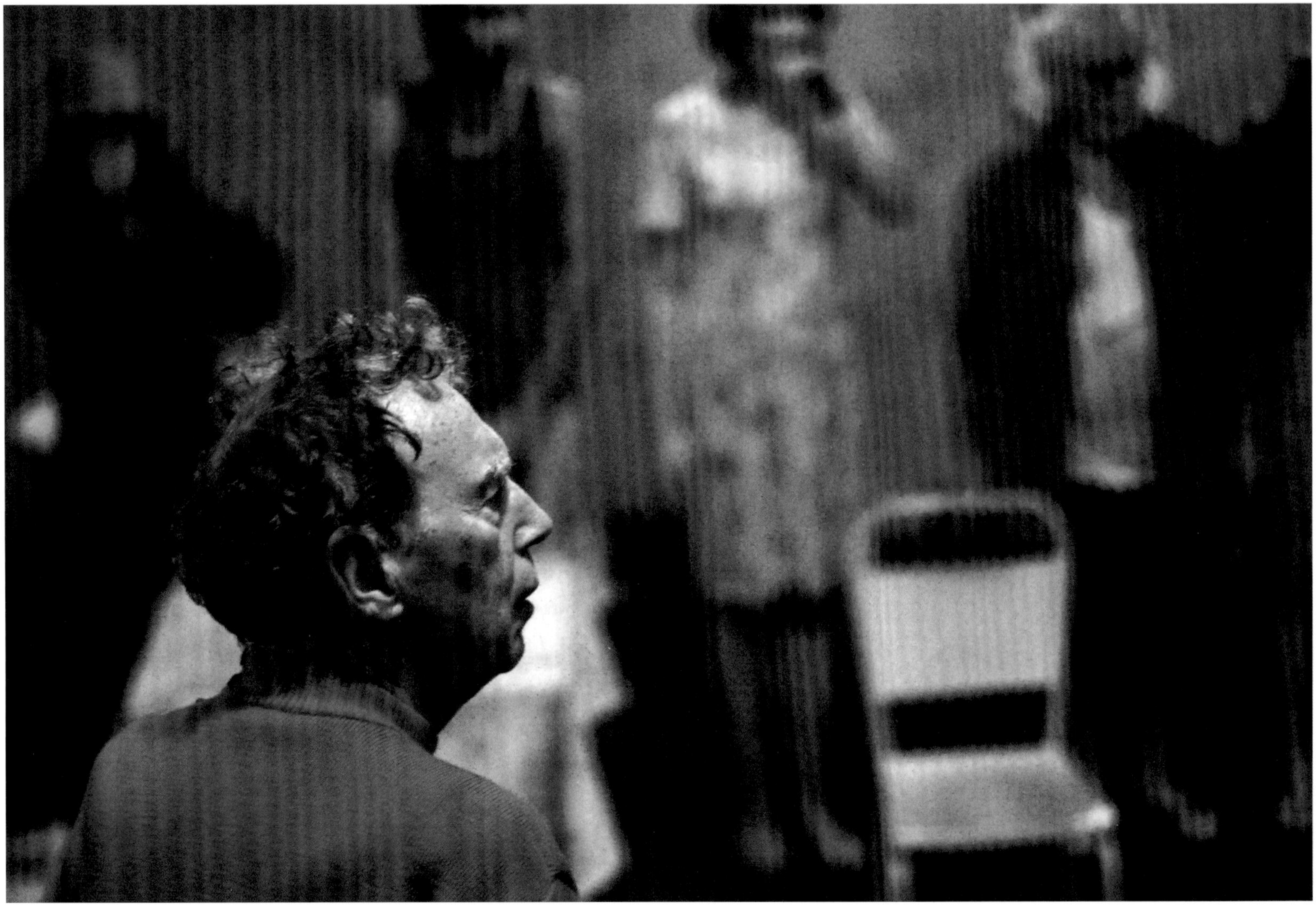

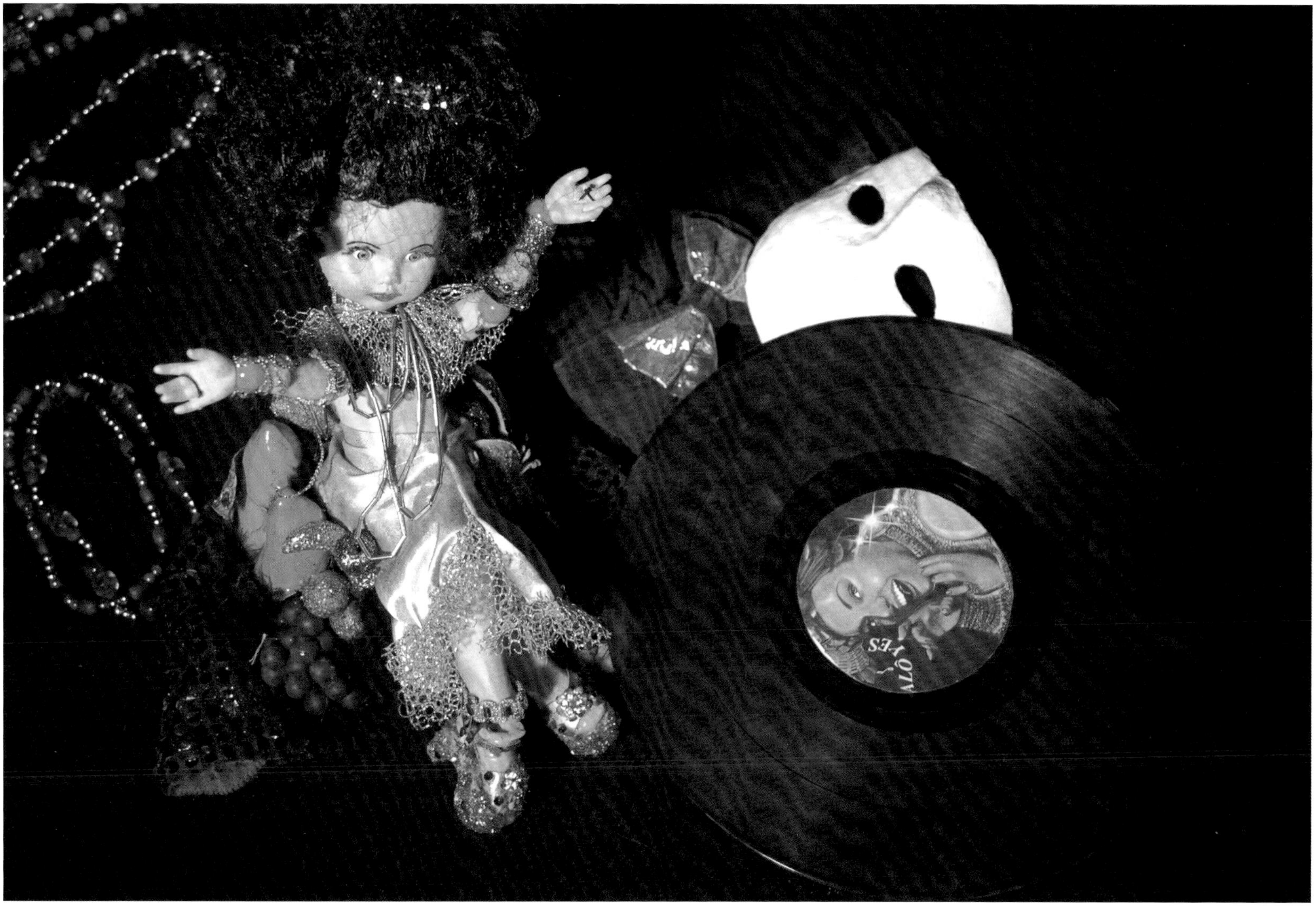

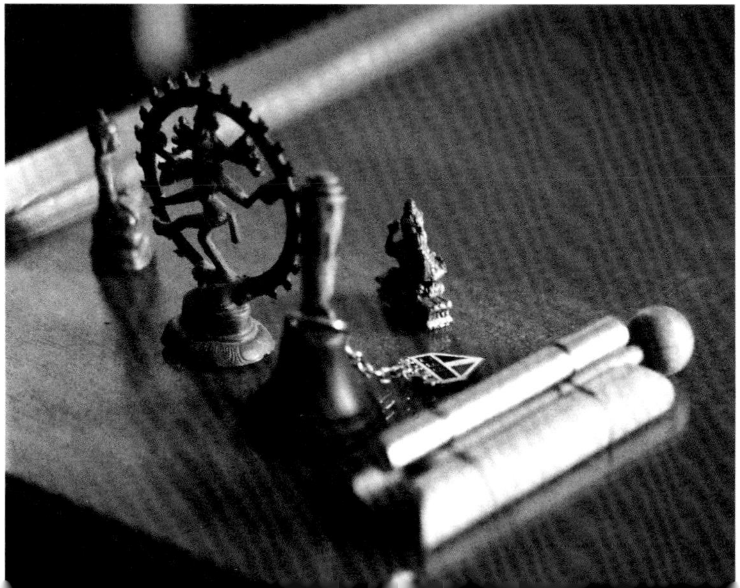

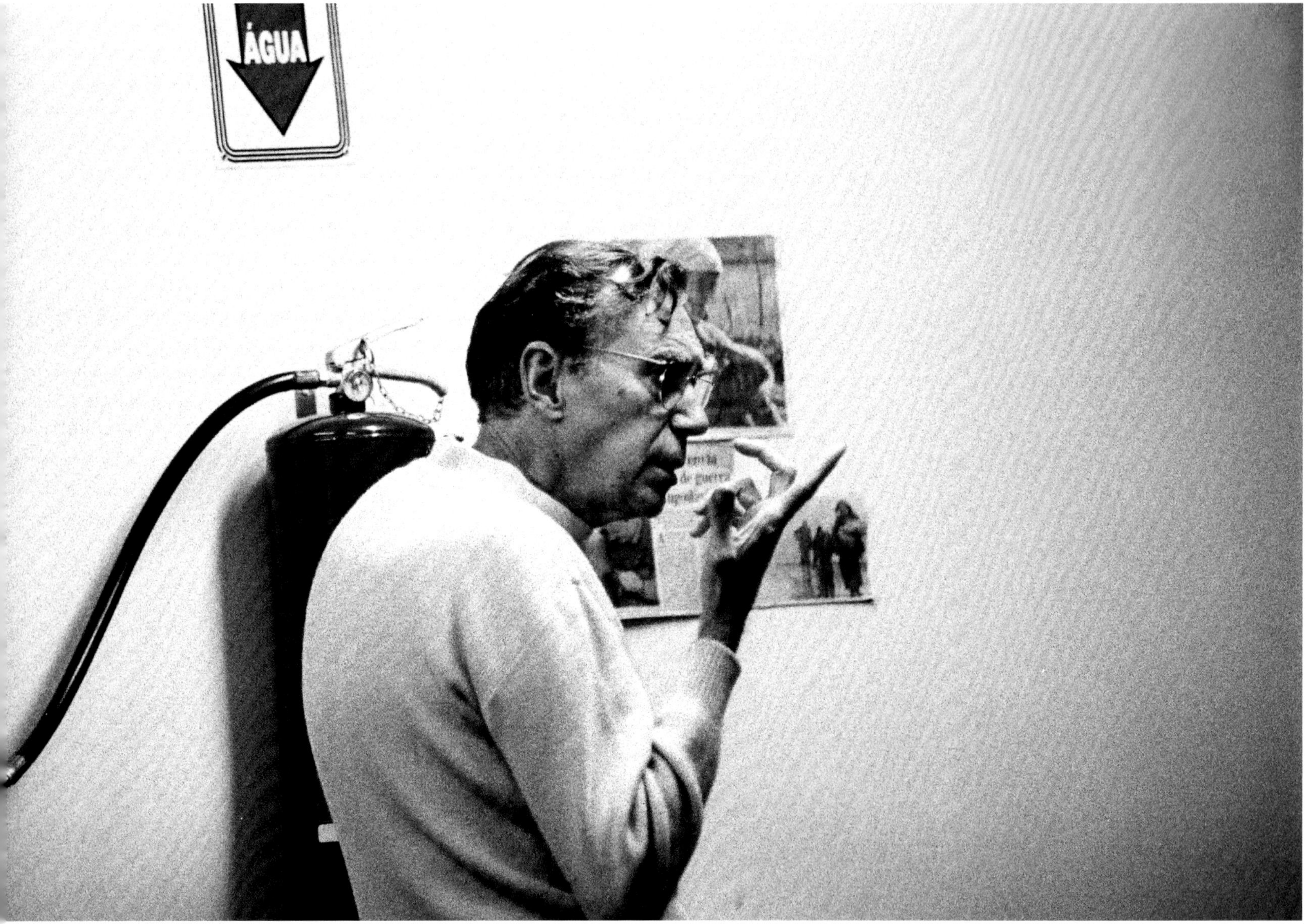
ÁGUA

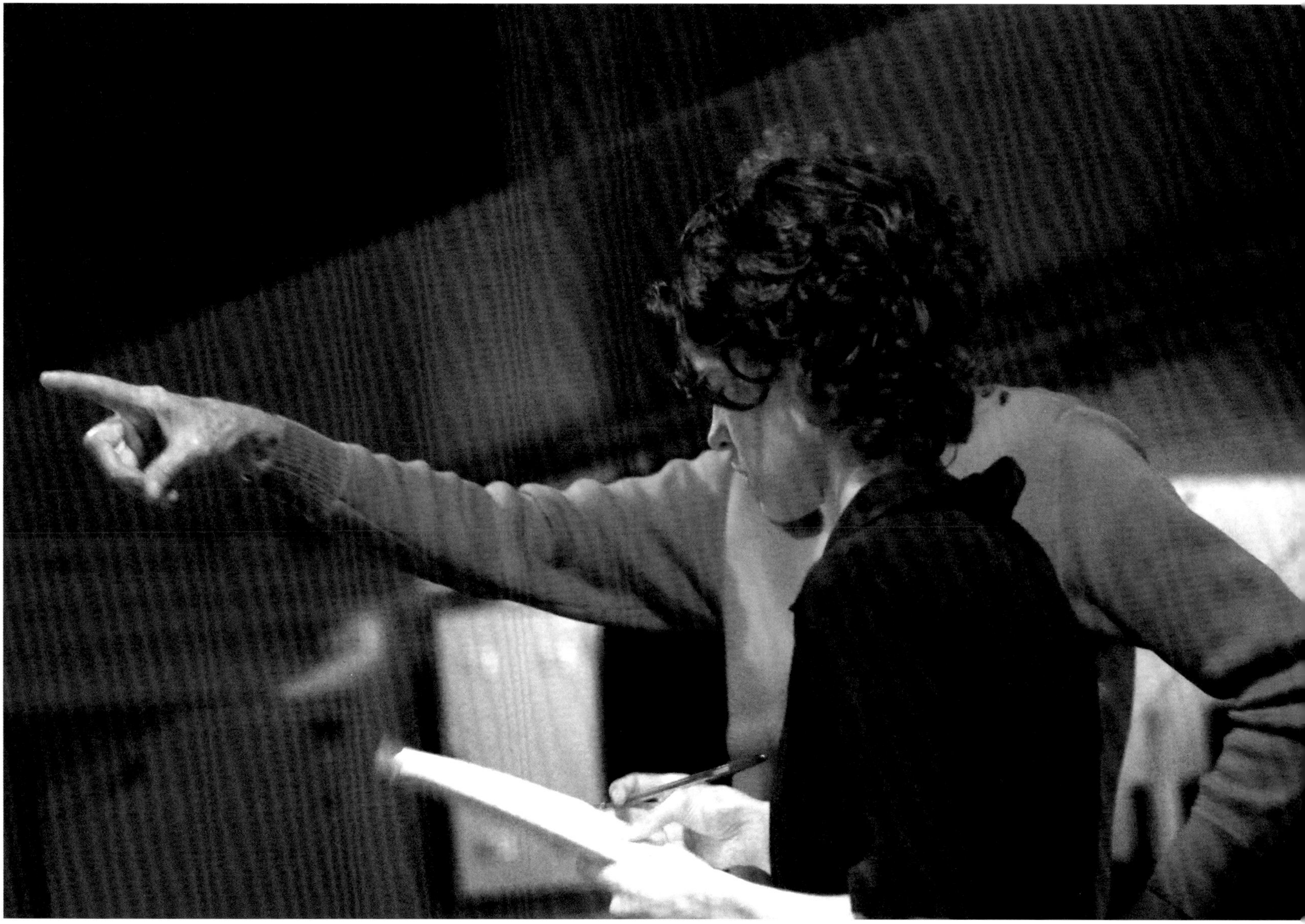

CPT - CENTRO DE PESQUISA TEATRAL DO SESC

Medéia – 2001
Eurípedes
Antunes Filho
Matsuka
Ozelo

THEATRE DES AMANDIERS · NANTERRE
MAISON DES CULTURES DU MONDE
GRUPO DE TEATRO
MACUNAIMA
CPT - CENTRO DE PESQUISA TEATRAL DO SESC
TRABALHO
EM
ANDAMENTO
POLICARPO
Guerra do Paraguai
trouxe avanços
para a medicina
POLICARPO
BRAZIL

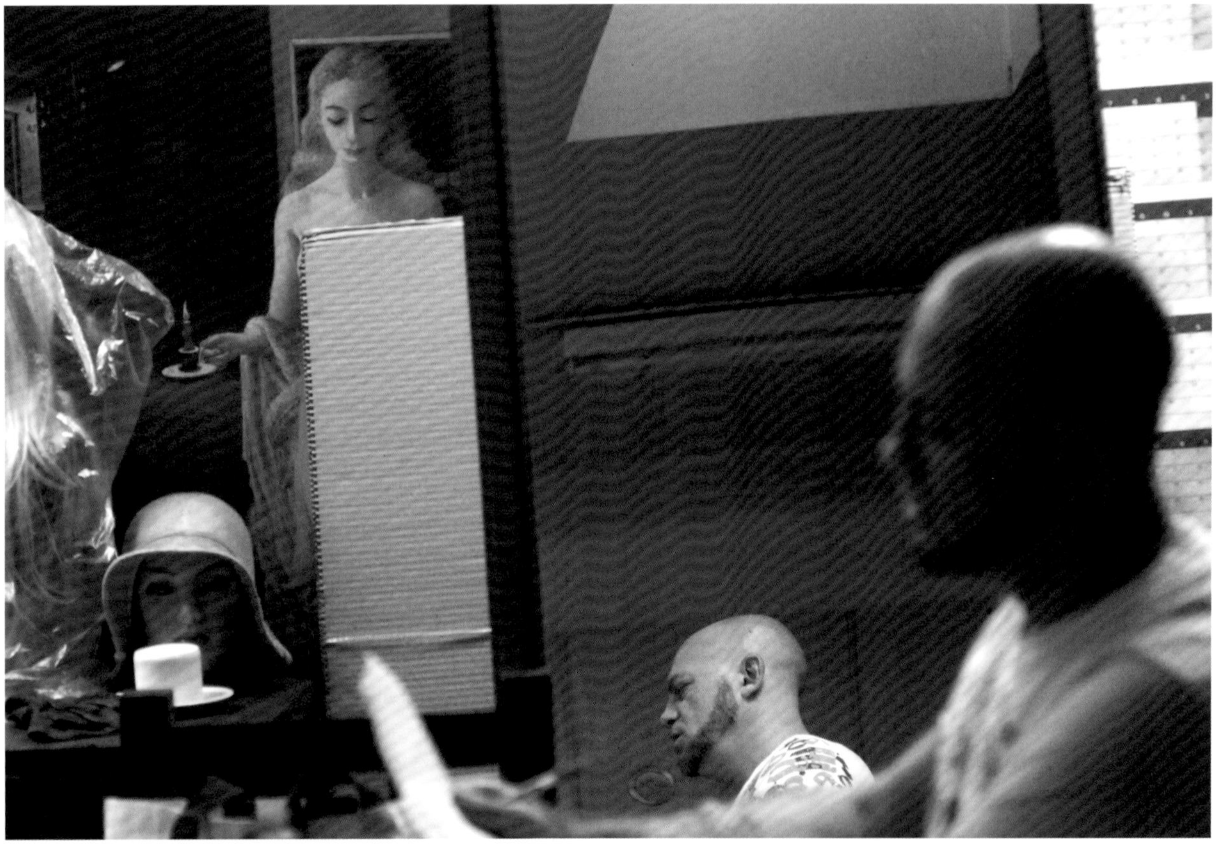

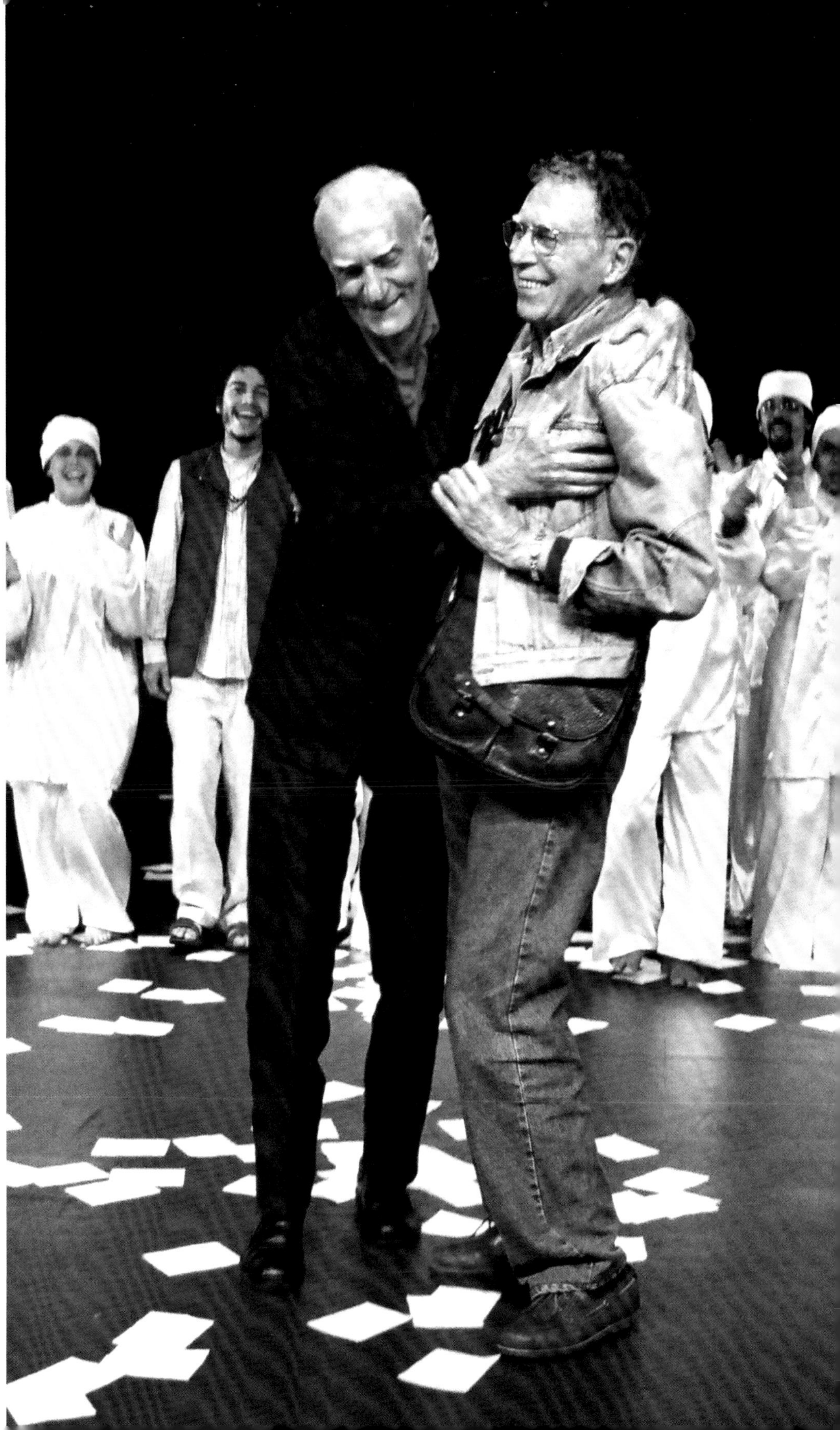

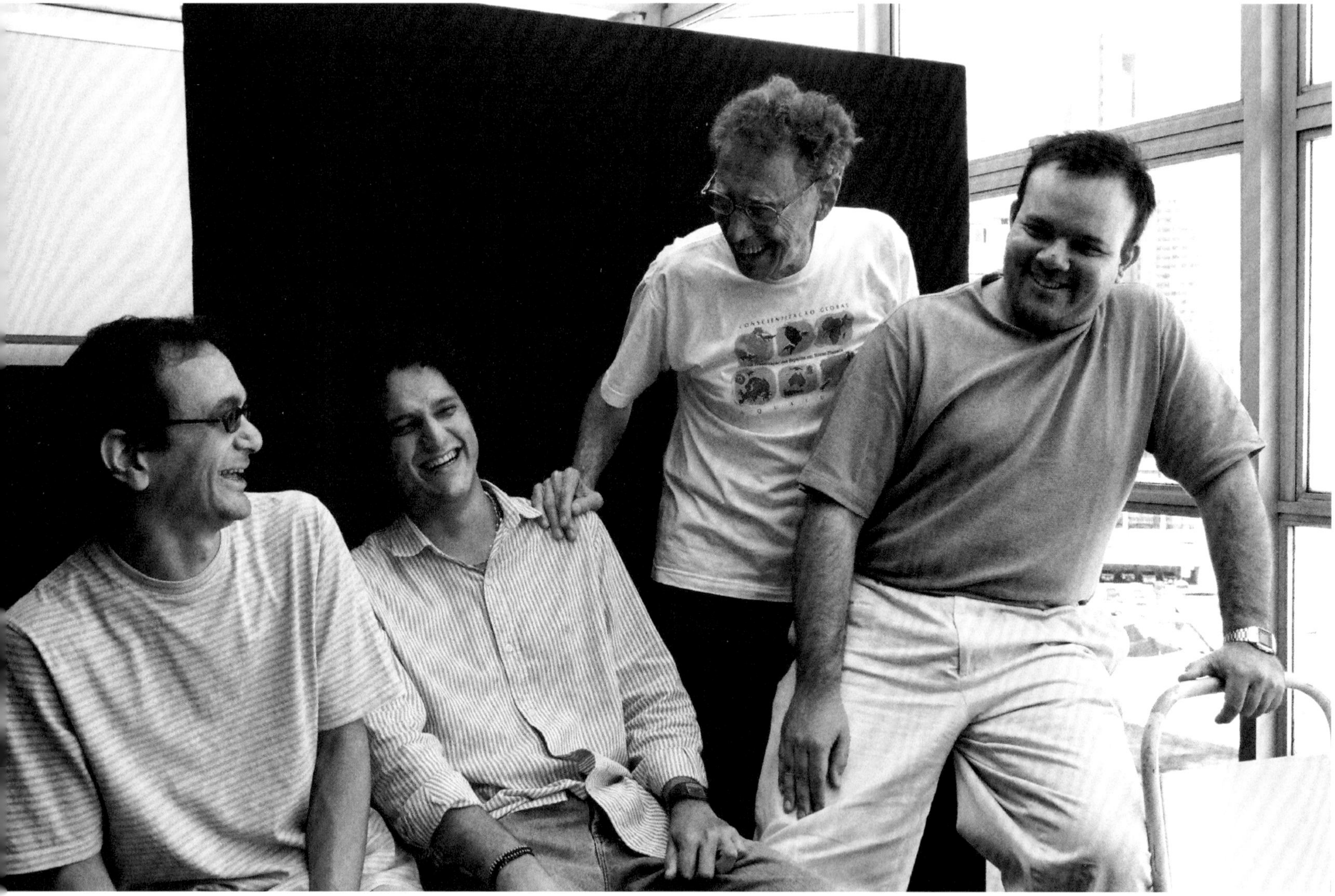

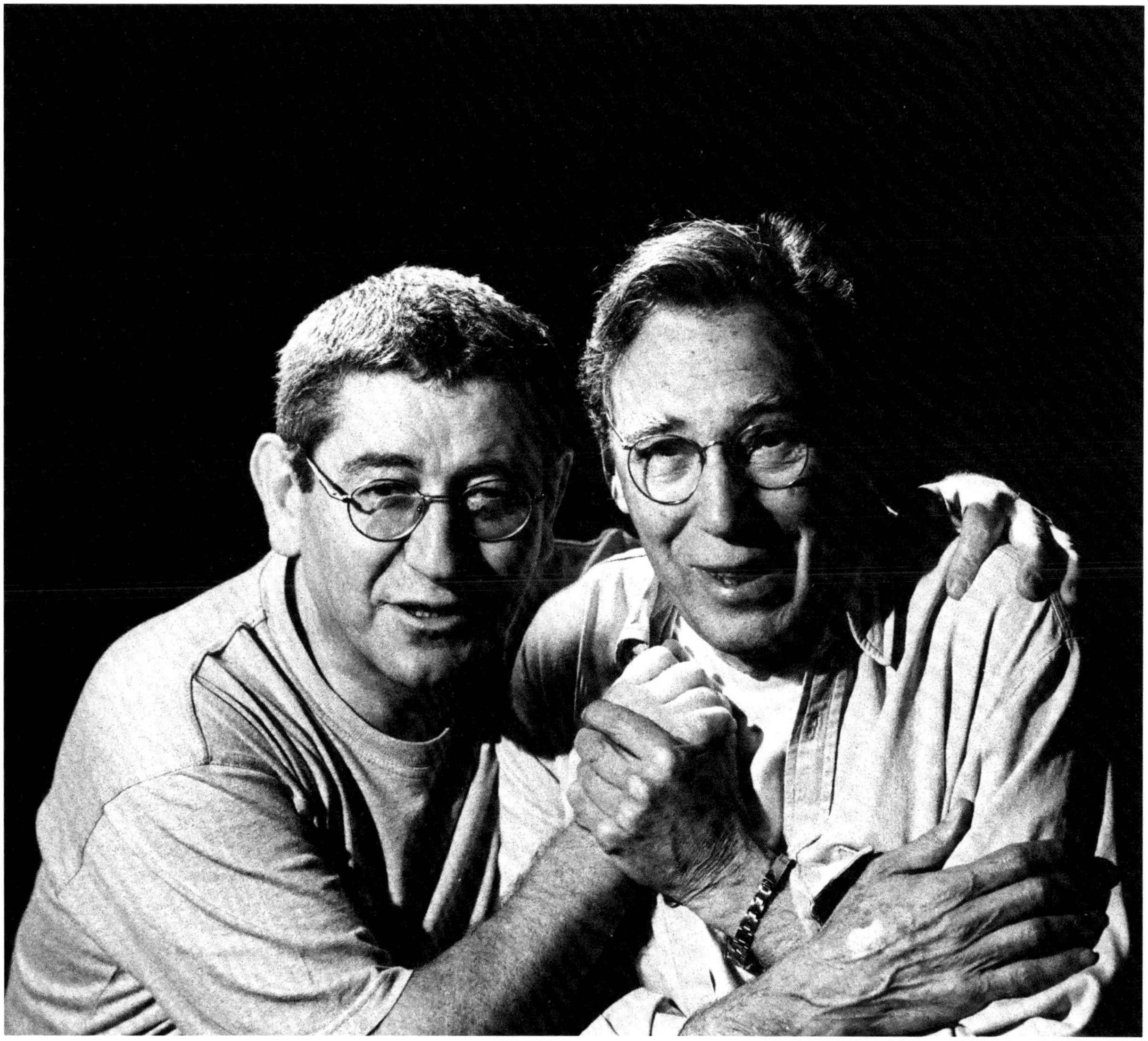

# *Poeta da cena*

## Sebastião Milaré

## Primeiros tempos

Infância e adolescência ele passou no bairro da Bela Vista, o Bixiga, na região central de São Paulo, onde nasceu em 12 de dezembro de 1929. José Alves Antunes Filho é o nome de batismo. Zequinha foi o apelido do moleque. Chamou-se José Alves ao estrear como ator de curtíssima carreira. Antunes Filho é o nome com que se consagrou no teatro brasileiro e depois no mundo todo, firmando-se entre os principais diretores contemporâneos, grande poeta da cena.

Confessa que foi menino desobediente. *Era moleque de rua mesmo*, diz ele. *Bravo, mas não forte: apanhava muito, e vivia apanhando porque desobedecia sempre.* Jogava futebol com a molecada nas ruas e terrenos baldios. Amava cinema. Às vezes tomava bonde e ia a bairros distantes para ver filmes. Também gostava de circo. A mãe, apaixonada por teatro, fez dele seu acompanhante nas frequentes idas às salas de espetáculos. Teve então a possibilidade de ver grandes figuras dos anos 1930 e 40, como Mesquitinha, Dulcina de Moraes, Procópio, Jayme Costa, Alda Garrido, Vicente Celestino, Beatriz Costa. Assim, junto à paixão pelo futebol e pelo cinema, ainda criança sentia crescer outra, que mais tarde o dominaria completamente: o teatro.

São Paulo, no imediato pós-guerra, era cidade provinciana, de certo modo pacata, que permitia aos adolescentes circularem por toda parte sem grandes riscos. E Zequinha circulava muito. Tinha curiosidade por tudo e se metia em todos os cantos, não raro envolvendo-se em encrencas com a molecada parceira. Seu pai, comerciante português muito rigoroso na educação dos filhos, o obrigava a ir à missa todos os domingos, na Igreja de São Francisco. Como não havia catecismo nem reza que acalmasse o garoto e fosse capaz de mantê-lo sob controle, o pai decidiu arrumar-lhe emprego. Mas também no emprego o pequeno rebelde não sossegava. Passou do comércio ao serviço público, sendo admitido no Cadastro Imobiliário da Prefeitura, na função de contínuo. Foi lá que conheceu Osmar Rodrigues Cruz, a pessoa que o conduziria ao palco.

Estudante de economia, Osmar cada vez menos se interessava pelos números e mais pela arte dramática. Fundara dois anos antes, em 1945, um grupo amador no Centro Acadêmico Horácio Berlinck, a que deu o nome de Teatro Escola. Na repartição pública, Zequinha e Osmar muitas vezes esqueciam o trabalho e ficavam trocando ideias, falando de teatro e cinema.

Em 1947, o Teatro Escola apresentou no Teatro Municipal de São Paulo *Os espectros*, de Ibsen, e Osmar convidou Zequinha para ver o espetáculo. Ele foi, e a partir daí não deu mais trégua ao outro. Quis entrar para o grupo. Entrou. Fazia de tudo lá dentro, e sempre com muito entusiasmo. Falava pelos cotovelos, metia-se em todos os assuntos e sempre reivindicava papel na próxima montagem. No ano seguinte, Osmar decidiu encenar a comédia *Adeus, mocidade...*, de Sandro Camásio e Nino Oxilia, e deu-lhe um papel.

Foi assim que Zequinha chegou ao teatro: como ator. Estreou no dia 4 de setembro de 1948, fazendo o papel de Ernesto em *Adeus, mocidade...*, sob direção de Osmar Rodrigues Cruz, no Conservatório Dramático e Musical de São Paulo.

Há controvérsias quanto ao desempenho do estreante. Osmar garantia: ele até que se saiu bem. Mas o próprio não viu a coisa por esse prisma. Diz ter se sentido "tão à vontade", que esqueceu o texto, deu-lhe um tremendo *branco*. Apavorou-se. Talvez Osmar tenha sido condescendente, mas sem dúvida há exagero da parte de Zequinha, ou melhor, de José Alves, que foi o nome artístico então usado, numa clara demonstração de que o Zequinha já não existia mais. Agora o moleque tinha meta, e não era a Faculdade de Direito, como gostaria seu pai, mas o teatro.

A crescente paixão por arte dramática não o isolava em meio à sua geração, pelo contrário: conectava-o à legião de jovens da classe média paulistana que naquela época se via atraída pelo tablado.

O movimento renovador no teatro brasileiro foi iniciado nos anos 1920, no Rio de Janeiro, por Renato Vianna; deu-lhe sequência o Teatro do Estudante nos anos 1930; depois foi impulsionado por *Os Comediantes* nos anos 1940. Esse movimento ecoava em São Paulo no Grupo Experimental de Teatro, dirigido por Alfredo Mesquita, assim como no Grupo Universitário de Teatro, criado por Lourival Gomes Machado e Décio de Almeida Prado na Universidade de São Paulo – USP, e no Grupo de Artistas Amadores, de Madalena Nicol e Paulo Autran. Ecoava, certamente, em outros grupos, como no Teatro Escola de Osmar Rodrigues Cruz, mas aqueles três, cujos líderes eram figuras da elite paulista, têm especial importância porque foi para lhes dar uma sede e possibilidade de produção contínua que o empresário Franco Zampari fundou o TBC – Teatro Brasileiro de Comédia, em 1948. Nesse mesmo ano e no mesmo prédio da Rua Major Diogo, na Bela Vista, Alfredo Mesquita fundou a Escola de Arte Dramática.

Esses projetos, que davam alento ao teatro em São Paulo, surgiam logo em seguida à estreia de José Alves como ator e indicavam novas perspectivas aos que sonhavam com a carreira artística. Na mesma época, chegou a São Paulo a histórica montagem de *Hamlet*, pelo Teatro do Estudante do Brasil, que consagrou o ator Sérgio Cardoso. Amadores de São Paulo foram convidados a fazer figurações no espetáculo. E José Alves foi um dos escolhidos, participando das apresentações paulistas dessa obra histórica.

Graças à alta qualidade da programação feita pelos grupos amadores nele sediados, o TBC tornou-se ponto de encontro da elite paulistana. Percebendo a potencialidade comercial do empreendimento, Franco Zampari o profissionalizou, no ano seguinte ao da fundação, e contratou encenadores europeus de primeira linha, quase todos italianos – Luciano Salce, Adolfo Celi, Flaminio Bollini Cerri, Ruggero Jacobbi –, e também o aqui já célebre polonês Ziembinski. A ideia do empresário era constituir um repertório moderno e de alto nível tanto literário quanto cênico. O TBC inovava também em termos de organização da companhia, por se estruturar à imagem de empresa industrial. Embora o ambicioso projeto viesse mais tarde a se mostrar insustentável, teve o mérito histórico de consolidar a modernização do teatro brasileiro.

Aquele tempo foi rico em atos que levavam à transformação cultural do país, o que atingia todas as áreas expressivas e propiciava a chegada e a circulação de novas ideias, de novos gostos literários e artísticos, novas tendências. E José Alves estava sintonizado com esse movimento, com essas tendências todas.

Mais uma vez quis ser ator. Corria o ano de 1950 quando o grupo de teatro fundado na Escola Politécnica, também dirigido por Osmar Rodrigues Cruz, abriu testes aos interessados em atuar na montagem de *Nossa cidade,* de Thornton Wilder. José Alves apresentou-se e não foi aprovado pela comissão encarregada da seleção dos candidatos.

Esse fato viraria anedota entre os envolvidos, que o relembram entre risadas, pois Antunes acusava Osmar de boicotá-lo no teste. Mas o fato serviu-lhe de pretexto para se afastar do Teatro Escola e criar um grupo com Reynaldo Jardim, Nelson Coelho e Aycilma Caldas. Encerrou as atividades mal iniciadas de ator e assumiu a função de encenador.

Discretamente, o grupo ensaiou a peça *A janela,* escrita por Reynaldo Jardim, e a apresentou de surpresa aos amigos. Não existem informações sobre a obra senão o depoimento de gente que a viu, como Coelho Neto, irmão de Nelson Coelho, que afirma ter sido o espetáculo *toda uma invenção.* De qualquer modo, foi a sua largada definitiva na função em que se consagraria entre os melhores do mundo. Junto à carreira de ator, ele deixava para trás o nome artístico José Alves e assumia o de Antunes Filho.

Começou ali o belo caminho do artista.

O grupo não foi adiante, mas Antunes Filho saiu fortalecido da primeira experiência como encenador. Já não tinha qualquer dúvida quanto ao que pretendia fazer pelo resto da vida e passou a ler muito, a se preparar como fosse possível, a tentar criar novo grupo, a buscar meios que o levassem para dentro do ambiente teatral. A energia que antes desperdiçava nas ruas, com a molecada, passou a ser canalizada para esse objetivo. O que não abdicava, até por ser do seu temperamento sagitariano, era da rebeldia, da extrema curiosidade por tudo e de uma irresistível tendência a criar novos horizontes através da transformação das coisas.

A recente fundação de grandes museus em São Paulo — o Museu de Arte de São Paulo - MASP por Assis Chateaubriand e o Museu de Arte Moderna - MAM por Cicillo Matarazzo —, instalados no prédio dos Diários Associados, na Rua 7 de Abril, não só trouxe obras de Goya, Velázquez, Rembrandt, Picasso, Cézanne, Monet e outros mestres. Propiciou também a criação de ciclos de palestras e debates, estimulando a reflexão aos interessados, aprimorando-lhes o conhecimento sobre a arte moderna e os novos meios de expressão.

Antunes ama artes plásticas, especialmente a pintura. Museus e exposições de arte são espaços que, desde aquela época, visita com prazer e grande interesse. E, além da pintura de artistas geniais, o MAM abrigava a Cinemateca Brasileira, mais uma razão para se tornar um dos seus lugares preferidos.

Fanático pela "7ª arte", ali viu quase tudo do cinema mudo, do expressionismo alemão, do cinema soviético, obras que raramente entravam em cartaz no circuito comercial da cidade. Um filme que o deslumbrou foi *A paixão de Joana d'Arc*, de Carl T. Dreyer, com memorável interpretação de Mlle. Falconetti e magnífica fotografia de Rudolph Maté. A obra o marcou profundamente. Através dela, constatou as possibilidades artísticas do cinema e, é claro, do teatro. Talvez tenha sido esta a mais importante influência então recebida, ao lado das leituras de Sartre.

Outra influência de fundamental importância, que assimilaria nos anos seguintes, foi a do pintor e gravador catalão Joan Ponç. Nas suas idas aos museus, tanto para ver arte quanto para ouvir palestras, Antunes conheceu o artista que, encantado com a inteligência e a curiosidade do rapaz, de certo modo o adotou como discípulo. Iam juntos às exposições, e Ponç lhe esclarecia aspectos técnicos da pintura, o porquê dessa cor, o sentido do traço, a importância de volumes e transparências, as diferenças entre escolas. Seus ensinamentos caíam em solo fértil, gerando ideias estéticas e conceitos artísticos que Antunes viria a aplicar de modo brilhante no teatro.

A Cinemateca instalou no MAM o Centro de Estudos Cinematográficos, e Antunes foi um dos primeiros a se inscrever. Ali ampliou o círculo de amigos que, como ele, queriam seguir carreira artística e encontrou espaço para a fundação do seu segundo grupo, o Teatro da Juventude, em 1951. Alguns nomes do grupo fariam carreira no teatro, no cinema e na televisão, como Manuel Carlos, Fabio Sabag, Egydio Eccio, mas era sua a incontestável liderança, conforme evidenciam as notícias então publicadas em colunas teatrais.

O Teatro da Juventude funcionou como aríete, abrindo brechas para que ele, aos poucos, fosse se instalando no teatro profissional. Coisa que não era fácil para o jovem encenador brasileiro, pois a área estava dominada pelos italianos e pelo polonês Ziembinski. Por outro lado, como era grande o interesse pelo teatro em São Paulo e pequeno o número de companhias profissionais, os críticos iam ver espetáculos amadores e, não raro, os comentavam em suas colunas. Desse modo, e em função do seu trabalho com o Teatro da Juventude, Antunes Filho começou a ser apontado como uma das grandes promessas que surgiam no panorama.

Ao contrário do teatro, no qual a atuação do TBC impunha rigoroso profissionalismo, a recém-inaugurada televisão constituía ramo de atividade incipiente, ainda de certo modo amadora. Meio expressivo a ser assimilado e desenvolvido. Ao receber convite para fazer teleteatros na TV Tupi, a única emissora então existente no país, Osmar Rodrigues Cruz confessou-se incapaz de manter um programa semanal, já que os espetáculos eram ao vivo, pois não existia o videoteipe. Então, propôs que também Antunes fosse contratado para dividir com ele a tarefa, alternando entre um e outro as apresentações do *Teleteatro das Segundas-Feiras*. A programação teve início no dia 5 de novembro de 1951, com a peça *O imbecil,* de Pirandello, dirigida por Osmar Rodrigues Cruz. Na segunda-feira seguinte, dia 12, Antunes estreou na televisão dirigindo *O urso*, de Tchéchov, com o Teatro da Juventude.

Mesmo apresentando um teleteatro a cada quinze dias, ele continuava fazendo espetáculos amadores com o grupo. A televisão nesse caso tinha a virtude de subsidiar suas experiências, já que lhe dava dinheiro suficiente para, de algum modo e ainda que precariamente, "viver da arte". Mas era o teatro o seu destino e o seu desafio.

Em 1952 dirigiu a peça *Os outros*, de Gaetano Gherardi, com o Teatro da Juventude. O trabalho integrou a programação que a Sociedade Paulista de Teatro realizava no Teatro Municipal de São Paulo e foi visto por importantes críticos, como Décio de Almeida Prado, Clovis Garcia e Ruggero Jaccobi – este, brilhante intelectual italiano, alternava a função de encenador no TBC com a de crítico, defendendo obstinada e sinceramente os jovens diretores brasileiros, que conhecia através do movimento amador. Todos falaram da potencialidade artística de Antunes, apesar de o considerarem ainda imaturo e com poucos recursos para dar unidade estilística ao espetáculo.

A surpresa do nosso jovem encenador, no dia da estreia de *Os outros*, foi a visita que lhe fez no camarim Décio de Almeida Prado. Havia pouco tempo Décio deixara a lida de diretor para exercer a função de crítico teatral, no jornal *O Estado de S. Paulo*, e logo conquistou o respeito tanto dos leitores quanto da classe artística. A crítica foi o meio que escolheu para contribuir na batalha pela atualização estética do teatro brasileiro. Permanecia ligado ao TBC, porque ali se dava a desejada atualização. A visita que nesse dia fez a Antunes tinha a ver com isso: queria saber se o jovem diretor gostaria de ir para o TBC como assistente de direção. Ora, como não? Esse era um desejo seu, e ele afirma até hoje: *Fui ao TBC para aprender.* Estavam lá os mestres de que necessitava.

Foi para o Teatro Brasileiro de Comédia como assistente de direção dos europeus e com eles aprendeu não apenas os recursos básicos de uma encenação, mas também que existem diferentes modos ou métodos para se levantar um espetáculo. Tinha grande admiração por Flaminio Bollini, que dava liberdade ao ator para criar, mas também admirava Ziembinski, que determinava até o lugar e a maneira como o ator deveria pôr a mão no espaldar da cadeira ou a inflexão com que deveria pronunciar esta ou aquela frase. Não só com esses grandes diretores ele convivia no TBC; também com atores e atrizes que eram as principais figuras da primeira geração do nosso teatro moderno, como Cacilda Becker, Paulo Autran, Sérgio Cardoso, Nydia Licia. Nos bastidores do TBC encontrou respostas a muitas das suas dúvidas de diretor em início de carreira, e o estágio, de modo geral, lhe forneceu coordenadas para o desenvolvimento do seu trabalho.

Ao entrar para o TBC Antunes já estava com um espetáculo semiprofissional em cartaz no Teatro de Alumínio – a peça infantil *O Chapeuzinho Vermelho*.

O Teatro de Alumínio, instalado por Nicette Bruno na Praça da Bandeira, tinha estrutura de metal desmontável, podendo ser transportado a outros lugares – coisa que nunca aconteceu. A jovem atriz veio do Rio de Janeiro e se radicou em São Paulo porque ficou entusiasmada com a ideia desse teatro desmontável e, buscando espaço para instalar o projeto, o obteve da Prefeitura da capital paulista. O administrador da companhia, Abelardo Figueiredo, circulava entre os amadores, via seus espetáculos e tornou-se amigo de Antunes Filho. Admirava o jovem diretor e o convidou a montar a peça infantil, com o Teatro da Juventude, e fazer temporada no Alumínio, assegurando-lhe a direção de um espetáculo para público adulto a ser levado depois com a Companhia Nicette Bruno.

Assim a coisa se fez e, enquanto o espetáculo infantil cumpria temporada com êxito no Alumínio, a Cia. Nicette Bruno iniciava os ensaios de *Week-end*, de Noel Coward, sob direção de Antunes Filho. Foi aí que, por um desses golpes contrários da sorte, Nicette perdeu o teatro em função de dívidas. Em face das dificuldades econômicas, a companhia viajou por um bom tempo pelo interior do estado com o repertório. Nesse ínterim, Antunes foi para o TBC e aquela montagem teve de ser adiada.

Ao voltar da excursão, buscando meios para reabrir sua casa de espetáculos, Nicette alugou uma loja na Rua Vitória, cujo proprietário era Oswald de Andrade, e com a ajuda da família fez adaptações no imóvel. Ali instalou o TINB – Teatro Íntimo Nicette Bruno, espaço que se abria para debates, sessões de cinema de arte, performances. Foi ali que, no dia 2 de outubro de 1953, Antunes Filho estreou profissionalmente, dirigindo *Week-end*, com Nicette Bruno, Eleonor Bruno, Paulo Goulart, Kleber Macedo, Elíseo de Albuquerque, Suzana Morel, Guilherme Corrêa, Elisabeth Henreid e Ruy Affonso no elenco.

Sucesso absoluto, de público e de crítica. Esta, a "especializada", como dizia Dercy Gonçalves, fazia alguma objeção ao fato de os atores não representarem o original inglês como ingleses. O assunto mereceu duas resenhas de Cavalheiro Lima, no *Diário da Noite*, discordando dos colegas e falando de "um estilo brasileiro de direção". Toda a sua argumentação girava em torno da necessidade de se criar um "estilo" apropriado ao ator e ao público brasileiro, em lugar de os intérpretes forçarem a barra, como era comum, na imitação de britânicos ou cidadãos de outras nacionalidades, caindo no mais pobre estereótipo, sem entender humanamente os personagens.

A questão era de extrema importância, porque o teatro brasileiro moderno estava começando e ainda ecoava nos palcos o sotaque lusitano. Os atores tinham sido obrigados a usá-lo até pouco tempo antes, numa sobrevida teimosa do obsoleto teatro luso-brasileiro.

Por outro lado, no TBC, com a atuação dos italianos e do polonês, a estética era fatalmente "europeia" e os intérpretes aspiravam a parecer mais europeus do que brasileiros. Embora isso não lhes passasse pela consciência, era o triunfo do neocolonialismo.

Assim, quando falava em *um estilo brasileiro de direção*, Cavalheiro Lima abria debate de imensa importância cultural, mas que de fato jamais foi plenamente estabelecido. Antunes Filho, no entanto, demonstraria mais tarde ter, sim, essa consciência. Realizaria pesquisas metódicas em busca de técnicas que fossem pertinentes à cultura brasileira, que, em vez de servirem ao ator como "camisas de força", o ajudassem a expressar artisticamente a humanidade brasileira e, também, a entender o Outro.

A despeito desses "poréns", *Week-end* foi um êxito, inclusive do ponto de vista da bilheteria, que competia com a do TBC, então o parâmetro máximo. Mas isso não teve utilidade prática para a carreira de Antunes. Demoraria ainda cinco anos para realizar sua segunda direção profissional. Voltou à assistência de direção no TBC e ali completou um ano e meio na função. Isto, sim, lhe trazia benefícios, pois estava aprendendo com os melhores mestres possíveis naquele contexto.

Surgiam novas companhias encabeçadas pelas principais figuras do TBC, que convidavam europeus para dirigi-las – isto quando o diretor europeu não era sócio, caso do grupo formado por Tônia Carrero, Paulo Autran e Adolfo Celi. Ou iam buscá-lo na Europa, como fez Maria Della Costa, ao inaugurar seu teatro, em 1956: trouxe da Itália o maravilhoso Gianni Ratto, que se tornaria brasileiro "da gema" pelo resto da vida. O fato é que o jovem encenador brasileiro, naquele momento, era preterido. Não acreditavam nele.

Sem alternativa, Antunes ia ficando na televisão. Mas não só na linha dos teleteatros, também como apresentador de musicais e de um programa de arte, inventado por ele mesmo, que consistia em levar o artista e sua obra perante as câmeras. Alfredo Volpi, por exemplo, ia pessoalmente, enquanto caminhões levavam seus quadros para o estúdio, sem maiores cuidados nem seguro. Nisso atuavam, certamente, resquícios do Zequinha, o contestador impenitente. O nome Antunes Filho, por conta disso tudo, vinculava-se mais à televisão do que ao teatro.

Sob a presidência de Juscelino Kubitschek, a partir de 1956, tomou impulso no Brasil o binômio nacionalismo-desenvolvimento. E isso se refletia na arte, levantando discussões importantes sobre o papel do artista naquele momento histórico.

Os Planos de Metas de JK interiorizavam questões que ao longo dos séculos passearam pelo litoral, sendo a mais importante meta a construção de Brasília. Ao levar para o Planalto Central o grande projeto de seu governo, Juscelino Kubitschek deixava perplexo o mundo todo. Internamente, Brasília incentivava a autoestima nacionalista nas áreas de criação artística. Por outro lado, tanto a construção da Nova Capital quanto o acelerado desenvolvimento do parque industrial paulista propiciavam a eclosão de um problema social latente havia muito tempo: as migrações internas. A necessidade de mão de obra na indústria e na construção civil provoca volumoso deslocamento do campo para a cidade, fazendo crescerem as convulsões nos meios operários, trazendo à luz, ao mesmo tempo, os problemas fundiários, típicos de países dominados por latifúndios.

A arte passa a refletir esses antagonismos. Surge o Cinema Novo, saga inspirada no neorrealismo italiano e realizada dentro de concepções marxistas à brasileira, ou seja, com fortes tonalidades positivistas. Ao mesmo tempo, a música popular volta-se para certo individualismo fundamental, para o virtuosismo, resolvendo-se em escola que viria a exercer influência no mundo todo, a Bossa Nova. As artes plásticas são abaladas pelo manifesto neoconcretista, que prega mais intuição e menos raciocínio na criação artística. E os jovens encenadores são beneficiados pela afirmação nacionalista das artes.

Em fins de 1957, Antunes Filho associa-se a Felipe Carone, Armando Bogus, Nelson Duarte, Maria Dilnah, Nagib Elchmer e Luiz Eugênio Barcelos para a criação do Pequeno Teatro de Comédia. E inicia sua segunda direção profissional com *O diário de Anne Frank (The diary of Anne Frank),* de Goodrich e Hackett.

No início de 1958, antes da estreia de *O diário de Anne Frank*, o Teatro de Arena realizou um espetáculo emblemático, verdadeiro divisor de águas: a peça de Gianfrancesco Guarnieri *Eles não usam black-tie,* com direção de José Renato. O espetáculo provocou uma reviravolta ao colocar em cena o protagonista até então ausente do palco brasileiro – o operário – e o tema jamais cogitado: a greve.

O inesperado sucesso de *Eles não usam black-tie* demonstrava que a plateia queria o teatro sintonizado com o momento histórico. Fato que, por si só, referendava os novos encenadores, colocando-os em vantagem em relação aos estrangeiros. E assim, nesse mesmo ano, surgem outros diretores que, como Antunes Filho, contribuiriam para revolucionar a cena brasileira nos anos 1960: José Celso Martinez Corrêa, Augusto Boal, Flávio Rangel e Ademar Guerra, que iniciava a carreira como assistente de Antunes Filho no Pequeno Teatro de Comédia.

O denominador comum era o realismo de certo modo inspirado nos processos do TBC, mas fatalmente informado pelo cinema norte-americano. Antunes Filho distinguia-se por seus métodos centrados no trabalho do ator, mola motora do seu teatro que já se evidencia na montagem de *O diário de Anne Frank*, com o elenco encabeçado por Dália Palma.

Desde essa época Antunes exige dos atores absoluta consciência do espaço em que atuam, não apenas o espaço físico, mas o da trama da peça. Não bastava decorar o texto, tinham de entendê-lo, buscar seus significados ocultos. Dizer o texto com vigor e dispensar sentimentalismos era obrigatório, conforme testemunho de Raul Cortez, que participou do espetáculo fazendo um papel pequeno. Na movimentação cênica, em alguns momentos procurava se distanciar do realismo, em atitudes que lembravam propostas de Brecht para o teatro épico. Mas era fruto da intuição, a partir de muitas leituras, da atenta observação ao trabalho dos encenadores europeus no TBC e também das próprias experiências anteriores.

A alta qualidade do espetáculo, que lhe valeu o prêmio de Melhor Diretor do Ano, da Associação Paulista de Críticos Teatrais – APCT, o autorizava a defender publicamente suas ideias de teatro. Colocava-as em uma entrevista como profissão de fé: *Todos nós devemos partir da máxima simplicidade, sem os cacoetes, sem os grandes lances operísticos, os gestos "sarahbernhardescos". Partir do nada, da mínima verdade, da mínima coisa. Tornar a palavra funcional, despojada de todo e qualquer efeito barato ou melodramático* (Folha da Manhã, SP, 11/05/1958). Essa visão aos poucos constituiu seu principal objetivo e o levou por fim a pesquisar e sistematizar um método para o ator. Porém, isso bem mais tarde, porque naquele momento ainda estava tateando.

O êxito do espetáculo fortaleceu o Pequeno Teatro de Comédia, que partiu para a segunda montagem, com o texto de Abílio Pereira de Almeida, *Alô... 36-5499*. O autor era desprezado pela crítica, que só encontrava vulgaridade e superficialidade no desenvolvimento dos seus temas. Por outro lado, já dominada pelo clima pré-revolucionário em que vivia o país, a intelectualidade desprezava Abílio menos por razões artísticas e mais por questões ideológico-partidárias: era um escritor de elite, burguês, amigo de Franco Zampari, único dramaturgo brasileiro a ser montado (e o foi por várias vezes) pelo TBC, o "templo da burguesia paulistana".

De qualquer maneira, a montagem de *Alô... 36-5499* recebeu elogios da crítica e não teve motivos para se queixar da bilheteria. A despeito disso, para alguns supostos esquerdistas barulhentos, a ligação do nome de Antunes Filho ao de Abílio Pereira de Almeida não era ocasional. Talvez porque a investigação da realidade social efetivada por Antunes não se subordinava à discussão política nos termos pretendidos pelos ideólogos de plantão, ele passava a gozar do mesmo conceito no qual tinham o autor: era um burguês, um reacionário. Isso o levou a desabafar em uma entrevista: *Esse meu amor pelo teatro será burguês? Amar o texto, compreender e transmitir a ideia do poeta será um ato burguês? Procurar transmitir as virtudes e os vícios de nossa gente, as suas aspirações e frustrações, procurar conhecer nossa gente, será mesmo um ato burguês? Lu-*

*tar para colocar o homem brasileiro no palco, lutar por um teatro simples, sem mistificações, sem grandes lances operísticos, será mesmo um ato burguês? Se ao tentar fazer tudo isso, e se conseguir, ainda me chamarem de diretor burguês, então, que posso fazer? Serei esse dito diretor burguês.* (Entrevista a J. J. de Barros Bella, *Folha da Manhã*, SP, 26/05/1958)

O teatro brasileiro estava descobrindo Stanislavski, e Eugênio Kusnet exercitava o método diariamente no Teatro de Arena. Mas Antunes, embora às vezes utilizasse preceitos do método, criava seu próprio sistema. Enquanto os outros pensavam na forma, ele investigava os fundamentos. Estava aprendendo, então qualquer texto era bom, desde que possibilitasse o exercício e a investigação do realismo. Mas uma investigação que se dava através do ator, não subserviente às usuais ideologias político-partidárias. Exercitava-se na prática, na criação do espetáculo, mesmo que trabalhando em cima de peças típicas do "teatro burguês", segundo o critério da esquerda.

Rememorando esse período, em um documentário para televisão, Antunes ignora as questões políticas e afirma que na época o seu desafio era encenar obras já adaptadas com sucesso pelo cinema e tentar fazê-las melhor no palco.

Primeiro investiu sobre o texto de William Inge, *Picnic*, e, embora o trabalho tenha sido bem recebido pelo público, o resultado não lhe agradou: parecia inferior ao obtido por Joshua Logan. O segundo possibilitou alcançar plenamente o "realismo cinematográfico" proposto e resultou em espetáculo de agilidade cênica nunca antes vista em palcos brasileiros: *Plantão 21 (Detective story)*, de Sidney Kingsley. Isto ele não falou, mas dessa vez deve ter se sentido mais bem posicionado que William Wyler, diretor da mesma obra no cinema.

A crítica foi unânime nos elogios a *Plantão 21*, e muitas vezes o crítico não ocultava o espanto diante de "máquina dramática" que vira funcionando. No cenário com vários planos, que reproduzia uma delegacia de polícia, cerca de trinta atores executavam movimentos febris e, às vezes, explodia a violência. Era o total domínio da escola realista.

Crítico atento, Décio de Almeida Prado observou surpreso a participação de atores completamente desconhecidos, muitos deles arrebanhados na televisão e outros, estreantes. Afirma Décio em sua crítica, publicada em *O Estado de S. Paulo* e depois incluída no livro *Teatro em progresso*: *Antunes guiou-os, a todos eles, com essa segurança no lidar com os atores que é sua especialidade e a pedra de toque do verdadeiro diretor. Conceber teoricamente uma peça não é difícil. A dificuldade está, não em impor friamente tais esquemas ao espetáculo, de fora para dentro, mas em arrancar de cada artista aquelas potencialidades que ele mesmo ignorava possuir.*

Junto a esses "desconhecidos", todavia, atuavam nomes já reconhecidos do teatro e da televisão, como Jardel Filho e Laura Cardoso. A peça marcou época e lhe valeu uma viagem à Itália, prêmio concedido pelo governo italiano. Ficou na Europa vários meses, entre 1959 e 1960. Grande parte do tempo passou em museus, demorando horas na contemplação de obras dos gênios. Quanto a teatro, na Itália estagiou com Strehler, na França conheceu as produções de Villar e de Planchon e também o Berliner Ensemble, que apresentava várias obras do repertório em Paris. O contato direto com a obra de Bertolt Brecht o marcou profundamente.

A permanência na Europa deu a Antunes Filho instrumentos teóricos para novo movimento estético. Fascinado pela obra e pelas teorias de Brecht, partiu para a pesquisa do teatro épico com a montagem de *As feiticeiras de Salem (The crucible)*, de Arthur Miller.

Foi essa a primeira encenação brasileira realizada à luz de teorias brechtianas.

De um lado, mostrava o resultado dos estudos de Antunes sobre o teatro dialético de Brecht e de Piscator; e de outro, rompia com os padrões realistas, que tinham absoluto predomínio na cena brasileira, abrindo perspectivas, independentemente do que na sequência seria entendido por "teatro épico".

Na sua busca de instrumentos que ampliassem a dinâmica da linguagem, a criação de *As feiticeiras de Salem* marca um momento decisivo. Começou aí a caminhada no terreno eminentemente dialético, que determinaria todo seu sistema criativo. Tirava certos valores da esfera intuitiva para redimensioná-los no plano da criação cênica. Isso em estreita relação com a arte do ator. Segundo o testemunho de vários intérpretes que com ele trabalharam nessa época, Antunes já os aturdia com exercícios e pesquisas. O ator se via perdido. Mas, aos poucos, ia descobrindo o personagem através do próprio corpo e das próprias emoções. Antunes conduzia os atores à virtualidade do conflito. Caminhava e os fazia caminhar para dentro das contradições dos personagens.

Se com *As feiticeiras de Salem* realizou um ensaio épico, na montagem seguinte, *Sem entrada e sem mais nada*, de Roberto Freire, exercitou-se na lida com o realismo social que contaminava a dramaturgia brasileira. A peça implica o olhar sobre essa sociedade que começa a se render à sedução do consumo – olhar lançado a partir dos usos e costumes da comunidade que vive em cortiço, cercada de problemas e carências. Apesar da grande estrutura cenográfica, assinada por Maria Bonomi, do elenco com nomes de primeira linha, como Eva Wilma, Mauro Mendonça, Maria Célia Camargo, Elias Gleiser, e dos elogios da crítica, o espetáculo não apresentava nenhum dado novo na evolução do encenador. Era um momento de reflexão.

*Sem entrada e sem mais nada* marcou o encerramento do Pequeno Teatro de Comédia. Desfeita a sociedade, Antunes voltava a depender de convites de produtores.

A época, no entanto, era menos inóspita do que antes de 1958: os encenadores brasileiros eram, naquele momento, os vitoriosos. Em lugar dos italianos, os diretores-estrelas chamam-se agora Antunes Filho, Augusto Boal, Zé Celso, Flávio Rangel, Ademar Guerra, José Renato. A ascensão dos encenadores brasileiros marcou o declínio do TBC. Percebendo as alterações no ambiente cultural, Franco Zampari optou pela linha "nacionalista". Entregou a direção artística da casa a Flávio Rangel, que encenou *O pagador de promessas,* de Dias Gomes, abrindo a "fase brasileira" do TBC. Fase que envolvia não apenas autores, mas também diretores da terra. Isso possibilitou a Flávio Rangel, após o encerramento do Pequeno Teatro de Comédia, convidar Antunes Filho para dirigir no TBC a peça *Yerma,* de Federico García Lorca.

Um conjunto de fatores positivos permitiu a Antunes dar formidável guinada com a encenação de *Yerma.* Entre eles figurava, seguramente, certa dose de orgulho por retornar ao templo da renovação cênica, onde foi assistente de direção, como um dos mais respeitados diretores brasileiros. Outro fator de ordem íntima terá certamente contribuído: casara-se com a artista plástica Maria Bonomi e ela estava grávida – circunstância relevante quando se lida com *Yerma,* que é o drama da maternidade. Havia também a boa qualidade da produção que, apesar das crises, o TBC mantinha, e o elenco com figuras de primeira linha, entre elas Cleyde Yáconis e Raul Cortez. Mas, além de tudo, havia García Lorca em magnífica tradução de Cecília Meireles.

Antunes entrou profundamente no espírito da peça, realizando um trabalho cênico que, pode-se dizer, o tornou parceiro de García Lorca. Narrou o drama de Yerma com eloquência dramática, chegando a uma "atmosfera surrealista" – se não a uma criação surrealista – e ao mesmo tempo popular, clara, direta, sem exteriorizações simbólicas ou herméticas, suave e ao mesmo tempo borbulhante, como o regato onde as lavadeiras comentam a vida alheia.

Antunes trabalha suas descobertas empíricas de maneira notável, reciclando tudo e não abandonando nada. Os preceitos de Brecht, de Piscator, de Stanislavski, as experiências de Villar e de Planchon, as novas tendências do teatro europeu, tudo foi devorado antropofagicamente por ele e transformado em uma coisa nova. E essa "coisa nova" adquiriu expressão plena em *Yerma*.

Novo passo para dentro da poética cênica ele executaria dois anos depois, também no TBC, com *Vereda da salvação*.

Após três meses do golpe militar de 1964, quando o Brasil vivia um dos maiores transes da sua história, uma revolucionária montagem da peça *Vereda da salvação,* de Jorge Andrade, dirigida por Antunes Filho, subiu à cena no TBC.

Comentários sobre o trabalho afirmam que nem a "direita" nem a "esquerda" gostaram da peça. De fato, os protestos da direita acham-se registrados em jornais, até em seções de cartas de leitores. O que é fácil de entender, já que o ponto mais combatido nas "reformas de base" do presidente deposto João Goulart, fator decisivo na deflagração do golpe militar, dizia respeito à reforma agrária. E a peça de Jorge Andrade, inspirada em episódio verídico, discorria exatamente sobre a miséria a que foram lançados enormes contingentes de lavradores brasileiros. Dado o rigor sociológico que apoiou a criação poética de Jorge Andrade, a obra constituía denúncia contra o latifúndio. Logo: peça comunista, no entendimento da "direita".

Quanto à "esquerda", as restrições eram, sem dúvida, de natureza teatral. Até porque, sendo a "direita" representada pela *plateia burguesa,* a esquerda certamente encontrava-se no palco, ou no seio da "classe" teatral e nas suas adjacências.

Na superfície, as restrições se prendiam ao "estilo": acreditava-se que o espetáculo "engajado" devia reverberar, através de palavras de ordem ou dos raciocínios de praxe, diretamente contra o capitalismo e seus subprodutos, o regime militar e o governo. Mas, no fundo, para tantos distúrbios, como para vaias ouvidas na estreia, existiam razões que se referiam aos métodos de trabalho de Antunes Filho. Anotou Sábato Magaldi no prefácio à obra, quando da sua publicação pela Editora Brasiliense, que *nos meios teatrais, mais do que a reserva ao texto, vigorou franco repúdio ao método de ensaios, que adotava exercícios para perda de autoestima, inaceitáveis aos olhos de muitos atores. Argumentava-se que se desse resultado tanta loucura na busca de meios interpretativos, tudo o que apelasse para os sistemas tradicionais ou comuns de trabalho teria a marca inevitável do academismo ou da inépcia. E era necessário defender a arte do desempenho das aberrações de qualquer natureza.*

Tendo já esboçado a estrutura de um sistema, Antunes procurava dinamizar os procedimentos criativos. O ator foi desafiado, então, a pesquisar fisicamente a realidade em que viviam os lavradores de que fala o texto. Os cinquenta exercícios que ele criou foram exaustivamente ministrados ao elenco por Stênio Garcia. Entre eles, alguns tomavam bichos e vermes como exemplos, e através deles o ator pesquisava os limites da perda de autoestima e da carência de autoestima. Se alguns dos maiores nomes do teatro brasileiro (como Raul Cortez, Stênio Garcia, Cleyde Yáconis, Lélia Abramo) aceitaram viver tal experiência, um número muito maior repudiou a direção. Logo, o processo em andamento no TBC assumiu, aos olhos de muitos, jeito de coisa maligna.

Mas, para Antunes Filho, significou o início da longa estrada que o conduziria a criações hoje admiradas e aplaudidas em todo o mundo. Até então levara o ator a deslindar suas potencialidades, mas, de repente, começou a mexer na estrutura da arte interpretativa. Terminou a fase formalista e avançou por terras ignotas da arte dramática, indagando sobre a natureza do teatro através do ator.

Não só o trabalho propondo a perda da autoestima provocou repúdio no meio; também a linguagem inovadora do espetáculo causava arrepios. Antunes destruiu, na encenação, muitos códigos teatrais que, embora obsoletos, estavam em plena vigência entre nós. Um deles era o que obrigava o ator a representar de pé, ou sentado, nunca rolando pelo chão. E na *Vereda* o chão foi largamente usado. Derrubado esse preconceito, o ator passou a ser dono do palco, senhor absoluto dos movimentos, podendo executá-los em todas as linhas, usando todas as possibilidades geométricas do espaço.

A experiência com a nova linguagem continuou em 1965, quando Antunes dirigiu *A falecida*, de Nelson Rodrigues, na Escola de Arte Dramática. Os métodos foram aprimorados e ampliados, solicitando a participação ativa dos atores na própria criação do espetáculo, desde a concepção.

Na *Vereda da salvação* os cenários neutralizaram o impacto da nova linguagem, mas em *A falecida* Antunes dispensou não só cenários como rotunda ou qualquer coisa que delimitasse o espaço cênico. Desnudou o palco, usou toda a caixa do teatro. E demonstrou que é o ator o dono da ilusão teatral, usando apenas o corpo e a voz. Completava, assim, o pronunciamento revolucionário iniciado com *Vereda da salvação*.

Se os resultados estéticos obtidos já começavam a influenciar o meio teatral, o mesmo não se pode dizer de seus métodos. Nem o corpo docente da Escola de Arte Dramática os aprovou, já que não aprovou o resultado obtido. Críticas agora mais sussurradas do que proclamadas, pois Antunes era um vitorioso, graças à montagem de *A megera domada (The taming of the shrew)*, de Shakespeare, que dirigiu nesse mesmo ano de 1965.

Se *A falecida* foi quase uma decorrência da *Vereda*, sendo a atitude estética que completava a anterior, o mesmo se pode dizer de *A megera domada* em relação a *Yerma*. Dá-se, na comédia de Shakespeare, invasão do território poético semelhante à que ocorreu com o drama de Lorca. Valorizando as características cômicas (*clown*, *commedia dell'arte*) em que *A megera domada* é rica, Antunes fez sua leitura da sociedade inglesa e, por extensão, do homem moderno. Para ele, Catarina, a megera domada, *pertence ao início da emancipação social da mulher*, e Petruquio *sente inconscientemente que a época é diferente, não mais determinada pelos laços de família, mas por uma precisa noção de dinheiro*. De maneira que Petruquio *representa o indivíduo que se afirma, na nova época renascentista, pela capacidade de criar o seu meio social, através do mercantilismo, do antifeudalismo*, conforme falou Antunes em uma entrevista (*O Estado de S. Paulo*, 22/09/1965).

Entendendo os personagens de Shakespeare como protótipos do homem moderno, faz a leitura usando conhecimentos sobre a vida social, acumulados ao longo dos séculos, e abarcando a rebeldia do jovem desses tempos de grandes transformações. A inclusão de um objeto emblemático da arte pop – a Coca-Cola – levava a outras atitudes típicas da rebeldia dos anos 1960, como um jogo de *rugby* com frango assado, além do coro dos criados cantando músicas dos Beatles.

A crítica elogiou e o público mostrou-se fascinado pelo espetáculo, que reunia intérpretes como Armando Bogus, Eva Wilma, Regina Duarte e Carminha Brandão em ótimas performances. Mas, apesar de inovador, não radicalizava a linguagem como *Vereda e A falecida*, e isso apaziguou o meio teatral em relação a Antunes. Não completamente, na verdade. O clima sempre tenso ensejaria uma reviravolta na carreira do diretor ao estrear sua nova montagem: *Júlio César*, de Shakespeare.

O grande fracasso do teatro paulista nos anos 1960 provavelmente tenha sido *Júlio*

*César*. E as razões são múltiplas: o reduzido tempo de ensaios (um mês); as disputas internas entre as principais figuras do elenco; o Teatro Municipal de São Paulo, onde se deu a estreia, inadequado para esse tipo de espetáculo... e, sobretudo, a imprudência de Antunes Filho, que, sentindo-se invencível, aceitou o convite de Ruth Escobar para a aventura.

Foi um dos primeiros superespetáculos montados por Ruth Escobar, viabilizado pelo patrocínio do governo do estado da Guanabara – o que se explica por ser Carlos Lacerda, então governador daquele estado, o tradutor da obra. Ora, o teatro estava em guerra contra o regime militar e os maiores sucessos eram espetáculos "engajados". Carlos Lacerda tornara-se o inimigo nº 1 do povo do teatro por ter proibido no Rio de Janeiro a encenação de peça de Dias Gomes, *O berço do herói*. O quadro se agravava pelo destaque dado nos cartazes ao nome do tradutor, aparecendo como se sua grandeza competisse com a de Shakespeare. Essas circunstâncias pareciam afrontosas. Por seu lado, Ruth Escobar era controversa, suscitava boatos que jamais foram comprovados, mas atraíam a hostilidade de setores da categoria.

Se a postura ideológica pesava na aceitação dos espetáculos de Antunes Filho, seus inimigos viam-se em frente a um "prato-cheio". Como o espetáculo deixava muito a desejar, fornecia as armas de que os antagonistas necessitavam.

É de se crer que nunca, desde a rumorosa Semana de Arte Moderna de 1922, uma estreia no Teatro Municipal de São Paulo foi alvo de tanta hostilidade. Eram risadas, apupos, gritos que desciam das galerias e se juntavam aos da plateia. Isso apesar dos grandes nomes do elenco, como Jardel Filho, Raul Cortez, Sadi Cabral, Juca de Oliveira, Glória Menezes. A crítica foi impiedosa, e um dos principais periódicos de São Paulo, à época, comentou o fracasso em matéria de página inteira, sob título geral de "O assassinato de Júlio César".

Derrotado, sentindo-se castigado pelo orgulho, Antunes Filho precisava readquirir o prestígio. As experimentações dramáticas perderam todo o espaço: imprescindível jogar na certeza. Nada melhor do que voltar à escola que dominava como ninguém, ao Realismo.

Um ano depois do ruidoso fracasso de *Júlio César*, ele voltou à cena com *Black-out* (*Wait until dark*), de Frederick Knott, e a glória tornou a lhe sorrir.

O espetáculo arrastou multidões ao teatro, obteve louvores da crítica e permaneceu por mais de um ano em cartaz. Dessa vez, nenhuma tentativa de avanço estético, mas um realismo poético extremamente bem elaborado, e com bela interpretação de Eva Wilma como a jovem senhora que ficou cega em um acidente e tem a casa invadida por bandidos. A atriz fez longas pesquisas em uma instituição para cegos, com eles convivendo e buscando não imitá-los, mas reproduzir em seu próprio corpo o que neles observava.

Nessa época, repercutia por aqui a ideia do "novo teatro", procedente de Paris, onde Grotowski apresentara o seu *O príncipe constante*. Artaud teria sido o profeta desse novo teatro. Mal compreendido, Artaud passou à categoria de um deus cujas divinas palavras mais ocultavam que revelavam as propostas desse "novo teatro". Os palcos passaram a receber espetáculos "sensoriais", herméticos, geralmente dispensando a palavra.

O "abstrato" juntava-se ao político, onde a palavra é cultivada em forma de *slogan* ou veículo de protesto. Isto, somado aos efeitos corrosivos da censura, enfraquecia a arte do ator, que, por não saber como lidar com a coisa, se valia apenas da intuição e da "garra". A situação empobrecia e punha em risco as conquistas cênicas acumuladas desde o início da modernização teatral brasileira. Contra esse estado de coisas Antunes se levantou na encenação seguinte: *A cozinha* (*The kitchen*), de Arnold Wesker.

No processo de montagem de *A cozinha*, ensaiou a retomada dos métodos polêmicos. Nomeando Stênio Garcia "codiretor", encarregou-o de realizar com o elenco uma série de exercícios, como fizera em *Vereda da salvação*. O que propunha, no entanto, não era buscar a nova linguagem, mas recuperar o intérprete dramático. O elenco, integrado por jovens e no qual se destacava Juca de Oliveira, trabalhou na contramão dos modismos teatrais, indo fundo nos personagens através da pesquisa, do estudo e dos exercícios. Nada ficava ao sabor do improviso. O resultado foi um vibrante espetáculo de ator.

1968, ano da montagem de *A cozinha*, foi terrível para o Brasil. A repressão culminou com o Ato Institucional nº 5, em dezembro, suspendendo o estado de direito e legalizando as arbitrariedades do regime militar. Para o teatro, parecia sentença de morte.

Antunes Filho decidiu se afastar do palco e cuidar da produção do único filme longa-metragem que dirigiu: *Compasso de espera*. Escreveu ele mesmo o argumento e o roteiro, com base em estudos sobre a questão racial no Brasil. O que de fato pretendia, conforme declarou em um debate, era expor, através do negro, interpretado por Zózimo Bubul, *uma geração ferida, a minha geração, que falou muito e nada fez*.

Na verdade, o tema principal de *Compasso de espera* é a alienação, a fuga do indivíduo às suas responsabilidades sociais e à participação efetiva no seu momento histórico. E esse mesmo tema está no alicerce da montagem que, dois anos depois, marcou seu retorno ao palco: *Peer Gynt*, de Ibsen.

Com *Peer Gynt* Antunes não só voltava ao teatro, como à pesquisa dos meios criativos. Assim, a peça de Ibsen forma trilogia com *Vereda da salvação* e *A falecida*, compondo a raiz do sistema que desenvolveria mais tarde. Mas, ao contrário do que acontecera anos antes, quando seus métodos de trabalho eram combatidos, gerando controvérsias que muitas vezes derivaram para a calúnia, agora eles são enaltecidos e passam a ser objeto de reportagens. Stênio Garcia encabeçava o elenco formado por jovens e ótimos atores, que se entregaram totalmente às pesquisas de meios propostas por Antunes. Aplaudido pela crítica, o espetáculo foi êxito de bilheteria, mas não propiciou a Antunes o mergulho definitivo na sua pesquisa.

Ele tentava criar condições de continuidade ao trabalho, tanto que fundou uma companhia, a Antunes Filho Produções Artísticas, para montar *Peer Gynt*. Mas, para que a companhia sobrevivesse nesse sistema, era necessário pensar no êxito comercial antes do êxito artístico. Além disso, em função da censura, que podia proibir uma peça montada sobre texto por ela já aprovado, a experimentação levava a riscos ainda maiores. Mesmo assim, ele tenta desenvolver um trabalho crítico em face da situação do país.

A alienação permanece como tema subsidiário nas duas montagens que se seguem: *Corpo a corpo* e *Em família*, ambas de Oduvaldo Vianna Filho. O monólogo *Corpo a corpo*, interpretado por Juca de Oliveira, fala do homem brasileiro que tenta se "colocar bem" na vida. Para isso, passa sobre todos os valores morais, sobre sentimentos, dispensando a solidariedade para com as pessoas próximas, e vai assim mergulhando em solidão profunda. Já *Em família* mostra como um casal idoso, interpretado por Paulo Autran e Carmen Silva, passa a ser inconveniente para a família. Os filhos empurram de um lado para outro os velhinhos, não hesitando sequer em separá-los.

Montagens elogiadas, mas que não renderam o suficiente para permitir novo risco. Antunes viu-se obrigado a recorrer a um texto "policial", *O estranho caso de Mr. Morgan* (*Sleuth*), de Anthony Shaffer, que fez sucesso, mas não reverteu o quadro econômico. Depois disso, fechou a companhia e voltou a depender de convites de produtores.

Dedicou, então, mais tempo à televisão, integrando com Antônio Abujamra, Ademar

Guerra e outros o grupo de diretores do programa *Teatro 2*, da TV Cultura. Era um projeto que lhe dava grande liberdade de atuação, permitindo a prospecção de linguagem. Diante da impossibilidade de continuar as pesquisas no teatro, voltou seu lado de investigador estético para a televisão. E realizou obras de grande beleza, como a adaptação de *Vestido de noiva*, de Nelson Rodrigues, com brilhante interpretação de Lilian Lemmertz. Vasculhou a dramaturgia moderna brasileira e foi encontrar Roberto Gomes, lá nas primeiras décadas do século XX. Dele, trouxe à tela primorosa versão de *A casa fechada*. O seu trabalho no *Teatro 2*, realizado pela metade dos anos 1970 e que resultou em dezesseis teleteatros, teve retrospectiva apresentada pela TV Cultura de São Paulo em 2007. Trinta anos depois, de ser produzido impressionou pelo vigor das narrativas e imaginação artística do diretor, que foge aos lugares-comuns, às mesmices da televisão, para descortinar através dos atores e dos recursos televisivos mundos de intensa humanidade.

No teatro continuava a atuar, mas como forma de resistência, na tentativa de preservar os avanços já obtidos pelo ator brasileiro, tanto no que respeita aos meios interpretativos quanto à conquista de linguagens contemporâneas. Assumia um teatro francamente comercial, mas procurava dar o melhor tanto ao elenco, dele exigindo seriedade no trabalho, quanto ao público. A convite de Carlos Imperial dirigiu *Check-up*, de Paulo Pontes, comédia de costumes em tom de crítica política que não lhe exigiu mais que a notável capacidade artesanal.

Seguiram-se encontros com dois dos seus autores favoritos: Nelson Rodrigues e Federico García Lorca. Do poeta andaluz, dirigiu para Maria Della Costa *Bodas de sangue*, que propôs como "espetáculo de resistência". Dessa vez, resistência não apenas por preservar as conquistas técnicas e expressivas dos intérpretes, mas também pela crítica elaborada metaforicamente através da presença de crianças: durante toda a ação as crianças circulam pela cena.

Simbolizam o renascer, a continuação, a permanência do homem, seu triunfo sobre o arbítrio e a opressão que pesavam sobre a sociedade brasileira.

Também em *Bonitinha, mas ordinária* mandava mensagens de esperança. Confessava em uma entrevista ter a proposta *de otimismo perante a cultura brasileira. Creio que podemos sair da fossa e, com solidez de pensamento, superar as dificuldades que estamos enfrentando* (*Jornal da Tarde*, SP, 29/02/1974).

O mote do otimismo é o final da peça, quando Edgar e Ritinha, depois de terem descido aos infernos, estão prontos para começar nova vida. No momento em que Edgar queima o cheque, numa prova de que realmente não se vendeu, não se corrompeu, aparece o Sol, para encanto do casal. "Eu não sabia que o Sol era assim!", exclama Edgar. Ele e Ritinha, que finalmente deixa o prostíbulo para ser de um homem só, de mãos dadas caminham pela praia, iluminados de esperança. Essa é a esperança que Antunes pretende ressaltar no espetáculo, metáfora da travessia da sociedade brasileira naquele momento histórico. Na elaboração do espetáculo Antunes não vai além da leitura correta, direção de atores firme e rigorosa; não avança rumo a novos códigos como já havia feito em uma e faria em outras montagens da obra rodriguiana. Mas Nelson Rodrigues viu e aprovou inteiramente a sua versão de *Bonitinha, mas ordinária*.

Em 1974, quando a inviabilidade artística chegava ao fundo do poço, o Festival Internacional de Teatro, organizado por Ruth Escobar, trouxe a São Paulo exemplares da vanguarda teatral, o teatro mais avançado que se fazia "lá fora". A grande expectativa ficava por conta do nome pouco conhecido por aqui, mas já polêmico pelo trabalho desenvolvido nos meses anteriores com atores locais, e que levaria um espetáculo com doze horas de duração: Robert Wilson. Para Antunes, ver *The life and times of Joseph Stalin*, de Bob Wilson, foi uma revelação das infinitas possibilidades do teatro. O espetáculo, considerado por ele divisor de águas, reacendeu-lhe o desejo de mergulhar nas essencialidades dramáticas, retomar táticas que permitam chegar à natureza do teatro. Mas o tempo era ainda de resistência.

No ano seguinte, fez nova tentativa empresarial: criou uma companhia que deveria ser mantida por cotas de associados e destinada a viajar pelo país. O projeto não foi além da primeira montagem: *Ricardo III*, de Shakespeare.

Nesse período, fez também uma bela direção de *Esperando Godot*, de Samuel Beckett, a convite de Eva Wilma e de Lilian Lemmertz, com ambas mais Lélia Abramo e Maria Yuma no elenco.

Sentindo que a ditadura militar começava a entrar em declínio, em 1976 Antunes preparou seu lance definitivo: a criação de um curso do qual resultaria a montagem de *Macunaíma* e a instituição do CPT – Centro de Pesquisa Teatral.

Conseguiu que a Comissão Estadual de Teatro, da Secretaria de Estado da Cultura, promovesse e o Sindicato dos Atores apoiasse um curso, cujo tema seria a obra de Mário de Andrade. Terminado o curso, o trabalho já estava encaminhado para uma montagem.

Contando com jovens atores, muitos deles estreantes, mas todos fascinados pelo processo de trabalho, conseguiu manter o projeto mesmo sem dinheiro. Ensaiando *Macunaíma* diariamente, dez horas ou mais por dia, ele fazia teleteatros como forma de sobrevivência e aceitou o convite de Raul Cortez e Tônia Carrero para dirigi-los em *Quem tem medo de Virginia Woolf?*. Realizou bela versão da peça de Albee e, embora nos limites do convencional, deu brilho e humor ao drama. A montagem serviu-lhe como digna despedida do teatro comercial.

Depois da estreia da obra que o projetaria internacionalmente, deixou a televisão e não mais aceitou dirigir fora do grupo então criado, o Grupo de Arte Pau-Brasil, que depois passou a ser Grupo de Teatro Macunaíma.

A trajetória de Antunes, até aqui, se fez aparentemente por saltos. Desde o início, quando saía da adolescência, buscou criar o seu espaço dentro do teatro. E conseguiu-o aos poucos, de início. Mas com vigor, estudo e intuição, criou projetos estéticos e passou a ter um espaço que lhe possibilitou avançar. Surpreendeu muitas vezes com espetáculos transgressores. Isso não acontecia "aos saltos", mas pelo olhar sistemático sobre o trabalho de criação dos atores, que o levava à construção de um método próprio. Foi um processo que já se anunciava no início da sua carreira, continuou a se desenvolver, encontrando soluções e gerando questões, até resultar em um espetáculo raro, uma das obras-primas do teatro no século xx: *Macunaíma*.

## Macunaíma

O curso para atores ministrado por Antunes e subsidiado pela Comissão Estadual de Teatro teria sido pretexto para a adaptação e montagem da rapsódia literária de Mário de Andrade, *Macunaíma*.

Todavia, em 15 de setembro de 1978, quando a plateia viu maravilhada, no velho Theatro São Pedro, no bairro da Barra Funda, o herói da nossa gente subir aos céus completamente estropiado, saindo dos restos da maloca que ruíra minada pelas saúvas, para brilhar no Cruzeiro do Sul, ela estava presenciando um momento histórico do teatro brasileiro. Não exatamente pelo tema ou pela história narrada, mas pelo modo como se desenvolveu o tema no tablado e pela maneira como a história foi narrada, através dos atores e de parcos recursos cênicos.

Se o curso foi *pretexto* para a montagem, em face do resultado pode-se falar de milagre ou pensar no famoso "deu sorte". Mas, ao olhar retrospectivamente, não cabe dúvida de que aquela estética era o resultado do processo criativo de extraordinária vitalidade, passível de ser rastreado na obra anterior de Antunes Filho e que se aprofundaria a partir daí.

O processo de montagem começou, realmente, pela didática aplicada ao curso, que prosseguiria, como suporte e meio de preparar atores, durante todo o tempo que o grupo ocupou o Theatro São Pedro, até 1982. Se de um lado os procedimentos implicavam o "tatear" do diretor em busca de meios e modos para a adaptação da obra, por outro, cumpria fielmente a missão de dar o impulso formativo a atores que, terminado o período do curso, se afastaram (ou foram afastados) do projeto de montagem. Logo, o curso não foi mero pretexto: ele existiu, realizou-se, cumpriu o propósito para o qual foi gerado. E de quebra – aí vem o lucro – transformou-se no início de criação de um espetáculo histórico e de um projeto que se consubstanciaria mais tarde com o nome de CPT – Centro de Pesquisa Teatral.

A montagem, por ter se processado a partir de um curso para atores iniciantes, obedeceu a outras lógicas que não aquelas rotineiras nos palcos e nas coxias de então. Os integrantes do elenco estavam, ao mesmo tempo, adquirindo técnicas de atuação e trabalhando na adaptação da obra. Processo extremamente rico e renovador, até no sentido da organização do grupo, que, para viabilizar o projeto levado com tão parcos recursos financeiros, optou pelo sistema de cooperativa teatral, cuja prática se iniciava no Brasil.

Na criação do espetáculo, Antunes retomou os procedimentos inaugurados com *Peer Gynt*, quando os atores recriaram o texto de Ibsen através de *workshops*. Dessa vez, não recriavam, e sim adaptavam para a cena a rapsódia de Mário de Andrade.

Por orientação do diretor o elenco se dividia em grupos. Cada grupo estudava um trecho do livro e depois o transformava em material cênico. Junto dos atores trabalhavam Naum Alves de Souza, diretor de arte, pesquisando materiais e temas para a elaboração plástica da obra, e Murilo Alvarenga, construindo a trilha musical passo a passo com o trabalho do elenco. Profissionais de outras áreas técnicas e criativas se envolveram profundamente na preparação do ator e da cena.

Passada metade do tempo de gestação da obra, juntou-se a esse diversificado grupo de trabalho, como dramaturgo, Jacques Thierriot. A ele coube dar ordem àquela avalanche imaginativa dos atores, que estabelecia o caos, onde a história do nosso herói se perdia por dezenas de elucubrações. E assim seguiu a nave, com todos os seus tripulantes atentos à mítica história de Macunaíma.

A fábula narra a saga do herói da nossa gente desde seu nascimento, no seio da mata virgem. Mostra o quanto ele brincou com Sofará, com Ci – a Mãe do Mato –, com tantas. E como, por ter perdido a pedra muiraquitã na luta que travou com a boiuna Capei, e tendo o uirapuru revelado que a pedra se achava com o gigante Venceslau Pietro Pietra, na cidade de São Paulo, abandonou a consciência na ilha de Marapatá e, com seus irmãos Jiguê e Maanape, rumou para a cidade-máquina lambida pelo igarapé Tietê.

A saborosa rapsódia de Mário de Andrade foi recriada com muita arte e extraordinário brilho. As imagens jorravam como versos de poema épico, em plena carnavalização visual. Não versos sisudos ou grandiloquentes, e sim coloquiais, sussurrados. O conjunto dos versos tão cotidianos e suas relações metafóricas é que davam ao poema, em cena, a grandiosidade épica.

E desse modo é que se viu que entre safadezas e pajelanças viveu Macunaíma. O poema cênico o revelava desde a sua mata nativa, insinuada por meio do longo tecido branco com o qual os atores a ocultavam para que, através do mesmo tecido, se revelassem ocas, cataratas, copas de frondosas árvores, ilhas, avenidas e corredores e elevadores da cidade-máquina São Paulo. E nesse universo poético, onde passeiam as estátuas de Venceslau Pietro Pietra, iaras e sacis e boiunas, sopranos e carnavalescos e mesmo Vei, a Sol, com suas filhas, atua alegremente Macunaíma. Passa por aventuras e desventuras, até que, capenga e desencantado, por piedade do Pauí-Pódole, o Pai do Mutum, virou uma nova constelação, a Ursa Maior. E banza no vasto campo do céu.

A encenação elevou-se à altura da obra que a inspirava. O projeto modernista de Mário de Andrade para a literatura converteu-se em projeto cênico que superava o modernismo para invadir áreas conceituais pós-modernas. A antropofagia permanente de Antunes Filho permitia-lhe fazer referências às mais variadas correntes artísticas modernas. Estavam ali, como observou um crítico espanhol, desde *Les demoiselles d'Avignon,* de Picasso, até Federico Fellini. Era, do ponto de vista crítico, um formidável panorama da arte contemporânea. Mas um panorama que nascia das lendas e dos mitos brasileiros contidos em *Macunaíma.*

O personagem-título foi, nos primeiros tempos, interpretado por Carlos Augusto de Carvalho (Cacá Carvalho); posteriormente, por Marcos Oliveira. No elenco da estreia figuravam Ângela de Castro, Beto Ronchezel, Clarita Sampaio, Deivi Rose, Guilherme Marbach, Ilona Filet, Isa Kopelman, Jair Assumpção, João Roberto Bonifácio, Luiz Henrique, Manfredo Bahia, Mirtes Mesquita, Nazeli Bandeira, Salma Buzzar, Theodora Ribeiro, Whalmyr Barros, Walter Portela e a veterana Wanda Kosmos, convidada para interpretar Vei, a Sol. Ao longo do tempo e até a última apresentação, que ocorreu em Atenas, no dia 5 de julho de 1987, depois de percorrer cerca de vinte países, alguns deles mais de uma vez, o elenco passou por inúmeras substituições, tendo dele participado praticamente todos os atores que nesse período foram admitidos no CPT.

Resta dizer que, se foi com *Macunaíma* que o mestre Mário de Andrade cantou glória e miséria dos Brasis, foi por arte de Antunes Filho e daquele valoroso grupo que *Macunaíma* renasceu vezes sem conta nos palcos pelo mundo afora. E revelava sempre, através dos seus renascimentos frente a distintos povos, abismos e culminâncias da gente brasileira.

Macunaíma percorreu continentes. Encantou o mundo.

# Anos 1980

A partir das apresentações no Festival de Teatro Latino-Americano de Nova York, em 1979, onde causou sensação, *Macunaíma* ganhou o mundo. Excursionou várias vezes pela Europa nos anos seguintes, chegou ao Extremo Oriente. Importantes teóricos e pensadores da Arte Dramática passaram a apontá-la como uma das mais significativas obras de teatro do século XX, no plano internacional.

Amoitado no coração e na alma de Antunes Filho, o rebelde Zequinha gozava o prazer desse enorme prestígio, que se espalhava mundo afora. Às vezes manifestava-se de modo brincalhão ou briguento, revelando o moleque no substrato do agora mundialmente famoso encenador. Aos amigos tais surtos não incomodavam, mas havia gente que ficava irada e os usava como argumento contra o artista.

Sem hostilizar o Zequinha, Antunes buscava amadurecê-lo, amadurecendo-se. O sucesso internacional não o lançava em um mar de rosas, nem o colocava perante si mesmo como "o bom". Pelo contrário, enchia-o de responsabilidade. Devia agora se dedicar integralmente ao teatro e desenvolver as ideias de novos caminhos, ou seja, de um método que propiciasse ao ator brasileiro técnicas atualizadas, consciência artística, posicionamento ético em face da função social inerente ao ofício.

Perceptíveis mudanças operaram-se no seu dia a dia. Abandonou o trabalho na televisão e não aceitou ofertas para a direção de espetáculos sob contrato. Passou a dedicar-se somente ao Grupo, que logo deixaria de ser Pau-Brasil para assumir o nome de Macunaíma, mantendo-se como cooperativa orientada por ele e administrada pelos atores. Aos poucos abandonava também o hábito das noitadas em bares, especialmente no Gigetto, restaurante frequentado pelo povo do teatro. À noite, preferia ficar em casa lendo, buscando respostas às dúvidas que surgiam aos borbotões em seu trabalho na sala de ensaio. Foi se aprofundando nas ideias filosóficas orientais, assumindo postura zen-budista, assimilando cada vez mais na labuta diária os ensinamentos do Tao.

Essas atitudes revelavam a aplicação em sua própria vida, nas mínimas coisas que executava cotidianamente, dos saberes que procurava passar aos atores. E isso combinava com o acervo dos novos conhecimentos importados para o trabalho criativo.

Estava às voltas com a obra de Nelson Rodrigues. Vasculhava meticulosamente com o elenco não uma determinada peça, mas toda a obra de Nelson.

Atirou-se aos abismos rodriguianos mediante rigorosos estudos, que não se restringiam à produção dramática, abarcavam o romance e também a crônica jornalística. A pesquisa se espraiava por diversos meios: desde o plano teórico, servido de vasta bibliografia, até o sensorial, quando por meio de improvisações os atores tentavam chegar ao entendimento, no próprio corpo, da galeria humana desvelada pelo poeta.

Nesse processo de estudos e prospecções chegou a dois ambientes que se tornariam os eixos do seu processo criativo: a psicologia analítica de Jung e a filosofia das religiões, conforme Mircea Eliade. Através desses eixos, partiu para o entendimento dos arquétipos e do inconsciente coletivo, que passariam a inspirar, se não a orientar, suas propostas de novas técnicas para o ator. Mas, no primeiro momento, essas disciplinas teóricas atendiam às necessidades surgidas para a interpretação dos escritos de Nelson Rodrigues.

O universo dos arquétipos, as emanações do inconsciente coletivo, a ideia de resíduos arcaicos penetrando o cotidiano do cidadão propiciavam vislumbrar outra dimensão ideológica (portanto, estética) para a encenação. A obra de Nelson Rodrigues é mítica, concluiu Antunes, repudiando a disseminada classificação que normalmente lhe era dada de "comédia de costumes".

Depois de muita reflexão e dos improvisos sobre situações rodriguianas, acabou reunindo no espetáculo, a que deu o nome *Nelson Rodrigues, o eterno retorno*, quatro peças do autor: *Álbum de família*, *Toda nudez será castigada*, *Beijo no asfalto* e *Os sete gatinhos*.

O repertório selecionado mescla obras míticas com peças psicológicas e tragédias cariocas, conforme a classificação da dramaturgia rodriguiana feita por Sábato Magaldi. Na verdade, tal classificação não estabelece fronteiras rígidas entre as peças, mas aponta sensíveis diferenças, estabelecendo os "territórios" que compõem o continente poético. Em *Álbum de família*, que abriu a chamada fase "mítica", Nelson Rodrigues faz um retrato terrível da família patriarcal brasileira, abordando por meios simbólicos o autoritarismo e os desmandos da classe dominante, plasmada no positivismo da Primeira República. Não se trata do realismo psicológico ou sociológico, e sim discurso que rompe o plano da realidade histórica e invade o universo mítico, reinventando o mundo e evocando a família primordial.

Tendo no centro da ação dramática o patriarca Jonas, que através de meninas cooptadas nos seus domínios territoriais expressa a avassaladora paixão que sente pela filha, Glória, *Álbum de família* infla-se de situações incestuosas, extrapolando a coerência e os limites do razoável, transbordando substância poética grávida de elementos do inconsciente coletivo, perfazendo os ciclos vitais pelos mitos solar e lunar, geradores das estações, da fertilidade e da decadência, do nascimento e da morte.

*Álbum de família* desdobra-se em obras dos ciclos das "tragédias cariocas" e das "peças psicológicas", nas quais a instituição familial revela-se fortaleza constantemente minada por forças que transcendem as estruturas psicológicas dos seus integrantes, em um processo de perpétua liquidação da ordem estabelecida. Nessas peças, contudo, a forte cor local parece prevalecer sobre as questões míticas, ou sobre os arquétipos e as emanações do inconsciente coletivo, dando-lhes conotação de comédias de costumes.

Apoiados pela psicologia analítica e pela filosofia das religiões, Antunes e os atores foram revolvendo atavismos, deslindando memórias esquecidas, porém atuantes no inconsciente. Taras. Pesadelos cotidianos. Laços perenes com o que foi e é. O eterno retorno do mito no gesto do dia a dia. O lar é campo de batalha de deuses terríveis. Na construção poética de Nelson Rodrigues, a lucidez e o delírio convivem em tumultos e descrevem sagas históricas do homem contemporâneo. Foi por essa trilha que Antunes conduziu o elenco. E ao estrear *Nelson Rodrigues, o eterno retorno,* envolveu a plateia em atmosfera onírica. Rompia vícios até então presentes nas encenações de Nelson Rodrigues, revelando um universo poético ainda desconhecido, mas de admirável potência.

A despeito da certeza que tinha quanto à condição arquetípica de toda a obra de Nelson Rodrigues, Antunes Filho não conseguiu superar a "cor local" em duas delas – *Beijo no asfalto* e *Os sete gatinhos* –, além de *A falecida*, que descartou antes da estreia do espetáculo, justamente por não encontrar meios de livrá-la do rótulo "comédia de costumes".

As prospecções recentes, envolvendo o trabalho com arquétipos e inconsciente coletivo, não estavam completamente assimiladas e por isso a essas peças faltaram meios para a leitura correta nos termos da psicologia analítica. Seriam as premissas conceituais inadequadas a essas obras? Antunes teimava em dizer que não. Afirmava e afirma que toda a obra de Nelson Rodrigues é mítica. Mas não tinha ainda descoberto os meios para levar esses novos saberes às técnicas da velha arte da representação teatral.

No caso de *Toda nudez será castigada*, todavia, peça também considerada "comédia de costumes", não teve dificuldade em revelar os conteúdos arquetípicos, o que de certo modo validou sua tese. O relato da prostituta Geni, que começa pela voz gravada dizendo *Herculano, quem te fala é uma morta*, tem a intensidade da queda trágica. E a superior interpretação de Marlene Fortuna, que guiada por ele desmontou psicologicamente a personagem, observando-a para além da psicologia individual, iluminando a irracionalidade nas atitudes, indicando as motivações primárias, conferiu a Geni intensidade metafísica, dando-lhe conotações não prosaicas, mas ontológicas.

Em função desse descompasso, depois da temporada do espetáculo no Theatro São Pedro, Antunes o reduziu às duas peças plenamente resolvidas pelos novos procedimentos criativos – *Álbum de família* e *Toda nudez será castigada* –, mudando-lhe o título para *Nelson 2 Rodrigues*. E o Grupo de Teatro Macunaíma o levou a diversos países da Europa e das Américas, confirmando a relevância estética se seu trabalho perante a crítica internacional, que assim o entendeu e o proclamou.

O Grupo de Teatro Macunaíma continuava suas atividades no Theatro São Pedro. Além das montagens de espetáculos, trabalhava-se intensamente na pesquisa de meios técnicos e conceituais para o pleno desenvolvimento do ator, com vistas à "encenação metafísica". No âmbito da linguagem, não se tratava apenas de superar o realismo convencional, mas de criar nova realidade em cena, que tivesse por referência a realidade comum, objetiva, mas atingisse em planos superiores a realidade metafísica. O setor didático e formativo do grupo, que preparava os intérpretes e os conduzia à pesquisa profunda da arte do ator, recebeu o nome de CTP, – Centro Teatral de Pesquisa.

Abria-se, desse modo, considerável espaço para o processo formativo do ator, mas isso tudo corria o risco de acabar em 1982, com a mudança de governo. Sendo equipamento da Secretaria Estadual de Cultura, o Theatro São Pedro poderia atender a outras prioridades da nova administração, lançando ao desabrigo o Grupo de Teatro Macunaíma e o CTP, e pondo fim à pesquisa estética em plena arrebatação.

A importância do trabalho, no entanto, não se restringia aos limites do grupo, alcançava todo o teatro nacional. Isso levou artistas e intelectuais a formarem uma rede de simpatizantes pela sua continuidade. E essa rede o colocou em contato com uma comissão formada pelo SESC, encarregada de estudar meios que possibilitassem à instituição contribuir para o desenvolvimento da arte teatral. Foi um encontro extremamente benéfico para todo mundo, e o SESC encampou o projeto, instituindo o CPT – Centro de Pesquisa Teatral, na unidade Consolação, em 1982.

A primeira turma do CPT era a mesma que vinha atuando no velho teatro da Barra Funda, sob a sigla original CTP, mas dividiu-se em núcleos de estudos com vistas à formação de novos grupos teatrais. Paralelamente começou a funcionar um curso de iniciação para atores, com seis meses de duração. Como ocorreu nessa época, continuou a ocorrer anualmente e ocorre até hoje, centenas de candidatos inscrevem-se, passam por testes e os selecionados formam a classe do "Cepetezinho" – uma a cada ano. É curso de iniciação, não de permanência, mas através do tempo Antunes nele encontrou atores e atrizes que desenvolveram e desenvolvem, a despeito da rotatividade do elenco, os trabalhos teóricos e práticos do CPT/Grupo de Teatro Macunaíma.

Ao nascer, o Centro de Pesquisa Teatral herdava não apenas a ideologia e os atores do Centro Teatral de Pesquisas, mas também os projetos que nele estavam sendo elaborados. Um deles visava à adaptação e montagem de obra de Guimarães Rosa; outro realizava pesquisas com igual finalidade, porém sobre a história de Xica da Silva; o terceiro, não apenas coordenado, mas também dirigido por Antunes Filho, tinha por objetivo a adaptação do romance *A Pedra do Reino*, de Ariano Suassuna, que deveria ser o espetáculo seguinte do Grupo de Teatro Macunaíma.

Depois de cerca de um ano de trabalho sobre o romance de Suassuna, o projeto foi abortado porque o autor não aprovou a adaptação feita.

Antunes desviou então o olhar dos sertões nordestinos para a Verona medieval, como a descreve Shakespeare em *Romeu e Julieta*. Não via contradição na escolha em face do trabalho dos últimos anos, que foi totalmente voltado à literatura e à realidade brasileiras. *A pátria da obra clássica é o homem*, dizia ele. Em entrevista ao *Jornal da Tarde* declarava que, *mesmo quando monto uma peça como* Romeu e Julieta, *procuro investigar o que há no texto que corresponda ao meu momento*.

Interpretada sob a ótica do *discurso amoroso* de Roland Barthes, a tragédia de Romeu e Julieta fazia contraponto aos *discursos do poder.* Assim o entendia Antunes. Os discursos do poder se alteravam sensivelmente no Brasil, na primeira metade dos anos 1980. Os movimentos civis contra a ditadura militar, que proliferavam desde o fim da década anterior, esbarravam na "transição" inventada pelos generais para "arrumar a casa".

As mudanças no discurso do Estado implicavam alterações em todos os mecanismos, alcançando grupos de oposição, imprensa, relações familiares e por aí vai, gerando novos discursos do poder. Batalhar contra o obscurantismo e buscar a recuperação moral era uma possível trilha para recuperar na alma do cidadão o discurso amoroso. Novas linguagens, novas maneiras para chegar a uma nova ideologia social, por meio de nova ideologia de espetáculo, é o que propõe com *Romeu e Julieta*: um drama que vai ao fundo do coração humano e ergue a bandeira do amor contra preconceitos, autoritarismo, repressão.

Tal foi o roteiro que, inspirado em Roland Barthes, Antunes estabeleceu para narrar a história desse "amor impossível".

Buscando o essencial do texto, eliminou cenas descritivas, expôs a estrutura do drama de modo a favorecer a narrativa direta, contando a história do amor de adolescentes. O mundo adulto é reduzido ao indispensável, permanecendo quase invisível na cena – mas opressivo em sua invisibilidade.

O paradigma da movimentação estava na linguagem de videoclipe que a televisão começava a apresentar nessa época. Gestos, andanças, todas as manifestações físicas reduzidas ao essencial, mas executadas com vigor, ágeis na ocupação do espaço, dando nas cenas de conjunto sensação de vertiginosos aconteceres. Por contraste, cenas da intimidade realçavam no palco despojado a solidão ou a privacidade de ambientes imaginários.

Amor, juventude, transformação. Sentimentos intemporais marcam a convergência da poesia de Shakespeare e da música dos Beatles com os artistas do Macunaíma. Não há reverência sisuda que detenha o transbordamento de imaginação e vitalidade da trupe. Conduzidos pelo mestre, os jovens atores não se perdem nas convenções que poderiam soterrar a sua força luminosa. Encontram um Shakespeare jovem como eles, praticam a subversão à ordem estabelecida e realizam o teatro digno da grandeza do poeta.

A peça revelou vários atores e atrizes que fariam carreira em nosso teatro, entre eles Marco Antônio Pâmio (Romeu) e Giulia Gam (Julieta). A exuberância da encenação escapava tanto ao artificialismo de "efeitos" quanto à austeridade supostamente devida a um texto clássico. Prevaleciam o verdor e o humor da juventude, justificando soluções marotas, como uma escada de pedreiro servir de apoio na cena do balcão; ou a guerra entre os grupos dos Capuleto e dos Montecchio, solucionada pela saraivada de bolinhas de papel atiradas entre uns e outros, desenhando no espaço retas e curvas delicadas, tornando a briga não um ato de ódio, mas brincadeira de crianças.

A plateia se encantava com as peripécias, acompanhava com sorriso cúmplice a ação da rapaziada. A encenação produzia atmosfera de inocência, da ausência de culpa, falando da ação do apaixonado, que cria um mundo pretendendo desconhecer a chamada "realidade", feita de ordens, dogmas, preceitos, preconceitos... Mas quando Romeu, em seu excesso de amor, tenta apaziguar Teobaldo e provoca a morte de Mercúcio, o sorriso do espectador sucumbe à realidade fria do ódio que leva o apaixonado ao crime e destrói as ilusões de um paraíso terrestre.

A luminosidade das cenas anteriores se transforma. A alegria cede lugar à inquietação. Os jogos passam a representar a luta desesperada da inocência contra fatos, regras morais, convenções, na tentativa de tornar vitorioso o amor. Utopia que não é destruída sequer na tumba, onde o grupo de adolescentes vê com emoção o abraço final dos amantes, num pacto mudo de resistência aos discursos do poder.

Ao estrear no Teatro sesc Anchieta, em 29 de abril de 1984, *Romeu e Julieta* abriu a apresentação do repertório do Grupo de Teatro Macunaíma. O espetáculo, a cada semana, alternava-se no cartaz com *Macunaíma* e *Nelson 2 Rodrigues*, até o final daquele ano. Era a primeira temporada do Grupo na instituição que o acolhia desde 1982.

Enquanto o repertório animava a sala de espetáculos, diariamente na sala de ensaio, de manhã à noite, atores formavam vários núcleos e trabalhavam diferentes temas.

A destinação de alguns dos núcleos era ganhar vida independente, no sistema de cooperativa. Um deles trabalhava sobre a obra de Jorge Amado, sob direção de Ulysses Cruz, e realizou bela adaptação teatral de *Os velhos marinheiros*. Concluída a montagem, o núcleo desligou-se do CPT e seguiu vida própria com o nome de Grupo de Arte Boi Voador. Outro, dirigido por Márcia Medina, trabalhou sobre o romance *Alice*, do pintor primitivo José Antônio da Silva, que resultou no espetáculo *Rosa de Cabriúna*, com dramaturgia de Luís Alberto de Abreu. Um terceiro, dirigido por Ricardo Karman, fazia pesquisas dramatúrgicas junto com Marcelo Rubens Paiva e, posteriormente, já desvinculado do CPT, criou o espetáculo *525 linhas*, no processo que deu origem às Expedições Experimentais Multimídias, realizadas por Ricardo Karman e Otávio Donasci.

Dois outros núcleos trabalhavam sobre temas que constituiriam as próximas montagens do Grupo: *A hora e a vez de Augusto Matraga*, de João Guimarães Rosa, e *Xica da Silva*, baseado nas aventuras da escrava que, graças a seduções eróticas, se tornou rainha do Tijuco, nas Minas Gerais.

A ideia inicial de Antunes era adaptar para o palco o romance *Grande sertão: veredas*, de Guimarães Rosa, por nele encontrar imensa proximidade com as ideias filosóficas e místicas orientais. *Sertão é ser tao*, afirmava. Quanto mais lia a obra rosiana, mais se convencia disso. Optou, finalmente, por substituir aquele romance pelo conto *A hora e a vez de Augusto Matraga*, do livro *Sagarana*. A substituição não implicava desvio de rumo, pelo contrário: era a maneira de penetrar profundamente a obra toda do grande escritor e segui-lo na viagem para dentro do idioma.

Rompendo os tecidos da religiosidade sertaneja, Guimarães Rosa desvela a perpétua luta dos opostos, assim entendeu Antunes, e este era o ponto que realmente lhe interessava investigar. Na adaptação, que ele mesmo assinou, enxertava pensamentos e imagens de outros escritos de João Guimarães Rosa, revelando com brilho o pensamento mítico do autor na transposição cênica. Assim demonstrava na trajetória de Matraga a ação do par arquetípico *yin* e *yang*, manifestando-se na alternância vertiginosa de luz e sombra, como é próprio do herói, que surge das trevas e do crime para santificar-se, iluminando as veredas do Grande Sertão.

No elenco, além de Luís Melo, que estreava no Grupo de Teatro Macunaíma –, onde realizaria algumas das mais belas interpretações do teatro brasileiro nos anos 1980 e 90 –, e do brilho de Marlene Fortuna, estava como ator convidado, no papel de Matraga, o grande Raul Cortez.

Movia-se no interior do processo do CPT essa visão voltada ao pensamento arcaico como forma de conhecimento da realidade, sendo a estética não mais acionada pelo concretamente real, e sim pela metafísica. *A cena é um espaço metafísico*, afirmava Antunes. No plano imediato, de interferência no momento histórico, *A hora e a vez de Augusto Matraga* trazia ao palco a discussão de sistemas éticos. É da questão ética que trata o conto de Guimarães Rosa. Mas, no plano da criação artística, a obra ilumina o momento em que o encenador encontra modos de dispensar recursos "ilustrativos" na construção do discurso poético, para de fato "espiritualizar" a cena.

Pouco depois surgiam os instrumentos teóricos, procedentes da Nova Física, fundamentais para o encaminhamento definitivo da sua ideia estética. Deve-se o encontro de tais instrumentos ao *best-seller O tao da física* (*The tao of physics*), de Fritjof Capra.

Alertado para a relação do pensamento arcaico, das ideias filosóficas orientais e da psicologia analítica com a Nova Física, Antunes estuda as descobertas de Rutherford, o conceito de *quanta* de Max Planck, as teorias da relatividade de Einstein, todo o desenvolvimento da mecânica quântica na Escola de Copenhague... Esse arsenal de conhecimento, na abordagem filosófica, permite-lhe articular os diferentes saberes dentro de um sistema aplicável à pesquisa estética – sempre vinculando as linguagens ao trabalho do ator. O "princípio de incerteza" de Heisenberg e a "complementaridade" de Niels Bohr tornaram-se importantes bases do processo.

Enquanto iniciava nova fase com esse instrumental teórico, revendo conceitos e exercícios práticos, Antunes finalizou a montagem de *Xica da Silva*, tema que vinha sendo trabalhado por um núcleo do CPT havia dois anos, através de *workshops*, com o texto já concluído por Luís Alberto de Abreu. Montagem em que não se aplicaram os novos conceitos – isso só aconteceria no espetáculo seguinte, *Paraíso Zona Norte* –, ficando *Xica da Silva* como obra de "transição" dentro do repertório.

O espetáculo comemorava o primeiro centenário da abolição da escravatura no Brasil, mas sem qualquer traço de "otimismo oficial"; pelo contrário, afirmando a permanente luta pela liberdade – liberdade não é coisa que se outorga ou se concede, precisa ser conquistada. A história dessa escrava, que aparentemente consegue subjugar os colonizadores com suas artes eróticas, tornando-se a mulher mais rica da Colônia, é um patético exemplo de liberdade ilusória, obtida graças à troca de "favores". Xica viveu a ilusão do poder, fazendo valer seus caprichos, até que a Metrópole interferiu na vida do Tijuco e substituiu as autoridades locais, esvaziando esse ilusório poder: o Sistema é sempre muito mais forte do que as pessoas.

O conceito "carnavalização" de Mikhail Bakhtin forneceu elementos importantes à composição de *Xica da Silva*. A própria personagem faz a caricatura da aristocracia lusitana com sua pretensão à grandeza. E funciona como um espelho cruel dessa aristocracia, resultando na versão grotesca do poder. Permeia a ação, no entanto, a revolta genuína dos escravos que, fugindo dos seus senhores, tentam organizar um movimento libertário. Mas o ponto central do drama é a atitude individualista de Xica, interpretada por Dirce Thomaz, confundindo o anseio de liberdade com a cobiça do poder.

Embora, como produto de transição, *Xica da Silva* seja "obra menor" no repertório do Grupo de Teatro Macunaíma, teve o mérito de integrar no trabalho criativo dos atores dois outros núcleos de estudos do CPT: o de dramaturgia – que infelizmente logo foi interrompido, só reaparecendo muitos anos depois – e o de cenografia, coordenado por J. C. Serroni. A encenação marcou a primeira parceria do cenógrafo com Antunes Filho. Parceria que nos dez anos seguintes culminaria em algumas das mais vigorosas criações cênicas do teatro brasileiro do período.

A estrutura em ferro e vidro, com linhas que evocavam algo transitando entre *art nouveau* e o modernismo de Gaudí, poderia representar uma velha estação de metrô, espaço público que não caracteriza outro uso senão o da passagem de pessoas na pressa urbana... Assim foi a primeira grande cenografia de Serroni em parceria com Antunes, concebida na construção de *Paraíso Zona Norte*, depois do ensaio realizado com *Xica da Silva*.

O fascinante é que tal cenário, plasticamente evocativo, mas restrito a um local de passagem, em princípio nada tinha a ver com as duas peças de Nelson Rodrigues que compunham o espetáculo: *A falecida* e *Os sete gatinhos*. E, no entanto, a evolução dos personagens nesse ambiente, favorecido pelas luzes e sombras da magnífica iluminação de Max Keller, ganhava sentidos novos, que ultrapassavam os limites das paisagens evocadas pelos originais de Nelson, lançando a ação dramática em altiplanos metafísicos.

Antunes conseguiu eliminar os vestígios da comédia de costumes em ambas as peças. Voltando a Nelson Rodrigues com textos que no início da década não conseguira resolver cenicamente à luz da psicologia analítica, ele invade de vez o universo mítico. Apoiado pelo método que desenvolveu no CPT, conseguiu por fim dispensar a "cor local", chegando ao plano ontológico, à encenação metafísica. São arquétipos que evoluem no magnífico espaço cênico criado por J. C. Serroni. Um sítio atemporal, com paredes transparentes que ocultando revelam, lugar de imanências arquetípicas.

A busca do Paraíso perdido se desenrola em ambiente propício: a Zona Norte do Rio de Janeiro. A existência miserável de Zulmira (Flávia Pucci), de Noronha (Luís Melo) e de todos os que os cercam é marcada pela ânsia de eternidade. Transcender os estreitos limites demarcados por uma sociedade injusta, não pretendendo a ascensão material, mas a purificação espiritual, constitui a batalha desses seres.

*A falecida* conta a história de Zulmira, que leva uma vida miserável ao lado do marido desempregado e pretende conseguir com um enterro deslumbrante a superação de todos os males. Em *Os sete gatinhos*, Noronha, humilde funcionário público, decide transformar a casa em bordel quando descobre que Silene (Rita Martins), a mais nova das cinco filhas, já não é virgem. Nessas tramas, fortemente contaminadas pelo melodrama, a vida em bairro pobre do Rio de Janeiro aparece plena de desejos e de frustrações, levando os personagens a paroxismos trágicos.

Enquanto Zulmira planeja o seu enterro de luxo, Tuninho (Luís Melo), o marido, vê perplexo e assustado o processo suicida da esposa, assumindo atitudes que ele não entende e perante as quais se sente impotente, uma vítima. Mas será ele quem castigará Zulmira, negando-lhe o último desejo. Um castigo que também o aniquila e destrói seu frágil mundo. Simples dramas do cotidiano, não fosse o furor poético de Nelson Rodrigues, que nutre a intriga com emoções primárias, procedentes do pensamento arcaico.

Igual é o destino de Noronha, subserviente contínuo de repartição pública que, humilhado e frustrado, vê as filhas se prostituírem. Menos Silene, a mais jovem. Acredita que alcançará a salvação, não só a dele como de toda a família, com a castidade da menina. Por isso, com a ajuda das outras filhas e da mulher, consegue meios para proteger Silene da corrupção e do pecado dentro dos muros de um internato. Mas a tragédia está dentro da pessoa, nenhum muro a protegerá do destino. Assim, a revelação da gravidez de Silene estabelece o caos.

Eram os atores, na verdade, que animavam e faziam viver todo esse espaço mágico criado por Serroni e iluminado por Max Keller. Antunes não hesitou em usar o exercício da "bolha", praticado diariamente no CPT, como matéria-prima para a criação estética. A "bolha" era um exercício vinculado ao "desequilíbrio" – quando o ator se colocava desequilibrado pelo espaço, buscando romper as couraças, zerar as personas alimentadas no seu cotidiano. Já com a "bolha", o corpo oscila na polaridade *yin/yang*, em movimentos que partem especialmente dos pés e dos braços. Conforme disse em uma entrevista a atriz Rita Martins, *no momento da bolha, simplesmente nos largamos para que todas as coisas que sabemos nos movam e criem. Não é gesto, é toda uma sabedoria que passa pelo conhecimento armazenado, do qual surge a forma. A forma vem do conteúdo, através da sensibilidade, não partimos do desenho para o conteúdo* (Coletiva do Grupo de Teatro

Macunaíma em Monterrey, México, no Festival Cervantino, 1990).

Graças à "bolha", a movimentação pela cena era uma autêntica coreografia, em fluxos constantes de energia. Os corpos surgiam como esculturas dinâmicas, em evolução de intensa plasticidade. As cenas densamente dramáticas fluíam e se transformavam, acionadas pela ação de arquétipos. Estava claro que os meios interpretativos exaustivamente procurados por Antunes Filho com seus atores floresciam agora numa vigorosa linguagem.

Com *Paraíso Zona Norte*, estreado em 1989, Antunes encerrou a década de descobertas conceituais e técnicas, que deram ao seu teatro características únicas e uma linguagem pós-moderna de insólita beleza.

## Anos 1990

A primeira montagem do CPT/Grupo de Teatro Macunaíma na última década do século XX, *Nova velha estória*, constituiu mais um passo para dentro da linguagem inaugurada com *Paraíso Zona Norte*. Neste, evidenciou-se o preparo do corpo, quando foi transformado em matéria estética o exercício da "bolha", que faz parte do repertório de procedimentos técnicos estabelecidos no CPT.

Por sua vez, a *Nova velha estória* evidenciou o preparo vocal, transformando também em matéria estética o exercício do "fonemol", que produz rico universo sonoro pela união aleatória de fonemas, sugerindo palavras, frases e até discursos, emitidos não através da projeção, mas da ressonância. A técnica foi desenvolvida por Antunes, com a cumplicidade dos atores, tendo por objetivo treinar a máquina vocal para a perfeita criação dramática através da voz. No espetáculo, combinações de fonemas geradas pelo "fonemol" soavam como se fossem palavras e frases que se libertavam das armadilhas semânticas e ganhavam novas significâncias, de entendimento universal.

Antunes, como sempre, ia ao fundo de problemas que detectava no trabalho criativo dos intérpretes. Problemas que se apresentavam na sala de ensaio e que no seu entender constituíam sérios empecilhos à plena manifestação artística – ou, como ele diz, à "autoexpressão" do ator. Deu passos largos na investigação de técnicas com vistas à nova linguagem, mas não chegara a uma conclusão, a um método definido e acabado. Por isso, com a teimosia de Zequinha e o lastro das experiências e descobertas vividas pelo tempo afora, continuava avançando na pesquisa de meios interpretativos, através do corpo, do aparelho vocal e também do coração e da mente dos intérpretes, desbravando novos horizontes para a expressão em cena.

Corpo e voz. A matéria, por força do trabalho e da arte, pode-se revelar como manifestação do espírito, desde que se encontrem meios e modos adequados. Era a isso que se dedicava a cada instante dos seus dias. Também por isso, suas criações estéticas traziam ao primeiro plano os procedimentos técnicos conquistados, mas sem abandonar as questões filosóficas, o olhar crítico sobre o mundo e os homens.

*Nova velha estória* inspirou-se no conto infantil "Chapeuzinho Vermelho". Através do "idioma imaginário", possibilitado pelo "fonemol", propunha drástica desconstrução da língua falada. Dizia em artigo do programa de mão do espetáculo que pretendia realizar *uma síntese em que as palavras não tivessem de explicar nada, porque a palavra está poluída, perdeu o sentido*. E acrescentava: *Estou trabalhando no nascedouro da língua. As palavras têm uma pulsão psíquica, uma alma, um cerne eletromagnético. Quando invento uma língua ficcional, como agora, estou começando a estudar de novo o português, a restaurar o sentido das palavras.*

Afirmava ainda seu propósito de estabelecer um código ético sobre o Bem e o Mal, tendo por perspectiva as ideias filosóficas orientais: *Não existe confronto, mas complementaridade. Não digo que as pessoas têm de cometer o Mal. Temos é que colocar o Mal no seu lugar, sem pretender erradicá-lo. Morro de medo das pessoas que se dizem só do lado do Bem. Na minha opinião, são tão perigosas quanto os malfeitores.*

A questão técnica é apresentada não como simples recurso estético, cuja finalidade seria o culto ao belo, mas sim modos de pensar o mundo e, através do gesto, do movimento corporal e da voz, colocar em cena esse pensamento, independentemente do verbo. Afirma-se dessa maneira a estética como ideologia e, por consequência, como posicionamento ético.

O ponto de partida para a construção da *Nova velha estória* foi a queda do muro de Berlim. Era o fim da guerra fria que, no entanto, deu origem a terríveis conflitos bélicos que redesenhavam o Leste Europeu e repercutiam por todo o planeta. O Bem jamais vem desacompanhado do Mal, e a liberdade sobrecarrega o ser humano de responsabilidade. Neste novo mundo ninguém mais é inocente, e cabe a cada um avaliar suas atitudes e buscar o Bem não desconhecendo, ou ignorando, ou tentando destruir o Mal, mas colocando-o no seu lugar e jamais compactuando com ele.

A partir dessa premissa, o conto "Chapeuzinho Vermelho" foi usado como metáfora do *rito de passagem* vivido pela humanidade naquele momento histórico. Um rito espelhado em outro, que é o *rito de passagem* da adolescente. A jornada de Chapeuzinho Vermelho pela floresta cheia de perigos, gnomos, serpentes e, claro, o Lobo Mau, começa logo após sua primeira menstruação, que se deu entre os jogos infantis, para o seu espanto e o das amiguinhas.

A Mãe entrega-lhe a cesta de quitutes, para que leve à casa da Vovó, que fica do outro lado da floresta. Movida pela curiosidade, ela não obedece às recomendações da Mãe, no sentido de que siga pelo "caminho reto". Entra por desvios e termina encontrando o Lobo Mau, que se serve de muitos artifícios para seduzi-la. Deixa-se seduzir e facilita o "trabalho" do vilão.

Conforme a peça, depois de "matar" a Vovó e Chapeuzinho, o Lobo termina capturado pelas amiguinhas da adolescente e pelo Soldadinho de Chumbo. Mas, por interferência de Chapeuzinho, ressuscitada pela Primavera, como logo mais o foi também a Vovó, o Lobo não é morto, e sim aprisionado em uma esfera e colocado "no seu lugar".

Houve, no espetáculo, perfeita interação entre os conceitos dramáticos de Antunes e os cenográficos de J. C. Serroni, marcando novo dueto entre esses artistas. Tanto para o cenário quanto para os figurinos e adereços, Serroni buscou inspiração nas impressionantes figuras do Museu das Múmias de Guanajuato (México). Buscou também ideias formais em imagens colhidas nos contos de fadas, bonecas do século XIX, ilustrações de Wodd Roffe, colagens de Nicky van Phaulen, fotos de Lewis Caroll. Com tais elementos elaborou um *guarda--roupa moldado em memória, no qual cada pedaço de pano traz a marca de uma ex-cor, de um ex-molde*, segundo explica em um artigo do programa de mão. Já a proposta do cenário, comenta no mesmo artigo, buscava *a síntese do eterno retorno com a fantasia do inconsciente*.

Sobre o linóleo negro que revestia o tablado, faixas pintadas em amarelo lembravam o "caminho reto" que a Mãe recomendava a Chapeuzinho e do qual ela se desvia, como é natural a qualquer adolescente. A amplidão cósmica, para onde o Lobo Mau é remetido, foi representada por quarenta esferas de acrílico transparente colocadas em diferentes alturas do palco. Todo o universo contido entre o céu e a terra estava desse modo representado na poética de Serroni, em belo diálogo com a de Antunes.

A abordagem ética do Bem e do Mal, na verdade, despontou bem antes na obra de Antunes e foi um dos elementos básicos para a construção de *A hora e a vez de Augusto Matraga*. A partir de *Nova velha estória*, todavia, o tema ganha força e passa ao primeiro plano.

Na sequência, o CPT/Grupo de Teatro Macunaíma apresentou a tragédia de William Shakespeare *Macbeth*, que recebeu o título *Trono de sangue*. Tanto o novo título quanto os elementos plásticos da encenação, incluindo cenários e figurinos, remetem à versão cinematográfica da mesma obra feita por Akira Kurosawa, lembrando que no Brasil o filme foi lançado com o título *Trono manchado de sangue*.

As citações de grandes artistas constantemente encontradas na estética de Antunes Filho é o que melhor define a pós-modernidade das suas criações. Ao se reportar a Kurosawa e contaminar a tragédia shakespeareana com ideias zen-budistas, ele estava colocando a luta pelo poder, eivada de cobiça e crime, como o Mal que corrompe e destrói a alma humana. Isto no plano geral. No particular, referia-se à situação da política brasileira, no momento em que grandes manifestações da sociedade civil, por todo o país, pediam o *impeachment* de Fernando Collor de Mello, primeiro presidente eleito democraticamente depois de mais de vinte anos de ditadura militar, acusado de corrupção.

Refletir criticamente no espetáculo sobre o momento histórico vivido é coisa recorrente na obra de Antunes. Mas, dessa vez, agregava à reflexão em torno do momento histórico a sinergia do Mal, como o fizera em *Nova velha estória*. E concluía outra vez pela impossibilidade de eliminar o Mal, enfatizando a necessidade de colocá-lo em seu devido lugar. Responde, assim, à falta de ética dos governantes, mas no plano da arte, da criação estética, não do panfleto.

Procura, através da análise e da reflexão sobre a tragédia de Shakespeare, atingir o abismo, a camada espessa das sombras do inconsciente. Nesse sítio atuam íncubos e súcubos, escorpiões, morcegos, cobras e todas as bestas que dilaceram as entranhas de Macbeth. Da vasta bibliografia consultada, sobressaiu o ensaio de J. L. Caramés Lage, "Macbeth, a viagem simbólica do caos", que a certa altura afirma: *A viagem da vida do herói trágico, que é Macbeth, simboliza em si mesma o ponto de vista do demônio no mundo.* Nesse plano se elabora o discurso cênico, entendendo Macbeth como o gigante do Inverno, que será vencido pela Primavera.

O plano simbólico, no entanto, não sufoca a humanidade dos personagens. Luís Melo, como Macbeth, tem momentos de absoluta fraqueza e espanto ante as monstruosidades que é levado a cometer, movido pela ambição. E o motor da cobiça é sua mulher, interpretada com admirável vigor e inteligência por Samantha Monteiro, também conhecida como Samantha Dalsaglio. E Lady Macbeth, instrumento do Mal, tem queda tão fulminante quanto a furiosa ambição que a inflamou até o crime. Mas, ao fim das contas, são apenas pessoas transformadas através da arte em metáforas do Mal.

A profecia das bruxas, prevendo que a queda de Macbeth se dará no momento em que o bosque de Birman chegar a Dunsinane, desse ponto de vista refere-se à inevitável eclosão da Primavera e, com ela, a ação do Sol e das chuvas, trazendo a fertilidade e a vida. Com base nessa interpretação e fiel à natureza do símbolo arcaico que perpassa a trama, Antunes faz que ramos de árvores irrompam pelas janelas do castelo no momento da queda de Macbeth.

Mas, a exemplo do Lobo Mau, o gigante do Inverno não morre. Ficará adormecido na Primavera e no Verão, acordando no Outono para reinar no Inverno. E os ciclos da vida prosseguem infinitamente, apoiados no milagre do nascimento, da morte, do renascimento.

A cenografia de J. C. Serroni acoplou, de certo modo, o conceito do palco isabelino sobre o palco italiano, criando o vasto salão do castelo cercado por galerias, com portas amplas e janelas sempre voltadas para a noite, até a "chegada" já prevista do bosque de Birman, representada por galhos de árvores frondosas que invadem o espaço pelas janelas. Essa luxuriante vegetação traz o verdor da vida e se faz acompanhar da luz, que ilumina os esconsos sombrios do espaço onde antes floresciam a ambição e o crime. No decorrer da ação, os personagens desenham mandalas, com seu movimento pela cena, girando sempre pelas laterais. Porém Macbeth, depois de ferido fora da cena, é para ela arrastado por cordas, numa linha reta. E fica abandonado no centro do espaço vazio, em estertores. Não morre.

Ainda discutindo a sinergia do Mal, Antunes introduz na montagem seguinte o mito da imortalidade. E o faz sobre o texto de Jorge Andrade, *Vereda da salvação*, que aborda aspectos do problema fundiário brasileiro, destacando a experiência dos lavradores sem-terra na dura luta pela sobrevivência. A peça – evocando episódio real ocorrido em Malacacheta, no estado de Minas Gerais – havia sido montada por ele em 1964, marcando o início das experiências que resultaram no seu método para o ator.

Em cena, lavradores desesperançados de uma solução de vida melhor, errantes de fazenda em fazenda na busca de trabalho fatalmente mal remunerado, deixam-se envolver pelas visões místicas de Joaquim. Este, um pobre homem, lavrador como eles, transforma suas próprias dores e frustrações em obsessão mística e, através de leitura muito pessoal dos Evangelhos, acredita ter desvendado uma vereda para a Terra Prometida. Vai levá-los todos para esse sítio, onde correm rios de leite e mel, na condição prévia de que se purifiquem e abandonem seus parcos bens materiais e suas ambições terrenas.

Nos rituais de purificação cada um confessa publicamente os pecados e substitui o nome civil por nome bíblico. Durante os rituais uma criança é assassinada, porque supostamente seu corpinho fora tomado pelo demônio. Uma lavradora denuncia o crime aos proprietários da terra, que para lá mandam a polícia. Toda a comunidade é massacrada a tiros de fuzil, ninguém sobrevive.

Passado tanto tempo desses acontecimentos, o problema da terra permanece vigente, mas o país todo parece ter se transformado em gigantesca Malacacheta. Os massacres tornaram-se cotidianos, seja nos conflitos dos sem-terra, seja nas favelas das grandes cidades. São massacres comandados por interesses econômicos de posseiros e fazendeiros, ou pelo narcotráfico, ou resultantes de embates entre quadrilhas, ou pela ação de grupos de extermínio. O fato é que a vida humana parece artigo muito barato, quase desprezível. Esse é o quadro que Antunes expõe na segunda montagem que fez de *Vereda da salvação*, sob o signo da sinergia do Mal.

Em primeiro plano está o conflito da terra – ou a experiência dos sem-terra –, mas o tema é exposto também como metáfora da situação social do país. Ao entrar na sala de espetáculo, o espectador vê caixões fúnebres, com "defuntos" dentro, formando um paredão na boca da cena. Imagens iguais foram vistas, à época, nos noticiários da televisão e da imprensa escrita sobre o massacre ocorrido na favela Vigário Geral, no Rio de Janeiro, em que os caixões com os cadáveres ficaram expostos no meio da rua, simetricamente colocados um ao lado do outro. A visão dantesca desaparece ao se iniciar a ação, mas permanece o seu impacto, que possibilita ao espectador relações entre os fatos narrados e a dura realidade do país violento em que se tornou o Brasil.

O Mal está presente, sem dúvida, mas a encenação não se reveste de rancor ou ódio, e sim da humanização extrema dos personagens. No papel de Joaquim, Luís Melo não valoriza a intolerância religiosa do personagem, mas o seu desejo de vida plena, onde cabem também a alegria, a dança comunitária, o amor sempre sufocado, que se manifesta em gestos simples, em olhares afetivos, na saudade constante do paraíso. Paraíso que buscará na atitude insana, levando consigo todos os que como ele padecem da miséria e da absoluta falta de perspectiva na vida terrena.

São todos vencidos pela saudade do paraíso. Mesmo Dolor, a mãe de Joaquim, na bela interpretação de Laura Cardoso, convidada para esse papel que a apresenta como mulher sofrida ao extremo, consciente da loucura do filho, mas que não hesita em admiti-la como uma espécie de "legítima defesa". Ele é o único filho que lhe restou, dos muitos que pariu e que, pela fome e maus-tratos, deixou enterrados em fazendas, dentre as incontáveis fazendas nas quais trabalhou a troco de migalhas. É belo o momento em que Laura revela Dolor conscientemente assumindo a loucura de Joaquim, elevando-se em dignidade e chegando quase à divindade. Divindade que nela enxerga o filho.

Os conflitos internos da comunidade geram o movimento do drama, mas a comunidade está irmanada quando, por fim, se manifesta o furor do verdadeiro antagonista. Essas pessoas, carinhosamente compreendidas no decorrer da peça, estão em êxtase, tentando voar para a vereda da salvação, enquanto são impiedosamente fuziladas. E a imagem macabra do início da peça adquire dimensão impressionante.

A cenografia de J. C. Serroni constituiu-se em floresta cujos troncos lisos impunham um pano de fundo penetrável. Figuras surgiam e desapareciam, crianças brincavam entre as árvores, e todo esse movimento animava o cenário, dando-lhe uma estranha leveza, deixando-o impregnado de mistério, tornando-o evocativo das forças primitivas. Como sempre, ela estabelecia o diálogo entre os objetos e o homem, através dos movimentos que os atores executavam com beleza e precisão pelo espaço.

A poética do Mal, do ponto de vista do nosso encenador, desemboca necessariamente no mito da imortalidade. O sonho místico de Joaquim, na *Vereda da salvação*, levava o discurso a esse plano. Ao acreditar na possibilidade de conduzir à Terra Prometida todos os seus pares, rudes lavradores, Joaquim retomava nos sertões das Minas Gerais o mito da Árvore da Vida. E foi enveredando para dentro desse mito que Antunes realizou as duas encenações seguintes do CPT/Grupo de Teatro Macunaíma: primeiro *Gilgamesh*, depois *Drácula e outros vampiros*.

Na adaptação cênica do poema sumério "*Gilgamesh*", o tema da imortalidade vem de braços dados com outro aspecto fundamental do método em desenvolvimento no CPT: o processo de individuação.

Desde que começou a trabalhar à luz da psicologia de C. G. Jung, primeiro na análise da obra de Nelson Rodrigues, depois incorporando as premissas e teorias do suíço à investigação de técnicas para o ator, o processo junguiano de individuação passou a ser a pedra angular do método.

No entendimento de Antunes, o teatro é uma forma extraordinária de individuação, já que possibilita ao ator "pensar-se" através do Outro – no caso, o personagem que busca realizar em cena. Falando com James A. Hall, na raiz desse entendimento está a *visão teórica do inconsciente como matriz de toda a vida consciente, e não simplesmente como repositório do que foi reprimido* (*A experiência junguiana*). Com essa percepção, direcionou as prospecções estéticas nos termos da "circum-ambulação", que é a ação do ego girando em torno do Si-mesmo arquetípico. Ao contrário da livre associação, que por ser linear provoca o afastamento da imagem, a "circum-ambulação" mantém a imagem próxima, quase tangível, propiciando a reflexão de diferentes pontos de vista, chegando desse modo aos arquétipos.

O processo de análise do texto e a pesquisa do personagem se realizam como uma espécie de "circum-ambulação", levando o ator primeiro à identificação com o Outro, para depois estabelecer as suas diferenças e, com isso, dele se afastar. Fica desse modo estabelecida a contradição básica e imprescindível, pois na mesma medida em que "o personagem é o ator em outra situação", o ator dele precisa se afastar para poder criá-lo em cena com vigor e verdade. Ele só pode ser o Outro, não o sendo.

A preparação dos intérpretes, para chegar a esse estado criativo, inclui noções dos arquétipos fundamentais da psicologia junguiana, como *si-mesmo*, *anima* e *animus*, *sombra*, *self*. Esses arquétipos, aplicados de modo exemplar na história de um homem, foi a maneira como Antunes leu "*Gilgamesh*", que narra a vida do rei de Uruk. Leu-o como processo de individuação. Com essa leitura e sob essa inspiração é que realizou a adaptação teatral do poema.

Historicamente Gilgamesh viveu cerca de 2.700 anos a.C. No campo mítico, consta que, a despeito de ser dois terços divino, a parte humana o tornava vulnerável como qualquer mortal à dor, às doenças e à morte. Mergulhado na inconsciência primordial, exercia seu poder na realização de obras monumentais, como a grande muralha de Uruk, mas tiranizava o povo, que, cansado de tanto despotismo, rogou proteção ao deus Anu. E foi por sua interferência que a deusa Aruru, criadora de todos os seres, modelou em argila o guerreiro Enkidu e lhe deu vida, deixando-o em harmonia com as feras da montanha. Até que um dia, atraído pela prostituta sagrada, ele rumou a Uruk, onde se confrontou com o rei na batalha de vida e morte que os aproximou e os uniu para sempre.

A luta e posterior união podem ser entendidas, no plano psicológico, como a integração da *sombra* pessoal de Gilgamesh, que avança para uma consciência social, abandonando o extremado egoísmo. Mas a integração da *sombra* coletiva dá-se na sequência, quando o rei e o guerreiro enfrentam e eliminam primeiro Humbaba, a Enormidade, que causava terror aos homens, e depois o Touro Celestial – outro monstro criado por Anu com o objetivo de eliminar Gilgamesh. Por vingança, Anu envia misteriosa doença que provoca grande sofrimento a Enkidu e o mata.

Possuído de extrema dor pela morte do amigo, Gilgamesh parte por campos, desertos, montanhas e mares, numa jornada a que nenhum mortal resistiria, até a terra de Dilmun, para além do oceano das águas da morte, *em busca do conhecimento/ em busca da imortalidade/ em busca de Utnapishtim*, como reza o poema. Do patriarca divino, o rei de Uruk esperava obter respostas sobre o mistério da vida e da morte e também algo mágico que desse ao ser humano a eterna juventude, a imortalidade. Porém, Utnapishtim aconselhou-o a voltar para casa, pois "não existe permanência" para os seres e as coisas da Terra.

Contudo, a pedido de sua mulher e para amenizar a dor do visitante, Utnapishtim revelou-lhe que no fundo daquelas águas havia uma planta com espinhos capaz de devolver ao homem a juventude perdida.

Mergulhando nas águas, Gilgamesh encontra a planta da juventude e, feliz, empreende a volta a Uruk, sobre as águas da morte. Depois de navegar vinte léguas, no entanto, uma serpente saltou das águas e arrebatou-lhe das mãos a planta milagrosa, com ela desaparecendo nas profundezas. Vendo desfeito o sonho de imortalidade, o herói voltou para sua terra e nela reinou por muitos anos, com a sabedoria que lhe proporcionaram essas aventuras e a certeza dos limites fatais impostos pela morte à existência do ser humano na Terra. Culminava desse modo o seu processo de individuação.

A encenação foi concebida como ritual religioso. Tem início com o elenco em roupas de monge executando a dança dervixe, que consiste em girar o corpo em torno do próprio eixo de modo harmônico e veloz. A ideia era que a dança durasse quinze minutos, na tentativa de alterar a consciência também do espectador. Na estreia, todavia, dançou-se apenas sete minutos, e em seguida a dança deu lugar à narrativa. Mas era o tempo suficiente para provocar a alteração de consciência no espectador mais sensível a esse movimento, ao qual observava como que hipnotizado.

A caixa preta ficou completamente despojada de objetos cênicos, à exceção de um púlpito, onde a cada momento um monge se posicionava, com o livro aberto, e lia trechos da epopeia de Gilgamesh.

À medida que a narrativa evocava os episódios, entravam carros-vitrines, empurrados por monges, trazendo em seu interior, ricamente adornado por tecidos de cores quentes, os personagens míticos, fossem humanos ou deuses, que saíam do ambiente móvel e representavam, à frente dele, o tema daquele episódio. Mais uma vez a parceria de Serroni com Antunes iluminava o cerne do drama, ativando e revestindo a cena de valores simbólicos.

Assim o espetáculo se construía por camadas, servindo-se de várias técnicas teatrais, unindo de forma exemplar o épico ao dramático. Para além das técnicas e dos modos, no entanto, fluía a imaginação mítica. Elementos do pensamento arcaico ou do inconsciente coletivo se insinuavam, diluindo a materialidade da encenação e elevando-a aos níveis metafísicos. O processo de individuação não era apresentado em termos didáticos, exteriores; pelo contrário: estava no núcleo de todas as motivações, acionando-as poeticamente, convertendo-as em brilhantes formas estéticas.

O mito da imortalidade, ou a busca da Árvore da Vida, mostra sua face pervertida em *Drácula e outros vampiros*, a montagem seguinte.

A pesquisa literária e iconográfica que orientou a dramaturgia, assim como a cenografia e os figurinos de *Drácula e ou-*

*tros vampiros*, vasculhou a ideia do vampirismo como metáfora dos desmandos dos poderosos que, para alcançar escusos objetivos, realizam massacres, como se apenas o sangue inocente conseguisse saciar a sede de poder.

A busca da Árvore da Vida parece ter sido a proposta dos reis católicos de Espanha ao patrocinarem a viagem de Colombo às Índias Ocidentais. Descoberto o Novo Mundo, teve início a busca, por Ponce de León, e todos os crimes, incluindo o massacre de populações inteiras, valiam com vistas ao objetivo. A mesma busca da imortalidade animou as Cruzadas, quando exércitos, em nome de Cristo e da Igreja, arrasavam regiões inteiras, matando seus habitantes. E, ao longo dos séculos, a ilusão da imortalidade vem alimentando os excessos militaristas. Um sonho que fomentou, na verdade, a saga vampírica e chegou à barbárie extrema na Idade Média, com Vlad Tepes, da Valáquia, imortalizado por Bram Stoker como Drácula; assim como, na era moderna, fomentou a barbárie comandada por Adolf Hitler.

A pesquisa assim orientada propiciou a plataforma ideológica da obra, mas não sua forma, que registrou ideias estéticas provenientes tanto das histórias em quadrinhos quanto dos expressionistas; também do cinema e do rock. O discurso foi centrado nas manobras festivas com que os regimes de força da extrema direita manipulam os cidadãos e conquistam adeptos. Tais "manobras" são apresentadas em termos de celebrações aos mortos-vivos, com "draculetes" e simpatizantes desfilando à beira dos túmulos. Estes se abrem e deles emergem os vampiros para se servirem do sangue dos fãs.

Na cerimônia fúnebre a menina é oferecida ao morto-vivo, que profere imensos e vazios discursos à moda de Hitler. Tal figura evoca inumeráveis ditadores sanguinários que permeiam a História. E a inspiração para a cena Antunes foi buscar também na coreografia de Kurt Jooss *A mesa ver-*

*de*, criada nos anos 1930. Tal coreografia é uma "dança macabra" em torno do poder protagonizada pela morte, que aparece soberana, em marcha militar, e vai dizimando a tudo e a todos. Mais tarde, o balé de Jooss foi considerado "profético". Dança igual vivenciou a Alemanha com a ascensão de Adolf Hitler.

Embora terrível, esse Drácula, a bem da verdade, está longe de ser aterrorizante, é até simpático e charmoso. Porque nesse plano, onde a ética se esgarça e sucumbe ao império do Mal, tudo se organiza em termos contraditórios e fantásticos. O delírio deve ser o ambiente natural dos mortos-vivos.

Os atores comunicavam-se através do "fonemol", desenhando seus personagens inspirados em imagens do cinema ou dos cartuns, sem carga psicológica, pois são de fato estereótipos consagrados pelos filmes B e pelos quadrinhos. A grande arte estava em dar algum relevo dramático a esses personagens "chapados", torná-los "verdadeiros". E esse desafio o jovem elenco venceu com brilho.

A cenografia e os figurinos de J. C. Serroni e o *design* sonoro de Raul Teixeira tiveram fundamental importância no mergulho no universo de *Drácula e outros vampiros*. Seus ambientes mórbidos, de cemitérios e câmaras ardentes, foram quase sempre tratados com rigor e exagero expressionista, mas às vezes com leveza nos traços. O figurino atemporal sublinha clichês das classes dominantes, enquanto a banda sonora, com muito rock, favorece a agilidade cênica, em movimentos de massa de grande beleza plástica.

Com *Drácula e outros vampiros* encerrava-se o ciclo da sinergia do Mal, como tema básico. Mas abria-se, ao mesmo tempo, uma nova fase na trajetória do Centro de Pesquisa Teatral. No elenco, eram poucos os nomes que tinham estado em produções anteriores do CPT/Grupo de Teatro Macunaíma. A maior parte era procedente do curso de teatro, o Cepetezinho. Essa turma foi escolhida por Antunes para encerrar não só o ciclo temático, mas também a fase de depuração dos procedimentos criativos.

Com esse elenco ele trabalharia cerca de dois anos, não visando à montagem de uma peça, mas à sistematização do método. Portanto, o espetáculo implicava o encerramento de uma fase do processo, que foi de busca de meios, experimentação e correção de rumos, e a abertura de outra, marcada pela consolidação do que se conquistou na longa jornada.

## O novo século

Com base na tragédia *As troianas,* de Eurípedes, a cuja adaptação deu o título *Fragmentos troianos*, Antunes Filho encerrou a profícua década de 1990 e abriu as portas do novo século para o CPT/Grupo de Teatro Macunaíma.

Era sonho antigo montar uma tragédia grega. Fez várias tentativas, mas sempre desistia. Os atores, do seu ponto de vista, não tinham suficiente preparo técnico, especialmente na área vocal, para materializar em cena a grande poesia trágica. Dessa vez, porém, depois de meses dedicados ao apuro dos procedimentos técnicos e consequente sistematização do método, acreditou ter o material adequado à aventura.

Mas aproximou-se do nobre gênero com a humildade do grande mestre em que se convertera, não com a ansiedade e a irreverência do Zequinha. Optou por *As troianas* em vez de *Medeia*, também de Eurípedes, que havia tempos tentava realizar, porque a peça sobre a queda de Troia não traz tantos elementos míticos para o primeiro plano, como aquela inspirada por Gaia, a Mãe Terra. Ela está próxima do drama, trata de problemas humanos, de desastres causados por humanos contra humanos, sem maiores interferências divinas, como normalmente acontece nas grandes tragédias. A peça revela a face mais cética de Eurípedes e mais voltada à política do seu tempo. Talvez por isso *Fragmentos troianos* pertença ainda à sinergia do Mal, aparecendo como obra de transição a outras temáticas, inclusive como escada à tragédia pura, de conteúdos inelutavelmente metafísicos.

*Fragmentos troianos* marca a volta ao tema da violência do poder contra a comunidade, surgido em *Vereda da salvação*. O rescaldo de Troia destruída é metáfora do holocausto que nos cerca e ameaça diariamente nas grandes cidades e no campo. É, igualmente, metáfora do desmando da autoridade quando ela se confunde com o submundo. Metáfora da omissão da justiça. Assim entendida, a obra propõe a visão crítica da realidade contemporânea através do espelho do universo antigo.

A ligação de *Fragmentos troianos* ao discurso de *Drácula e outros vampiros* se estabelece já na estrutura cenográfica: campo de concentração à imagem dos implantados na Alemanha à época do nazismo. Mas ao contrário da peça anterior, onde pontuavam o humor, o charme e a caricatura das sociedades da extrema direita, dessa vez o ambiente é opressivo, denunciador do genocídio em marcha. À esquerda da cena ergue-se tenebrosa montanha de sapatos, cada par implicando o sacrifício de um ser humano nos fornos e câmaras do campo. Este é cercado por arames farpados, simetricamente estirados, tendo ao fundo a imagem da Justiça seriamente danificada.

Nesse cenário de dor e sofrimento, Hécuba vê as mulheres da família real serem partilhadas, na condição de escravas, entre os gregos. Ela mesma seguirá para a Grécia como escrava de Ulisses. E, em meio a isso, chega a ordem dos generais para que o bebê Astiânax, filho de Heitor e Andrômaca, seja atirado do alto das muralhas, consumando o extermínio da população masculina de Troia. Movimentam-se os soldados gregos, em trajes inspirados nos uniformes nazistas, imprimindo no campo de concentração e em suas sofridas prisioneiras os signos do holocausto.

O jovem elenco, no qual se destacou Gabriela Flores como Hécuba, era a evidência de que o método criado por Antunes Filho para os atores trazia apreciáveis benefícios. Especialmente o elenco feminino, sobrecarregado de responsabilidade pelas situações dramáticas, tinha vigor e brilho, exibindo técnica perfeita.

Na cenografia de Jacqueline Castro Ozelo, Joana Pedrassolli Salles e Cibele Álvares Gardim, admirável tensão emanava das formas despojadas, duras, de caráter burocrático, que não apenas abrigavam o drama, como o potencializavam até os limites do trágico.

E os limites do trágico foram finalmente ultrapassados com a montagem que se seguiu: *Medeia*. Antunes e seus atores chegam, por fim, ao panteão grego ostentando brilhante visão da matéria trágica.

Medeia é Gaia, a Mãe Terra. E no amanhecer do terceiro milênio Gaia manifesta-se em muitos sítios ao redor do Planeta mediante catástrofes naturais, que se somam a outras provocadas diretamente pelo homem. O pensamento ecológico preside a interpretação dada à tragédia de Eurípedes.

A metáfora era explicitada na cena inicial, quando entravam homens carregando troncos de árvores, formando o cortejo que se encerrava com um dos destruidores de florestas portando a ferramenta da destruição: a motosserra. O cenário de Hideki Matsuka sublinhava a ideia da sanha destrutiva do homem nos portais por onde entravam e saíam os atores, à esquerda e à direita da cena, cobertos de cortinas com pinturas de florestas incendiadas. À frente, erguia-se minúsculo jardim japonês, com plantas, pedras, torneira jorrando água e velas acesas.

Fogo, água, ar e terra, elementos essenciais em narrativa sobre o mundo marcado pela sistemática ação destrutiva do homem, que leva o planeta ao aquecimento global, com suas terríveis consequências. Isso tudo é obra dos homens. Mas os homens são joguetes dos deuses e por suas próprias ações se perdem na grande guerra cósmica, que não se sabe onde começa nem onde termina.

A feiticeira Medeia, princesa de Cólquida, abandonou sua terra e família para acompanhar Jasão, a quem auxiliou na conquista do Tosão de Ouro. Com ele uniu-se e teve dois filhos. Porém, movido por interesse, Jasão decide casar-se com a filha de Creonte, o que o conduziria ao trono de Corinto. Medeia é tratada como estrangeira e, por ser temida em razão das suas artes mágicas, pode a qualquer momento ser expulsa da cidade. No centro do drama estão também seus filhos. Ao assassiná-los, Medeia dá sentido às hecatombes naturais, aos cataclismos, aos tsunamis, porque ela é a Mãe, Terra: quando atacada, pode sacrificar os próprios filhos. Por isso, no fim da peça, carregando nos braços os filhos mortos, Medeia é levada pelo carro do deus Sol.

Embora o espaço cênico de *Medeia*, instalado em sala do antigo sesc Belenzinho, fosse fiel ao conceito de palco e plateia, não havia a caixa preta, e sim um corredor, ou tablado comprido, cuja parte mais estreita começava junto à plateia e terminava em um paredão. Foi a primeira tentativa de Antunes no sentido de romper de algum modo com a arquitetura convencional do palco italiano, onde ele sempre trabalhou, e lançar a cena em estreita relação de proximidade com o público.

No ano seguinte, apresentou outra versão do espetáculo, a que deu o nome *Medeia 2*. O espaço cênico continuou sendo o corredor que viabiliza a proximidade física do espectador com a ação, porém desapareceram as referências explícitas: não entravam os assassinos de florestas nem apareciam as cortinas com pinturas de incêndios florestais. Dispensando ilustrações, a história se restringiu às palavras, mas, surpreendentemente, a encenação conservou o vigor e os significados da versão original. O palco nu é campo aberto para os intérpretes e, se Antunes Filho considerara estar o elenco finalmente à altura da tragédia grega, atores e atrizes honraram a confiança do mestre, mantendo o espetáculo em plano de grande beleza e rigor criativo.

Mais uma vez foi o elenco feminino que sobressaiu, especialmente pela superior interpretação de Juliana Galdino, a protagonista, e de Suzan Damasceno como a Ama. As mulheres do coro, envoltas em lonas plásticas negras, davam unidade à expressão forte, coletiva, sem abdicar das características de cada uma. Também o elenco masculino, colocado em segundo plano no enredo, demonstrou rigor na composição dos seus personagens e inteligência cênica – com destaque para Kleber Caetano, intérprete de Jasão, Creonte, Egeu e Pedagogo, e para Emerson Danesi, como o Mensageiro.

A montagem de outra tragédia estava nos planos de Antunes. Mas, atendendo à dinâmica do Centro de Pesquisa Teatral e observando o desenvolvimento dos autores do Círculo de Dramaturgia, criado em 1999, que apresentavam obras de bom nível literário e dramatúrgico, entendeu mais adequado levar à cena uma dessas peças.

Não era apenas meio de prestigiar e fortalecer o Círculo de Dramaturgia, mas também de propiciar à equipe trabalho sobre texto contemporâneo, em gênero que se aproxima do absurdo e da bufonaria, depois de duas incursões pela tragédia grega. E assim nasceu o projeto *O canto de Gregório*.

A peça de Paulo Santoro constitui longa divagação sobre questões produzidas pela lógica formal, em abordagem sofista, estabelecendo paradoxos que insidiosa ou humoristicamente conduzem o raciocínio ao puro absurdo.

Há uma espécie de prólogo em que Gregório expõe os princípios do seu raciocínio: *Pensar me coloca acima das emoções*, começa ele. *O pensamento voa alto e lá de cima avista, em seus labirintos, as emoções rasteiras*. Mas isto não restringe o exercício do pensar a dois planos, a campo e contracampo, pelo contrário, já que *do seu próprio céu o pensamento não escapa – e outros labirintos muito mais devastadores o envolvem*. Afirma o personagem que *para a alma, pensar é definitivamente mais doloroso do que sentir – a dor sem saída provocada por um paradoxo é eterna*. A partir dessa premissa constrói-se a insólita trama.

Perdendo-se nos labirintos da lógica formal, chafurdando em suposições e hipóteses, Gregório se bate na inócua busca do conhecimento de si mesmo. Mostra-se esperto no atoleiro dos princípios e dos conceitos, mas resvala sempre no vazio, na impossibilidade de qualquer definição concreta e racional para a hipótese levantada. Isso prossegue até o momento em que, cego pelo frio clarão da lua, deixa o dedo indicador apertar o gatilho, indo o projétil se alojar no peito de um cidadão.

Com o autor dentro de casa, os criadores cênicos não tiveram dificuldades em detectar as influências e citações, tantas e tão variadas, contidas no texto. Isso os fez mergulhar na extensa bibliografia, em cujos picos desfilam Albert Camus, Voltaire, Dostoiévski e Virgílio. Precisaram também procurar recursos filosóficos, recorrendo ao pensamento do velho Sócrates, de Schopenhauer e, de modo bastante direto, bebendo no Zaratustra de Nietzsche. Claro que não o Zaratustra já em pleno poder de se comunicar com os vivos, e sim o ermitão entre o momento que desce da montanha para falar aos vivos e o momento que só lhe resta carregar um morto às costas.

Afirmando que *minhas lágrimas não me comovem*, o pobre Gregório segue açoitado pelo próprio intelecto e paralisado pela lógica. De nada adiantou Jesus

Cristo adverti-lo que *dar a outra face é uma direção propícia para os homens* e que Deus é de outra dimensão, na qual *não existem mesas nem cadeiras*. Para tudo ele busca a explicação lógica... Mas a lógica o devora e o deixa cada vez mais distante de qualquer resposta plausível, para o que quer que seja. Até o momento em que, cego pela luz da lua, mata o indivíduo. No tribunal não consegue admitir culpa ou inocência, pois ambas as condições são relativas. E termina sendo condenado *a viver agrilhoado no corpo material que precisa carregar por este chão*.

O espaço cênico criado por J. C. Serroni, na sala de ensaio do CPT, voltou a ser contestação à caixa preta italiana, como o foi o espaço criado para *Medeia*. Mantém a contradição palco-plateia, mas permite total proximidade do espectador com a cena. E nesse espaço Antunes conduziu os atores, com ironia e elegância, na construção de personagens alegóricos, que lembram figuras de auto medieval, misturando-os a bonecos e objetos esdrúxulos, como malas grávidas de outras malas ou guarda-chuvas para espantar fantasmas. Graças à boa preparação do elenco, em nenhum momento o espetáculo resvala no humor fácil. Pelo contrário, ao expor o raciocínio desesperadamente lógico de Gregório, estabelece uma posição crítica em face do pensamento só materialista (e/ou positivista), que reduz a experiência humana, incluindo a relação com o divino, a dados concretos, mensuráveis e palpáveis.

O elenco, por sua vez, saindo do ambiente denso das tragédias, realiza espetáculo divertido, compondo tipos com fino humor e muita inteligência. Sobressai Arieta Corrêa, que consegue dar unidade e humanidade a Gregório, mostrando-o em carnes e nervos que contrariam a lógica sufocante do seu raciocínio e o tornam vítima material do próprio pensamento. Destacam-se, também, Juliana Galdino, na composição cáustica do velho "meritíssimo", e Carlos Morelli, como o promotor sarcástico e burocrático, tão igual ao sujeito que acusa por ofício, mas destituído de qualquer compromisso com a bondade.

O grupo retorna à tragédia com *Antígona*, de Sófocles.

Depois de tanto tempo sonhando com a tragédia grega, Antunes procura em curto período explorar o gênero através de diferentes exercícios criativos. Lá do fundo, certamente, Zequinha o provoca. Mas ele vai tranquilo pela senda das descobertas e da imaginação. Vai tateando antes, para depois pisar com firmeza e decisão nesse solo que contém todas as utopias e todos os fracassos humanos. Se com *As troianas* ficou apenas na periferia da tragédia, se depois mostrou completo domínio do gênero com *Medeia*, desta vez vai além, realizando *Antígona* em termos de metateatro.

Em cumplicidade com J. C. Serroni, ele coloca em cena um cemitério vertical. Esse é o ambiente da encenação. Jazigos em gavetas, amontoados uns sobre os outros, têm nas tampas gravados os nomes dos que os habitam pela eternidade: são os heróis de todas as tragédias gregas conhecidas, os heróis mitológicos da formação da cultura ocidental. Essa cenografia é o suporte ideal ao metateatro, proposto pela sua concepção, já que permite e justifica a interferência pessoal do deus Dioniso. Este entra com as bacantes e ordena ao coro de anciãos que retire da parede fúnebre as gavetas de Antígona e de sua irmã Ismene, dando início à trama, ou à peça propriamente dita.

O fato de agregar personagem, Dioniso e coro, as bacantes, que não existem no original de Sófocles, se justifica como recurso do "teatro dentro do teatro", ou metateatro. A ideia é que o tebano Dioniso volta todos os anos à sua cidade para encenar a paixão e morte de Antígona, como é hábito no mundo cristão encenar todos os anos, por ocasião da Semana Santa, a paixão e morte de Jesus Cristo.

Opera-se o rito iniciático comandado por Dioniso, que renasceu do próprio coração para uma forma superior de existência, depois de morto pelos Titãs. As orgias das bacantes constituem a celebração da sua morte e do seu renascimento. O rito tem a função de *re-ligar* o atual com o ancestral, o humano com o Divino. Dessa maneira se consuma o ato teatral dirigido por Dioniso dentro de outro ato teatral, como rito de passagem (rito dentro do rito) do mundo dos vivos para o Hades, o mundo dos mortos.

A encenação radicaliza o termo "metateatro", cunhado por Lionel Abel, na medida em que apresenta a tragédia como expressão da totalidade, observando o ser humano na relação direta com o Divino, e não mediado por raciocínios valorativos, psicológicos e/ou sociológicos. Antígona surge inflada de húbris – do mesmo modo que Abel a descrevia – e a caminho de assumir a condição divina. Em contraponto, há o drama de Creonte, que aparece com arrogância humana e não húbris, preso às conveniências de estadista e incapaz da queda trágica.

Inúmeros autores, teóricos ou filósofos encontram em Antígona o elogio à afirmação da liberdade individual, ainda que à custa da própria vida. Mas, na realidade, ela transgrediu o edito de Creonte não por uma afirmação pessoal de liberdade, mas para não transgredir as normas divinas, *não escritas, inevitáveis*, que vigem desde os tempos mais remotos *sem que ninguém possa dizer quando surgiram*. Esse conflito de base gera outros, também merecedores de reflexão, como o aparente conformismo de Ismene e do coro de anciãos, que se curvam às ordens do rei; ou da rebeldia de Hêmon em face da intransigência paterna.

As fronteiras entre as realidades são abstratas, coisa que a entrada de Creonte evidencia: sua gaveta funerária é retirada da estrutura tumular do fundo pelo coro de anciãos, que a traz para o centro da cena. Saindo da gaveta, Creonte "revive" para, mais uma vez, representar a história do seu sacrilégio fundamental: o de deixar um morto insepulto e sepultar uma criatura viva – ato abominável, que ofende aos deuses.

Dioniso e as bacantes giram em torno do caixão, evidenciando o movimento cíclico da História, o eterno retorno. Não há nada de subjetivo na atitude, pois o pensamento arcaico lida com elementos concretos.

Em sua última entrada, Antígona surge vestida com camisa de força e conduzida em cadeira de rodas. Apesar de impossibilitada de se mover, ela é energia pura e roga ao deus dos mortos que a leve viva aos seus domínios. Em seu lamento fala do pesar da despedida dos vivos e da própria vida, mas não esconde a alegria por ver no fim da passagem a sua transformação divina.

A cadeira de rodas encontra também fundamento arcaico: nos relevos e desenhos tumulares da antiga Grécia, a figura do morto aparece sentada, muitas vezes sobre um cavalo (cadeira de rodas) que a conduzirá às profundezas do Hades, enquanto as demais figuras, representando as pessoas que a guardarão na saudade, são vistas de pé.

A concepção de Antunes Filho para *Antígona* ultrapassa os conceitos convencionais da tragédia, reinventando-a com recursos teatrais contemporâneos. Isto é feito sem prejuízo dos valores metafísicos da fábula. Pelo contrário, mergulha profundamente no pensamento arcaico e de lá extrai os elementos míticos que ordenam e dão sentido ao relato cênico.

Para a plena realização da ideia, ele conta com o elenco, que, graças à preparação técnica, intelectual e espiritual, supera limites e oferece interpretações compatíveis com o alto nível da proposta. Em que pese a homogeneidade do grupo, cabem destaques a Juliana Galdino, como Antígona; a Carlos Morelli, que realiza um Dioniso elegante e cheio de energia; e a Rodrigo Fregnan pela composição de Creonte, sóbria em sua dramaticidade.

Na sequência Antunes e o Grupo de Teatro Macunaíma retomaram o velho tema cuja primeira tentativa de encenação não prosperou: a adaptação teatral do romance de Ariano Suassuna, *A Pedra do Reino*. Naquela ocasião, o autor não aprovou a adaptação. Mas dessa vez tornou evidente o seu entusiasmo: terminou aprovando-a publicamente no dia da estreia do espetáculo, a que assistiu emocionado.

O fato é que Antunes manteve sempre no coração o desejo de realizar o trabalho e, com o sinal verde de Ariano, viu a oportunidade de voltar à transcrição cênica de uma grande obra da literatura brasileira, depois da profunda incursão pela tragédia grega.

Não se trata da mesma adaptação do início dos anos 1980, pois as preocupações do encenador em termos estéticos são necessariamente outras, duas décadas depois. Isso alterou, sem dúvida, a abordagem sobre as aventuras e desventuras do Cronista-Fidalgo, Rapsodo-Acadêmico e Poeta-Escrivão Dom Pedro Diniz Ferreira-Quaderna, o anti-herói de *A Pedra do Reino*. Mas permaneceu o interesse pelo conteúdo mítico do romance, que revela o Nordeste brasileiro como abrigo último do imaginário ibérico medieval, na inigualável verve poética e picaresca de Suassuna. Além, é claro, dos episódios históricos que aparecem camuflados nesses relatos brilhantes, envolvendo o "Príncipe do Sangue do Vai-e-Volta", relatos em que se opera a transfiguração do mundo sertanejo.

Como na epopeia de *Macunaíma* – primo-irmão de Quaderna que, como ele, bebeu da cultura popular –, *A Pedra do Reino* acontece sobre o tablado despojado, onde os objetos de cena são introduzidos pelos próprios atores, que também sugerem diferentes estruturas pela composição de grupos, como o carro em que viajam alegres donzelas. Esse maravilhoso faz de conta envolve o espectador e lhe oferece a sensação de paisagens sertanejas, o bulício das cavalgadas, o mistério dos tesouros enterrados, dos reis destronados, das princesas degoladas, dos ciganos bandoleiros.

A liberdade criativa é o que estabelece paralelo entre *A Pedra do Reino* e *Macu-*

*naíma*. Mas, ao contrário do herói sem nenhum caráter gerado por Mário de Andrade, que com a licença poética da fábula viaja pelos sítios mais longínquos e inesperados da imaginação, Quaderna, o anti-herói de *A Pedra do Reino*, tem região certa e, mais ainda, tem a sua cidadezinha, Taperoá, em cuja cadeia acha-se confinado e de onde vê a tripla face do Sertão, constituída de Paraíso, Purgatório e Inferno.

Difere também por não ser apresentado como arquétipo do povo brasileiro, figura atemporal, mas cidadão de período específico da história, marcado pela Revolução de 1930, com antecedentes dramáticos como o massacre de Pedra Bonita, que deu origem à Pedra do Reino, ou o Levante de Princesa, tantas vezes evocado no romance de Suassuna. Pertence também a uma região determinada, o estado da Paraíba. Em sua pele se oculta o próprio autor, narrando acontecimentos históricos como fatos da mitologia sertaneja e, desse modo, contando a história que mistura política e epopeias legendárias, a realidade de um tempo e o não tempo de todas as realidades.

O tempo-espaço posto em cena não é o cronológico, mas o que fervilha na inquieta imaginação de Quaderna. Olhando a paisagem desolada de Taperoá da janela da cadeia, onde aguarda as decisões da Justiça, Quaderna passa a narrar suas lembranças e desventuras ao povo que o observa, até ser levado a fazer as confissões ao implacável juiz corregedor.

Os caminhos físicos e espirituais do sertão surgem à medida que Quaderna, confesso cruzamento de rei e de palhaço, destila as memórias. O palco é percorrido por figuras que parecem, às vezes, saídas da arte de Mestre Vitalino, outras vezes, artimanhas de brincantes, invenções poéticas de artistas armoriais das quais Antunes se apropria, com inteligência e arte, para moldar o universo onde, falando como Rachel de Queiroz, não se pode mais *distinguir entre a coisa concreta e a miragem*, pois Quaderna é *um exímio retratista de mi-*

*ragens*. O palco reafirma-se como espaço de imaginação e poesia.

Não só o trajeto dos personagens pela cena, executado em desenhos coreográficos, lembra *Macunaíma*: o próprio elenco, formado por atores muito jovens, alguns estreantes, evoca igualmente as origens do grupo, três décadas depois de sua fundação. A diferença é que dessa vez eles contam com o método sistematizado, com técnicas que aquele primeiro grupo começou a desenvolver e que se acham solucionadas, propícias às brilhantes performances desses atores que dão vida a *A Pedra do Reino*. A começar pelo trabalho de Lee Taylor, o admirável intérprete de Quaderna.

Antunes realizou um espetáculo, paralelamente à montagem de *Antígona*, que escapava ao que se conhecia da sua estética. Fez algumas apresentações dele no Rio de Janeiro, em Curitiba e em Yokohama, no Japão, todavia demorou três anos para colocá-lo em cartaz em São Paulo. Um exercício de teatro-dança, pensado e criado em homenagem a Kazuo Ohno, quando o mestre do butô se aproximava dos cem anos de idade. E justamente por isso a obra foi levada a Yokohama, onde o homenageado pôde vê-la.

Por que demorou tanto a entrar em temporada no teatro que é a sede das suas atividades? Talvez Antunes sentisse que a motivação que o levou a criar *Foi Carmen*, o dito espetáculo, era algo íntimo, dizendo respeito à profunda amizade que o uniu a Kazuo Ohno desde que se conheceram em Nancy, na França, nos idos de 1980. Tinha certo pudor em tornar esse pronunciamento de amizade, ato de amor fraterno, em peça de repertório. Talvez fosse isso. Quem sabe certa insegurança, também... Fosse o que fosse, havia o outro lado dele mesmo, lá no território sempre habitado pelo Zequinha, tomado pelo fascínio da potencialidade daquela linguagem que lhe ocorrera ocasionalmente.

Quando pensou em fazer a homenagem a Kazuo Ohno, a primeira imagem que lhe veio à cabeça foi a do maravilhoso dançarino em *Admirando La Argentina*. Essa coreografia Kazuo fez como um desenho de memória sobre Antonia Mercé, dançarina de flamenco, natural da Argentina e por isso conhecida por La Argentina, que ele viu quando era ainda jovem e cuja imagem jamais o abandonou. No Brasil, pensou Antunes, o que corresponde a Antonia Mercé só pode ser encontrado em Carmen Miranda. E a partir dessa ligação, um tanto aleatória, mas nem por isso descabida, passou a construir com as atrizes o poema cênico, feito por fragmentos de dados biográficos e imagens de Carmen Miranda, que terminou sendo o *Foi Carmen*.

Não pretendeu fazer um espetáculo *sobre* Carmen Miranda, com base na sua biografia, em trama que lhe descrevesse a trajetória. Pretendeu apenas traçar um paralelo poético entre a pessoa que teria sido essa artista e o que ela representa no imaginário popular. Pensou nela menina, sonhando com os microfones das rádios, que levariam sua voz ao mundo. Imaginou-a ainda bebê, vindo a uma terra estranha, da qual se tornaria um emblema. Imaginou-a espalhando sapatos de plataforma, em prata e ouro, espalhando pulseiras, colares, balangandãs por onde passasse. Miasmas de corsos de antigos Carnavais. Imaginou-a... Sim, imaginou-a como outra face de *La Argentina*.

Convidou a dançarina Emilie Sugai, que por muito tempo atuou na Cia. Olho do Tamanduá, do saudoso Takao Kusuno, discípulo e amigo de Kazuo Ohno, para interpretar "a que foi Carmen". Não lhe pediu que fizesse butô, mas que executasse alguns movimentos lembrando o flamenco. Nesses movimentos, contudo, há pausas em que apenas as mãos e os dedos dançam, e por aí se insinua o butô no flamenco. Que logo mais se transforma em samba. A ideia recorrente de ritmos e movimentos corporais, mais do que qualquer dado descritivo ou alusivo a um determinado tipo de arte, ou a um estilo, é o que é a arte. Memória, energia, expressão. Foi com esse material imanente e impermanente que Antunes construiu *Foi Carmen*.

Vencido pela curiosidade de saber como se comportaria o público com a peça ao longo de uma temporada, em 2008 fez a remontagem – duas atrizes tinham saído, Juliana Galdino e Arieta Corrêa, e foram substituídas respectivamente por Lee Taylor e Patrícia Carvalho, continuando no elenco Emilie Sugai e Paula Arruda – e a colocou em cartaz no Teatro sesc Anchieta, mas discretamente, apenas às terças e quartas-feiras. Tornou-se um sucesso, para ele inesperado, especialmente junto ao público jovem. O espetáculo ganhou assim sobrevida, foi levado ao Recife, onde se apresentou no venerando Teatro Santa Isabel, e a festivais internacionais. Depois voltou ao cartaz em São Paulo.

A despeito da negação de Antunes de estar, com esse trabalho, investigando novo horizonte estético, e da sua constante afirmação de que o espetáculo foi fruto apenas da vontade de homenagear Kazuo Ohno, tendo acontecido como divagação numa área de vigília e não de busca, a apreciação do conjunto do seu trabalho neste recém-inaugurado século indica outra coisa. Especialmente quando se coloca *Foi Carmen* junto a *O canto de Gregório*, fazendo contraponto ao voo efetuado nas criações trágicas. Percebe-se o tatear do artista na busca de novas formas, da linguagem que entende mais adequada à sensibilidade do momento.

Mas isso reflete um processo seu, ou a sua "circum-ambulação" criativa. Ele nunca foi diretamente ao objeto, sempre o circulou, seguindo por linhas curvas preferivelmente às retas. Por isso, após as ousadias estéticas cometidas em *Antígona* e a liberdade que se permitiu em *O canto de Gregório* e em *Foi Carmen*, voltou ao plano mais seguro da sua evolução estética, com *A Pedra do Reino* e, na sequência, com *Senhora dos afogados*.

Retornou à dramaturgia de Nelson Rodrigues, depois de década e meia da sua última abordagem, em *Paraíso Zona Norte*, com *Senhora dos afogados*, texto que integra as chamadas "peças míticas". Embora já fossem teoricamente classificadas "míticas", coube a ele, Antunes, legitimar a classificação em cena, ao realizar *Nelson Rodrigues, o eterno retorno*, mergulhando no pensamento arcaico, através de Mircea Eliade e C. G. Jung, e consubstanciando as tramas rodriguianas no universo dos arquétipos. Depois desse espetáculo a obra do nosso maior poeta dramático nunca mais foi vista como o era antes, rotulada simplesmente de "comédia de costumes". A via é de mão dupla, no entanto: se ele conseguiu revelar a condição mítica da obra, por meio de procedimentos e códigos cênicos, ela abriu-lhe perspectivas inéditas para a preparação dos atores e o encontro de novas linguagens estéticas.

Durante toda a década de 1980 foi esse o desafio: encontrar meios interpretativos adequados para a abordagem do universo dos arquétipos. Sua vitória nessa busca ficou evidente com a encenação de *Paraíso Zona Norte*, reunindo duas peças que, no senso comum, eram comédias de costumes, *A falecida* e *Os sete gatinhos*. O simbolismo do centro estava representado na cenografia, e os atores flutuavam no espaço, faziam aflorar os arquétipos na gestualidade, na própria expressão. Nada havia em cena que lembrasse "comédias de costumes".

O período seguinte foi de consolidação dos procedimentos técnicos e intelectuais, até a sistematização do método para o ator. Antunes fazia grandes intervenções nos textos, eliminando cenas ilustrativas e diálogos não essenciais, acentuando o núcleo temático, sem a necessidade de lançar mão de recursos externos que induzissem a compreensão do espectador. O drama estava nos próprios atores, impulsionando suas expressões. Pode agora trabalhar apenas o sentido poético, inefável, e através desse sentido conduzir os intérpretes aos abismos rodriguianos.

Os atores, técnica e intelectualmente preparados com base no pensamento arcaico e na lida com os arquétipos, levam naturalmente a encenação à metafísica. E isso já se evidencia nos "diários de bordo do CPT" –, cujos relatores-ouvintes são os atores César Augusto e Valentina Lattuada –, publicados no programa de mão de *Senhora dos afogados*. Diz Valentina, a certo momento, que *a metáfora, o símbolo, a imagem se unem no lugar da Ação Pura, da Fala Pura, de uma "metafísica carnal" e uma experiência espiritual em que não se pensa, se é, se sente*. Acrescenta que *por isso a técnica é o único meio que permite valorizar o texto: esculpindo cada sílaba, se dá vida às personagens e se deixa a arte acontecer por si*; e mais: *cada sílaba é tão densa quanto as personagens, absoluta quanto elas, é vital para assim deixar seus verdadeiros sentimentos aparecerem*.

César Augusto comenta que *Antunes permite a si lidar com as ambiguidades do jogo, abrindo uma brecha interpretativa que contém as aporias psicológicas de um personagem, podendo extrapolá-las na tentativa de chegar a uma espécie de fenda/abismo, em que se inserem os aspectos míticos de um ser humano*. Conclui: *E é assim que Antunes procura conduzir os trabalhos em* Senhora dos afogados, *através dessa trama alquímica que nos conduz entre (...) as multiplicidades da vida e da arte, entre o terrível e o sublime que cada um tem dentro de si*.

São vários os exemplos da perfeita consciência dos atores quanto ao material dramático sobre o qual trabalham e de que se servem para suas atuações. Deve-se a isso, certamente, o domínio demonstrado pelos intérpretes, resultando um conjunto de admirável força na materialização do terrível poema no palco. Assim, permite-se ao espectador navegar espiritualmente desde a voragem das ondas desse mar que não devolve os corpos e onde os mortos não boiam até a ilha paradisíaca para onde vão as prostitutas após a morte.

Na rubrica inicial da peça, Nelson Rodrigues expõe de modo objetivo e ao mesmo tempo poético a tensão dramática, cheia de mistério, em que estão mergulhados os personagens. Fala que *um farol remoto cria, na família, a obsessão da sombra e da luz* e que *há também um personagem invisível: o mar próximo e profético, que parece estar sempre chamando os Drummond, sobretudo as suas mulheres*. Tais visões do poeta são materializadas em cena na própria atuação dos atores. Não apenas pela expressão facial, pelos olhares que desenham rotas exatas, por todo o físico entregue ao vir a ser de aconteceres profetizados, mas pela respiração de cada ator e do conjunto. A respiração perfeita. Não só o mar, também o farol é invisível, mas a obsessão da sombra e da luz está plenamente manifestada nas pessoas e em cada trecho do espaço cênico, aparentemente vazio, mas pulsante, dominador.

No diálogo com as mulheres remanescentes dessa família, que aos poucos vai sendo tragada pelo mar, o coro dos vizinhos desde o início está possuído pelas contradições. A voz única mistura fatos e boatos, julga e condena. Juntam-se a ele o povo frequentador do café do cais e o coro das mulheres, com as orações pela prostituta morta. E toda essa gente vai, no desenrolar da trama, sufocando com atos, memórias e ameaças os Drummond, preparando a queda de cada um deles.

Valentina Lattuada (Dona Eduarda) e Angélica di Paula (Moema), com cargas dramáticas já invadindo os campos da tragédia, em interpretações impecáveis, comandam o belo e forte elenco feminino; enquanto Lee Taylor (Misael) e Eric Lenate (Noivo), igualmente com força expressiva admirável, estão à frente do ótimo elenco masculino, e a soma das interpretações dá a medida do notável avanço das técnicas criadas por Antunes Filho e reunidas em seu método para o ator.

Ao entrar no mundo provocador de Nelson Rodrigues, parece despertar em nosso poeta da cena uma imbatível vontade de novo avanço estético. Já com o universo mítico solucionado, ele não resiste à tentação. Volta mais uma vez para *A falecida* e surpreende, admitindo como legítimo o que sempre combateu: a peça é comédia de costumes. Em termos, é claro. Nela, como nas outras chamadas "tragédias cariocas", destaca-se a condição de jornalista e de cronista social do autor. Surgem frases antológicas, de humor cáustico, muitas vezes desabridamente debochado, como as que deram fama a Nelson Rodrigues na imprensa diária.

Foi a terceira encenação que realizou da peça, cada qual sob diferente leitura, por diferentes conceitos, com diferentes consequências estéticas. Dessa vez não demorou muito a montagem, como normalmente acontece com seus espetáculos: em cerca de dois meses de ensaios já a estreou. Essa rapidez na construção é ironizada no título com que rebatizou a obra: *A falecida vapt-vupt*.

Engana-se, no entanto, quem pensar que ele simplesmente "tirou de letra", que não teve maiores preocupações conceituais na realização do espetáculo. Pelo contrário: há indícios seguros da profunda reflexão sobre a matéria para chegar à linguagem "vapt-vupt". Nos "diários de bordo" publicados no programa da *Senhora dos afogados*, a questão já é claramente colocada.

O relator-ouvinte César Augusto, por exemplo, fala das ideias de Antunes sobre *a diferença entre o universo prosaico e o universo poético* de Nelson Rodrigues. Conforme essa interpretação, o prosaico está ligado aos aspectos jornalísticos, à comédia de costumes e ao lado "farsesco" do autor, enquanto o universo poético está relacionado diretamente à poesia, à sua "poética teatral". E, citando o diretor, afirma que *tem o aspecto cotidiano, frasístico, prosaico, de costumes, o anedótico (...) Mas isso é aparência, por debaixo há outras camadas (...) Há a comédia de costumes, mas abaixo fervem os mitos.* Assim, concorda em termos com a classificação de "comédia de costumes", pois considera que até na inclusão de atitudes banais Nelson Rodrigues está tratando *dos genes da alma humana*. Mesmo aí, portanto, encontra-se acesso ao inconsciente, aos arquétipos.

A questão que se coloca é: como conciliar os dois aspectos dessa obra que foge à linearidade narrativa das comédias de costumes, entrando por desvios e se apropriando inesperadamente de elementos do inconsciente coletivo sob a capa de uma piada ou de uma frase de efeito? Refletindo sobre isso, Antunes chega à arte pop, especialmente a vertente norte-americana, com a reinvenção da realidade concreta. Como seu raciocínio também não é linear, a reflexão sobre a arte pop tem origem nas observações sobre a *action painting* de Jackson Pollock, na fase do Expressionismo Abstrato, proveniente da técnica *drip*, no qual o desenho é pintura, a forma é cor e a casualidade inexiste na composição.

As considerações sobre o *dripping* marcam o início de um caminho que chega à videoarte e passa pela teoria da "ordem implícita" de David Bohn, com grande escala para meditação na arte pop. São caminhos que ele escolheu percorrer na busca de formas visuais que expressem a sociedade de consumo em sua avassaladora evolução, incidindo na velocidade de todas as coisas e na multiplicidade de imagens, sons e apelos publicitários que assaltam qualquer mortal nos dias que correm.

Os gestos dramáticos de Pollock espalhando ou respingando tinta sobre a tela solta no chão, controlando o fluir da tinta, mas sem propor começo, meio ou fim ao discurso estético, formam o substrato da expressão procurada. A expressão do que está além das coisas imediatas e óbvias, oculta no fundo da alma, e que consegue tornar orgânico tudo o que incorpora. Na arte pop encontra-se outra realidade, aquela gerada pelos objetos de consumo, ou cartazes e rótulos, quando são deslocados da sua natureza mercadológica para a esfera da expressão artística e se tornam "únicos".

Por fim, a sobreposição de imagens, ou a fixação em imagens que se autodevoram, e todos os recursos da videoarte condicionados pelo olhar contemporâneo, que não repousa em um só objeto pois carrega em si todos os outros objetos, confluentes ou divergentes. De tais visões plásticas do mundo começa a nascer o ambiente para essa versão de *A falecida*, localizada em espaço de encontro e de consumo: um bar em cujas mesas pessoas bebem, jogam, conversam ou exercem a solidão em meio aos outros. Sobrepõem-se ao ambiente os vários ambientes percorridos por Zulmira em sua luta por um enterro grandioso, que lhe compense a vida miserável que leva, e por Tuninho, o marido traído, humilhado, que será o anjo da vingança ao frustrar o enterro ansiado pela mulher.

Pobre gente anônima perdida no turbilhão da metrópole e reinventada por um frequentador desse bar, Nelson Rodrigues, que os sonha no burburinho das conversas, e seu sonho os materializa ante a indiferença dos demais frequentadores. Ele faz circular entre as mesas e conviver com outros, que não os veem, todos os tipos humanos da história – os agentes funerários, os amigos de Tuninho, pais, irmão e cunhada de Zulmira, a cartomante –, cada qual trazendo na postura, nos gestos, nas roupas que veste as marcas da vida, das idiossincrasias e dos próprios anseios.

Em uma mesa do fundo, discretamente se coloca a "Autômata". Colhida por Antunes dentre os solitários de Edward Hopper, estabelece outra ligação com o universo das artes plásticas norte-americanas, com o olhar voltado às multidões solitárias e indiferentes. Sinais dos tempos que, usando a síntese, ele coloca em cena, criando um universo significativo, denso, povoado de anseios e frustrações, como é o ambiente dos personagens de Nelson. Aqui estão, portanto, os arquétipos acionados pelo inconsciente coletivo, formando a base profundamente humana e significativa de *A falecida*. Sobre essa base passeiam figuras com jeito pitoresco de ser, com suas frases melodramáticas ou cômicas, meios de ocultar o verdadeiro drama em que chafurdam.

Assim Antunes logra, finalmente, conciliar a comédia de costumes com os mitos que "abaixo fervem". E cria obra esteticamente inovadora, que em sua trajetória de buscas é porto de chegada e, ao mesmo tempo, porto de partida para novas aventuras estéticas, novas formas de revelar o mundo.

O universo de *A falecida* tornou-se plataforma para o mergulho na baixa sociedade carioca. E como na trajetória de Antunes o tema de uma obra sempre se desdobra e contamina outras, surgem no repertório do CPT/Grupo de Teatro Macunaíma duas peças que seriam arroladas, junto com *A falecida*, na sua "trilogia carioca". A primeira, *Lamartine Babo*, ele escreveu e confiou a direção a Emerson Danesi, ator dos mais antigos do CPT; a segunda, *Policarpo Quaresma*, revela que o mergulho na baixa sociedade carioca nasceu bem antes, à época das pesquisas para a elaboração de *A Pedra do Reino*, abordando questões da Primeira República, dado que ilumina mais um ato de "circum-ambulação" do seu gênio criador.

Certamente, também, *Lamartine Babo* despontou em seu espírito com as pesquisas efetivadas para *Foi Carmen*, registrando a submersão no universo da música popular brasileira em seu tempo áureo, primeiras décadas do século XX. Necessário lembrar que, já na época das chapas fonográficas para gramofones, a música popular brasileira ganhava corpo e espaço no Rio de Janeiro. Despontavam grandes compositores e intérpretes que logo mais, com o advento das emissoras de rádio, seriam admirados no país inteiro. Entre eles estava Lamartine Babo, o rei dos Carnavais, cuja obra não conhecia limites de gênero ou de estilo.

Não foi a biografia de Lamartine que Antunes tomou por assunto, a exemplo da abordagem que fizera à personalidade de Carmen Miranda, mediante números musicais gravados e imagens evocativas da grande estrela. Do compositor, recorreu a músicas executadas por uma suposta banda, na sala de ensaio improvisada num sobrado de rua residencial. O conteúdo dramático fica por conta de Silveirinha, homem enigmático, ardoroso admirador de Lamartine, que morava ao lado daquele sobrado e certo dia decidiu invadir o ensaio. Pediu permissão para ali ficar, quietinho a um canto, fruindo as melodias durante os ensaios. Teve a permissão, mas não deixava de dar palpites, interferir na ação e nas discussões dos músicos, revelando excepcional conhecimento da obra do compositor. Os integrantes da banda começaram a jogar com ele, desafiando-o a identificar músicas, criando armadilhas com páginas de outros compositores. Mas o homem não se deixava enganar e dizia logo o nome do verdadeiro autor. De repente, o visitante pede licença para introduzir outra figura: sua sobrinha Catarina, a quem induzira o amor por Lamartine. E, com a nova personagem, mais acentuado fica o mistério em torno de Silveirinha. Mesmo no quarto em que mora, por bondade de sua irmã, mãe de Catarina, há segredos guardados a sete chaves. E ao som de marchinhas, sambas, maxixes e foxtrotes, ao mesmo tempo em que Lamartine se presentifica, cresce o enigma do seu admirador. Quem é esse homem, que mesmo para a sobrinha que ama e o ama está revestido de mistérios? Insinua-se aí algo de Pirandello, como se fosse ele o personagem em busca de autor.

Na segura e inventiva direção de Emerson Danesi, o espetáculo foi concebido como um sarau, onde ao embalo das conversas executam-se músicas e se canta. Mas as conversas, aparentemente comentando ações banais do momento, vão delineando o drama secreto de Silveirinha, em bela interpretação de Marcos de Andrade, e evidenciando o poder dramatúrgico do mestre, que oculta, sob aparentes banalidades, profundas observações da condição humana.

Outro desafio colocado aos atores do CPT foi o de lidar com música. Isso revelou habilidades ocultas dos intérpretes, não só no canto como na função de instrumentistas, formando a banda com voz, piano, violão, trompete e percussão. Todos afinadíssimos, sob a direção musical de Fernanda Maia. Um sarau requintado, a que Antunes optou por denominar "musical dramático".

Com a adaptação do romance de Lima Barreto, *Triste fim de Policarpo Quaresma,* Antunes e seus atores lançam o olhar crítico à Primeira República. Guiados pelo grande escritor, chegam aos subúrbios cariocas da época, o melhor local para a observação.

Em uma das tantas ruas esburacadas mora o major Quaresma. Na verdade o homem não é militar, e sim funcionário do Arsenal de Guerra. A alcunha "major" veio da brincadeira de amigos e se fixou como título legítimo. Metódico, extremamente patriota, calado e solícito, o major Quaresma goza de boa reputação na vizinhança e de prestígio na "alta sociedade" do subúrbio. Composta de funcionários públicos, pequenos negociantes, médicos sem grandes especializações, tenentes de diferentes milícias, a dita "sociedade" só é "alta" no subúrbio; fora dele, em meios mais sofisticados, conforme Lima Barreto, *essa gente míngua, apaga-se, desaparece.*

Fermentam ali preconceitos, frustrações e cavações. São guerreiros que não estiveram na guerra, mas relatam batalhas heroicas no Paraguai, sonhando com postos de comando "algum dia". São formandos em medicina e odontologia que sonham funções em áreas públicas, emprego bem remunerado, promissor e nada exigente, "algum dia". São jovens mulheres que sonham com marido, mesmo sem amor, única forma de se sentirem plenas na vida ou quase isso, "algum dia". São produtos da república patriarcal, fundada à luz do Positivismo, sob a divisa "ordem e progresso", edificada sobre as ruínas de um império incompetente e comandada por generais, marechais, almirantes, igualmente incompetentes, mas suficientemente autoritários.

Esse é o mundo de Policarpo Quaresma. Embora admirado pela discrição e pelo cotidiano metódico, ele é alvo de comentários negativos por suas estantes repletas de livros – *para que tantos livros, se não é formado em nada?* – e por tomar aulas de violão, instrumento de seresteiros malvistos, *desclassificados*, como Ricardo Coração dos Outros, seu professor e amigo. Mas todos aqueles livros se referem à grandeza da Pátria, por enfoques diversos – ancestralidade, topografia, beleza natural, fertilidade da terra e muitos etceteras –, e sendo a modinha *a mais genuína expressão da poesia nacional, o violão é o instrumento que ela pede*, daí o interesse de Policarpo por ele. A ninguém ocultava seu patriotismo e consequente apoio à indústria nacional: *Visto-me com um pano nacional, calço botas nacionais e assim por diante*. Assombrados ficariam todos, no entanto, com seus estudos da língua tupi. A coisa degenerou em risadas quando enviou à Câmara de Deputados requerimento para que o *Congresso Nacional decrete o tupi-guarani como língua oficial e nacional do povo brasileiro*. Porém, quando redigiu um ofício em tupi, na repartição, e o encaminhou ao diretor, que o assinou sem ler e o remeteu ao ministério, a confusão estava armada, resultando no seu internamento em hospício.

A adaptação de Antunes Filho transcreve para a cena, passo a passo, o relato de Lima Barreto. Às vezes a narrativa original se converte em diálogos, outras vezes em imagens. De todo modo, aquele universo suburbano, metáfora da Primeira República, ganha vida no palco. Depois do hospício, Policarpo vai para a roça, busca em livros soluções para os problemas da terra, investe esforços físicos e intelectuais na tentativa de revelar a fertilidade daquela terra depauperada e em abandono, cria instrumentos estranhos e de pouca valia, sendo vencido pelos impostos e taxas de atravessadores que lhe roubam o lucro da insignificante produção, e, por fim, é derrotado pelas formigas.

Descrevendo a trajetória de Policarpo, Lima Barreto expõe criticamente a sociedade do seu tempo. Passeiam por ela homens medíocres e mulheres sujeitas a regras indignas. Eles mentem para si mesmos, buscando tirar proveito de qualquer situação, e elas tentam conter-se nos estreitos limites que lhes são permitidos. O horizonte de todas é casar e ter filhos. Pobre daquela que, como Ismênia, abandonada pelo noivo, é obrigada a viver em "vergonhosa" solidão, enlouquece e morre. Antunes e os seus atores dão vida a esses seres patéticos, quando não canalhas, através de cenas de grande beleza, como as do hospício, que se convertem em grotesco balé. Ou a luta de Policarpo contra as formigas, que culmina em coreografia ao som do Hino Nacional, com ele sapateando sobre elas.

O ufanismo do major Quaresma impede-lhe o olhar crítico à política da Primeira República, marcada pelo arbítrio, pelo extermínio dos opositores, pela segregação e submissão dos mais fracos; por ódio, sórdido oportunismo institucionalizado e racismo. Ao eclodir a Revolta da Armada (1893), marcando a adesão da Marinha à Revolução Federalista, que se espalhava por vários estados, Policarpo entende a brutal reação do governo como honroso esforço pela estabilização do país. Decide entregar pessoalmente ao presidente da República, o soturno marechal Floriano Peixoto, memorial apontando possíveis soluções para o problema agrário. O documento é simplesmente ignorado, mas sua atitude colaboracionista o leva ao *front* de batalha contra a Armada, que fecha a Baía de Guanabara. Finalmente a divisa "major" é oficializada.

E, apesar dos óbvios abusos de poder, desrespeito a direitos elementares do cidadão e canalhice generalizada no oficialato, Policarpo ainda acredita estar lutando pelo bem do Brasil. Só começa a despertar do torpor alienante do seu ufanismo depois do cruel massacre dos revoltosos, quando se vê na incômoda posição de carcereiro dos sobreviventes. Horrorizado, constata a deslocação de grupos dos seus "prisioneiros", na calada da noite, sob comando de um oficial, para a execução sumária. Emerge do sonho patriótico em um mar de sangue. Protesta e é preso como traidor.

A encenação apresenta fatos e personagens em composições marcantes, como a de Marcos de Andrade fazendo o marechal Floriano, negação da figura humana; ou a notável interpretação dada por Lee Taylor ao protagonista, especialmente quando desperta para a realidade do país e se pergunta "o que fiz da minha vida?". A morte de Policarpo é simbolizada por um tecido negro que o envolve, imobilizado no centro do palco como um totem, enquanto a mulher a quem se nega até mesmo a maternidade dança ao redor, embalando uma boneca de pano nos braços.

Com *Policarpo Quaresma* Antunes retomou o tema da alienação, assunto tratado em obras antigas, como no filme *Compasso de espera* e na brilhante versão de *Peer Gynt*. Em nota publicada no programa, ele observa que *podemos, se quisermos, classificar as alienações em toleráveis e intoleráveis: há momentos na história em que elas se entrecruzam, provocando tragédias irreparáveis por (ou apesar de) terem sido baseadas em atos risíveis de opereta de segunda categoria, onde as bravuras não foram senão bravatas*. Reafirma, assim, o teatro como ágora, espaço para o debate dos grandes temas sociais e humanos que leve à reflexão e, quem sabe, à transformação.

# Prêt-à-porter

Duas pessoas conversam. Falam de coisas cotidianas, comentam fatos corriqueiros, mas nelas é perceptível desde o início uma reserva emocional, que vai se ampliando no decorrer do diálogo.

Esta descrição sucinta é pertinente a grande parte das breves peças apresentadas nas jornadas de *prêt-à-porter* (pronto para vestir). Será um gênero teatral? De certo modo, sim. Mas nele cabem também outras definições dadas por Antunes, como *espetáculo que não é espetáculo* e *falso naturalismo*, por exemplo.

A despeito das paradoxais definições, o fato é que o *prêt-à-porter* vem se destacando entre as manifestações do teatro brasileiro do final dos anos 1990 e primeira década deste século como algo novo e exemplar. Uma saga gerada pelo processo de trabalho do CPT que correu mundo, rendeu estudos e abordagens críticas, influenciou outros criadores e à qual nunca faltou público.

De início era exercício de classe. E, sem se dar conta, virou produto estético.

Suas origens mais remotas são os exercícios de naturalismo que Antunes propunha aos atores do CPT, lá pela metade dos anos 1980. Ele sempre entendeu que é imprescindível a técnica naturalista, para que o intérprete possa chegar à "constituição realista" de base do personagem. Acredita que só com domínio do realismo o ator poderá superar o próprio realismo e investigar novas linguagens sem se tornar incompreensível nem se perder.

Nesses inícios, a inspiração e os procedimentos eram stanislavskianos, o que levava o ator a trabalhar diretamente com a emoção. Coisa que à época, no CPT, só se permitia nesse exercício, pois Antunes sempre considerou fatais os males causados ao desempenho quando o ator se entrega à emoção. No evoluir do processo, com a introdução de novos conhecimentos e a descoberta de novas técnicas, o trabalho direto com a emoção, ou o uso da emoção como matéria-prima, terminou sendo expressamente proibido no CPT.

Os procedimentos técnicos visam ao relaxamento ativo e a restringir as tensões físicas às necessidades do movimento, pois tensões desnecessárias geram ansiedade e a ansiedade destrói a possibilidade expressiva. Os exercícios de corpo e de voz desenvolvidos no CPT baseiam-se na respiração e se processam em sistema que incorpora elementos das ideias filosóficas orientais e da nova física, da psicologia analítica, da nova oratória, do pensamento holográfico, da dialética materialista em contraponto a conceitos metafísicos etc., e tudo opera simultaneamente, tanto o que é do físico quanto o que é do espírito, pois nesse território *tudo é e não é*, a um só tempo.

A fase de descobertas importantes para estabelecer os procedimentos técnicos deu-se com a introdução de conceitos da mecânica quântica, especialmente o princípio da incerteza, de Werner Heisenberg, e o princípio da complementaridade, de Niels Bohr. Evidentemente foram abordagens filosóficas, e não modelos matemáticos, que se aplicaram na elaboração dos exercícios. Abordagens que conduzem a uma nova maneira de pensar a realidade e, portanto, de representá-la. Os resultados surpreendiam. Isso ocasionou a interrupção dos exercícios de naturalismo por alguns anos. Eles só voltariam no período dedicado à sistematização do método, 1997-98, já com outra orientação filosófica, dentro de nova prática, objetivando o *falso naturalismo* e com o nome de *prêt-à-porter*.

O *falso naturalismo* não deve ser confundido com o pseudonaturalismo que se vê nas telenovelas, no qual o ator se serve de clichês e estereótipos, construindo o personagem na superfície, em desempenhos "chapados". Nada disso. Falso porque não observa as técnicas tradicionais do naturalismo teatral, procedentes do método de Stanislavski e elaboradas diretamente sobre a emoção, servindo-se da memória afetiva do intérprete e em consonância com a "identificação" ator-personagem. No método de Antunes há a busca dessa identificação no início do trabalho analítico, de reconhecimento do personagem. Mas, logo em seguida, o ator estabelece as diferenças entre ele e o ser a que dará vida cênica. Uma vez afastado, inicia o trabalho de construção do personagem, fingindo a emoção, mas sem se entregar a ela. Ele nunca vai ficar "tomado" pelo personagem. Diz Antunes que quem fica tomado não é ator, é médium espírita.

O processo é bastante complexo. Não basta a disposição do ator para "fingir" a emoção, é imprescindível que ele esteja muito bem preparado, tanto no aspecto puramente técnico – ou seja, com o corpo em perfeito relaxamento ativo e a voz na ressonância, não na projeção – quanto espiritualmente, com a consciência alterada, entregando-se ao vir a ser e deixando fluir as energias *yin* e *yang*, sem jamais perder o controle da cena.

No momento da atuação, o ator está observando tanto as ocorrências externas quanto o que se passa nele mesmo, internamente. Precisa controlar tudo isso enquanto dá ao espectador a impressão de grandes emoções. Seu objetivo é emocionar o espectador, envolvê-lo nesse faz de conta, não emocionar a si mesmo. Mas para envolver o espectador é fundamental que seja "verdadeiro" em seu fingir. Isso lembra os famosos versos da "Autopsicografia", de Fernando Pessoa: *O poeta é um fingidor./ Finge tão completamente/ que chega a fingir que é dor/ a dor que deveras sente*. O ator que consegue "fingir tão completamente", não externando a própria dor, mas fingindo-a, é um poeta, faz poesia em cena com o seu corpo e a sua voz.

Fundamental a importância do processo de individuação junguiano para o ator que trabalha utilizando-se das técnicas de Antunes Filho. A tática da "circum-ambulação" é o que ele realiza na fase de análise, em que se aproxima e se afasta do personagem, identificando-se na aproximação e estabelecendo diferenças entre um e outro no afastamento, que se dá não em linha reta, mas em espiral. A pesquisa, servindo-se da "circum-ambulação", não se faz apenas no plano intelectual, mas em ação cênica, com o corpo, a voz e todos os sentidos aplicados na investigação do personagem.

Nessa mesma fase, o ator faz a programação do seu trajeto pela cena, organiza cada momento da atuação, movimentos, gestos, intensidade vocal, tudo fica criteriosa e cartesianamente estabelecido. Na fase seguinte, todavia, ele deve "jogar fora" essa programação. Quer dizer, ele não pensa mais nela, o estabelecido já está introjetado e não deve mais ocupar sua cabeça. Durante o processo foi também eliminando os bloqueios físicos e psicológicos. O corpo está em relaxamento ativo, a coluna vertebral na posição perfeita, a respiração tranquila e eficiente, a cabeça livre, o espírito alerta, mas desobstruído. Nessas condições entrega-se à criação, através da sensibilidade e da imaginação, e o personagem começa a tomar forma.

Todo esse processo tem objetivo claro: dar autonomia ao ator, tornando-o um criador verdadeiro, um poeta que através da sensibilidade escreve poemas em cena com o corpo. O personagem é construído por camadas, ainda que pareça uma figura comum, às voltas com questões do dia a dia, pois a sua gênese é proposta a partir do mergulho do ator no seu contexto. Através da "circum-ambulação", o intérprete busca superar os dados da psicologia pessoal para chegar a emanações do inconsciente coletivo e aos arquétipos. Assim é o processo criativo cujo corolário é o *prêt-à-porter*.

O espaço onde o ator começa a exercer de fato a autonomia criativa é na criação de cenas de *prêt-à-porter*. O trabalho é sempre feito por uma dupla de intérpretes. Pode ser um casal, ou dois atores, ou duas atrizes, mas sempre em dupla, o que implica o "eu" e o "outro". Os pares são escolhidos por Antunes e têm uma semana para eleger o tema, ou argumento, criar a cena, observando os procedimentos técnicos, e apresentá-la ao grupo. Até aqui, é apenas exercício de classe.

Depois da apresentação o trabalho é debatido por todos. No caso de Antunes ver potência artística na cena, faz seus comentários e solicita à dupla que continue trabalhando para aprofundar o tema e aprimorar a interpretação. Novamente vista, a cena ou é simplesmente descartada ou continuará sendo refeita pelos intérpretes. Uma cena pode ser elaborada durante meses, vista e discutida várias vezes, e por fim abandonada – não passou de exercício de classe. Outra cena, depois do aprimoramento narrativo e estético, transformou-se em pequena peça teatral e pode ser selecionada para integrar uma jornada de *prêt-à-porter*. Neste caso, o exercício virou produto estético.

A breve peça, portanto, é inteiramente criada pelos intérpretes, que elegem o tema, elaboram os diálogos – pensando sempre em termos naturalistas, como se a cena fosse um "pedaço da vida" –, executam eles mesmos a direção e a trilha sonora, providenciam os elementos cenográficos apenas com objetos de apoio, em óbvia improvisação, assim como figurinos etc. O ator é, nesse caso, senhor absoluto da cena, desde o texto até o planejamento e a operação de luz e som, tudo o que compõe a obra é dele. Mas conquistou esse direito ao adquirir o domínio técnico da arte. Não está ali fazendo "o que bem entende", servindo-se de "inspiração e garra", pelo contrário: domina o método criativo. Esse método é que o ajuda a alcançar o bom resultado final e sempre, como a experiência tem mostrado, o aplauso do público.

O *prêt-à-porter* foi pensado para qualquer espaço, menos para palco italiano. Pode ser apresentado em sala comum, que possibilite a instalação de plateia e cena. O público fica próximo dos atores, fruindo as nuances da interpretação, que se dá à luz natural do ambiente em lugar da iluminação convencional de teatro. De início, os próprios intérpretes operavam também a sonoplastia, se o trabalho incluísse trilha sonora, quando, então, usava-se aparelho de som doméstico, que ficava em cena e era acionado por um dos atores.

Com o passar do tempo, todavia, alguns recursos mais sofisticados foram introduzidos na manifestação *prêt-à-porter*, dando-lhe aspecto mais convencional em termos do acabamento, todavia mantendo o traço experimental tanto na concepção quanto na produção.

As fases do *prêt-à-porter* em uma década de apresentação – somando nesse período cerca de trinta pequenas obras – espelham a evolução do próprio grupo na tarefa de consolidar as conquistas técnicas.

A dinâmica das primeiras jornadas era a seguinte: um ator do grupo, que não participava da cena, dirigia-se ao público explicando o espírito e a mecânica do trabalho; em seguida os intérpretes entravam normalmente, examinavam o espaço e os objetos necessários à ação. Estando tudo em ordem, levavam cadeiras para junto do público, sentavam-se, e cada um expunha a gênese do seu personagem, falando na primeira pessoa. Terminada a exposição das gêneses, levantavam-se, retiravam as cadeiras e, sem qualquer pausa, iniciavam a ação propriamente dita. Finda a apresentação, marcada por um "ok" dito pelo ator-apresentador, os intérpretes retornavam as cadeiras para junto da plateia e sentavam-se para o diálogo com os espectadores sobre o trabalho. Em seguida retiravam-se, entrava a segunda dupla, que cumpria igual roteiro, e, por fim, a terceira dupla fazia o mesmo, pois toda jornada é composta de três peças curtas.

A partir do *prêt-à-porter 3*, eliminaram-se as gêneses e o debate dava-se após a apresentação das três peças. Depois, suprimiu-se também a apresentação e o diálogo final com a plateia. As performances para o público, sempre realizadas aos sábados no fim da tarde, foram transferidas da área de convivência do sesc Consolação para a sala de ensaio do cpt, em espaço cênico preparado para espetáculos, mas que não é palco italiano. Um espaço que propicia a proximidade ator-espectador.

Sem dúvida a saga deixou aquele radicalismo inicial, quando tudo se improvisava de modo a realçar exclusivamente o trabalho dos intérpretes, e passou a assumir a condição de produto estético. Isso sem abdicar das premissas originais, que não se anulam caso a sonoplastia seja operada fora da cena e se houver alguma pontuação luminosa substituindo o "ok" do ator-apresentador no final da peça, executada também de fora da cena, desde que isso obedeça à orientação dos atores-autores-criadores.

As peças de *prêt-à-porter* impressionam pela densidade dramática e por sua peculiar dramaturgia. As situações e os diálogos são prosaicos, desprovidos de ambições literárias, mas surgem como pontas de *iceberg* no mar profundo do drama narrado. Os assuntos são inspirados em filmes, em notícias de jornais, em fatos comuns do convívio social. Os diálogos reproduzem a linguagem com que as pessoas se comunicam cotidianamente. Mas isso tudo é apenas a superfície da obra, são pretextos de que os atores lançam mão para falar da alma, dos conflitos mais agudos, secretos, que movem o ser humano e determinam suas ações e reações no dia a dia. Drama feito por camadas. As camadas mais profundas, das motivações subconscientes ou mesmo inconscientes, terminam dominando e estabelecendo a atmosfera poética da narrativa. O não dito, o invisível e o inefável formam o núcleo de interesse, conferem mistério e fascínio à trama.

Uma autêntica dramaturgia de cena, porque escrita não sobre o papel, mas sobre o tablado, em ação dramática. Algumas duplas preferem anotações iniciais, apontam primeiro no papel os elementos dramáticos sobre os quais vão desenvolver a obra; outras preferem criar diretamente em cena, só depois fazendo as anotações dramatúrgicas por escrito. Mas em ambas as atitudes não se altera o fato de serem criações de atores sobre a cena.

Ao contrário do dramaturgo tradicional, que idealiza a ação e dá indicações aos intérpretes, no *prêt-à-porter* vale a dramaturgia do intérprete, a potência que ele vê na cena em face desse tema ou da situação colocada. Ele é o autor e produz o drama com seus próprios instrumentos de criação estética – respiração, corpo e voz. Ele não é o intermediário entre autor e espectador. É o demiurgo.

A peça só pode ser apresentada por aquela dupla de atores. Ainda que esteja detalhadamente escrita, como qualquer obra dramática o é, se por hipótese for encenada com outros intérpretes, já não será *prêt-à-porter*. Porque a saga implica não a dramaturgia em si, mas o fenômeno da criação que se manifesta sob o signo da autonomia do ator.

Embora Antunes Filho só figure como coordenador – não faz nada diretamente na construção de cada espetáculo –, paradoxalmente o *prêt-à-porter* é uma das suas maiores criações dentro do teatro. Seu porto de chegada após décadas de investigações e buscas por um método que propiciasse ao ator criar por meio da inteligência intelectual e física, exercendo a função poética do ofício com responsabilidade social e consciência ética.

## CPT – Centro de Pesquisa Teatral do SESC

Um caos de formas arquitetônicas é o que se vê daquela sacada, semelhante a comprido corredor, que fica no alto do edifício de concreto armado e vidro.

Na paisagem, o tumulto da metrópole. Mas voltando o olhar para dentro, do outro lado da parede transparente, o que se vê é a sala de ensaio, cuja atmosfera convida ao recolhimento e à reflexão. Como a nave de um templo. Rotineiramente acha-se ocupada por jovens homens e mulheres em curiosos rituais. Algumas vezes eles ficam sentados em círculo, ouvindo atentamente o mestre. Depois voltam a se movimentar de modo não comum. Falam estranho idioma, o "fonemol", enquanto assumem jeito de ser outras pessoas. Ali é o espaço nuclear do CPT – Centro de Pesquisa Teatral do SESC, um ponto de referência do teatro contemporâneo.

O embrião do CPT foi o CTP – Centro Teatral de Pesquisas, que surgiu do curso patrocinado pela Comissão Estadual de Teatro, da Secretaria de Estado da Cultura, através do qual Antunes Filho deu início ao processo de montagem de *Macunaíma*.

O registro histórico da atuação do CTP no Theatro São Pedro encontra-se no programa de mão do espetáculo *Nelson Rodrigues, o eterno retorno*. O artigo de abertura, intitulado "Histórico do grupo" e assinado por Valderez Cardoso Gomes, informa que tanto o Grupo de Arte Pau-Brasil, que encenou *Macunaíma*, quanto o seu sucessor, Grupo de Teatro Macunaíma, então se lançando com o espetáculo composto de obras de Nelson Rodrigues, bem como as aludidas produções, são *projetos originários de uma Associação, a que se denominou* CTP – *Centro Teatral de Pesquisas*.

A Associação, consta do artigo, foi fundada por Antunes Filho em 1977, tendo como propostas básicas *a agregação de vários artistas e grupos de arte, com o objetivo prioritário de organização de cursos de formação e aprimoramento de atores, dando ênfase aos trabalhos de pesquisa e experimentação de novas formas*. Os resultados efetivos das atividades seriam *a montagem de peças e a organização de grupos teatrais*.

Mais à frente encontra-se longo relato sob o título "Método de trabalho", assinado pelo Grupo de Teatro Macunaíma, discorrendo sobre as propostas estéticas, os projetos e a dinâmica das atividades desenvolvidas no CTP. Esclarece que o Centro surgiu como *fruto das insatisfações do diretor Antunes Filho com os moldes teatrais* vigentes, sendo o seu objetivo realizar *pesquisas e experimentações sem se ater aos padrões estabelecidos pela maioria das escolas de teatro*. O diferencial, em relação aos ditos padrões, estava no fato de que *a formação dos elementos do grupo se daria levando em conta dois fatores fundamentais: os estudos teóricos e seu subsequente traslado para o palco sob a forma de exercícios, convergindo ambos para um objetivo comum, qual seja, a persistência em desestruturar todo o trabalho concretizado em função das novas possibilidades que ele despertaria.*

Tais propostas espelhavam a soma da vivência diária de Antunes com o fazer teatral. Implicavam, na verdade, a sua batalha por conduzir os atores, que considera senhores absolutos da cena, a novos meios interpretativos e a novas posturas no desempenho do ofício. Assim, o CTP foi planejado como uma espécie de plataforma, da qual ele pretendia lançar-se junto com os atores-discípulos a horizontes estéticos inéditos e aos seus desafios.

Porém – e sempre há um *porém* nas aventuras do espírito –, para que essa plataforma não se desmantelasse ou fosse pulverizada pela dura realidade do mercado, era necessário ter alguma forma de sustentação. Havia, sim, o apoio da Secretaria de Estado da Cultura, que, embora em termos financeiros fosse pouco significativo, propiciava a manutenção do projeto ao lhe conceder abrigo no Theatro São Pedro. O "porém", no caso, é que a permanência do grupo no velho teatro da Barra Funda passava a depender do resultado das eleições para o governo do estado, em 1982. A futura administração poderia ter outras prioridades para o espaço, e o Grupo de

Teatro Macunaíma, nessa hipótese, seria certamente despejado, o que inviabilizaria todo o projeto.

Tal perspectiva levou artistas e intelectuais a formarem uma rede de simpatizantes do movimento. Com o intuito de colaborar no sentido da preservação e continuidade do trabalho desenvolvido no São Pedro, essa rede colocou o grupo em contato com a comissão formada pelo SESC, cujo objetivo era examinar os mecanismos então existentes para a produção teatral. A partir de pesquisas e estudos sobre o assunto, cabia à comissão indicar procedimentos passíveis de ser adotados pela instituição, no sentido de contribuir para o progresso material e artístico do teatro, no momento em que o país rumava para a democracia plena. Era tarefa da comissão, igualmente, verificar em que pé andava a formação dos atores e de técnicos teatrais.

O relatório final da comissão descortinou o cenário da produção dramática naquele momento e, em face das necessidades apuradas, propunha um *espaço para discussão teatral*. Dentro desse espaço seriam criados instrumentos de estímulo à formação de coletivos teatrais organizados em cooperativa, cursos livres para o aprendizado e/ou reciclagem de atores e técnicos, bem como a realização de produções de baixo custo, mas capazes de colocar em cena espetáculos de relevância artística. A proposta da comissão era, portanto, o estabelecimento de um sistema parecido ao do Centro Teatral de Pesquisas.

Assim, respaldadas pelo parecer da comissão, as negociações correram tranquilas e culminaram com a criação do CPT – Centro de Pesquisa Teatral na unidade SESC Consolação, que foi desde o primeiro momento coordenado e dirigido por Antunes Filho. O principal núcleo do CPT – sigla que substituía o CTP, mantendo o seu espírito e ampliando sua ação – era o Grupo de Teatro Macunaíma, que permanecia cooperativa independente. Desse modo, em 1982 Antunes passou a ter o espaço e o apoio imprescindíveis para concretizar a grande obra que lhe ocupava coração e mente.

Instalado no pavimento onde antes funcionou o Teatro Pixinguinha, o Centro de Pesquisa Teatral de imediato se revelou uma colmeia, com levas de jovens que se movimentavam, discutiam, se exercitavam, estudavam e criavam o tempo todo.

O espaço era improvisado e composto de ambientes divididos por tapumes e cortinas pretas, tendo no centro uma grande arena, que era a sala de ensaio propriamente dita. Diversos núcleos se formavam e atuavam simultaneamente nesse labirinto em negro. Cada núcleo destinado a pesquisar um determinado tema, objetivando a montagem de espetáculos. Em certos momentos os seus integrantes se reuniam para os exercícios comandados por Antunes, na teimosa busca de novas técnicas a partir daquelas já colocadas em prática. Esses trabalhos se prolongavam por doze horas ou mais todos os dias, exceto aos domingos, única folga semanal.

Somava-se a tudo isso o curso de teatro, com duração de seis meses, para o qual anualmente podiam se inscrever atores já formados ou aspirantes, que se submetiam a testes. Se aprovados, eram instruídos pelos atores mais antigos do grupo, que dominavam as técnicas lá desenvolvidas, sob o olhar atento de Antunes.

Nesse espaço, e em decorrência da atividade febril dos núcleos constituídos, nasceram belos espetáculos, como *Romeu e Julieta*, *Os velhos marinheiros* – com o coletivo que se desprendeu do CPT sob o nome de Grupo de Arte Boi Voador –, *A hora e a vez de Augusto Matraga*, *Rosa de Cabriúna* – lançando novo coletivo, o Grupo Forrobodó –, além de outros projetos que mais tarde frutificariam dentro ou fora do CPT.

Esse movimento vital justificou a adaptação de metade do sétimo andar do edifício do SESC Consolação, onde se instalou confortavelmente e em caráter definitivo o Centro de Pesquisa Teatral. Esse novo espaço contém sala de espera, escritório, sala de cenografia, sala de ensaio, banheiros e área reservada a guarda-roupa, biblioteca, videoteca, arquivos e depósito de material cênico. E também a referida sacada, que liga virtualmente as pesquisas estéticas do CPT à paisagem da cidade em que ele floresce e dá preciosos frutos.

Aos poucos o luminoso e arejado conjunto de salas foi refletindo, através dos objetos e dos detalhes da decoração, a personalidade do artista que anima e comanda as atividades ali desenvolvidas.

Pelas paredes e divisórias, painéis fotográficos e cartazes evocam belas realizações cênicas do CPT/Grupo de Teatro Macunaíma; na área destinada à cenografia, maquetes e desenhos atestam a contínua invenção de formas, os estudos e as pesquisas desse núcleo; o guarda-roupa e os arquivos instalados em um mezanino sobre a sala de ensaio refletem o temperamento metódico e disciplinado do mestre.

O Centro de Pesquisa Teatral não é "produtora de espetáculos", embora os produza. Por isso, a despeito de imagens do repertório, objetos de cena e figurinos rememorarem espetáculos, a ênfase dos trabalhos recai sobre a formação do profissional do palco, em especial do intérprete dramático. Cada imagem lá exposta, seja foto, objeto de cena ou mesmo quadro de avisos, reporta à busca de técnicas, ao aprimoramento do corpo, da voz, da inteligência artística; assim como ao respeito à ética. No resumo, tudo revela o CPT como singular escola de teatro centrada no ator.

Nos cartões colocados acima da porta de entrada da sala de ensaio leem-se pensamentos que Antunes indica aos atores-discípulos como norte no aprendizado da arte.

O primeiro é de Kazuo Ohno:

*De maneira nenhuma se pode dizer que não haja nada num palco vazio, num palco que se pise de improviso.*

*Pelo contrário, existe ali um mundo transbordante de coisas. Ou melhor, é como se do nada surgisse uma infinidade de coisas e de acontecimentos, sem que se saiba como e quando.*

O segundo é de Péricles:

*Cada um de nossos cidadãos, nos múltiplos aspectos da vida, é capaz de mostrar-se dono legítimo e possuidor da sua própria pessoa e, além disso, fazê-lo com uma graça excepcional e uma aptidão excepcional.*

E o terceiro é de Gilberto Freyre:

*Acredito que nunca ficarei completamente maduro nem nas ideias, nem no estilo, mas sempre verde, incompleto e experimental.*

São estímulos à sensibilidade para com a potência poética do sítio de atuação do ator, que é o tablado, em cujo aparente vazio há pulsação constante e inesgotáveis possibilidades expressivas; incentivos ao autoconhecimento, que na prática do grupo se impõe através do processo de individuação; convites à prospecção de novos meios, de novas formas, e à proposta de permanente investigação estética para que o comediante não se deixe aprisionar a dogmas nem a estilos cristalizados.

Na mesa do diretor, diante do amplo tablado em que os atores se exercitam e ensaiam, está a imagem de Shiva, o destruidor de ilusões, que em sua dança cria universos a partir de imanências e de transcendências. Para Antunes é Shiva o deus do teatro. Os pensamentos transcritos nos cartões sobre a porta são lembretes úteis aos atos cotidianos do ator e convergem para o shivaísmo implícito na ideologia do CPT.

A lida com as coisas práticas obedece ao rigor do comando, mas os sentidos de quem ali atua estão sempre voltados para as coisas do espírito, para o que transcende. Circunstâncias que conferem a esses espaços tintas de mistério e fé, distante de burocracias e modismos consumistas. Ambiente propício à formação daquele ator que dispensa clichês e estereótipos, que usa a sensibilidade e a imaginação, o corpo e a voz, na revelação de mundos carregados de humanidade, buscando levar o espectador não apenas à emoção, mas também à reflexão.

A história do Centro de Pesquisa Teatral é pontuada de grandes momentos que normalmente ficam invisíveis para o público externo. Essa história é feita no dia a dia, através do trabalho persistente dos diversos setores envolvidos na montagem do espetáculo, pois não se trata apenas da formação do ator como entidade isolada, mas do ator em todo o contexto da criação dramática. Inclui, portanto, o Núcleo de Cenografia, idealizado por Antunes e planejado por J. C. Serroni, que o coordenou durante onze anos. Inclui também o setor de iluminação e o de *design* sonoro. Áreas que desenvolveram projetos audaciosos, renovadores, sempre respondendo às necessidades levantadas pelo núcleo de interpretação, o que quer dizer: em relação íntima e em permanente diálogo com os atores.

Houve um período de transição, quando Antunes decidiu recolher-se com o elenco para a sistematização do método. E, simultaneamente, ele passou a coordenar o núcleo de cenografia, pois J. C. Serroni desligara-se dele com o propósito de fundar o Espaço Cenográfico. Importantes transformações estruturais pareciam estar em curso no CPT, mas de fato houve apenas a readequação das suas propostas a novas realidades determinadas pelo próprio desenvolvimento dos trabalhos.

O núcleo de interpretação, nesse período, deixou de atuar sobre projetos visando à encenação de obras e iniciou uma fase de experimentação diária das técnicas e dos procedimentos criativos. Os exercícios que fazem parte do dia a dia do grupo não eram então praticados com vistas a um trabalho específico, mas com o propósito de reflexão crítica, para viabilizar a equação deles e estabelecer um sistema, repensando as técnicas já elaboradas, de modo a constituir um método para o ator. Técnicas que surgiram e se desenvolveram a serviço da criação de espetáculos, sendo às vezes expostas no palco em termos de matéria-prima da estética, ou novas linguagens, caso da "bolha" e do "fonemol". Naquele momento, todavia, examinavam-se os seus valores intrínsecos e a sua eficácia como meio criativo. Em tal ambiente de reflexão sobre o já feito e a consequente equação dos procedimentos, nasceu o *prêt-à-porter*, como elemento aglutinador das técnicas.

O Núcleo de Cenografia, sob a coordenação de J. C. Serroni, consolidara-se não apenas como departamento a serviço das produções do CPT/Grupo de Teatro Macunaíma, mas como curso para a formação de cenógrafos. Além dos conceitos abrangendo formas e materiais, frutos da pesquisa e da experiência profissional de Serroni, em sintonia com movimentos de vanguarda, introduziram-se outras ideias e outras experiências através de mestres da cenografia convidados a dar aulas ou palestras. E foi por aí que Antunes procurou suprir a ausência de Serroni, impedindo que o núcleo caísse no vazio: elaborou extenso programa didático, convidando reconhecidos mestres para ministrá-lo através de oficinas e palestras, incluiu a computação gráfica como ferramenta da cenografia e deu continuidade ao núcleo – evidentemente que sob novos paradigmas, mas dentro do mesmo espírito de investigação, criação e formação que sempre animou o CPT.

Ao mesmo tempo, programou oficinas de iluminação e de *design* sonoro, coordenadas pelos "titulares" das áreas, respectivamente Davi de Brito e Raul Teixeira, vinculando-as às pesquisas dos núcleos de interpretação e cenografia, estabelecendo um complexo de atividades prospectivas e didáticas, interligando setores técnicos e criativos.

O período aqui chamado "de transição" começou no final de 1996 e prosseguiu até o segundo semestre de 1998. Entusiasmado com os resultados, Antunes resolveu abri-los ao público, tirando-os da invisibilidade. Com esse objetivo, junto com seus colaboradores, levou avante o projeto da instalação "CPT Aberto", que ocupou o espaço de convivência do SESC Consolação no mês de agosto de 1998.

A mostra "CPT Aberto" surpreendia não apenas como instalação, dominada por uma pirâmide de vidro transparente, de cinco metros de largura por três de altura, objeto penetrável e munido de microcâmeras e vídeos, pulsando sob efeitos luminosos e sonoros, numa referência à pulsação vital do CPT. Surpreendia pelo conteúdo, que revelava publicamente os processos e os notáveis frutos dessa contínua pulsação.

A mostra reunia fotos de espetáculos, cujas cenas eram também vistas em movimento, através de monitores de vídeo espalhados pelo espaço; desenhos e maquetes produzidos pelos alunos do Núcleo de Cenografia completavam o acervo exposto. Mas não ficava nisso. O "CPT Aberto" incluía aulas práticas, oficinas ministradas por artistas de alto mérito, palestras de artistas e teóricos, e as apresentações do *prêt-à-porter*.

Não só mostrava o passado: apontava para o futuro. As jornadas de *prêt-à-porter* colocavam algo diferente no panorama teatral desse fim de século. Inegavelmente tratava-se de uma nova escola, totalmente baseada na ação do "ator autônomo", aquele que detém toda a ciência do fazer cênico-dramático. Mais ainda: indicava a possibilidade de novas sagas dramatúrgicas, dadas as condições em que eram produzidos os textos.

Incluir a pesquisa da escritura dramática nas atividades do CPT era sonho antigo de Antunes. Tentara outras vezes, mas sem resultados que animassem à continuidade. Dessa vez percebeu um caminho mais favorável. Caminho sinalizado pelos bons resultados obtidos na criação das pequenas peças de *prêt-à-porter*.

Colocar o sonho em prática, fazendo-o virar realidade, é uma das características de Antunes. Assim, no ano seguinte, em 1999, já se instituía no CPT o Círculo de Dramaturgia, reunindo vários jovens que se iniciavam na arte.

O vínculo desses aspirantes a dramaturgos à criação do *prêt-à-porter* logo foi descartado. Definitivamente são coisas diferentes a dramaturgia do ator, concebida e concretizada em cena, e a do escritor, que cria colocando pensamentos através de palavras sobre o papel, com o desenvolvimento cênico apenas imaginado, e não presentificado. Ao se constatar esse fato, não houve desestímulo, apenas correção de rota. O participante do Círculo de Dramaturgia não estaria vinculado à criação de obras *prêt-à-porter*, mas teria acesso a essa fonte, como matéria de estudo, como pesquisa e inspiração para suas elaborações dramáticas sobre o papel. Do mesmo modo, teria acesso permanente aos processos criativos dos atores, seja em sessões de exercícios de rotina ou nos trabalhos de pesquisa de personagens. E também acesso, como observador, a todas as áreas implicadas na criação do espetáculo.

Em poucos anos o Círculo de Dramaturgia do CPT fez circular produtos de ótima qualidade, seja com espetáculos (dois deles encenados no CPT: *O canto de Gregório*, de Paulo Santoro, dirigido por Antunes Filho, e *O céu cinco minutos antes da tempestade*, de Sílvia Gomez, direção de Eric Lenate), seja com a publicação em livro, cujo volume 1, lançado pelas Edições SESC SP em 2005, reúne obras de Paulo Barroso, Paulo Santoro, Rafael Vogt Maia Rosa e Sílvia Gomez.

Quase três décadas depois de sua fundação, o CPT mantém o espírito que lhe deu origem: o de ser um centro permanente de pesquisa teatral. Suas atividades conservam em mira o avanço, a descoberta de novas formas estéticas, o aprimoramento do intérprete dramático, a formação de profissionais do palco. Permanece a proposta do nascedouro, que diz respeito à *persistência em desestruturar todo o trabalho concretizado em função das novas possibilidades* que ele venha a despertar. Juntou-se a isso tudo, nos últimos anos, o apoio consistente à formação do autor dramático.

Fruto do empenho desse grande artista, que foi Zequinha, moleque do Bixiga, e que assumiu o nome artístico de Antunes Filho. A partir da sua primeira direção, realizada em grupo amador há sessenta anos, movido por genial inquietação artística, ele escolheu percorrer caminhos não trilhados do teatro, para reinventá-lo cotidianamente. E continua desvendando paisagens estéticas, embora o que realizou em sua trajetória, cuja síntese é o CPT, já constitua legado dos maiores, de um só artista, para o Teatro Brasileiro.

# Antunes Filho
## Cronologia

## Fase amadora – Ator
1948 – *Adeus, mocidade...*, de Sandro Camásio e Nino Oxilia, direção de Osmar Rodrigues Cruz, Teatro Escola.

## Fase amadora – Encenador
1950 – *A janela*, de Reynaldo Jardim;
1951 – *O urso*, de Anton Tchekhov, Teatro da Juventude;
1952 – *Os outros*, de Caetano Gherardi, Teatro da Juventude;
1952 – *O Chapeuzinho Vermelho*, de Paulo Magalhães, Teatro da Juventude;
1954 – *Iolanda*, de Kurt Goetz, Grupo de Lotte Seavers;
1954 – *O empréstimo*, de Clô Prado, Teatro Permanente das segundas-feiras.

## Encenador profissional
1953 – *Week-end*, de Noel Coward, Teatro Íntimo Nicette Bruno;
1958 – *O diário de Anne Frank*, de Frances Goodrich e Albert Hackett, Pequeno Teatro de Comédia;
1958 – *Alô... 36-5499*, de Abílio Pereira de Almeida, Pequeno Teatro de Comédia;
1959 – *Picnic*, de William Inge, Pequeno Teatro de Comédia;
1959 – *Plantão 21*, de Sidney Kingsley, Pequeno Teatro de Comédia;
1960 – *As feiticeiras de Salem*, de Arthur Miller, Pequeno Teatro de Comédia;
1961 – *Sem entrada e sem mais nada*, de Roberto Freire, Pequeno Teatro de Comédia;
1962 – *Yerma*, de Federico Garcia Lorca, TBC – Teatro Brasileiro de Comédia;
1964 – *A grande chantagem*, de Clifford Odets, produção de Joe Kantor;
1964 – *Vereda da salvação*, de Jorge de Andrade, TBC – Teatro Brasileiro de Comédia;
1965 – *A falecida*, de Nelson Rodrigues, Escola de Arte Dramática;
1965 – *A megera domada*, de William Shakespeare, Teatro da Esquina;
1966 – *Júlio César*, de William Shakespeare, Cia. Ruth Escobar;
1967 – *Black-out*, de Frederick Knott, produção de John Herbert;
1968 – *A cozinha*, de Arnold Wesker, produção de John Herbert;
1971 – *Peer Gynt*, de Henrik Ibsen, Antunes Filho Produções Artísticas;
1971 – *Corpo a corpo*, de Oduvaldo Vianna Filho, Antunes Filho Produções Artísticas;
1972 – *Em família*, de Oduvaldo Vianna Filho, Antunes Filho Produções Artísticas;
1972 – *O estranho caso de Mr. Morgan*, de Anthony Shaffer, Antunes Filho Produções Artísticas;
1973 – *Check-up*, de Paulo Pontes, produção de Carlos Imperial;

1973 - *Bodas de sangue*, de Federico García Lorca, Companhia Maria Della Costa;

1974 - *Bonitinha, mas ordinária*, de Nelson Rodrigues, Companhia Miriam Mehler;

1974 - *Tome conta de Amélie*, de Georges Feydeau, Companhia Maria Della Costa;

1975 - *Ricardo III*, de William Shakespeare, Cia. Thearte;

1975 - *O assalto*, de José Vicente, produção de Raul Cortez;

1976 - *Esperando Godot*, de Samuel Beckett, produção de Eva Wilma e Lilian Lemmertz;

1978 - *Quem tem medo de Virginia Woolf?*, de Edward Albee, produção de Raul Cortez e Tônia Carrero;

1978 - *Macunaíma*, de Mário de Andrade, adaptação de Jacques Thiériot, Grupo de Arte Pau-Brasil;

1981 - *Nelson Rodrigues, o eterno retorno*, reunindo as peças *Álbum de família*, *Toda nudez será castigada*, *Beijo no asfalto* e *Os sete gatinhos*, de Nelson Rodrigues, Grupo de Teatro Macunaíma;

1984 - *Nelson 2 Rodrigues*, reunindo as peças *Álbum de família* e *Toda nudez será castigada*, de Nelson Rodrigues, Grupo de Teatro Macunaíma;

1984 - *Romeu e Julieta*, de William Shakespeare, CPT/Grupo de Teatro Macunaíma;

1986 - *A hora e a vez de Augusto Matraga*, de João Guimarães Rosa, adaptação de Antunes Filho, CPT/Grupo de Teatro Macunaíma;

1988 - *Xica da Silva*, de Luis Alberto de Abreu, CPT/Grupo de Teatro Macunaíma;

1989 - *Paraíso Zona Norte*, reunindo *A falecida* e *Os sete gatinhos*, de Nelson Rodrigues, CPT/Grupo de Teatro Macunaíma;

1991 - *Nova velha estória*, inspirado no conto do *Chapeuzinho Vermelho*, adaptação de Antunes Filho, CPT/Grupo de Teatro Macunaíma;

1992 - *Trono de sangue - Macbeth*, de William Shakespeare, CPT/Grupo de Teatro Macunaíma;

1993 - *Vereda da salvação*, de Jorge Andrade, CPT/Grupo de Teatro Macunaíma;

1995 - *Gilgamesh*, poema sumério de autor anônimo, adaptação de Antunes Filho, CPT/Grupo de Teatro Macunaíma;

1996 - *Drácula e outros vampiros*, inspirado no personagem criado por Bram Stoker, dramaturgia de Antunes Filho, CPT/Grupo de Teatro Macunaíma;

1999 - *Fragmentos troianos*, adaptação de *As troianas*, de Eurípedes, por Antunes Filho, CPT/Grupo de Teatro Macunaíma;

2001 - *Medeia*, de Eurípedes, CPT/Grupo de Teatro Macunaíma;

2004 - *O canto de Gregório*, de Paulo Santoro, CPT/Grupo de Teatro Macunaíma;

2005 - *Foi Carmen*, ideia, concepção e dramaturgia de Antunes Filho, CPT;

2005 - *Antígona*, de Sófocles, CPT/Grupo de Teatro Macunaíma;

2006 – *A Pedra do Reino*, baseado no romance de Ariano Suassuna, teatralização de Antunes Filho, CPT;
2008 – *Senhora dos afogados*, de Nelson Rodrigues, CPT/Grupo de Teatro Macunaíma;
2009 – *A falecida vapt-vupt*, de Nelson Rodrigues, CPT;
2010 – *Policarpo Quaresma*, baseado no romance de Lima Barreto, adaptação Antunes Filho, CPT.

## Dramaturgia

Adaptações de obras literárias:
1986 – *A hora e a vez de Augusto Matraga*, romance de João Guimarães Rosa;
1991 – *Nova velha estória*, baseado no conto infantil tradicional Chapeuzinho Vermelho;
1995 – *Gilgamesh*, poema sumério de autor anônimo. Adaptação publicada pela Editora Veredas (São Paulo, 1999);
1996 – *Drácula e outros vampiros*, inspirado em Bram Stoker, filmes B, HQ e no balé *A mesa verde*, de Kurt Jooss;
2006 – *Romance d'A Pedra do Reino e o Príncipe do Sangue do Vai-e-Volta*, de Ariano Suassuna.
2010 – *Policarpo Quaresma*, baseado no romance *O triste fim de Policarpo Quaresma*, de Lima Barreto.
Originais:
1970 – *Compasso de espera*, roteiro cinematográfico;
2005 – *Foi Carmen;*
2010 – *Lamartine Babo*, encenada pelo CPT, direção de Emerson Danesi.

## Televisão

1951-1959 – Estreou com *O urso*, de Anton Tchekhov, dirigindo o Teatro da Juventude, no "Teatro das segundas-feiras", TV Tupi, a 12/11/1951. No dia 26 do mesmo mês foi ao ar sua direção de *O azarento*, de Luigi Pirandello. Continuou apresentando um espetáculo a cada quinze dias, pelos dois anos seguintes. Em 1954 dirigiu na TV Paulista o "Teatro do Brasil", com obras como *Tiradentes*, de Viriato Corrêa, *O amigo da família*, de Joracy Camargo, *O diletante*, de Martins Pena. A partir daí, até o final da década, dividiu-se entre a TV Paulista e a TV Tupi, dirigindo *A marechal*, de Ferenc Molnár, *Anna Karenina*, de Leon Tolstói, *Fogo mal avivado*, de Jean Jacques Bernard, e dezenas de outras peças. Além dos teleteatros, comandou na TV Tupi um programa sobre arte.
1960-1969 – Nessa década reduziu a atividade na televisão, mas realizou trabalhos esporádicos, especialmente no programa "TV de Vanguarda", da Tupi. Encerrou o período com novela escrita por Leilah Assumpção, na TV Record.

1973-1978 – Integrou a equipe do "Teatro 2", da TV Cultura, onde realizou trabalho experimental de transcrição do texto dramático para a linguagem do vídeo. Realizou dezesseis transcrições exemplares, entre as quais para o *Vestido de noiva*, de Nelson Rodrigues, *A casa fechada*, de Roberto Gomes, *Réveillon*, de Flávio Márcio.

## Cinema

1970 – *Compasso de espera*, roteiro e direção. Longa-metragem em preto e branco, lançado comercialmente no Brasil e nos Estados Unidos em 1975.

## Prêmios

1958-1980 – Contemplado como "melhor diretor de teatro" com os mais importantes prêmios existentes no período, tendo recebido o "Sacy", do jornal *O Estado de S. Paulo*, o APCT (Associação Paulista de Críticos de Teatro) e depois APCA (Associação Paulista de Críticos de Artes), o "Governador do Estado de São Paulo", o "Molière", da Air France, todos eles mais de uma vez. No cinema, recebeu os prêmios "Governador do Estado de São Paulo", "APCA" e "Molière", por *Compasso de espera*.

1986 – Prêmio melhor diretor, "Poeta da Cena", no Festival das Américas em Montreal, Canadá, por *A hora e a vez de Augusto Matraga*.

1988 – Prêmio AICT – Association Intertionale des Critiques de Théâtre, pela divulgação do teatro brasileiro no exterior.

1997 – "Prêmio Multicultural Estadão", instituído pelo jornal *O Estado de S. Paulo* e destinado ao reconhecimento de expoentes culturais.

2005 – Prêmio "Gallo de Oro", da Casa de las Américas (Cuba), pela sua contribuição estética à evolução do teatro ibero-americano.

# Legendas das fotos

Pág. 22-23
ANTUNES: RETRATOS
(2009)

Pág. 24
ANTUNES: RETRATOS
(1998)

Pág. 25
ANTUNES: RETRATOS
(1990)

Pág. 26
ANTUNES: RETRATOS
(1999)

Pág. 27
ANTUNES: RETRATOS
(1985)

Pág. 28
ANTUNES: RETRATOS
(2004)

Pág. 29
ANTUNES: RETRATOS
(1999)

Pág. 31
MACUNAÍMA (1978)
Cissa Carvalho Pinto,
Flávia Pucci, Giulia Gam,
Cecília Homem de Mello,
Lígia Cortez, Marlene
Fortuna, Salma Buzzar

Pág. 32-33
MACUNAÍMA (1978)
Salma Buzzar, Cecília
Homem de Mello, Lígia
Cortez, Giulia Gam, Flávia
Pucci, Marlene Fortuna,
Cissa Carvalho Pinto,
Oswaldo Boaretto Junior

Pág. 34
MACUNAÍMA (1978)
Mirtes Mesquita

Pág. 34
MACUNAÍMA (1978)
Theodora Ribeiro, Mirtes
Mesquita

Pág. 35
MACUNAÍMA (1978)
Guilherme Marback,
Mirtes Mesquita, Theodora
Ribeiro, Ilona Filet, Salma
Buzzar

Pág. 36
MACUNAÍMA (1978)
Walter Portella, elenco

Pág. 37
MACUNAÍMA (1978)
Cacá Carvalho

Pág. 37
MACUNAÍMA (1978)
Cacá Carvalho, elenco

Pág. 38
MACUNAÍMA (1978)
Darci Figueiredo, Marcos Oliveira, Marlene Fortuna

Pág. 39
MACUNAÍMA (1978)
Oswaldo Boaretto Junior, Marcos Oliveira

Pág. 40
MACUNAÍMA (1978)
Marlene Fortuna, Cecília Homem de Mello, Marcos Oliveira, Giulia Gam, Flávia Pucci

Pág. 41
MACUNAÍMA (1978)
Giulia Gam, João Bosco Cunha, Flávia Pucci, Lígia Cortez, Olayr Coan, Cissa Carvalho Pinto, Arciso Andreoni, Marcos Oliveira, Ary França, Lúcia de Souza, Cecília Homem de Mello, Marlene Fortuna

Pág. 42
MACUNAÍMA (1978)
Marcos Oliveira, Ary França, Lúcia de Souza, Cecília Homem de Mello

Pág. 42
MACUNAÍMA (1978)
Giulia Gam, Cissa Carvalho Pinto

Pág. 43
MACUNAÍMA (1978)
Regina Remencius, Marcos Oliveira

Pág. 45
NELSON RODRIGUES, O ETERNO RETORNO (1981)
Giulia Gam, Cissa Carvalho Pinto

Pág. 46-47
NELSON RODRIGUES, O ETERNO RETORNO (1981)
Arciso Andreoni

Pág. 48
NELSON RODRIGUES, O ETERNO RETORNO (1981)
Luiz Henrique, Isabel Ortega

Pág. 49
NELSON RODRIGUES, O ETERNO RETORNO (1981)
Marlene Fortuna, Ary França

Pág. 50
NELSON RODRIGUES, O ETERNO RETORNO (1981)
Marco Antônio Pâmio, Marcos Oliveira

Pág. 51
NELSON RODRIGUES, O ETERNO RETORNO (1981)
Marlene Fortuna, Marco Antônio Pâmio, Oswaldo Boaretto Junior

Pág. 52-53
NELSON RODRIGUES, O ETERNO RETORNO (1981)
Tássia Camargo, Salma Buzzar

Pág. 54
NELSON RODRIGUES, O ETERNO RETORNO (1981)
Salma Buzzar, Geisa Gama, Cissa Carvalho Pinto, Tássia Camargo, Angela Pralon, Lígia Cortez, Isabel Ortega

Pág. 55
NELSON RODRIGUES, O ETERNO RETORNO (1981)
Ricardo Hoflin, Lígia Cortez, Washington Lasmar, Isabel Ortega, Ary França, Salma Buzzar, Arciso Andreoni, Cissa Carvalho Pinto, Luiz Henrique, Bia Lessa

Pág. 56
NELSON RODRIGUES, O ETERNO RETORNO (1981)
Marcos Oliveira, Giulia Gam, Cissa Carvalho Pinto, Flávia Pucci, Lucia de Souza, Oswaldo Boaretto Junior, Marlene Fortuna

Pág. 57
NELSON RODRIGUES, O ETERNO RETORNO (1981)
Salma Buzzar, Lígia Cortez, Tássia Camargo, Angela Pralon

Pág. 59
ROMEU E JULIETA (1984)
Ulisses Cohn, Giulia Gam, elenco

Pág. 60
ROMEU E JULIETA (1984)
Giulia Gam, Marco Antônic Pâmio

Pág. 61
ROMEU E JULIETA (1984)
Giulia Gam, Marlene Fortuna

Pág. 62
ROMEU E JULIETA (1984)
Giulia Gam

Pág. 63
ROMEU E JULIETA (1984)
Giulia Gam, Ulisses Cohn

Pág. 65
A HORA E A VEZ DE AUGUSTO MATRAGA (1986)
Raul Cortez

Pág. 66
A HORA E A VEZ DE AUGUSTO MATRAGA (1986)
Luiz Baccelli

Pág. 67
A HORA E A VEZ DE
AUGUSTO MATRAGA
(1986)
Raul Cortez

Pág. 68
A HORA E A VEZ DE
AUGUSTO MATRAGA
(1986)
Luiz Baccelli, Marlene Fortuna

Pág. 69
A HORA E A VEZ DE
AUGUSTO MATRAGA
(1986)
Marlene Fortuna, Raul Cortez

Pág. 70
A HORA E A VEZ DE
AUGUSTO MATRAGA
(1986)
Luiz Baccelli, Arciso Andreoni, Carlos Gomes, Dario Uzam, Jefferson Primo, Walter Portella, Marcos Oliveira, José Rosa, Francisco Carvalho

Pág. 70
A HORA E A VEZ DE
AUGUSTO MATRAGA
(1986)
José Rosa, Walter Portella, Dario Uzam, Marlene Fortuna, Marcos Oliveira, Ailton Graça, Arciso Andreoni

Pág. 71
A HORA E A VEZ DE
AUGUSTO MATRAGA
(1986)
Walter Portella, Arciso Andreoni, José Rosa, Dario Uzam, Warney Paulo, Marcos Oliveira, Geraldo Mário

Pág. 71
A HORA E A VEZ DE
AUGUSTO MATRAGA
(1986)
Marlene Fortuna, Walter Portella, Luiz Baccelli

Pág. 72
A HORA E A VEZ DE
AUGUSTO MATRAGA
(1986)
Luiz Baccelli, Jefferson Primo

Pág. 73
A HORA E A VEZ DE
AUGUSTO MATRAGA
(1986)
Raul Cortez

Pág. 75
XICA DA SILVA (1988)
João Carlos Luz, Jefferson Primo, Yunes Chami, José Rosa, Rita Martins Tragtenberg, Arciso Andreoni, Ailton Graça

Pág. 76
XICA DA SILVA (1988)
Dirce Thomaz

Pág. 77
XICA DA SILVA (1988)
Dirce Thomaz

Pág. 78
XICA DA SILVA (1988)
Dirce Thomaz, Luis Baccelli

Pág. 79
XICA DA SILVA (1988)
Ricardo Karman, elenco

Pág. 81
PARAÍSO ZONA NORTE
(1989)
Hélio Cícero, Samantha Dalsoglio

Pág. 84
PARAÍSO ZONA NORTE
(1989)
Luis Melo, Flávia Pucci

Pág. 87
PARAÍSO ZONA NORTE
(1989)
Flávia Pucci, Luiz Furlanetto, elenco

Pág. 90
NOVA VELHA ESTÓRIA
(1991)
Samantha Dalsoglio, Luis Melo

Pág. 92
NOVA VELHA ESTÓRIA
(1991)
Hélio Cícero

Pág. 82
PARAÍSO ZONA NORTE
(1989)
Flávia Pucci, Hélio Cícero

Pág. 85
PARAÍSO ZONA NORTE
(1989)
Luis Melo, Samantha Dalsoglio, Luiz Furlanetto, Eliana César, Flávia Pucci, Clarissa Drebtchinsky

Pág. 89
NOVA VELHA ESTÓRIA
(1991)
Samantha Dalsoglio

Pág. 91
NOVA VELHA ESTÓRIA
(1991)
Yan Cristian, Ludmila Rosa

Pág. 93
NOVA VELHA ESTÓRIA
(1991)
Ludmila Rosa, Yan Cristian, Inês Aranha, Sandra Babeto

Pág. 83
PARAÍSO ZONA NORTE
(1989)
Eliana César, elenco

Pág. 86
PARAÍSO ZONA NORTE
(1989)
Rita Martins Tragtenberg

Pág. 90
NOVA VELHA ESTÓRIA
(1991)
Samantha Dalsoglio

Pág. 91
NOVA VELHA ESTÓRIA
(1991)
Ludmila Rosa, Inês Aranha

Pág. 94
NOVA VELHA ESTÓRIA
(1991)
Ludmila Rosa

Pág. 94-95
NOVA VELHA ESTÓRIA (1991)
Hélio Cícero, Samantha Dalsoglio

Pág. 97
TRONO DE SANGUE MACBETH (1992)
Luis Melo

Pág. 98
TRONO DE SANGUE MACBETH (1992)
Samantha Dalsoglio, Luis Melo

Pág. 99
TRONO DE SANGUE MACBETH (1992)
Elenco

Pág. 100-101
TRONO DE SANGUE MACBETH (1992)
Luis Melo, Walter Portella

Pág. 102
TRONO DE SANGUE MACBETH (1992)
Luis Melo

Pág. 103
TRONO DE SANGUE MACBETH (1992)
Samantha Dalsoglio

Pág. 104
TRONO DE SANGUE MACBETH (1992)
Samantha Dalsoglio

Pág. 105
TRONO DE SANGUE MACBETH (1992)
Luis Melo, Samantha Dalsoglio

Pág. 106
TRONO DE SANGUE MACBETH (1992)
Adilson Azevedo, André Gontijo, Germano Melo, Fernando Reinoso

Pág. 107
TRONO DE SANGUE MACBETH (1992)
Hélio Cícero

Pág. 109
VEREDA DA SALVAÇÃO (1993)
Luis Melo, Laura Cardoso

Pág. 110
VEREDA DA SALVAÇÃO (1993)
Luis Melo, Sueli Penha, Sandra Babeto, Walter Portella, elenco

Pág. 111
VEREDA DA SALVAÇÃO (1993)
Luis Melo, Laura Cardoso, elenco

Pág. 111
VEREDA DA SALVAÇÃO (1993)
Luis Melo

Pág. 113
GILGAMESH (1995)
Rosane Bonaparte, Luis Melo

Pág. 114
GILGAMESH (1995)
Bruno Costa, Luis Melo

Pág. 114
GILGAMESH (1995)
Luis Melo, Raquel Anastásia

Pág. 115
GILGAMESH (1995)
Rosane Bonaparte, Luiz Furlanetto

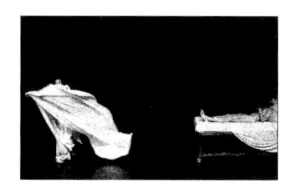

Pág. 116-117
GILGAMESH (1995)
Luis Melo, Bruno Costa

Pág. 119
DRÁCULA E OUTROS VAMPIROS (1996)
Ludmila Rosa, Eduardo Còrdobhess

Pág. 120
DRÁCULA E OUTROS VAMPIROS (1996)
Ludmila Rosa, Eduardo Còrdobhess, elenco

Pág. 121
DRÁCULA E OUTROS VAMPIROS (1996)
Eduardo Còrdobhess, Edgar Castro, Justine Otondo, Ludmila Rosa, Emerson Danesi, Frederico Eckschmidt, elenco

Pág. 121
DRÁCULA E OUTROS VAMPIROS (1996)
Eduardo Còrdobhess, Lulu Pavarin

Pág. 123
FRAGMENTOS TROIANOS (1999)
Gabriela Flores

Pág. 124
FRAGMENTOS TROIANOS (1999)
Erondine Magalhães, Suzan Damasceno, Sabrina Greve

Pág. 125
FRAGMENTOS TROIANOS (1999)
Patrícia Dinely

Pág. 127
MEDEIA (2001)
Gilda Nomacce, Adriana Patias, Daniele do Rosário, Karina Greccu, Suzan Damasceno, Juliana Galdino

Pág. 128
MEDEIA (2001)
Adriana Patias, Arieta Corrêa

Pág. 129
MEDEIA (2001)
Fabiana Carlucci, Daniele do Rosário, Arieta Corrêa, Lorena Lobato, Karina Greccu

Pág. 130
MEDEIA (2001)
Juliana Galdino

Pág. 130
MEDEIA (2001)
Juliana Galdino, Kleber Caetano

Pág. 131
MEDEIA (2001)
Lorena Lobato, Simone Iliescu, Karina Greccu, Arieta Corrêa, Gilda Nomacce, Adriana Patias, Daniele do Rosário

Pág. 133
O CANTO DE GREGÓRIO (2004)
Arieta Corrêa

Pág. 134
O CANTO DE GREGÓRIO (2004)
Arieta Corrêa

Pág. 135
O CANTO DE GREGÓRIO (2004)
Haroldo Joseh, Juliana Galdino

Pág. 136
O CANTO DE GREGÓRIO (2004)
Arieta Corrêa

Pág. 136
O CANTO DE GREGÓRIO (2004)
Arieta Corrêa, Juliana Galdino

Pág. 137
O CANTO DE GREGÓRIO (2004)
Arieta Corrêa, Rodrigo Fregnan, elenco

Pág. 139
ANTÍGONA (2005)
Arieta Corrêa, Juliana Galdino

Pág. 140-141
ANTÍGONA (2005)
Simone Feliciano, Sandra Luz

Pág. 142
ANTÍGONA (2005)
Marília Simões, Carlos Morelli, Juliana Maria, Sandra Luz, Simone Feliciano

Pág. 143
ANTÍGONA (2005)
Marília Simões, Carlos Morelli

Pág. 144
ANTÍGONA (2005)
Paula Arruda, Simone Feliciano, Juliana Maria, Marília Simões

Pág. 145
ANTÍGONA (2005)
Juliana Galdino, Arieta Corrêa

Pág. 147
FOI CARMEN (2005)
Lee Taylor

Pág. 148
FOI CARMEN (2005)
Emilie Sugai, Lee Taylor

Pág. 149
FOI CARMEN (2005)
Lee Taylor, Patrícia Carvalho

Pág. 150
FOI CARMEN (2005)
Paula Arruda, Patrícia Carvalho, Emilie Sugai, Lee Taylor

Pág. 150
FOI CARMEN (2005)
Emilie Sugai, Paula Arruda, Patrícia Carvalho, Lee Taylor

Pág. 151
FOI CARMEN (2005)
Juliana Galdino

Pág. 153
A PEDRA DO REINO (2006)
Lee Taylor

Pág. 154
A PEDRA DO REINO (2006)
Lee Taylor

Pág. 155
A PEDRA DO REINO (2006)
Lee Taylor

Pág. 156
A PEDRA DO REINO (2006)
Nara Chaib, Chantal Cidônio, Angélica Di Paula, Vanessa Bruno, Leandro Paixão, Marcos de Andrade, Lee Taylor

Pág. 157
A PEDRA DO REINO (2006)
Rhode Mark, Chantal Cidônio, Rodrigo Audi, Nara Chaib, Patrícia Carvalho, Eric Lenate, Lee Taylor, elenco

Pág. 158-159
A PEDRA DO REINO (2006)
Chantal Cidônio, Nara Chaib, Angélica Di Paula, Lee Taylor

Pág. 160
A PEDRA DO REINO (2006)
Lee Taylor, Marcos de Andrade

Pág. 161
A PEDRA DO REINO (2006)
Marcelo Villas Boas, Patrícia Carvalho, Lee Taylor

Pág. 162
A PEDRA DO REINO
(2006)
Rodrigo Audi, Lee Taylor, Cláudio Cabral

Pág. 166
SENHORA DOS AFOGADOS
(2008)
Valentina Lattuada, Eric Lenate

Pág. 169
SENHORA DOS AFOGADOS
(2008)
Lee Taylor, Angélica Di Paula

Pág. 172
SENHORA DOS AFOGADOS
(2008)
Angélica Di Paula, Lee Taylor, Valentina Lattuada, elenco

Pág. 174
SENHORA DOS AFOGADOS
(2008)
Marcos de Andrade, Angélica Di Paula, Valentina Lattuada, Rodrigo Audi

Pág. 163
A PEDRA DO REINO
(2006)
Lee Taylor

Pág. 167
SENHORA DOS AFOGADOS
(2008)
Eric Lenate, Marcelo Villas Boas, Angélica Di Paula

Pág. 169
SENHORA DOS AFOGADOS
(2008)
Angélica Di Paula, Valentina Lattuada

Pág. 173
SENHORA DOS AFOGADOS
(2008)
Angélica Di Paula, elenco

Pág. 175
SENHORA DOS AFOGADOS
(2008)
Ana Carina Linares, Luiz Filipe Peña, Marcos de Andrade, Erick Gallani, César Augusto, Pedro Abhull

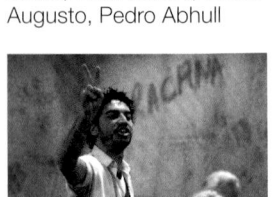

Paág. 165
SENHORA DOS AFOGADOS
(2008)
Fred Mesquita, Valentina Lattuada

Paág. 168
SENHORA DOS AFOGADOS
(2008)
Lee Taylor, Angélica Di Paula

Pág. 170-171
SENHORA DOS AFOGADOS
(2008)
Valentina Lattuada, Lee Taylor

Pág. 174
SENHORA DOS AFOGADOS
(2008)
Caru Lima, Ana Carina Linares, Valentina Lattuada, Eric Lenate

Pág. 177
A FALECIDA VAPT-VUPT
(2009)
Lee Taylor, Walter Granieri, Oclides Carballo

Pág. 178
A FALECIDA VAPT-VUPT (2009)
Marcos de Andrade

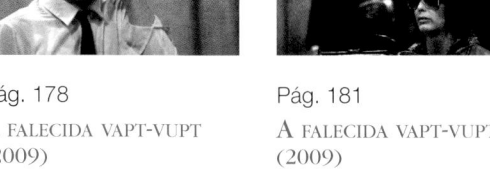

Pág. 179
A FALECIDA VAPT-VUPT (2009)
Bruna Anauate

Pág. 180
A FALECIDA VAPT-VUPT (2009)
Bruna Anauate

Pág. 181
A FALECIDA VAPT-VUPT (2009)
Andrell Lopes, Tatiana Lenna, Angélica Colombo, Bruna Anauate

Pág. 182
A FALECIDA VAPT-VUPT (2009)
Bruna Anauate, Rosângela Ribeiro

Pág. 183
A FALECIDA VAPT-VUPT (2009)
Bruna Anauate, Osvaldo Gazotti, Walter Granieri

Pág. 184
A FALECIDA VAPT-VUPT (2009)
Bruna Anauate, Fernando Aveiro

Pág. 184
A FALECIDA VAPT-VUPT (2009)
Bruna Anauate, Lee Taylor, Fernando Aveiro, Natalie Pascoal

Pág. 185
A FALECIDA VAPT-VUPT (2009)
Bruna Anauate, Tatiana Lenna, Erick Gallani, Angélica Colombo, Lee Taylor, Andrell Lopes

Pág. 186
A FALECIDA VAPT-VUPT (2009)
Eloísa Costa, Angélica Colombo

Pág. 187
A FALECIDA VAPT-VUPT (2009)
Lee Taylor, Bruna Anauate

Pág. 188
A FALECIDA VAPT-VUPT (2009)
Fernando Aveiro, Fred Mesquita, Natalie Pascoal

Pág. 189
A FALECIDA VAPT-VUPT (2009)
Geraldo Mário, Marcos de Andrade

Pág. 191
POLICARPO QUARESMA (2010)
Michelle Boesche, João Paulo Bienemann, elenco

Pág. 192
POLICARPO QUARESMA (2010)
Lee Taylor

Pág. 193
POLICARPO QUARESMA
(2010)
André de Araújo, Roberto Borenstein, Lee Taylor, Ruber Gonçalves

Pág. 194
POLICARPO QUARESMA
(2010)
Ygor Fiori, Lee Taylor

Pág. 195
POLICARPO QUARESMA
(2010)
Lee Taylor, Geraldo Mário

Pág. 196
POLICARPO QUARESMA
(2010)
Ygor Fiori, Ivo Leme, Fernando Aveiro, João Paulo Bienemann

Pág. 197
POLICARPO QUARESMA
(2010)
Angélica Colombo, Carlos Morelli, Carol Meinerz, Michelle Boesche, João Paulo Bienemann, Flavia Strongolli, Ygor Fiori, Marília Moreira, Ivo Leme, elenco

Pág. 198
POLICARPO QUARESMA
(2010)
Bruna Anauate, Marília Moreira, Ivo Leme, André Bubman, elenco

Pág. 199
POLICARPO QUARESMA
(2010)
Michelle Boesche, Erick Gallani, Marília Moreira, Ruber Gonçalves, Angélica Colombo, Carol Meinerz, elenco

Pág. 200
POLICARPO QUARESMA
(2010)
André Bubman, Ruber Gonçalves, Ygor Fiori, Flávia Strongolli, João Paulo Bienemann, Marcos de Andrade, Ivo Leme, elenco

Pág. 200
POLICARPO QUARESMA
(2010)
João Paulo Bienemann, Marcos de Andrade

Pág. 201
POLICARPO QUARESMA
(2010)
Bruna Anauate, Flávia Strongolli, Marcos de Andrade, João Paulo Bienemann, Ivo Leme, elenco

Pág. 201
POLICARPO QUARESMA
(2010)
Natalie Pascoal, Marília Moreira, João Paulo Bienemann, Fernando Aveiro, Michelle Boesche, elenco

Pág. 202
POLICARPO QUARESMA
(2010)
Erick Gallani, Ruber Gonçalves, Michelle Boesche, Roberto Borenstein, Marília Moreira

Pág. 203
POLICARPO QUARESMA
(2010)
Natalie Pascoal, João Paulo Bienemann, André de Araújo, Michelle Boesche, Ruber Gonçalves, Flavia Strongolli, Roberto Borenstein, Marília Moreira, Walter Granieri, elenco

Pág. 203
POLICARPO QUARESMA
(2010)
Marcos de Andrade, Erick Gallani, João Paulo Bienemann, Ivo Leme, Ygor Fiori, Flavia Strongolli, Michelle Boesche, elenco

Pág. 205
LAMARTINE BABO (2010)
Sady Medeiros, Marcos de Andrade

Pág. 206
LAMARTINE BABO (2010)
Rodrigo Mercadante, Flavia Strongolli, Ivo Leme, Domingas Person, Patrícia Rita

Pág. 207
LAMARTINE BABO (2010)
Rodrigo Mercadante, Flavia Strongolli, Natalie Pascoal, Adriano Bolshi, Ivo Leme

Pág. 208
LAMARTINE BABO (2010)
Flavia Strongolli, Domingas Person, Ivo Leme

Pág. 209
LAMARTINE BABO (2010)
Domingas Person, Natalie Pascoal, Flavia Strongolli

Pág. 210
LAMARTINE BABO (2010)
Rodrigo Mercadante, Flavia Strongolli, Domingas Person, Ivo Leme, Patrícia Rita

Pág. 210
LAMARTINE BABO (2010)
Natalie Pascoal, Domingas Person, Flavia Strongolli

Pág. 211
LAMARTINE BABO (2010)
Sady Medeiros, Marcos de Andrade

Pág. 211
LAMARTINE BABO (2010)
Domingas Person, Ivo Leme, Ricardo Venturin, Patrícia Rita, Sady Medeiros, Marcos de Andrade, Flavia Strongolli, Rodrigo Mercadante, Leonardo Santiago, Natalie Pascoal, Adriano Bolshi

Paág. 213
PRÊT-À-PORTER (2001)
Donizeti Mazonas, Suzan Damasceno

Pág. 214
PRÊT-À-PORTER (2008)
Marília Simões

Pág. 215
PRÊT-À-PORTER (2008)
Emerson Danesi, Marília Simões

Pág. 216
PRÊT-À- PORTER (2004)
Emerson Danesi, Kaio Pezzutti

Pág. 217
PRÊT-À-PORTER (2004)
Kaio Pezzutti, Emerson Danesi

Pág. 218
PRÊT-À-PORTER (2002)
Suzan Damasceno, Emerson Danesi

Pág. 219
PRÊT-À-PORTER (2008)
Osvaldo Gazotti

Pág. 220
Prêt-à-Porter (2008)
Angélica Di Paula, Simone Iliescu

Pág. 222
Prêt-à-Porter (1999)
Emerson Danesi, Silvia Lourenço

Pág. 225
Prêt-à-Porter (2002)
Suzan Damasceno, Emerson Danesi

Pág. 228-229
Prêt-à-Porter (2003)
Suzan Damasceno, Arieta Corrêa

Pág. 231
Prêt-à-Porter (2005)
Marcelo Szpektor, Arieta Corrêa

Pág. 221
Prêt-à-Porter (2002)
Suzan Damasceno, Arieta Corrêa

Pág. 223
Prêt-à-Porter (2008)
Anna Cecília Junqueira, Marcelo Szpektor

Pág. 226
Prêt-à-Porter (2004)
Carlos Morelli, Arieta Corrêa

Pág. 230
Prêt-à-Porter (2001)
Juliana Galdino, Adriana Patias

Pág. 231
Prêt-à-Porter (2005)
Nara Chaib, Emerson Danesi

Pág. 222
Prêt-à-Porter (1999)
Juliana Galdino, Sabrina Greve

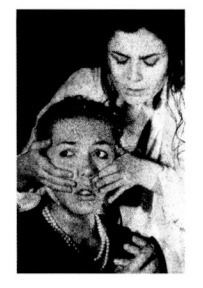

Pág. 224
Prêt-à-Porter (2002)
Juliana Galdino, Arieta Corrêa

Pág. 227
Prêt-à-Porter (2008)
Anna Cecília Junqueira, Marcelo Szpektor

Pág. 230
Prêt-à-Porter (1999)
Donizeti Mazonas, Juliana Galdino

Pág. 232
Prêt-à-Porter (2006)
Marcelo Szpektor, Pedro Abhull

Pág. 233
PRÊT-À-PORTER (2003)
Sabrina Greve, Juliana Galdino

Pág. 234
PRÊT-À-PORTER (2004)
Simone Feliciano, Juliana Galdino

Pág. 235
PRÊT-À-PORTER (1998)
Silvia Lourenço

Pág. 236
PRÊT-À-PORTER (2002)
Arieta Corrêa, Juliana Galdino

Pág. 236
PRÊT-À-PORTER (2001)
Gabriela Flores, Juliana Galdino

Pág. 237
PRÊT-À-PORTER (1998)
Sabrina Greve

Pág. 239
BASTIDORES (2008)
Marília Simões

Pág. 240
BASTIDORES (2008)
Marília Simões

Pág. 241
BASTIDORES (1986)
Jefferson Primo, Luiz Baccelli, Antunes Filho

Pág. 242
BASTIDORES (1989)
Luiz Furlanetto, Clarissa Drebtchinsky, Antunes Filho, Flávia Pucci, Luis Melo

Pág. 243
BASTIDORES (1989)
Eliana César, Flávia Pucci, Clarissa Drebtchinsky, Antunes Filho

Pág. 244
BASTIDORES (2009)
Detalhe

Pág. 244
BASTIDORES (2009)
Bruna Anauate

Pág. 245
BASTIDORES (2008)
Detalhe

Pág. 245
BASTIDORES (2010)
Detalhe

Pág. 246
BASTIDORES (1999)
Cibele Gardin

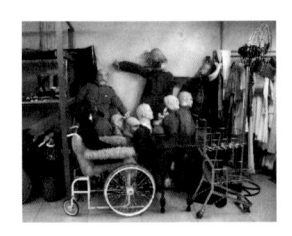

Pág. 246
BASTIDORES (2008)
Detalhe

Pág. 247
BASTIDORES (2003)
Boneco – Canto de Gregório

Pág. 248
BASTIDORES (1983)
Daniele do Rosário

Pág. 248
BASTIDORES (1999)
Luiz Päetow

Pág. 249
BASTIDORES (2009)
Tatiana Lenna

Pág. 249
BASTIDORES (2009)
Detalhe

Pág. 250
BASTIDORES (1983)
Giulia Gam, Cissa Carvalho Pinto

Pág. 250
BASTIDORES (1983)
Cissa Carvalho Pinto

Pág. 251
BASTIDORES (1983)
Lígia Cortez

Pág. 252
BASTIDORES (2009)
Antunes Filho, elenco

Pág. 253
BASTIDORES (2008)
Detalhe

Pág. 254
BASTIDORES (1999)
Antunes Filho

Pág. 256
BASTIDORES (2010)
Rodrigo Audi

Pág. 258
BASTIDORES (2010)
Carlos Morelli

Pág. 260
BASTIDORES (2004)
Paulo Barroso, Rafael Vogt Maia Rosa, Antunes Filho, Paulo Santoro

Pág. 253
BASTIDORES (2004)
Mesa de Antunes Filho

Pág. 255
BASTIDORES (2009)
Michelle Boesche, Antunes Filho

Pág. 257
BASTIDORES (2010)
Painel

Pág. 259
BASTIDORES (2006)
Chantal Cidônio, Lee Taylor, Ariano Suassuna, Antunes Filho, Leandro Paixão, Marcos de Andrade

Pág. 261
BASTIDORES (2009)
Emidio Luisi, Antunes Filho

# Sobre os autores

## Sebastião Milaré

Sebastião Milaré é jornalista, crítico e pesquisador de teatro. Por 20 anos foi crítico teatral na revista *artes*: e nas últimas décadas tem publicado ensaios em periódicos do Brasil e do exterior. Por mais de 15 anos foi curador de teatro do Centro Cultural São Paulo. Criou e edita desde 2000 a revista teatral eletrônica www.antaprofana.com.br. É autor dos livros *Antunes Filho e a dimensão utópica* (Ed. Perspectiva, 1994), *Batalha da quimera* (Ed. Funarte, 2009) e *Hierofania* (Edições SESC SP, 2010). Participou de várias obras coletivas, com destaque para *Estrategias postmodernas y postcoloniales en el teatro latinoamericano*, organizada por Alfonso de Toro (Madrid: Iberoamericana / Frankfurt: Vervuert Verlag, 2004). É autor das peças *A trupe futurista conta o bumba-meu-boi modernista* (1992, dir. Gilberto Gawronski) e *A solidão proclamada* (1998, direção e coreografia Sandro Borelli); e dramaturgo de *A flor e o concreto* (São Paulo, 2000) e *Quem come quem* (Coimbra, 2001), ambas dirigidas por Stephan Stroux. É roteirista das séries *O teatro segundo Antunes Filho* (STV/TV Cultura, 2001) e *Teatro e circunstância* (SESCTV, 2009), dirigidas por Amílcar Claro.

## Emidio Luisi

Emidio Luisi nasceu na Itália e veio para o Brasil com sete anos de idade, onde iniciou a carreira de fotógrafo, em meados da década de 1970. Acompanhou vários festivais de dança, teatro e música, no Brasil e no exterior, como o *Free Jazz Festival* e a *Bienal Internacional de Dança de Lyon*. Em 1985, criou, com outros fotógrafos, a agência Fotograma Imagens, que coordena até hoje. Emidio dedica-se à fotografia de palco há mais de 30 anos. Além de acompanhar o trabalho de Antunes Filho, fotografou o Ballet Stagium e o bailarino Kazuo Ohno, trabalhos que culminaram nas publicações *Ballet Stagium 35 anos* (Fotograma, 2007) e *Kazuo Ohno* (Cosac Naify, 2004). Participou de diversas exposições no Brasil e no exterior e recebeu prêmios, entre os quais o XI Prêmio Abril de Fotojornalismo, em 1985, e o Prêmio ABERJE, em 1987. Seu trabalho pode ser encontrado também nas coleções de fotógrafos brasileiros do Instituto Itaú Cultural e na publicação do acervo coleção MASP – Pirelli. É autor do livro Ue' paesà (Fotograma, 1997).

Fonte: ITC Garamond e Snell Roundhand
Papel: Couchê fosco 170 g/m²
Data: Setembro de 2011
Tiragem: 3.000 exemplares
Impressão: IPSIS Gráfica e Editora